12가지 항목으로 나누어
체계적으로 정리한

직장예절과 직무관리

엄경아 · 오민재 공저

백산출판사

직장예절과 직무관리
by 엄경아 · 오민재

Preface

머리말

행복한 나를 꿈꾼다면

“언제까지 일할 생각이세요?”, “일 중독자 아닌가요?”

사회생활을 하면서 이런 질문을 자주 받았습니다. 그럴 때 저의 대답은 똑같습니다.

“내가 정말 가치 있는 삶을 살고 있지 않다고 느끼는 그 다음날요.”

일하는 것, 지금 하고 있는 일을 누구보다 열심히 하는 것이야말로 모든 고통을 이겨내는 만병통치약이며 고난을 이겨내고 인생을 새롭게 바꾸어주는 마이더스의 손이라고 확신합니다.

지금 우리는 한 치 앞도 내다볼 수 없는 극심한 변화의 시대에 살고 있습니다. 눈에 보이는 변화와 더불어 의식 역시 이전과는 비교할 수 없을 정도로 바뀌었습니다. 물론 새로운 변화를 맞아 과거의 경직된 사고에서 벗어난 것은 참으로 다행한 일입니다. 그러나 결코 변해서는 안 되며, 더 철저하게 지키고 키워야 할 것들을 잃어가고 있는 점은 너무나 안타깝습니다.

지난 시절을 돌이켜 회상해보면 저 또한 수없이 좌절하고 멍하니 세월을 흘려보낼 때도 있었습니다. 박수와 부러움을 받으며 입사한 첫 직장에서 겉보기와 달리 업무의 비효율성 앞에서 하루하루가 가시방석이었습니다. 모든 게 불만스러웠고, 그런 현실을 벗어나지 못하는 나 자신이 초라해졌습니다.

‘다들 잘나가는데 왜 나만 이모양 이꼴일까?’

'하루하루 버티기도 힘든데 어떻게 내일을 생각해?'

암담해하며 나 자신을 비하했고, 그것밖에 할 수 없는 현실을 원망했습니다.

그렇게 지내던 어느 날 한 가지 사실을 깨달았습니다. 그 깨달음 하나로 저는 이전까지 저를 괴롭혔던 모든 걱정과 불안에서 벗어났습니다. 보잘것없던 인생도 정반대로 바뀌었습니다. 그 깨달음은 바로 '지금 하고 있는 일을 즐기자'였습니다. 신기한 일이었습니다. 그 깨달음이 이끄는 대로 행동하다보니 인생이, 모든 일이 술술 풀렸습니다. 그 후의 내 삶은 믿을 수 없을 정도로 벅찬 희망으로 가득찼고, 그 변화를 온 몸으로 체험했습니다. 그리고 지금 하고 있는 일을 기꺼이 즐기기 위해서, 기본이 되는 직장예절과 계획적인 직무관리가 골격을 채워주는 살이 되었습니다.

이 책은 대학생들이 앞으로 사회생활을 하면서 어떤 마음가짐을 가져야 하는지, 어떤 형식의 틀을 가져야 하는지에 관해 기술하였습니다. 또한 저자가 그동안 사회생활을 하면서 겪었던 위기와 절망, 도전의 순간마다 도움이 되었던 방법과 노하우를 담았습니다.

구체적으로는 직장예절과 직무관리라는 광범위한 부분을, 이미지, 커뮤니케이션, 조직행동, 갈등관리, e-biz 매너, 글로벌에티켓과 테이블매너, 업무목표와 성과관리, 기획문서작성법, 프로젝트 관리기법, 고객불만관리, 휴먼네트워킹, 감정관리의 12가지 항목으로 나누어 체계적으로 정리하였습니다. 그리고 직장생활 중 겪는 크고 수많은 직·간접 경험을 예를 통해 소개하여, 미니지식 Q&A로 엮어보았습니다.

앞으로 이 책이 방법을 몰라 헛발질만 하는 이들에게 업무 스킬을 알려주고 잊고 있던 자신의 장점을 상기시켜주며, 목표한 곳에 좀 더 수월하게 도달할 수 있도록 이끌어주는 이정표가 되었으면 하는 욕심도 담아봅니다.

그리고 5년 후, 10년 후 '행복한 나'를 꿈꾸는 지금 여러분의 꿈이 꼭 이루어지기를 기원해 봅니다.

더 없이 행복한 내일을 맞이하는 베이스캠프에서

2012년 2월

저자 일동

차 례

Contents

Part 1 직장예절

Part 2 직무관리

PART 1 직장예절

01 CHAPTER

직장인의 기본 이미지

Objective

1. 바람직한 직장예절을 배움으로써 상호간의 존중과 배려를 통해 더 나은 직장문화를 도모함에 있습니다.

2. 밝은 표정의 중요성과 밝은 표정 연출을 위한 웃음운동과 기본 용모복장에 관해 살펴봅니다.

3. 인사의 중요성과 종류, 정중한 인사법과 상황별 인사법을 습득하고 전화응대시의 기본예절과 상황별 전화 응대법을 습득합니다.

4. 방문, 안내의 기본을 익힐 수 있으며, 소개, 악수, 명함 교환의 방법을 알 수 있습니다. 그리고 상사의 지시 보고와 회의시 예절에 대해 알 수 있습니다.

[직장예절의 의미와 중요성]

현대의 기업은 변해야만 살아남을 수 있습니다. 세상이 변화면서 직장 환경도 무섭게 달라지고 있습니다. 이에 따른 부수적인 것들인 경영활동 방식, 제반시스템 및 환경, 기업문화와 가치, 생각하는 사고의 틀 등도 덩달아 변화하고 있습니다. 하지만 변화하지 않아야 할 것도 있는데 그것은 바로 직장예절입니다.

직장예절은 내용과 형식은 변하더라도 근본적으로 변지 않아야 할 직장인으로서 올바른 자세와 태도 및 마음가짐의 총체입니다. 또한 직장예절이 곧 비즈니스의 경쟁력입니다. 다시 말해 직장 내에서의 예절이 바로 설 때 비즈니스의 신뢰감 있는 경쟁력 또한 높아진다는 것입니다.

이번 장에서는 직장예절이미지를 구성하는 밝은 표정과 단정한 용모, 인사와 전화응대, 외부고객이 방문했을 때의 안내, 회의 시 보고, 기타 상황별 예절에 관해 알아보도록 하겠습니다.

1.1 밝은 표정

주위에 늘 밝은 표정으로 다니는 사람을 보면 보기만 해도 즐거워집니다. 핸드폰이 고장 나서 서비스센터에 갔는데 직원이 환한 표정으로 응대해 주었을 때 어떠셨나요? 이와 반대로 모처럼 좋은 식당에 갔는데 서빙하는 직원의 표정이 밝지 않거나 덤덤한 표정의 직원에게 말조차 걸기 불편했던 기억은 없으신가요?

오늘도 많은 사람들을 만나셨을 겁니다. 한 번 눈을 감고 그 사람들의 얼굴을 떠올려 보십시오. 어떤 표정이 가장 보기 좋으셨나요? 대부분이 밝은 표정이 기억나실 겁니다. 또한 상대방의 밝은 표정을 보고 나 자신도 밝은 표정이 된 것을 느낀 경험이 있으실 겁니다.

1. 밝은 표정의 이미지적 측면

예쁜 얼굴의 탤런트에게는 무엇이 있을까요?

TV 연속극이나 영화의 여주인공들은 하나같이 예쁩니다. 이런 예쁜 여자들을 보면 마음도 아름다울 것이고 생각하는 것이나 행동도 아름다울 것이라고 생각하게 됩니다. 이러한 생각을 하게 되는 것을 '후광효과'라고 합니다. 어떤 사람에 대해서 '좋은 사람'이라는 인상이 형성되면, 그 사람에 대하여 모든 측면에서 긍정적으로 인식하게 됩니다. 능력도 뛰어나고 인간성도 좋게 보이고…. 이러한 후광효과는 논리적 판단과 관계없이 긍정적인 특성들은 그 특성끼리 모여 있을 것이라고 인식하여 다 좋게 생각하는 효과입니다. 이와 상반되는 부정적인 특성도 마찬가지라 할 것입니다.

'초두효과'라는 것도 있습니다. 첫인상이 좋아야 한다는 말이 그것인데, 사람들은 선을 볼 때, 첫인상을 좋게 보이려고 옷을 고르고 화장을 하고 거울 앞에서 여러 차례 자기의 모습을 살펴보게 됩니다. 이렇게 첫인상이 좋으면 어떤 영향을 줄 수 있을까요? 이런 초두효과에 의해 어떤 사람에 대한 인상이 처음에 좋게 인식되면, 다음에 부정적인 행동에 대해서도 그의 행동을 합리화시켜 생각하게 된다고 합니다.

예를 들어, 사람을 소개할 때 좋은 점을 먼저 소개하고 나쁜 점을 나중에 소개하게 되면, 소개를 받는 사람은 좋은 인상을 바탕으로 그 사람에 대한 인상이 형성되고, 거꾸로 소개하면 부정적 인상을 바탕으로 형성되게 된다는 것입니다. 먼저 알게 된 정보가 나중에 알게 된 정보보다 인상적으로 형성된다는 것이 초두효과의 원리입니다.

밝은 표정의 이미지적 측면에서 살펴보면 다음과 같습니다.

한 가지 실험을 했습니다. 똑같은 사람에 대해서 아래와 같은 순서대로 형용사를 나열하였습니다.

1)	2)
똑똑하다.	질투심이 강하다.
근면하다.	고집이 세다.
충동적이다.	비판적이다.
비판적이다.	충동적이다.
고집이 세다.	근면하다.
질투심이 강하다.	똑똑하다.

1)의 순서로 나열했을 때는 똑똑하고 다부지다는 인상을 형성한 반면, 2)의 순서로 나열했을 때에는 고집쟁이로 인식하였습니다.

이러한 현상은 학습자료의 앞부분에 제시된 항목이 나중이나 중간에 제시된 것보다 기억흔적이 강하여 더 잘 인출되는 경향을 나타내는 것으로, 이러한 현상은 간섭이론으로 설명됩니다. 목록의 앞쪽에 제시된 학습 자료는 중간에 제시된 항목들보다 순행간섭과 역행간섭의 영향을 덜 받기 때문에 학습 후 일정한 시간 간격을 두고 인출을 요구하는 경우 인출되는 비율이 높은데, 바로 앞서 언급한 초두효과라고 합니다.

살다보면 어디서든 잘 맞는 사람과 그렇지 않은 사람을 만납니다. 남녀노소 할 것 없이 처음 만나는 순간부터 왠지 호감이 가면서 편안한 사람이 있는가 하면 묘하게 불편하면서 자꾸 삐걱거리는 사람이 있습니다. 잘 보이려 애쓴 일이 어긋나 영 틀어지는 일도 잦습니다.

사람 심리엔 초두효과와 맥락효과가 있어서 뇌의 편도체는 0.017초 만에 상대를 향한 호감과 신뢰 여부를 판단하고(미국 다트머스대 폴 왈렌 교수), 그 첫 정보가 나중 정보에 대한 지침을 제공한다(맥락효과)고 합니다.

2. 밝은 표정의 건강학적 측면

암에 걸린 한 중년남자가 지인의 초청으로 '웃음콘서트'에 다녀오게 되었습니다. 처음에는 '별의별 콘서트도 다 있네' 하는 생각을 하게 되었지만, 그가 원하는 것을 찾을지도 모른다는 희망에 한 번 참석해 보기로 하였습니다. 무대에서 펼쳐지는 공연을 가만히 앉아서 구경하면서 웃는 그런 시간일 거라고 생각했던 그의 예상은 웃음콘서트를 통해 왜 웃어야 하는지, 웃음이 얼마나 중요한지, 어떻게 웃어야 하는지 분명하게 깨닫게 되었습니다. 그리고 웃음운동법을 따라하며 실컷 웃었습니다.

밤늦은 시간, 전철을 타고 집으로 돌아오는데 몸에 변화가 생긴 것을 느끼기 시작하였습니다. 집에 가만히 누워만 있어도 여기저기 쑤시고 아팠는데, 실컷 웃었더니 몸이 날아갈 듯이 가볍고 통증이 사라진 것입니다.

'그래 이거야! 웃어야 살 수 있어! 이렇게 웃으면 암도 완전히 물리칠 수 있을 것 같아.'

그때부터 그는 웃음을 배우기 시작하였습니다.

먼저 스마일 버튼을 현관 앞에 한 줄로 붙여서 '스마일라인'을 만들었습니다. 그리고 스마일 라인을 건널 때마다 의식적으로 웃기 시작했습니다. 처음에는 자꾸 깜박했지만, 의식적으로 계속 웃는 연습을 했더니, 웃음이 절로 나오기 시작했습니다.

거실 한구석에도 노란 딱지를 붙였습니다. 식구들이 가장 많이 다니는 곳을 '스마일 존'으로 만들어 스마일 존을 지날 때마다 그곳에 들어가 15초 이상 웃기로 가족들과 약속한 것입니다.

웃을 일이 없어도 운동하듯이 웃고 나자, 비관적이고 우울한 마음이 사라졌고 몸 상태가 좋아진 것은 물론이고 만나는 사람들과의 관계도 전보다 훨씬 좋아 졌습니다.

■ 웃음 공짜 영양제

유명한 이야기 중 '행복해서 웃는 것이 아니다. 웃어서 행복해지는 것이다'라는 말이 있습니다. 하지만 많은 사람들이 얼굴에 웃음을 잃고 무미건조한 얼굴로 일상을 살아갑니다.

웃음의 중요성을 익히 들어 알고 있는데도 불구하고 웃는다는 것은 사실 어려운 일입니다. 그다지 즐거운 일도, 그렇다고 행복하지도 않은 일상, 하지만 그렇다고 웃음을 잃고 무표정으로 사는 것은 더욱 불행합니다.

하루에 몇 개개의 영양제를 드시나요? 요즘 영양제 가격도 비싸던데, 하지만 웃음은 공짜임에도 불구하고 영양제 못지않은 효과를 낼 수 있습니다. 웃음을 돈으로 환산하는 것은 어렵지만 한 시간에 약 520만 원 정도로 추정할 수 있습니다. 왜냐고요?

어떤 한 회사에서 유명한 유머 컨설턴트를 고용해서 1시간 웃기는데 사용한 비용이 약 5천 달러, 우리나라 돈으로 520만 원 정도니까요. 이렇게나 비싼, 사실 돈으로 환산할 수 없는 웃음! 대체 어떤 효과가 있는 걸까요?

■ 웃으면 운동이 됩니다.

웃는 행동은 운동을 하는 것과 같은 효과를 냅니다. 몸을 움직이지도 않고 그저 입만 웃는 게 어떻게 운동을 하는 효과를 내는 것일까요? 그저 미소만 짓는 게 아니라, 크게 웃으면 우리 몸의 근육 231개와 얼굴 근육 15개 이상이 움직입니다. 또한 횡격막이 수축과 이완을 반복하고, 아래턱이 움직이면서 몸 전체가 움직이게 됩니다.

Tip

10초 동안 크게 웃는 것은 3분간 노를 젓고 4분 동안 조깅을 한 것 같은 효과를 보입니다. 또한 15초 동안 박장대소를 하면 100m 전력질주를 한 것 같은 효과가 납니다.

■ 웃음은 천연 진통제

웃음은 통증을 완화합니다. 웃을 때는 뇌 속에서 엔도르핀이 생산됩니다. 엔도르핀은 강력한 진통효과를 가진 모르핀보다도 200배나 강한 진통 효과를 보입니다. 하지만 엔도르핀은 약물이 아니고 인체 내에 아무런 부작용이 없는 매우 효과적인 천연 진통제입니다.

■ 혈액순환을 도와주는 웃음

많이 웃으면 혈액순환이 잘 됩니다. 웃으면 혈액에서 동맥경화를 일으키는 산화작용을 억제합니다. 또한 혈관이 약 30% 정도 확장되어 혈류의 양이 늘어나고, 이는 혈액순환에 매우 큰 도움을 줍니다.

하루 45분 웃으면 혈압을 내리고 고혈압 치료에도 효과적입니다.

■ 웃음은 심장을 튼튼하게

미국의 한 연구결과에서는 많이 웃는 사람들에게 심장병 발병률이 적어진다는 연구결과가 나왔습니다. 짜증을 내고 놀라면 교감신경이 활성화되어 심장에 무리를 주게 됩니다. 반면 웃으면 부교감 신경이 활성화되어 심장을 편안하게 만들어 줍니다. 자주 웃으면 심장의 긴장이 완화되고 심장이 튼튼해지며 심장마비와 같은 돌연사를 예방할 수 있습니다.

■ 암을 물리치는 웃음

웃으면 병균을 억제하는 인터페론 감마라는 분비물의 양이 늘어납니다. 이는 세균이나 바이러스에 대한 저항력을 길러주고 세포증식에 도움을 주게 됩니다.

미국 로마린다 의대의 리버크 박사는 순간적으로 웃음을 터트린 사람의 피를 채취했을 때 암종양 세포를 공격하는 킬러 세포가 눈에 띄게 늘어났다고 발표하였습니다. 이는 자주 웃는 사람에게 암 치료의 기회를 열어주는 연구 결과입니다.

■ 스트레스를 해소하는 웃음

한 병원에서 암수술 후 항암치료를 받은 환자들에게 12주간 웃음치료를 진행했습니다. 이후 심리상태를 분석한 결과 이들은 자신감이 높아지고 편안해지는 등 심리적 지수가 2배 이상 증가했고, 만족도 또한 80% 증가한 것으로 드러났습니다. 스트레스 역시 75%나 감소한 결과가 나왔습니다.

1.2 단정한 용모

용모와 복장은 회사의 수준과 전체적인 인상을 좌우합니다. 또한 용모 복장이 기분에 따라 달라지기도 합니다. 깔끔하고 단정한 외모와 품위가 묻어나는 복장은 타인에게 신뢰감을 가져다주기도 합니다.

마케팅이나 영업에도 한몫을 하는 것이 바로 용모 복장이기도 합니다. 복장의 색상이나 전체적인 매칭에 의해 상대방이 느끼기에는 저 회사는 이러한 분위기구나라고 느낄 수도 있습니다. 그 느낌이 바로 회사의 이미지와도 맞아 떨어지기도 합니다. 옷의 분위기나 색상 같은 전체적인 디자인과 느낌이 바로 나 자신의 일의 의욕을 좌우하여 일의 성과에도 상당한 영향을 주기도 한다고 합니다.

1. 남성

머리는 앞머리가 눈썹을 덮지 않아야 하며 옆머리는 귀를 덮지 않고 뒷머리는 셔츠 깃에 닿지 않아야 합니다.

그리고 얼굴은 면도를 매일 해주시고 반드시 스킨, 로션 등을 발라 주시면 됩니다.

- 앞머리 - 눈썹을 덮지 않는다.
- 옆머리 - 귀를 덮지 않는다.
- 뒷머리 - 셔츠 깃에 닿지 않는다.

대부분 정장 구입 시 판매자의 권유에 따라 그냥 입으시는 분들이 많으신데, 이번 기회를 통해 바른 정장 착용법을 익혀서 옷맵시도 살리고, 실속있는 구입도 하시기 바랍니다.

먼저 정장이란 무엇일까요? 같은 소재와 색상의 상하 한 벌의 옷으로 격식을 갖춘 옷을 정장이라고 합니다. 그래서 색상이 다르거나 소재가 다르면 엄밀한 의미에서 정장이라고 볼 수 없습니다.

입으실 때는 다음과 같은 기준에 따르면 됩니다.

- 넥타이의 길이 - 가장 넓은 부분이 벨트의 버클을 가릴 정도
- 넥타이핀의 위치 - 클립타입 넥타이 길이의 2/3 지점
- 핀 타입 - 넥타이 길이의 1/2 지점
- 소매길이 - 손목을 90도로 꺾었을 때 길이가 첫 번째 엄지손가락을 넘지 않아야 합니다.
- 투버튼 단추 - 첫 번째 단추만 잠금
- 쓰리버튼 단추 - 위에서 두 번째까지 잠금/또는 가운데 단추만 잠금
- 재킷길이 - 바르게 섰을 때 손끝으로 밑단이 살짝 만져져야 하고 최소한 엉덩이를 덮을 정도가 적당함
- 커프스가 있는 바지 길이 - 구두 굽의 1/2지점
- 커프스가 없는 바지 길이 - 구두창과 굽 사이의 경계선
- 남자정장 중에서 넥타이 셔츠, 재킷이 만나는 부위를 V존이라고 합니다.
- 가장 많이 입는 색상은 감색과 회색입니다.
- 감색정장은 깔끔한 인상을 주기 때문에 많은 사람이 선호하는 색상입니다. 감색정장에 하얀 셔츠, 그리고 붉은색 타이는 성공한 비즈니스맨들이 많이 입었다 해서 석세스 블루 차림이라고 합니다.
- 프레젠테이션이나 중요한 협상이 있을 때 착용한다면 상대방에게 전문가다운 느낌을 줄 수가 있고 상대방을 설득하는데도 효과가 있습니다.

- 흰색셔츠에 스트라이프 넥타이도 깔끔함을 연출할 수 있습니다 이때 흰색셔츠가 아닌 블루셔츠에 스트라이프 넥타이는 같은 감색과 그러데이션 색으로 차분한 느낌을 줍니다.
- 블루셔츠에 넥타이를 분홍색으로 바꿔주면 보색 대비로 눈에 띄는 도시적인 느낌이, 핑크셔츠에 핑크 넥타이는 발랄한 느낌을 줍니다. 또한 노란 도트 무늬가 있는 넥타이를 해주어도 좋습니다.
- 회색정장은 편안하고 지적인 분위기를 연출합니다. 어떤 셔츠하고도 무난하게 잘 어울리지만 자칫 단조로워 보일 수 있기 때문에 넥타이를 청색이나 붉은색으로 맞춰주시면 화려하게 연출할 수 있습니다. 차분하고 격식 있는 모임일 경우 흰색 셔츠에 회색과 흰색이 고르게 들어있는 레지멘탈 넥타이를 착용하시고 핑크 넥타이를 했을 때는 고급스러운 느낌을 줍니다. 그런 스트라이프 넥타이도 V존을 부각시키기에 좋습니다.

2. 여성

여자는 3가지 머리 스타일로 나눠 볼 수 있습니다.

첫 번째 커트 스타일입니다.

커리어우먼의 느낌을 주는 커트 스타일은 앞머리가 눈을 가려서는 안 되고, 옆머리는 귀를 덮지 않게 귀 뒤로 넘겨야 하며 드라이를 하여 머리 전체가 볼륨감이 있어 보이게 합니다.

단발스타일은 여성스러운 느낌을 주지만, 인사를 할 때 옆머리가 흘러내리지 않게 고정을 해야 합니다. 삔 또는 헤어밴드로 고정을 하면 깔끔하게 연출할 수 있습니다. 적당한 길이는 어깨선에 닿지 않을 정도로 유지하면 됩니다.

다음은 긴 머리 스타일입니다. 머리는 반드시 묶어 주는 것이 단정합니다. 이때 앞머리는 볼륨을 주고, 역시 옆머리와 뒷머리에 잔머리가 나오지 않도록 실핀을 이용해서 고정을 시켜줍니다. 이때 헤어제품을 이용하시면 더욱 깔끔한 손질을 할 수 있습니다.

메이크업은 너무 화려하거나 유행에 민감한 표현보다는 얼굴을 밝고 화사하게 표현하는 것이 좋습니다. 그리고 no make-up으로 회사에 출근하는 것은 가장 큰 실례입니다.

- 자연스러우며 밝고 건강하게 표현

요즘은 워낙 다양한 디자인과 다양한 색상의 옷들이 나오기 때문에 출퇴근 복장에서도 자신의 개성을 살려서 다양하게 연출할 수 있지만 기본적으로 지켜주셔야 할 부분이 있습니다.

첫 번째로는 반드시 정장 스타일의 복장으로 착용하셔야 합니다. 유니폼을 입고 근무할 경우 출퇴근 복장으로 청바지, 반바지에 심지어 슬리퍼를 착용하는 경우도 있으나 직장인답지 못한 복장으로 자신의 품위를 떨어트리는 일입니다. 또한 노출이 심한 옷은 일의 방해가 되므로 피해주어야 합니다.

- 재킷은 반드시 채웁니다.
- 명찰은 왼쪽 가슴에 패용하고,
- 스커트의 길이는 무릎 선을 유지하며 디자인의 실루엣을 고려하여 허리선을 지나치게 위로해서 입지 않도록 합니다.
- 바지는 바짓단이 복숭아뼈를 덮을 정도의 길이가 적당합니다.

그 밖에 입냄새 제거 및 구강상태를 수시로 점검하고 식사 후 반드시 양치질을 합니다. 손톱은 청결하고 짧게 유지하고 매니큐어는 자연스러운 색상으로 하도록 합니다. 액세서리로는 시계, 반지, 귀걸이 1세트가 적당하며 귀걸이는 되도록 부착형으로 하도록 합니다. 구두의 청결상태와 보이지 않는 유니폼의 청결상태 그리고, 과도한 향수 사용으로 상대방에게 불쾌감을 줄 수 있는 행위는 삼가도록 합니다.

1.3 인사예절

먼저 다음 장을 펼치기 전에 여러분의 현재 에티켓 수준은 어떤지 한 번 살펴볼까요?

잘 읽어 보시고 ○ 또는 ×를 표시해 보시기 바랍니다.

O, × Quiz		
1. 인사는 반드시 아랫사람이 윗사람에게 먼저 해야 한다.	○	×
2. 계단이나 좁은 복도와 같은 좁은 장소에서는 가벼운 약례로 인사하는 것이 좋다.		
3. 화장실과 같은 개인적인 장소에서도 정중히 인사를 하는 것이 예의이다.		
4. 전화를 받을 때는 전화벨이 3번 울리기 전에 받는 것이 좋다.		
5. 전화상태가 고르지 않으면 말없이 내가 먼저 끊는다.		

많이 맞추셨나요? 어렵지는 않으셨을 겁니다. 하지만 정답을 맞히는 것보다 더 중요한 것은 우리 생활 속에서 실천하고 있느냐의 문제입니다.

지금부터 함께 하실 내용들은 생활 속에서 반드시 실천을 해야겠다는 의지를 가지고 읽어보시기 바랍니다.

먼저 직장생활에서의 가장 기본이 되는 인사예절에 대해 알아보겠습니다.

하루 평균 여러분은 몇 명의 동료와 인사를 나누고 계십니까?

인사는 바르게 하고 계십니까?

혹시 이런 모습! 여러분은 아닐까요?

• 눈을 마주 치지 않고 건성으로 하는 인사,

• 상대방을 보고도 피하거나 아니면 상대방이 나를 알아볼까 해서 망설이는 인사, 이런 인사는 직장인으로서 바람직한 인사방법이 아닙니다.

그럼 지금부터 직장인으로서 해야 할 정중한 인사법에 대해서 함께 알아보겠습니다.

인사는 '사람 人'에 사는 '섬길 事' 또는 '일 事'자를 씁니다.

즉 인사란 사람 사이에 당연히 해야 되는 일이고 인사는 상대를 섬긴다는 뜻을 가지고 있습니다. 흔히들 인사란 형식적인 것이라고 생각하시는 분들이 있는데, 상대를 섬기고 존경하는 마음을 가지고 하는 인사는 원만한 인간관계를 유지하는 가장 좋은 방법이 될 수 있습니다.

1. 인사의 종류

인사는 크게 4가지 종류가 있습니다.

- 첫 번째 목례! 목례라고 하면 보통 목으로 하는 인사라고 생각하시는데 '눈 목'자를 써서 눈으로 하는 인사를 말합니다. 목례는 먼거리 또는 하루에 여러 번 만나는 사람에게 하는 인사로 적당합니다.
- 두 번째 약례는 15도 각도로 인사를 하며 엘리베이터나 에스컬레이터와 같은 좁은 장소에서 하는 인사입니다.
- 세 번째 보통례는 30도 각도의 인사로 평상시 동료나 고객에게 하는 인사입니다.
- 마지막 정중례는 45도 각도의 인사로 깊은 감사나 사죄를 표현할 때 하는 인사로 적당합니다.

2. 인사의 기본자세

인사의 기본자세는 머리는 중앙에 두고 양 어깨 수평이 되도록 합니다. 두 손은 모으되 여성은 오른 손을 위로하고 남성은 손에 계란을 쥔 손 모양으로 가지런히 바지 옆선에 둡니다. 무릎은 부치고 발은 자연스럽게 'V'자 모양을 만듭니다.

이러한 기본자세에서 인사를 할 때에는 다음과 같이 합니다.

머리, 등, 허리가 일직선이 되도록 하고 허리 숙이는 시점은 인사말 끝에 합니다.

"안녕하십니까"의 니까에,

"감사합니다"의 니다,

"반갑습니다"의 니다에 해주시면 됩니다.

그리고 정중한 느낌을 주기 위해 잠시 멈춤 동작이 있습니다.

- 머리, 등, 허리가 일직선이 되도록 함
- 인사말 끝에 허리를 숙임
- Stop 동작을 해줌

인사 실습을 해보도록 합니다.

지금까지 보통례를 중심으로 살펴보았습니다. 하지만 일상생활 속에서는 상황과 장소에 따라서 인사 방법이 조금씩 달라지죠? 그래서 상황별 인사법에 대해서 알아보겠습니다.

먼저 계단입니다. 가끔 계단에서 인사 시 상급자가 위에서 내려오고 하급자가 밑에서 올라갈 때는 적당한 거리인 2~3계단 아래에서 인사를 하면 됩니다. 하지만 반대로 하급자가 위에서 내려오고 상급자가 밑에서 올라갈 때는 되도록 하급자가 상급자를 내려보면서 인사하지 않도록 같은 계단에서 해주면 됩니다.

다음은 엘리베이터입니다. 엘리베이터에서 인사 시 포인트는 멈춰서서 하는 인사가 아니라, 인사말과 동시에 엘리베이터 안으로 들어서면서 15도 정도 숙여주는 것입니다. 인사말은 적당한 크기로 하며 대화를 나눌 시에도 주위사람을 배려하여 큰 소리로 하지 않습니다.

마지막으로 개인적인 장소입니다.

개인적인 장소는 어디를 말할까요? 네, 맞습니다. 화장실, 탈의실, 목욕탕 등입니다. 이런 장소에서는 인사를 받을 사람과 눈이 마주쳤을 때 가벼운 목례 정도가 좋고 그렇지 않다면 생략해도 괜찮습니다.

오히려 개인적인 장소에서 안녕하십니까? 하고 인사를 하는 것이 결례일 수가 있습니다.

1.4 전화응대

일본에서 1999년 9월 한 네티즌이 거대 기업인 도시바를 굴복시킨 사례가 있습니다. 비디오가 고장 나 수리를 요청했으나 도시바 직원에게 폭언을 당하자 곧바로 이 내용을 자신의 홈페이지에 게재하였습니다. 놀랍게도 조회수가 무려 1,000만 건에 이르는 등 네티즌의 폭발적 반향이 일어나, 마침내 도시바는 기자회견을 열고 대국민 사과문을 발표하였습니다.

업무상 가장 많이 이용하는 전화사용 예절, 여러분은 누군가에게 전화를 걸 때 전화를 받는 상대가 어떻게 해주길 원하십니까?

가장 먼저 '내 전화를 빨리 받아주길 원하고, 내가 원하는 정보를 정확히 알려주길 원하고, 그리고 나에게 정말 친절하게 응대해주길 원합니다.'

그렇다면 고객은 우리에게 전화를 걸 때 어떻게 받아주길 원할까요? 마찬가지겠죠? 그래서 전화응대의 기본 3요소가 바로 '신속, 정확, 친절'입니다.

여러분의 전화기에 '신속, 정확, 친절'이라는 문구를 적어놓고 전화벨이 울리 때마다 마음속으로 이렇게 외치면서 받아보시면 어떨까요?

그럼 지금부터 전화예절을 구체적으로 살펴보겠습니다.

① 전화를 걸 때에는 시간 장소, 상황을 고려하셔야 합니다. 출근, 퇴근, 점심시간은 피하고 상황과 장소를 고려하여 출장, 회의 중일 때도 급한 용무가 아니면 피해줍니다.

② 수화기를 들기 전 상대방의 전화번호, 소속, 성명을 다시 한 번 확인합니다.
③ 상대가 전화를 받았을 경우 먼저 자신의 소속과 이름을 밝힙니다.
④ 용건은 두괄식으로 말하고자 하는 바를 간결하게 정리하고,
⑤ 끝인사도 잊지 않고 한 후에 조용히 끊어 줍니다.

- T(time), P(place), O(occasion)를 고려합니다.
- 상대방의 전화번호, 소속, 성명을 다시 한 번 확인합니다.
- 먼저 자신의 소속과 이름을 밝힙니다.
- 용건은 명확하고 요령 있게 전달합니다.
- 정중하게 끝인사를 하고 조용히 끊습니다.

이번에는 전화를 받는 예절에 대해서 살펴보겠습니다.

- 전화벨이 울리면 2~3번 사이에 신속하게 받습니다.
- 전화를 받을 때의 음성은 밝은 음성, 즉 여성은 '솔'음, 남성은 '미'음으로 인사와 함께 소속, 이름을 밝힙니다.
- 상대의 이야기에 귀 기울여서 정성어린 마음으로 응대를 하고 끝맺는 인사도 반듯이 합니다. 예를 들면 '감사합니다, 좋은 하루 되십시오' 이야기를 하면 그냥 끊은 전화보다는 훨씬 정중하고 상대를 배려한다는 느낌이 듭니다.
- 그리고 마지막으로 여러분이 주의하실 점은 바로 수화기를 놓는 것이 아니라 상대가 끊은 뒤 조용히 수화기를 내려놓는 것입니다.

- 전화벨은 2~3번 사이에 신속하게 받는다.
- 밝은 음성(여성은 '솔'음, 남성은 '미'음)으로 인사와 함께 소속, 이름을 밝힌다.
- 정성스런 마음가짐으로 응대한다.
- 끝인사를 한다.
- 상대방이 끊은 뒤 조용히 수화기를 놓는다.

상황별 전화 응대요령을 살펴보겠습니다.

전화 받을 사람이 회의 중일 때에는 다음과 같이 응대합니다.

만약 상대가 급한 용무일 경우 통화 가능하다면 연결하고, 통화가 불가능할 경우에는 몇 시간 또는 몇 분 후에 끝날 예정인지 구체적으로 이야기합니다.

업무 담당자에게 전화를 연결할 때입니다. 전화를 연결할 때는 혹시 전화 연결 도중 끊어질 수가 있기 때문에 연결되는 전화번호까지 알려줍니다. 전화벨이 한참 울리고 난 뒤에도 첫인사를 끝까지 다한다면 상대방은 어떤 느낌일까요? 아마 인사말 중간에 답답해서 역정을 내시지 않을까요? 늦게 받았을 때는 늦게 받아 죄송하다는 인사말을 하고 간단하게 소속과 이름만 말합니다. 통화감이 좋지 않을 때에도 여러분은 듣지 못하지만 상대방은 여러분의 생생한 음성을 들을 수 있습니다. 따라서 안 들린다고 끊는다는 것은 큰 결례가 될 수 있기 때문에 이때에도 주의를 하여 전화 응대를 해야 합니다. '죄송합니다만 통화감이 좋지 않습니다. 다시 걸어 주시겠습니까?'라는 멘트를 해주신다면 훨씬 더 정중한 느낌이 들 수 있습니다.

상황별 전화예절을 실습해 보도록 합니다.

■ 상황별 전화 응대 매뉴얼 1

〈도 입〉

* 최초 응대 시

"고객과 함께하는 ○○○입니다."/ "감사합니다." / "안녕하십니까?"

- 인사말과 함께 이름을 또박또박 끊어서 자신감 있고 반기는 느낌으로 말합니다.

* 늦게 받았을 때

"오래 기다리셨습니다." / "기다리시게 해서 죄송합니다."

"늦게 받아 죄송합니다. ○○○입니다."

- 공손한 마음가짐이 중요합니다.

〈안 내〉

* 문의

"네, 무엇을 도와드릴까요?" "고객님, 어떤 사항이 궁금하십니까?"

- 주의해야할 표현 : 말씀하세요, 뭔데요, 왜 그러시는데요.

	Bad case	Good case
거절은 완곡하게	할 수 없습니다. 안됩니다.	입장은 이해합니다만, 저희로서는 조금 어렵겠습니다. 죄송합니다만, 저희가 처리해 드리기 곤란한 일인 것 같습니다.
명령형보다는 청유형으로	해 주세요. 기다리세요.	해 주시겠습니까? 잠시만 기다려 주시겠습니까?
부정형보다는 긍정형으로	잘 모르겠는데요. 아직 다 못했는데요. 잠깐만요.	잠시만 기다려 주시겠습니까? 확인 후 바로 안내해 드리겠습니다. 죄송합니다만, 아직 처리중입니다. 최대한 빨리 처리해 드리겠습니다. 잠시만 기다려주시겠습니까?
반 토막 말보다는 완전한 말로	네? 알았어요.	죄송합니다만, 다시 한 번 말씀해 주시겠습니까? 네, 잘 알겠습니다.

* 담당자 연결할 때

" ○○○ 말씀이세요? 곧 연결해드리겠습니다."

"잠시만 기다려 주십시오. 곧 연결해 드리겠습니다. 연결 중 끊어지면 ○○○ −○○○○번으로 전화해 주십시오."

- 주의해야할 표현 : "잠시만요" 하고 연결하는 것은 절대금물
- 연결여부 확인
- 연결 중 끊어질 것을 대비하여 상대가 원하는 사람의 직통번호를 알려주고 친절히 연결합니다.

* 내접 권유

"고객님, 저희 쪽에 내방해주시면 더욱 자세히 설명드리겠습니다. 위치 아십니까?"

〈마무리〉

* 추가 용건 확인 및 본인 소개

"고객님, 더 궁금하신 사항 있으십니까? 추후로 궁금하신 사항 있으시면 언제든지 전화 주십시오. 저는 ○○○입니다."

"고객님, 더 궁금하신 사항 없으십니까? 저는 ○○○입니다. 꼭 방문하실 일 있으시면 저 찾아오십시오."

"고객님, 더 필요한 사항 있으십니까? 저는 ○○○입니다."

"네, 감사합니다. 저는 ○○○이었습니다."

- 고객의 추가용건 확인으로 문의사항을 완벽히 해결! 추가용 확인 습관화가 필요합니다.

* 마무리 인사말

"전화 주셔서 감사합니다. 좋은 하루 되십시오!"

"네, 대단히 감사합니다. 다음에 또 뵙겠습니다. 좋은 하루 되십시오!"

"행복한 하루 보내세요. ○○○이었습니다." "즐거운 주말 보내세요. ○○○이었습니다."

"즐거운 주말 보내시고 시간되시면 한 번 들러주십시오. 감사합니다. 저는 ○○○이었습니다."

- 나에게 온 전화가 아니더라도 감사의 표현과 인사말을 잊지 않습니다.
  불만고객을 응대할 때는 불편에 대한 사과 → 공감·경청하기 → 진상조사와 원인분석 → 신속한 해결과 대안제시 → 긍정적 마무리(당장은 해결할 수 없으나 고객님의 소중한 의견을 반영하여 처리될 수 있도록 적극 노력하겠습니다) 순으로 진행합니다.

■ 상황별 전화응대 매뉴얼 2

〈메모를 받아 적을 때〉

1단계 : 전화 건 사람에게 무엇을 도와줄 수 있는지 물어봅니다.
2단계 : 메모를 전화 메모지에 기록합니다.
3단계 : 전화 건 사람의 회사명/전화번호를 물어봅니다.
4단계 : 남기고 싶은 메모가 무엇인지 물어봅니다.
5단계 : 받아 적은 메모 내용을 확인합니다.
6단계 : 언제 전화를 주는 것이 적합한 시간인지 물어봅니다.
7단계 : 메모를 담당자에게 전해 줄 것이라고 명시합니다.
8단계 : 전화를 마무리 짓습니다.
9단계 : 통화날짜/시간을 기록합니다.
10단계 : 전화 메모지에 서명합니다.
11단계 : 담당자에게 메모를 전달합니다.

〈통화 중 대기 상태에 놓을 때〉

1단계 : 전화 건 사람에게 통화 중 대기상태에 놓아야 하는 이유를 설명합니다.
2단계 : 전화 건 사람에게 통화 중 대기상태에 놓아도 괜찮은지 물어봅니다.
괜찮다고 하면,
3단계 : 통화 중 대기상태에 놓겠다고 말해 줍니다.
4단계 : 통화 중 대기상태에 놓습니다.
5단계 : 10~20초가 지나면 상황보고를 하고 계속 기다리겠는지, 아니면 메모를 남기겠는지 물어봅니다.
6단계 : 다시 통화를 할 때 기다려 준 것에 대한 감사를 표시합니다.
전화를 건 사람이 대기상태에 놓이는 것을 원치 않으면,
7단계 : 메모를 남기고 싶은지 물어봅니다. 메모를 남기지 않겠다고 하면,
8단계 : 나중에 담당자가 전화를 해주길 원하는지 물어봅니다. 그렇지 않다고 하면,

9단계 : 전화해 준 것에 대해 감사를 표시하고 전화를 마무리 짓습니다.

〈동시에 여러 전화가 올 때〉

1단계 : 통화하던 고객에게 다른 전화가 왔음을 알리고, 잠시만 기다려 달라고 양해를 구합니다.

2단계 : 다른 전화를 받습니다.

3단계 : 먼저 전화 온 고객과 통화 중임을 설명하고 사과합니다.

4단계 : 전화 온 고객의 이름, 용건, 연락처 등을 물어보고, 먼저 온 전화 통화가 끝나면 바로 전화드리겠다고 말합니다.

5단계 : 자신의 이름을 밝히고, 감사를 표시한 후 전화를 마무리 짓는다.

6단계 : 통화대기 중인 고객과 다시 통화합니다.

〈불만고객을 대할 때〉

1단계 : 완충적인 표현을 사용하여 고객의 불만을 가라앉힙니다.

2단계 : 고객의 불만에 공감을 표시합니다.

3단계 : 상황에 대해 감사합니다.

4단계 : 고객의 감정을 건드리지 않고 끝까지 경청합니다.

5단계 : 더 많은 정보를 가지고 원인 규명을 합니다.

6단계 : 고객의 문제를 이해하고 있다는 의미에서 고객의 관심사항을 반복합니다.

7단계 : 고객의 단골거래에 감사하고 있음을 나타냅니다.

8단계 : 문제의 상황에서 어떻게 더 잘 해드려야 하는지에 대해 묻고, 가능성에 대해서 설명합니다.

9단계 : 고객이 해야 할 일과 자신이 해야 할 일을 각각 요약합니다.

10단계 : 기분 좋게 일을 마무리합니다.

11단계 : 감사표현을 합니다.

■ 이런 전화 응대법 안돼요.

- 불손한 응대태도 : "거참! 모르겠다는데 왜 그래요?"
- 고객의 용건무시 : "그깐일로 전화를 합니까?"
- 고객의 말을 중간에 차단 : "제 말을 들어 보세요!"
- 무성의하고 불문명한 응대 : "글쎄요, 다른 부서에 문의하시죠."
- 낮춤말, 반말투 사용 : "그니까, 이렇다니까, 왜 그래요?"
- 고객을 가르치려는 자세 : "제가 일단 말씀드린 대로 하시라니까요."
  " 그런 식으로 하시면 안 되죠."

전화예절 응대는 결코 어려운 것이 아닙니다. 상냥한 말 한마디를 덧붙이는 작은 차이로 좋은 느낌을 전달할 수 있습니다.

1.5 방문 안내

비즈니스 매너에 대해서 하나씩 살펴보기 전에 간단한 퀴즈를 풀어보도록 하겠습니다.

O, × Quiz		
1. 방문하기에 가장 알맞은 시간대는 오후 2~4시이다.	○	×
2. 방문 시 외투는 접객실에 들어가서 인사를 나눈 후 벗는다.		
3. 소개 시 하급자를 상급자에게 먼저 소개한다.		
4. 명함교환 시 모르는 한자가 있을 경우 그 자리에서 물어보는 것은 실례이다.		
5. 악수 시 방한용 장갑은 벗고 한다.		
6. 상석은 출입문을 기준으로 먼 쪽이다.		

꽤 어려우셨나요?

- 방문시간은 출퇴근시간이나 점심시간 등은 피하고 일반적으로 오후 2~4시가 적당합니다.
- 약속하기 전에 미리 필요한 내용을 정리하고 가도록 합니다.
- 외투를 입었을 경우 건물에 들어서자마자 벗어 왼쪽 손에 가지런히 걸치고 사무실을 방문합니다.
- 도착 후에는 안내자가 있을 경우 필히 경유토록 하고 안내자가 없는 경우 가까이에 있는 사람에게 양해를 구합니다.
- 복장은 가급적 정장으로 하며 여성인 경우 메이크업은 반드시 합니다.
- 응접실로 안내될 때에는 안내자가 앉을 자리를 지정해 줄 때까지 서있습니다. 기다릴 때는 바른 자세로 명함과 필요한 서류를 미리 준비합니다.
- 이야기할 내용은 미리 메모하여 간결하게 전달하고 작별인사를 합니다.
- 방문 후 사후 처리는 철저하게 하여 깔끔한 인상을 주도록 합니다.

이번에는 우리 회사를 찾아오는 고객을 어떻게 안내할 것인지 알아보겠습니다.

- 먼저 방문객을 만나서 인사를 한 후 안내할 장소를 이야기합니다.
- 장소로 이동할 때는 안내자가 왼쪽 2~3걸음 앞에서 안내를 합니다. 이때 안내자는 방문객이 잘 따라오는지 확인하기 위해서 방문객의 걸음을 확인하며 갑니다.
- 안내할 장소까지 오면 방문객이 먼저 들어 갈 수 있도록 문을 활짝 열어서 먼저 안으로 안내하고 상석에 앉을 수 있도록 자리까지 세심하게 안내를 합니다. 그리고 인사말과 함께 정중하게 인사를 한 후 퇴실하면 됩니다.

각 상황별 안내 방법을 좀 더 구체적으로 알아보겠습니다.

■ 고객맞이

고객을 맞이할 때는 환영하고 있다는 느낌이 들게 밝은 표정으로 정중하게 맞이해야 합니다. 너무 형식적으로 맞이한다면 방문객 입장에서 불편한 생각이 들 수 있습니다. 환영하는 마음과 함께 서로 소개를 하며, 안내할 장소를 미리 알려줍니다. 만약 사무실에서 처음 만나게 되는 경우에는 하던 일을 멈추고 일어나서 인사로 맞이하는 것이 기본적인 예절입니다.

■ 안내 시

고객은 중앙으로 걷고 안내자는 두세 걸음 앞에서 걸으며 고객과 보조를 맞추어 걷습니다. 이때 안내자는 완전히 등을 보이지 않으며 사선으로 고객이 잘 따라오는지 확인하며 걸어야 합니다. 안내자에겐 익숙한 길이지만 고객에겐 낯설기 때문에 더욱 배려를 해야 합니다. 코너를 돌 때는 "이쪽입니다"라고 방향지시와 함께 안내하며 말없이 먼저 코너를 돌아가지 않습니다.

■ 계단 안내 시

안내 도중 계단이 있을 경우에는 일반적으로는 안내자가 앞서서 올라가지만 안내자가 여성의 경우이고, 안내 받는 고객이 남성일 경우에는 고객, 즉 남성이 먼저 계단을 오르도록 합니다. 이것은 여성이 앞서 올라가면서 느낄 수 있는 부담감을 줄이고자 하는 이유입니다. 내려올 때는 안내자가 먼저 내려오면 됩니다.

■ 엘리베이터 안내 시

안내 도중 엘리베이터를 이용할 경우에는 다음과 같은 요령으로 안내를 하시면 됩니다. 한 명의 고객을 안내할 때는 고객을 먼저 탑승하게 하고, 몇 층으로 모실 것인지 말씀을 드립니다. 내릴 때도 고객이 먼저 내릴 수 있게 배려를 하며 안내자는 뒤따라 내린 후 빠른 걸음으로 다시 2~3걸음 앞에서 안내를 하면 됩니다. 안내자가 다수일 경우에는 엘리베이터 탑승 시에만 안내자가 먼저 탑승을 합니다.

다음은 상석의 순서를 알아보겠습니다. 하루에도 몇 번씩 마주 대하는 엘리베이터나 응접실에서, 무심코 이용하기 쉽지만 여기에도 지켜야 할 예절이 있습니다. 바로 직장상사나 웃어른과 함께 일 때 상석을 양보하는 것입니다.

상석의 기준은 출입문에서 가장 먼 자리, 전망이 좋은 자리, 소파 좌석(3단 장의자) 순입니다.

1.6 회의 보고

이번에는 회사생활의 가장 기본 업무인 회의와 상사로부터의 지시, 그리고 보고하는 요령에 대해서 알아보겠습니다.

회의에 참석할 때는 장소와 시간을 확인하는 것은 필수이며 회의의 목적과 안건에 대해서 사전 준비를 한 후 효율적인 회의가 될 수 있도록 합니다. 또한 회의를 하다보면 여러 가지 의견들이 나오는데 나와 다른 의견일지라도 타인의 의견을 존중하고 메모하는 등 적극적인 자세로 임하는 것이 기본적인 매너입니다. 또한 회의나 기업교육을 준비할 때는 아래와 같은 체크리스트를 참고로 하여 빠짐없이 준비하도록 합니다.

사내교육/회의 진행 체크리스트

작성일 : 20 년 월 일 담당자 : (인)

일정	항 목	세부 체크 항목			진행사항	비고
D-15	강사 섭외	□교육 내용 확인	□강의 주제 확정	□강사 자료수집		
	날짜, 시간 확정	□날짜 확정	□시간 확정	□비용 확정		
	장소확정	□본사 회의실	□본사 교육장	□외부교육센터		
D-7	교육계획서	□예산 확정 · 품의	□교육계획안 작성			
D-3	교육과정 개설	□개설여부 확인 (교육장)				
	교 재	□필요교재 확인	□구매여부 확인	□도착일 및 장소 확인		
	강 사	□강사연락처 확인	□이력사항	□강사에게 연락		
	교육장소 환경	□강사에게 필요 환경 확인	□책상 배열 확인	□필요 기자재 세팅		
D-1	교육생 명단	□최종명단 확인	□출석부, 명단, 명패 작성	□강사에게 명단 통보		
	강의 교보재 세팅	□교재 및 실습재료 세팅	□빔프로젝트, 마이크 확인	□유 · 무선 마이크 확인		
		□노트북케이블 확인	□교육안내판 부착	□교보재 도착 확인		
		□화이트보드, 마커 확인	□필요 교보재 재확인			
	오프닝	□오프닝 PPT 작성	□강사PC에 자료세팅	□강사 소개멘트 준비		
교육 시작일	교육 시작 전	□간식 및 음료 세팅	□출석부, 교재, 필기구 세팅	□출석확인		
	교육 시작 후	□인원확인	□담당자에게 시작 보고	□현황보고		
교육 기간 중	과정운영	□과정 모니터링	□운영일지 작성	□문제사항 보고		
교육 종료일	수료준비	□평가문제 편집 및 복사	□설문지 준비	□현황보고		
	과정 수료	□설문진행	□교육장 정리	□설문종합 및 평가 채점		
종료 후 1일	과정 마무리	□수료자명단 발송	□운영일지 작성			
종료 후 1주일	과정 마무리	□결과/보고 작성 발송	□월별 교육과정 현황표 작성			

■ 회의의 종류

- 공개토론회 : 하나의 주제에 대해 찬반양론의 입장에서 참가하여 토론합니다.
- 세미나 : 강연, 강의가 끝난 후 연설자와 함께 질의, 응답하는 형식입니다.
- 패널식 토의 : 몇 명의 토론자를 선정한 후 청중의 질문에 응답하거나 다시 토론을 벌이는 형식입니다.
- 심포지엄 : 연설자 각각이 서로 다른 주제로 발표한 후 청중에게 질문하고 답하는 형식입니다.
- 브레인스토밍 : 여러 사람이 각자의 의견을 내어 놓고 그 자극작용에 의해 보다 나은 아이디어와 결론을 찾고자 하는 형식입니다.

존중과 배려의 문화!! 여러분의 회의시간에 바로 적용해보시기 바랍니다. 자, 그럼 상사로부터 지시를 받을 때와 상사에게 보고를 할 때는 어떠한 자세를 가져야 할까요?

■ 지시를 받을 때

상사로부터 지시 받을 때의 기본자세를 알아보겠습니다.

상사의 지시는 지시도중 말을 가로막지 않고 끝까지 경청하며 메모합니다. 지시내용에 의문이 생기면 그 자리에서 물어보고 확인하며, 지시가 끝났다고 판단되면 "이상입니까?"라고 확인한 후 지시사항을 간략히 정리합니다. 여러 지시를 겹쳐 받았을 경우 우선순위를 확인하여 추진하며 기일 내에 지시를 이행하지 못한 경우는 반드시 그 원인과 대처방안을 보고합니다.

■ 보고할 때

보고할 때는 지시받은 사람이 직접 해야 하며 지시한 사람에게 하는 것이 원칙입니다. 보고내용이 복잡하면 문서로 작성하여 보고하는데 도표 및 자료를 시각화하여 효과적으로 작성합니다.

보고는 두괄식으로 하며 설명은 정확하고 간결하게 하는 것이 좋습니다.

보고자의 위치는 어디에 위치하느냐에 따라 조금 달라지는데 책상 앞에서 보고하는 경우에는 50cm 정도 떨어진 거리에 약간 측면에 서는 것이 좋습니다. 만약 책상이 아니 경우에는 1m 정도 떨어진 곳에 서며 가까이에서 설명해야 할 경우에는 "실례합니다"라고 양해를 구하고 가까이 다가섭니다.

이 때 자세는 한쪽 다리로 무게 중심을 두지 않고 바른 자세로 안정감 있게 서 있으면 됩니다. 상사의 권유가 있기 전에는 자리에 앉지 않습니다.

■ 퇴근 시

하루 일과를 마치고 퇴근하는 시간! 가벼운 마음으로 퇴근해야겠습니다. 그런데 당신이 떠난 자리의 모습, 과연 어떠십니까? 설마 서류가 마구 흐트러진 모습은 아니시겠죠? 함께 일하는 곳! 쾌적한 환경 속에서 근무할 수 있게 노력해야겠습니다.

1.7 기타 상황별 예절

1. 메신저 사용 예절

회사에 출근하면 가장 먼저 하는 일이 무엇일까요? 네! 많은 직장인들이 바로 컴퓨터를 켜서 메일을 확인하는 것입니다. 그만큼 직원들 간에 주고받는 메일, 메신저, 전자문서들은 우리 업무와 밀접하게 연결되어 있습니다. 그렇다면 우리는 온라인상의 기본예절은 지키고 있을까요?

온라인상에 글을 올릴 때는 남을 비방하는 글이나, 저속하거나 음란한 내용을 올리는 것은 금지되어 있습니다. 또한 사용목적과 다른 글을 올리는 것도 안 됩니다.

그 밖에 또 무엇이 있을까요?

사내에서 메신저는 Communicator만 사용 가능합니다. 혹시 다른 프로그램을 사용하고 있다면 삭제해야 합니다. 메신저는 업무의 효율성을 높여 주기도 하지만, 반대로 너무 사적인 목적으로 이용하게 되면 오히려 업무에 방해가 될 수도 있습니다.

작은 에티켓 하나가 업무 환경을 쾌적하게 만듭니다.

■ 메신저 사용 시 수칙

- 아무 때나 접속하여 대화를 시도하지 말 것
- 장시간 접속은 삼가 할 것
- 문장작성은 간결하게 할 것
- 상대방과 마주보고 있는 대화자세로 임할 것
- 한 번씩 답변하고 질문할 것
- 은어, 약어, 비어 사용은 피할 것

2. 음주예절

음주예절에 대해서 알아보겠습니다.

기본적으로 회식은 비즈니스의 연장선이며 동료와 인간관계를 돈독히 하는 자리이기도 합니다. 하지만 가끔 기본적인 예절을 지키기 못하여 오히려 인간관계가 멀어지기도 합니다.

■ 음주 시 바람직하지 않은 행동

- 주사를 보여선 안 된다.
- 술을 사양하는 사람에게 억지로 권하지 않는다.
- 자기 주량을 초과하여 먹지 않는다.
- 술잔을 들고 함부로 술자리를 옮겨다니지 않는다.

- 여직원의 자리를 지정하여 앉히지 않는다.
- 여직원의 신체를 함부로 접촉하지 않는다.
- 회사와 상사에 대한 험담을 하지 않는다.
- 회사의 보안을 요하는 이야기는 하지 않는다.

지금 이 순간 위의 내용을 꼭 기억하셔서 바람직한 음주문화를 만들어 보시기 바랍니다.

3. 조문예절

조문예절에 관해 살펴보겠습니다.

직장생활을 하다보면 직장 동료와 희로애락을 함께 하게 됩니다. 특히 조문 시 동료애가 더욱 각별히 발휘되는데 행동예절을 지키지 못하여 그 마음이 퇴색되는 경우가 있습니다. 간단한 예절이지만 조문예절에 대해 함께 알아보고 여러분의 마음을 전달해 보도록 합니다.

■ 조문 절차

- 상가에 도착하면 외투는 벗어서 왼팔에 가지런히 접어 둡니다.
- 평절은 공수한 손을 그대로 앞으로 모아서 왼쪽 무릎을 바닥에 먼저 닿게 하고 절을 합니다.
- 일어 설 때는 오른쪽 무릎을 먼저 세운 후에 일어나서 공수 자세로 반절을 합니다.
- 상제에게 간단하게 목례를 한 후 영정 앞에 분향을 합니다.
- 분향이 끝난 후 뒷걸음으로 물러나 영정에 재배하고 다시 상제에게 한 번 절을 하며, 인사말을 전합니다.
- 그리고 마지막으로 조의금 접수함에 준비한 조의금 봉투를 넣으면 됩니다.

■ 조문 시 복장

여자/남자 모두 검정색 정장이 기본 원칙이지만 급작스럽게 방문하는 경우에는 남자는 감색, 회색 계통도 무난하며, 여자는 액세서리, 스카프는 떼어내고, 색조화장을 지우고 가는 것이 좋습니다. 또한 이렇게 갑작스런 경우를 대비하여 남자들은 검정색 넥타이 정도는 항상 사무실에 준비해 놓는 것도 좋은 방법입니다.

그밖에 조문 시 주의 점에 대해서 살펴보겠습니다.

조문 시에는 유족에게 계속 말을 걸지 않는 게 예의입니다. 위로를 하고 싶은 마음에 이야기를 계속하는 분들이 간혹 있으나, 유족에게 정신적 피로감을 줄 수 있기 때문에 간략하게 인사말만 하는 게 좋습니다. 그리고 반가운 친구나 친지를 만나더라도 큰소리로 이름을 부르지 말고 낮은 목소리로 조심스럽게 말하고 조문이 끝난 뒤 밖에서 따로 이야기하도록 합니다.

조문 시 어려운 부분 중에 하나가 바로 분향하는 방법입니다.

■ 분향하는 방법

분향은 먼저 영정을 향해 가볍게 인사를 한 후 향 둘을 집어 촛불을 이용하여 불을 붙입니다. 불은 엄지와 검지를 이용하여 가볍게 눌러서 끄던가, 아니면 왼손으로 부채질을 하여 끕니다. 이 때 입으로 불어서 끈다든지, 흔들어서 끄는 것은 절대 안 됩니다. 그리고 향을 꽂은 후 뒤로 물러나면 됩니다.

부의금 봉투는 소속과 이름을 쓰면 됩니다. 이때 봉투 안에는 반드시 '단자'를 이용하는데, 단자를 접을 때는 세로로 3번 접고 아래에서 1cm 정도를 가로로 접어 올리며 조의문구나 이름 등이 접히지 않도록 합니다.

마지막으로 절하는 방법에 대해서 알아보겠습니다.

■ 남자 절하는 방법

먼저 남자의 큰절하는 방법입니다.

• 바르게 선 자세에서 손은 공수를 합니다. 이때 공수는 평상시의 반대, 즉 오른

손이 위로 올라가게 합니다.

- 손을 들어 눈높이까지 올립니다.
- 왼쪽 무릎이 먼저 바닥에 닿습니다.
- 오른쪽 무릎과 왼쪽 무릎을 가지런히 꿇습니다. 이때 왼쪽발이 위가 되게 발등을 포갭니다.
- 고개를 손등이 닿을 만큼 깊숙이 숙입니다.
- 오른쪽 무릎을 먼저 세우면서 일어납니다.
- 일어나 왼발과 오른 발을 가지런히 모으고 다시 반배를 합니다.

  만약 평절을 하는 경우에는 손을 눈높이까지 올리지 않고 바로 바닥을 짚으면서 큰절과 같은 방법으로 절을 하면 됩니다.

■ 여자 절하는 방법

이번에는 여자 절하는 방법입니다.

일반적으로 조문 시 절은 큰절 또는 평절을 하나 정장을 한 상태에서 절하는 방법은 다음과 같이 합니다. 큰절하는 방법입니다.

- 남자와 마찬가지로 반듯하게 선 자세에서 손은 공수를 합니다.
- 손의 모양은 평상시의 반대, 즉 왼손이 위로 올라가게 합니다.
- 공수한 손을 풀어 두 손을 양 옆에 내립니다.
- 왼쪽 무릎이 먼저 바닥에 닿게 합니다.
- 오른쪽 무릎을 왼쪽무릎과 가지런히 꿇고 손은 양 옆으로 바닥에 댑니다. 이때 발 모양은 남자와 반대로 오른발이 위로 올라오게 포갭니다.
- 상체를 깊숙이 숙여 절을 합니다.
- 상체를 일으키며 오른 무릎을 세우고 일어납니다.
- 일어나서 두 발을 가지런히 모으고 손은 다시 공수를 하고 반배를 합니다.
- 평절하는 방법입니다.

- 평절은 공수한 손을 그대로 앞으로 모아서 왼쪽 무릎을 바닥에 먼저 닿게 하고 절을 합니다.
- 일어 설 때는 오른쪽 무릎을 먼저 세운 후에 일어나서 공수 자세로 반절을 합니다.

미니지식 Q&A

■ 지시 받은 사항이 도대체 뭐였더라?

- 일할 때 상대방이 지시하는 내용을 정확히 파악하고 있어야 합니다. 그렇지 못하고, 대답 잘하는 사람이 일 잘한다고 무턱대고 대답만 하고 정작 내용은 제대로 파악하지 못하고 있다면 큰 낭패를 보게 됩니다. 이럴 때는 솔직함이 가장 좋습니다. 사실대로 업무파악을 못했음을 알리고 다시 한 번 정중히 여쭈어 봅니다.
  두 번째는 시간차를 두고 고민한 흔적을 남기는 것입니다. 바로 다시 물어볼 경우에는 신중하지 못하거나 이해력이 떨어지는 것으로 보일 수도 있기에 조금 지난 뒤 궁금한 사항을 조리 있게 정리해서 질문하는 방식으로 실수를 만회하도록 합니다.

미니지식 Q&A

■ 신입사원 나신입 씨, 이러다 다크서클 생기겠네... 제일 먼저 출근해야 하나요?

- '출근은 연봉순이다', '신입사원은 제일 먼저 출근해야 한다' 등 입사 전 읽었던 자기계발서의 내용대로 일찍 출근하려다보니 피곤하기 이를 데 없습니다.
  그러나 중요한 것은 일찍 출근하는 것이 아니라, 일찍 와서 무엇을 하느냐에 달려 있습니다. 남에게 인정받고 보이기 위해 일찍 나온다면 부담이 되지만, 나의 부족함을 채우고 업무 적응기간을 단축하기 위해 나에게 투자하는 시간이라고 생각하면 하루가 달라질 것입니다. 일찍 출근하여 하루 계획을 세우고, 마음을 가다듬는 시간을 갖는다면 당신의 5년 후, 10년 후는 반드시 보상받을 것입니다.

미니지식 Q&A

■ **혼날 때 어떤 자세여야 하는지 어렵네요.**

- 직장에서는 많이 혼나는 것이 좋습니다. 그래야 남들보다 두 배, 세 배 빠르게 일을 배우니까. 회사에서 일하다보면 잘했을 때는 상을 받고 칭찬도 받지만, 때로는 질책을 받을 때도 있습니다. 그런데 잘못한 일보다 태도가 그게 뭐냐며 혼날 때가 종종 있습니다. 이럴 때 어떻게 해야 할까요?
  우리는 의사표현을 말로만 하는 것이 아니라 무언의 몸짓으로 마음가짐을 드러내기도 합니다. 따라서 질책하는 상대방은 자신의 지적으로 당신이 반성하기를 원하는데, 그런 모습이 보이지 않을 때 화를 내게 됩니다. 윗사람에게 혼날 때 체면과 자존심이 먼저 고개를 내밀어 배움의 기회를 가리는 경우가 있습니다. 이것이 그대로 행동에 나타나기도 하는데, 혼나고 있는데 다리를 떨고 있거나, 주머니에 손을 넣거나, 팔짱을 끼거나, 뒷짐을 지고, 상대방의 눈을 똑바로 쳐다보는 행동은 피해야 합니다.
  가장 좋은 자세는 두 손을 앞으로 모으고 고객을 약간 숙인 채 공손한 자세를 취하는 것입니다. 스스로를 내리는 것은 보통 어려운 선택이 아닙니다.

02
CHAPTER

조직에서의 커뮤니케이션

Objective

1. 조직 내 커뮤니케이션의 기능과 중요성을 이해하고, 커뮤니케이션을 활성화할 수 있는 방안을 습득할 수 있습니다.

2. 조화롭고 협력적인 커뮤니케이션 스킬을 향상시켜 올바른 조직문화 형성에 기여할 수 있습니다.

3. 성장과 창의적인 혁신을 위해 유기적인 커뮤니케이션의 Tip을 활용해 볼 수 있습니다.

2.1 조직에서의 커뮤니케이션

첫눈에 반해버린 청춘남녀가 있었습니다. 둘은 집안의 반대를 무릅쓰고 사랑을 키워갔지요. 둘 사이의 관계를 알아차린 부모들의 반대로 더 이상 만날 수 없게 되자 여자는 가사상태에 빠지는 약을 먹고 잠깐 동안 죽은 것으로 가장하기로 합니다. 하지만 아쉽게도 이 정보는 제때에 남자에게 전해지지 못하였고, 남자는 연인이 죽은 것으로 여기고 절망한 나머지 자살을 합니다. 가사상태에서 깨어난 여자도 뒤를 이어 자살합니다.

우리에게 잘 알려진 셰익스피어의 '로미오와 줄리엣' 이야기입니다. 결국 이 비극의 원인은 여자가 죽은 것으로 가장한 사실이 남자에게 제때 전해지지 못한, 즉 의사소통의 오류 때문입니다.

돌아보면 인생은 대인관계의 연속이고, 대인관계의 모든 것은 의사소통, 즉 커뮤니케이션에 따라 좌우된다고 해도 과언이 아닙니다. 가정생활, 자녀와의 관계, 비즈니스의 성패도 그 핵심은 커뮤니케이션에 있습니다. 일을 잘하는 사람, 리더십이 뛰어난 사람은 사실상 커뮤니케이션을 남들보다 잘하는 사람입니다. 반대로 커뮤니케이션이 서툴거나 소원하면 많은 오해와 갈등을 초래합니다.

이 문제를 해소할 유일한 방법도 올바른 커뮤니케이션에 그 열쇠가 있습니다. 상대 입장이 되어 마음을 열고 대화하는 것입니다. 짝사랑의 애달픔도 실은 커뮤니케이션을 하려는 용기가 부족하기 때문이지요. 사람과 사람 간에 마음이 잘 통하려면 커뮤니케이션의 양이 그만큼 많아야 합니다.

그런데 올바른 커뮤니케이션의 출발은 말을 잘하는 것이 아니고, 상대의 말을 잘 듣는 것입니다. 듣는 것에 초점을 맞추는 것이 커뮤니케이션을 잘하는 방법이며, 잘 들어야 결국 말을 잘할 수 있습니다. 요즘 인기 있는 직업인 변호사, 컨설턴트, 정신과 의사들은 상대방 입장에서 말을 듣는 기술을 익힌 사람들입니다. 회사가 사업을 잘한다는 것의 핵심도 고객의 소리를 잘 듣고 그 의중을 정확히 파악하여 고객이 진정으로 원하는 것을 신속히 제공하는 데 있습니다.

로미오와 줄리엣 사이에 빠르고 정확한 커뮤니케이션이 이루어졌다면 그 남녀는 더 오래 행복할 수 도 있었을 텐데… 만일 두 남녀가 요즘처럼 휴대폰으로 문자메시지를 주고받았다면 그 비극은 막을 수 있지 않았을까요?

■ Say, tell, talk, speak, communicate, conversation

위에 언급한 단어들은 우리가 보통 중학교 영어시간에 그 뜻과 사용법을 배우고 또 시험을 위해서 암기했던 단어들이며 일반적으로 우리 모두는 이 단어들의 뜻을 정확히 알고 있으며 요즘처럼 영어의 중요성이 강조되는 학교, 조직, 사회 속에서 이젠 유치원생도 알고 있을 것입니다.

say, tell, speak 등은 보통의 경우 일인칭화법이며 talk, communicate, conversation은 상대방과의 의사소통, 즉 대화입니다.

우리는 과연 무엇에 더 익숙한 조직과 사회 속에서 살아왔는지 자문해 보아야 합니다. 큰 범위에서 대화란 말 그대로 말하는 화자가 있고 이에 반응하는 상대방이 있어 서로간의 오감을 언어라는 표현으로 소통하는 것이라고 볼 수 있습니다. 그럼 우리는 진정 대화를 하고 있는 것일까요 아니면 단지 말하고 있는 것일까요.

우리가 성인이 되어 조직사회에서 진정한 대화를 통하여 보다 더 성숙한 효율적인 업무를 추진하기 위해서는 보다 더 근본적인 개선의 접근이 필요할 것입니다.

먼저 우리는 기본적인 인성교육과 그 과정에 충분한 시간을 할애하여 어렸을 때부터 타인이 배제된 자신만의 자아 중심을 확고히 할 수 있는 위치에 있을 때 모든 긍정적인 개인주의적 사고력을 키울 수 있습니다. 따라서 더 이상 집단적 다수의 의견과 자신의 견해가 일치하지 않을 경우 또는 다른 의견이 있을 경우 수동적인 자세로가 아니라 적극적으로 자신을 표현할 수 있을 것입니다. 그 쉬운 예로써 어떤 사람이 다른 사람과 대화하고 있을 경우 그들은 그 대화가 끝날 때까지 기다릴 줄 안다. 한국의 조직사회 속에서 진정한 대화를 할 수 있는 사람이 과연 얼마나 될까요?

집단적인 사고방식/왜곡 된 개인주의/수직 구조적인 서열 문화/동양적인 배타적 사고방식/토론과 발표 그리고 표현에 미성숙한 교육방식 이 모든 것들을 하나하나 개선시키지 못한다면 지금 우리 조직사회에 내재되어 있는 대화는 임기응변이나 처세술에 불과할 것입니다.

1. 조직 내 커뮤니케이션의 기능 1

그렇다면 조직에 있어 커뮤니케이션이 과연 어떠한 기능을 하기에 이렇게 중요성을 강조하는 것일까요?

전문가들은 흔히 조직에서의 커뮤니케이션이 과연 어떠한 기능을 하기에 이렇게 중요성을 강조하는 것일까요? 조직에서의 커뮤니케이션 활동을 인체의 '혈액'에 비유하기도 합니다. 인체의 모든 부분을 돌아다니면서 산소와 영양분을 공급하는 '혈액'의 기능이 기업의 목표와 가치, 그리고 정보를 전체 구성원에게 전달하고 공급하는 커뮤니케이션과 같다는 것입니다. 그러나 변화와 혁신이라는 오늘날의 기업 환경에 있어 커뮤니케이션의 기능은 심장에서 나온 혈액을 신체 하위 부위에 전달하는 것만으로 역부족하게 되었습니다.

전통적인 기업 내부 커뮤니케이션은 종업원에게 얼마나 정확하고 신속하게 기업의 목표와 경영층의 메시지를 전달하느냐가 주된 관심사였습니다. 그러나 명령과 지시에 반복으로 일관하던 커뮤니케이션의 패턴이 설득과 피드백의 반복으로 바뀌었습니다.

지식기반의 산업화가 가속화되면서 기업의 가치가 구성원 개개인의 창의적인 능력과 노력에서 나오고 구성원 간의 협의에서 확대 재생산 된다는 이론이 설득력을 얻으면서 기업 내부의 커뮤니케이션은 새로운 형태로 변화하게 된 것입니다. 따라서 조직에서의 커뮤니케이션 활동을 단순히 기업의 심장부에서 나오는 산소와 영양분을 구성원에게 전달하는 혈액의 역할에 비유하는 것만으로는 부족합니다. 나날이 바뀌는 시장상황에 경쟁력 있게 대응하기 위해서는 커뮤니케이션은 신경계와 같이 뇌와 신체의 모든 부분이 공동의 목적을 위해 유기적으로 움직여야 합니다.

외부에 어떠한 변화가 생겼을 때 신체 전체가 변화의 감지기능을 가지고 취합한 정보를 뇌로 전달하고, 뇌는 다시 각각의 신체 일부분으로 종합된 명령을 전달하여 대응하게 하는 조직, 그리고 가장 적합한 목표에 도달하기 위해 다시 신체 일부분의 피드백을 받아서 조정하는 과정을 가진 조직, 이러한 순환 구조를 갖춘 조직이 오늘날과 같은 예측 불능의 환경에서 가장 효과적인 조직인 것입니다.

조직에서 커뮤니케이션이 가장 중점을 두는 것은 살아있는 조직을 만드는 것입니다.

각각의 일부분이 제각각 개별 목표로 움직이는 것이 아니라, 하나의 목적과 비전 아래 하나의 신경망을 가지고 일사불란하게 움직이는 것을 살아있는 조직이라 할 수 있습니다. 다시 말해 커뮤니케이션은 조직인 것입니다.

2. 조직 내 커뮤니케이션의 기능 2

잭 웰치는 미국에서 가장 무자비한 경영자로 불렸던 사람입니다. 1981년 그가 GE의 CEO자리를 인계받았을 때 GE의 시장 총 가치는 130억 달러였습니다. 웰치 회장은 미국기업 역사상 최고의 CEO로서 가장 큰 영향력을 행사했던 것으로 평가되고 있으며 주요 업적은 아래와 같습니다.

- 20세기를 대표하는 경영자로, 전반기는 GM의 슬로언 회장, 후반기는 GE의 웰치 회장
- 포천誌는 웰치 회장을 「월스트리트의 마이클 조던」으로 칭송
  웰치 회장의 리더십에 대해 관심이 집중되고 있는데, 이는 GE가 지난 20년간 탁월한 성과를 올렸기 때문
- 매출은 1981년 270억 달러에서 2000년 1,290억 달러(4.7배)로, 순이익은 15억 달러에서 127억 달러(8.4배)로 증가. 자본 수익률이 20% 수준을 기록하여 미국 평균 12%를 훨씬 초과

- GE를 시장가치 5,300억 달러(41배)의 기업으로 만들었고, 자신의 연봉 역시 9,400만 달러(스톡옵션 포함)로 업계 최고수준 유지
- 미국 포천誌와 파이낸셜 타임스는 3년 연속(98~2000) GE를 「세계에서 가장 존경받는 기업」으로 선정

그가 20년간 GE의 CEO로 근무하면서 GE를 세계 최고의 기업으로 키워낸 비결은 과연 무엇일까요?

잭 웰치는 직원들에게 항상 높은 목표치를 던져 주었고, 직원들은 그 목표치를 어김없이 해냈습니다. 어떻게 이런 일이 가능할 수 있었을까요?

"항상 점검하고, 항상 체크하라!"

잭 웰치는 직원들의 목표에 끊임없는 관심을 표명했고, 단지 결과뿐만 아니라 과정 속에서 목표를 달성할 수 있게끔 일일이 커뮤니케이션하고 문제를 함께 해결해왔습니다. 심지어 그는 틈이 날 때마다 직원들과 쪽지를 주고받으며 일의 진척사항에 대해 얘기를 나누곤 했던 것입니다. 말단사원 한 명에게 주어진 업무조차도 잭 웰치는 절대 방관하지 않았습니다.

목표지점을 통과하기 위해 차를 몰고 도로의 출발점에 서있다고 가정해 보면 목표점과 핸들의 방향을 일치시키고 최고속도로 질주하면 된다고 생각할 것입니다. 특별한 문제가 없다면 가장 바르게 목표점에 도달할 수 있습니다.

그러나 오늘날 기업이 마주하고 있는 환경은 갑자기 방해물이 튀어나올 수도 있고 맞은편에서 트럭이 질주해 올 수도 있습니다. 그대로 달렸다가는 큰 사고와 재앙을 피할 수 없습니다. 이것이 과거 기계조직의 한계입니다. 그러나 완벽한 피드백 체계를 가지고 있는 유기적인 조직이라면 각 조직에서 받은 위험정보를 뇌를 통해 손과 발에 조정된 명령을 해 줌으로써 적당하게 핸들과 브레이크를 조작하여 무사히 목표지점에 도달할 수 있게 만들어 주게 됩니다. 대다수의 기업들이 지속적으로 바뀌는 시장 상황에 대응하기 위해서 직원들과 커뮤니케이션을 통하여 지속적인 피드백과 재조정 작업을 거치면서 함께 도달하였다고 말합니다.

3. 유기적인 커뮤니케이션의 이점과 단점

실질적으로 조직의 커뮤니케이션은 기업 활동의 가장 중요한 요소 중의 하나입니다. 기업 활동 자체가 구성원들의 유기적인 커뮤니케이션과 고유 업무 활동들을 중심으로 이루어지기 때문에 구성원 간 또는 부서 간의 커뮤니케이션과 해당기업과 고객 및 협력업체 간의 커뮤니케이션은 매우 중요한 역할을 합니다. 커뮤니케이션이 제대로 이루어지지 않을 경우 전체적인 기업의 역동성이 저하되어, 기업의 생산성 감소와 불량률 증가 등의 다양한 내부문제를 발생시키게 됩니다. 뿐만 아니라 고객들에 대한 적극적인 지원이 빈약할 경우 기업의 이미지 악화에 따른 제품의 시장성이 낮아지는 결과를 초래합니다. 이러한 커뮤니케이션이 어려운 것은 사람간의 일이기 때문입니다.

2.2 커뮤니케이션 활성화 방안

탁월한 성과를 내던 기업이 갑작스럽게 좌초되곤 합니다. 그 주된 문제점을 들여다보면 빠지지 않는 문제가 하나 있습니다. 바로 커뮤니케이션의 문제입니다. 조직 내부 커뮤니케이션에 장벽을 쌓고 있는 경우입니다.

21세기는 인간이 축적한 지식이 너무나 방대해서 여러 분야의 사람들이 한데 모여 문제를 함께 풀어야만 진정으로 창의적인 솔루션을 찾을 수 있습니다. 창의성 시대에는 이같은 커뮤니케이션의 문제가 더 중요한 이슈로 떠오르고 있습니다. 개개인의 창의성이 집단의 창의성으로 승화되는 것은 서로의 다양한 지식과 경험을 자유롭게 커뮤니케이션 할 수 있을 때 가능합니다.

그럼, 조직에서의 커뮤니케이션을 활성화하기 위한 방안은 어떠한 것이 있을까요?

1. 소통하고 싶다면 닭다리를 챙겨라.

어느 노부부가 있었는데 일흔이 넘은 나이에 할머님께서 이혼소송을 냈습니다.

사연인 즉 어느 날 노부부가 치킨을 배달시켰는데… 할아버지께서 딱 자리를 펴시고 '무 담을 그릇 가져와라, 소금 담을 그릇 챙겨와라' 하시며 시키기만 하더랍니다.

근데 본격적으로 치킨을 드시려던 할머니께서 갑자기 버럭 화를 내시더니,

"내가 이런 인간하고 70평생을 살았다는 거 아냐! 인간아, 너만 입이냐! 내 닭다리까지 다 먹어치우고!" 하시며 설움이 극에 달해 이혼을 재기했다는 것입니다.

할아버지는 "아니 이 사람이~그럼 또 시켜주면 될꺼 아녀~!" 라며 서로 흥분하시며 이해가 안 간다는 표정을 지으셨다고 합니다. 양보도, 배려도, 희생도 아름답지만 삶의 마지막에 "내 닭다리 돌리도"라며 억울해 한다면 그것은 아무 의미 없는 양보이며 희생인 것 같습니다.

그것보다 차라리 당당하게 "이것은 내꺼야" 라고 당당히 챙기는 건 어떨지. 억지로 착한 나보다는 당당하게 목소리를 낸다면 더욱 건강하게 소통하는 나를… 그로 인해 행복하게 웃고 있는 나를 발견하지 않을까 싶습니다.

2. 사소함이 주는 행복

얼마 전 지인의 초정으로 조찬강의를 들었습니다. 큰 주제가 "사소함이 주는 큰 행복"이란 것이었는데, 우리 일상생활에서 사소하다 여긴 것들에 집중하고 챙기면 일상생활이 즐겁고 행복해질 수 있다는 내용이었습니다.

그 중 행복한 소통을 위해 4가지의 사소한 기술에 대해 알아보겠습니다.

1) 생각을 바꾸는 기술

* 표정

: 무뚝뚝한 표정으로 있는 모습을 사진을 찍어 보세요~.

: 웃고 있는 모습으로 사진을 찍어 보세요~.

: 두 사진을 연속으로 왔다 갔다 하면서 봐보세요~.

→ 분명 웃고 있는 모습이 보기에 좋을 겁니다~. 여러분의 Follower들이 편히 일할 수 있어 많은 아이디어들이 나올 수 있을 겁니다.

2) 마음을 바꾸는 기술

* 건강한 태도, 경청, 공감, 배려

: 누군가 이야기를 하고 있을 때 그 사람이 하는 말에 고개를 끄덕끄덕(경청) 해보세요~. 말하는 사람이 자신감이 생길 것입니다~.

: 누군가 이야기를 하고 있을 때 그 사람이 하는 말에 아~. 아~~(공감)을 해보세요. 말하는 사람이 용기가 생길 것입니다~.

: 누군가 이야기를 하고 있을 때 그 사람의 눈을 봐라 봐 주세요~(배려). 말하는 사람이 마음이 편안해질 것입니다~.

3) 행동을 바꾸는 기술

* 긍정적 소리(인정, 용기, 격려, 칭찬, 용서)

: 아~참 잘했어^^ …이 일을 할 사람은 너 밖에 없구나~.

내가 보기엔 니가 최고야!~.

→ 일을 하는 사람이 참으로 힘을 내고 열정적으로 할 수 있겠죠?(특히 실수를 했거나 일을 못하는 직원에게 나무라기보다 긍정적 소리를 한 번 사용해 보세요~)

4) 공간을 바꾸는 기술

* 핸드롤링, 하이파이브, 허그

: 지나치다 만나는 사람에게 손을 번쩍 들어 보세요~. 자연스럽게 다가와 하이파이브를 할 것입니다~.

: 주먹을 힘껏 쥐고 앞에 있는 사람에게 화이팅!~을 외쳐 보세요~. 앞에 있는

사람 얼굴에 웃음이 머물 것입니다~.

이렇듯 분명 대단한 기술은 아닙니다. 하지만 매일매일 사소함을 반복하면 어느 순간 나의 삶이 행복해질 것입니다. 나로 인해 그 대상자들도 행복해질 수 있겠지요?

3. 겸양의 목소리를 만들어라.

소통하고 싶다면 목소리부터 점검하도록 해야 합니다. 많은 사람들이 좋은 스피치의 조건 가운데 가장 중요한 것을 '논리'라고 생각합니다. 아무리 논리력을 갖췄다고 해도 그 사람의 발음이 정확하지 않거나, 발성이 크지 않아 목소리가 잘 들리지 않고, 표정까지 어두워 호감을 얻지 못하면 사람들은 그 사람의 말에 집중하지 않겠지요. 커뮤니케이션 학자 앨버트 메라비언(Albert Mehrabian)에 따르면 사람들은 '이 사람 참 말 잘하네!'라는 느낌을 목소리(38%), 표정(35%), 태도(20%), 논리(7%) 순으로 받는다고 합니다. 즉 스피치를 잘한다는 것은 편안하고 정확한 목소리와 더불어 눈빛, 미소, 자세, 제스처 등의 보디랭귀지가 자연스럽고 거기다가 논리까지 갖췄다는 것을 말합니다.

'신언서판(身言書板)'이라는 고사성어가 있습니다. 중국 당나라 때 관리를 등용하는 시험에서 인물을 평가하는 기준으로 삼았던 몸, 말씨, 글씨, 판단 이 4가지를 이르는 말입니다. 즉 사람을 평가할 때 그 사람의 외모뿐만 아니라 말과 글, 그리고 판단력을 중점으로 보고 어떤 사람인지 가늠해 보았다는 것이지요. 그 중에 목소리는 그 사람의 인격이다. 항상 투덜투덜 부정적인 목소리로 말하는 사람들, 그리고 입만 열면 거친 목소리로 음담패설을 내놓는 사람들에게 인격을 느끼기는 어렵습니다. 목소리는 그 사람의 인격을 나타내는 지표입니다.

취업 면접을 준비하는 한 남학생이 있었습니다. 소위 말하는 최고 명문대인 S대를 다니는 친구였는데, S대에 들어가기 위해 치열하게 공부했을 그 학생을 보며 '도대체 뭐가 문제기에 아직 취업이 안 되었을까?'라는 생각이 들었습니다, 근데

이게 웬일인지? 기어들어가는 목소리, 웅얼거리는 발음, 느린 말투 등 정말 자신감은 찾아보려야 찾아볼 수 없는 목소리를 갖고 있었던 것입니다.

면접은 '프로'를 뽑는 자리입니다. 프로다운 자신감과 책임감이 묻어나오는 목소리로 당당하게 이야기해야 면접관을 유혹할 수 있습니다. 하지만 이 남학생은 목소리에서 '난 너무 소심해요. 난 자신감이 없어요'라는 신호를 계속 면접관에게 보냈던 것이지요.

TV 속에 나오는 연기자들을 보면, 체계화된 발음, 발성법을 배우지 않아 목소리 연기와 대사 전달에 어려움을 겪는 연기자들이 많습니다. TV를 보다보면 어떤 연기자의 연기는 그 안으로 쫙 흡수될 수 있을 정도로 흡입력을 갖고 있는가 하면, 어떤 연기자의 연기는 정확하지 않은 발음이 자꾸 귀에 거슬려 연기에 몰입할 수 없는 경우가 있습니다. 또한 즐거울 때나 슬플 때 목소리 톤이 일정해 지루함을 주는 연기자도 있습니다. 이런 경우 발음과 발성을 또렷이 하는 목소리 훈련과 더불어 대사의 내용에 따라 말에 생명력을 넣는 보이스 기법이 필요합니다.

우리는 목소리만을 듣고 그 사람이 어떤 사람인지 가늠할 때가 많습니다. 목소리가 따뜻하고 밝으면 '아, 이분은 긍정적인 성격을 갖고 있구나', 목소리가 작고 힘이 없으면 '이분은 매사에 자신감이 없는 사람이야', 목소리 톤이 높으면 '이분은 흥분되어 있는 상태구나' 하고 생각합니다.

또한 전화기 너머로 들리는 애인의 날카로운 음성에 '아, 오늘은 조심해야겠다!'라고 판단하는 등 우리는 상대방의 목소리를 통해 그 사람의 성격과 지금 어떤 상황인지 유추할 수 있습니다. 그래서 목소리는 "듣는 것이 아니라 보는 것이다."라는 말도 있지 않을까요?

요즘 우리 세대를 '디지털 무언족'이라고 부른다고 합니다. 휴대전화나 이메일이 없던 예전에는 직접 만나 대화를 나눠야 했지만 지금은 어떤가요? 직장에서는 메신저와 이메일로 업무를 이야기하고, 아이들은 친구들과 전화보다는 문자로 더 많은 대화를 합니다. 이렇듯이 말로 소통할 수 있는 기회가 적어지다보니 결정적인 순간에 사람을 만나 말로 자기 자신의 의사를 잘 표현할 수 있는 사람이 적어지고 있습니다.

즉 워낙에 말을 하지 않고 살다보니 적극적으로 나 자신을 표현해야 하는 기회가 왔을 때 그 기회를 잡지 못하는 경우가 많다는 것입니다. 당당하고 열정적인 목소리를 평상시에 연습해 자신감 있게 회의나 프레젠테이션을 진행한다면 훨씬 더 나 자신을 잘 PR할 수 있을 것입니다.

그럼 어떻게 하면 내 안에 잠든 좋은 목소리를 깨울 수 있을까요?

4. 내 안의 목소리를 깨워라.

그리스 신화에 보면 상반신은 여자고 하반신은 새의 모습을 하고 있는, 천상의 목소리를 내는 바다의 요정이 나옵니다. 바로 '세이렌'입니다. 세이렌은 지중해의 한 섬에 살면서 감미로운 노랫소리로 지나가는 배의 선원들을 섬으로 유혹해 잡아먹었다고 합니다. 세이렌은 향후 경보(警報)를 뜻하는 사이렌의 어원이 되었는데, 얼마나 세이렌의 목소리가 좋았으면 그토록 사람의 마음을 유혹할 수 있었던 것일까요? 그렇다면 사람의 마음을 끌어당기는 좋은 목소리는 어떤 소리일까요?

목소리는 폐에서 나온 공기가 성대를 진동해 생기는 것을 말합니다. 목소리는 눈에 보이지 않습니다. 폐에서 나온 공기가 성대를 지나며 진동을 하게 되고 구강(입), 비강(코), 두성(머리)을 거치며 울림이 더욱 배가되어 나오는 것을 우리는 '목소리'라고 부릅니다. 목소리는 크게 2가지로 나뉘는데, 첫 번째 목소리는 '순수한 목소리의 싹'입니다. 성대를 떨게 해 나오는 소리를 말합니다. 폐에서 직접 나오는 순수한 목소리의 싹은 사람의 지문만큼이나 다양하고, 타고난 자신의 목소리라고 말할 수 있지요. 하지만 순수한 목소리의 싹은 소리 자체가 약해 이 목소리로만 이야기할 경우 '왜 이렇게 목소리에 힘이 없어', '왜 나이 어린 사람처럼 이야기하지?'라는 느낌을 줄 수 있습니다.

그래서 신뢰감 있는 목소리를 만들기 위해 필요한 목소리가 있습니다. 바로 두 번째 목소리 '공명'입니다. 공명은 소리가 나오면서 주변의 울림을 통해 밖으로 표출되는 것을 말합니다. 즉 소리가 나오면서 구강, 비강, 두성을 울려서 나오는 '울림소리'를 말하는데, 공명은 동굴 안에서의 '울림소리'라고 생각하면 쉽다. 여성성보다는 남성성이 강하기 때문에 목소리 안에 힘이 들어가 있습니다.

공명 목소리를 내려면 복식호흡을 해야 합니다. 내 몸도 바이올린이나 첼로와 같은 하나의 악기라고 볼 수 있지요. 바이올린을 연주하듯 내 몸을 연주해 소리를 내면 사람의 마음을 유혹할 수 있는 공명음을 낼 수 있습니다. 단순히 목을 짜서 낸 목소리와 몸 전체에 울림을 만들어내는 목소리는 다릅니다. 내 몸 깊은 곳에서 호흡을 끌어올린 뒤 내 몸 전체를 울려 나오는 공명은 한 곡의 바이올린 연주만큼 아름답습니다.

복식호흡은 흉식호흡과 달리 횡격막과 복근을 이용하여 호흡하는 방법으로 초기 유아시절에 하는 호흡법입니다. 하지만 성장하면서 차츰 횡격막의 운동성이 적어지고 스트레스로 인해 복근이 수축하면서 흉식호흡으로 변하게 됩니다. 복근호흡은 오래 호흡주기가 길 뿐만 아니라 발성량을 증가하는데도 많은 도움을 줍니다. 방법은 아래와 같은 순서와 같습니다.

■ 복식호흡법

첫 번째, 몸 이완하기 : 복식호흡을 위해 먼저 해야 하는 방법은 몸을 이완하여 준비하는 단계입니다. 처음 복식호흡을 배우기 위해서는 몸에 힘을 완전히 빼고 편안한 자세를 취해줘야 합니다.

두 번째, 양손을 살짝 배에 올려놓기 : 자신이 올바르게 복식호흡 하는 법을 수행하고 있는지 알아 볼 수 있게 양손을 살짝 배에 올려놓습니다.

세 번째, 숨 들이쉬기 : 준비자세가 끝나면 다음으로 해야 하는 법은 숨들이 쉬기입니다.

먼저 숨을 들이 쉬면서 최대한 크게 들어 마십니다. 이때 배 위에 손이 약간 벌어져야 제대로 된 복식호흡입니다.

네 번째, 숨 내쉬기 : 숨 들이마시기 다음 복식호흡 하는 법은 반대로 내쉬는 단계입니다. 숨을 들이 마신 후 이제는 반대로 숨을 내쉬면 됩니다. 이 때 배가 안으로 들어가도록 해줘야 합니다.

마지막, 호흡시간 늘리기 : 조금 더 구체적인 숨들이 마시고 내쉬는 방법으로 처음에는 5초 동안 숨을 들이마시고, 최대한 참은 다음, 다섯을 세면서 숨을 내쉬어 주면 됩니다. 점차 숨을 내쉬는 시간을 늘려서 반복해 주시면 됩니다.

5. 말에도 외유내강이?

사람들은 때로 문맥보다 '어감' 에 민감합니다. 말론 브란도가 나오는 고전적 영화 <대부>에 이런 대사가 있습니다.

"그가 거부할 수 없는 제안을 하마(I'm going to make him an offer)"

양아들 조니가 윌츠라는 감독이 찍는 영화에 출연하게 해달라고 부탁하자, 이탈리아 마피아 두목 돈 콜리오네(말론 브란도 분)가 하는 말입니다. 묵직한 영화만큼이나 대사 역시 묵직하면서 울림이 있습니다. 만일 '거부할 수 없는 제안'을 말 그대로 '강요'란 것으로 표현했다면 얼마나 '씹는 맛'이 없어졌을까요?

사실 영화 대사뿐이 아닙니다. 우리가 살아가는 데서도 이처럼 같은 말이지만 '아' 다르고 '어' 다르다는 게 피부로 느껴지는 경우가 많습니다. 대화의 명수들은 상대방의 기분이 상하지 않게, 또 나의 일에 흠이 가지 않게 말을 바꾸는 데 능숙한 외유내강의 '연금술사'들이지요. 보통사람과 의사소통 달인의 차이점은 바로 이 안전판을 달 줄 아느냐 여부입니다.

정치가이자 과학자이며 세기의 협상가인 벤자민 프랭클린은 안전판 언어표현의 필요성을 자서전에서 이렇게 강조합니다.

「'틀림없이'라든지 '확실히'라는 따위의 융통성 없는 말로 단정적으로 내 의견을 나타내는 말이나 표현은 사용하지 않기로 했다. 그 대신 '나는 이렇게 생각한다', '이렇지 않을까', '이러리라고 생각한다'란 겸양의 말투를 쓰기로 했다. 내가 틀린 것이라고 생각하는 것을 다른 사람이 옳다고 주장할 때에도 단도직입적으로 그 의견에 반대한다든지 그런 말은 모순이라고 공박하면서 즐기는 짓 따위는 그만두었다.」

인간관계에서도 마찬가지입니다. 미묘한 뉘앙스의 차이가 상대에 대한 당신의 생각을 반영합니다. 특별히 악의를 가지지 않았는데도 상대의 반감을 사고, 관계에 서툰 사람들을 보면 대부분 이런 뉘앙스 차이에 둔감한 경우가 많습니다.

2007년 에릭 슈미트 구글 CEO가 내한했을 당시, 기자회견에 다녀온 한 인사는 "눈 깜짝 안하며 말을 요리하는 그의 능력이 탁월하더라."며 혀를 내둘렀습니다. 어떠한 부정적이고 공격적인 질문에도 자기 페이스를 잃지 않고 '긍정어'로 표현하더란 이야기였습니다.

대화로 호감을 이끌어내려면 말을 요리하는데 노련하라. 부정적이고 감정적 뉘앙스의 단어에는 안전판, 에어백을 달라는 말에 귀를 기울여 보세요. 긍정적이고 완곡하고 유연한 표현이 상대의 맘을 사고, 내 뜻을 전달할 수 있습니다. 뉘앙스의 차이를 민감하게 포착해 상대의 기분이 상하지 않도록, 그리고 내 자부심이 흔들리지 않는 범위에서 말을 바꾸어야 합니다.

말에도 외유내강이 필요합니다. 감정적으로 표현하면 남이 되지만, 감성적으로 표현하면 님이 됩니다.

6. 창의적 소통문화로 개미집을!

집단지성(Collective Intelligence)이라는 말을 들어본적 있으신가요? 위키백과사전은 "집단지성이란 다수의 개체가 서로 협력 혹은 경쟁을 통해 얻게 되는 지적 능력의 결과로 얻어진 집단적 능력"이라고 정의하고 있습니다. 미국의 곤충학자 윌리엄 모턴 휠러가 개미의 생태를 연구하다가 집단지성이라는 개념을 발견하였습니다. 그는 거대한 개미집이 만들어지는 과정을 모면 개미는 하나의 개체로서는 미미해 보이지만, 공동체 안에서 서로 협력하고 경쟁하는 과정에서 집단의 지적 능력을 가지게 된다라고 이야기했습니다.

그런데 얼마 전 삼성경제연구소(SERI)가 내놓은 자료는 최근 국제적인 금융위기 양상이 잦아들면서 구조조정을 마친 선진국 기업이 역습과 신흥국 기업의 추격이 본격화되고 있다고 말합니다. 이에 따라 한국기업의 경쟁력 확보가 이슈로 주목받고 있다는데요. 그동안 내부 역량 극대화에 주력해 오던 한국기업들이 이제 다양한 외부 집단과 교류와 협력으로 지혜를 이끌어 내야 한다는 목소리가 높아지고 있는데, 이것이 바로 '집단지성'의 활용이라고 합니다. 그렇다면 기업이 어떤 방법으로 집단지성을 활용할 수 있을까요?

먼저 제품의 기획과 개발, 그리고 상품화로 이어지는 과정에 집단지성을 활용할 수 있다고 합니다. 이는 폐쇄적이고 비용이 많이 들던 제품 독자개발 과정을 개방적이고 저비용, 고효율로 진화시키는 것이라고 하는데요.

실제로 세계 최초로 오픈 소스 자동차 회사를 표방하는 로컬 모터스(Local Motors)는 웹사이트에 등록된 5,000 명의 디자이너로부터 자동차 디자인에 대한 의견을 받음으로써 디자인 스케치에서 출시까지 소요기간을 약 18개월로 단축하였습니다. 여기서 아이디어가 선정된 디자이너는 자동차 판매 수익을 분배받는데, 최근에는 한국인 김상호 씨의 작품이 로컬 모터스의 첫 번째 자동차인 '랠리 파이터'의 디자인으로 채택되었습니다.

그리고 개발과정에서 풀기 어려운 여러 기술적인 문제와 관성에 젖어 있는 사고를 외부의 새로운 시각을 통해 해결할 수도 있습니다. 인터넷 비즈니스 기업인 '이노센티브(InnoCentive)'의 경우, 과학자 집단과 전 세계 주요기업을 연결하여 각종 연구 및 개발과제를 해결해주는 비즈니스를 하고 있는데, 기업의 자사의 난제를 웹사이트에 올리면 회원으로 등록된 전 세계 200여 개국 20만 명 이상의 연구자가 해법을 제시한다고 합니다. 이외에도 대중을 신제품 아이디어의 평가나 선정에 참여하게 함으로써 제품개발과 출시에 따른 리스크 비용을 줄일 수도 있습니다.

또 기업의 마케팅 과정에서도 집단지성을 활용할 수 있습니다. 마케팅에서 대중의 관심 여부에 따라 수요 변동폭이 크면 현장 직원과 고객의 직관을 통해 시장을 보다 정확하게 예측하는 것이 효과적입니다. 실제로 2005년 2월 미국의 전자제품 유통업체인 베스트바이(Best Buy)는 기프트카드 판매량을 예측하기 위해 직원들에게 설문조사를 하였는데, 일반 직원 190명의 응답 결과가 실제 판매치와 무려 99.5% 일치했습니다.

그 뿐만 아니라 소셜미디어를 활용해 고객과 친밀한 관계를 구축하고, 고객 스스로 마케팅 방식을 결정할 수 있도록 하여 충성도를 제고하는 방안도 있습니다. 세계적인 란제리 브랜드 '빅토리아 시크릿(Victoria's Secret)'은 페이스북 커뮤니티의 의견에 따라 홍보 캠퍼스 투어 장소를 선정하였는데, 페이스북 패션 인덱스에서 인기 브랜드 1위를 차지한 사례도 있습니다.

집단지성은 특정제품이나 서비스를 생산하는 과정에서도 활용할 수도 있습니다. 사람들의 참여활동 자체가 생산 활동이 되는 경우를 말하는 것으로 그 대표적인 예가 '위키피디아(Wikipedia)'입니다. 이는 소프트웨어, 책, 공연 등 콘텐츠를 제작하는 데 활용되고 있기도 합니다. 영국 왕립 셰익스피어 극단의 경우, <서치 트윗 소로>라는 공연의 주연 배우들이 자신의 트위터 팔로워들과 소통을 통해 제안된 의견을 공연에 반영하여 제작하고 있습니다.

마지막으로, 집단지성은 대중이 감지한 것을 바탕으로 기업의 위기관리까지 가능하게 해줍니다. 이는 다양한 성향이 있는 다수의 고객으로 하여금 제품과 서비스를 직접 사용하면서 기업에서 아직 감지하지 못한 문제점을 발견하도록 하는 것입니다. '쿡셀'이라는 식기 판매회사의 경우, 2009년 매출 규모가 2,000만 달러에 달했지만, 직원수는 고작 25명에 불과하다고 합니다. 이 회사는 고객 커뮤니티 활성화를 통해 고객 만족을 실현하고 있는데, 웹사이트에 고객이 제품에 대한 불만이나 의문을 게시하면 다른 고객이 답변할 수 있는 공유 포럼을 개설하고, 이를 24시간 작동하는 무보수 고객 대응팀으로 활용하고 있습니다.

트렌드라고 해서 반드시 따라야 할 필요는 없습니다. 하지만, 위의 사례에서 볼 수 있었던 것처럼 '집단지성'은 비즈니스 트렌드로써 기업 경영에 다양한 방법으로 활용할 수 있지 않을까 하는 생각입니다. 만약 우리 회사 비즈니스에 집단지성을 활용하고자 한다면 '어디에 어떤 방법으로 누구를 집단으로 참여시킬 것인지'를 먼저 자세히 검토하여 판단해야겠습니다.

7. 사람은 사람이지 자원이 아니다.

2010년 10월 26일부터 3일간 워커힐 호텔에서 열린 Global HR Forum 2010에서 페퍼 교수는 요즘 많은 기업들이 환경과 그린을 이야기하지만 정작 사람에겐 관심이 없다고 주장합니다. 실제로 페퍼 교수는 기업이 최근 그린 경영을 강조하면서 친환경 기술로 비용을 절감하는 것을 강조하고 탄소배출량 수치에는 민감하면서 사람에 대해서는 무엇을 하고 있는지 밝히지 않는다고 말했습니다. 비즈니스의 지속 가능성에 대해서는 관심이 많으면서 정작 사람의 지속 가능성에 대해서는 관심이 없다고도 주장했습니다.

경쟁이 치열한 비즈니스일수록 사람은 스트레스를 받습니다. 스트레스는 사람의 건강에 악영향을 주는데 실제로 스트레스가 많은 직종에 근무하는 사람들의 경우 심혈관 질병 발생률은 2배, 심장병 발생률은 1.5배 높은 것으로 알려졌으며 주당근무시간과 고혈압이 관계가 있다는 사실은 이미 새로울 것도 없는 얘기들입니다.

건강한 직원이 회사에 이익을 주며 직원에게 대접 잘하는 회사가 수익률이 높다고 페퍼 교수는 주장합니다. 물론 페퍼 교수는 기존 대기업들의 경영 철학을 강력하게 비판해온 사람이고 대부분 미국 기업의 환경을 바탕으로 이런 주장을 펴고 있기 때문에 국내 기업 현실에 100% 맞는다고 할 수는 없을 겁니다. 그러나 기업이 사람을 사람으로 보지 않고 자원으로 본다는 그의 일침은 곰곰이 생각할 만한 가치가 있습니다.

우리는 사람을 소중하다고 말하지만 사실은 투자하면 투자한 만큼 성과가 높은 자원으로 보고있었던 건 아닐까요. 말로만 소중한 존재가 아니라 진정 소중한 존재가 사람이 될 때 우리의 미래는 틀림없이 달라질 겁니다.

기업이 사람을 사람으로 대해야 하는 이유는 사람이야 말로 미래 기업에서 가장 중요한 요소이기도 하지만 반대로 가장 위험한 요소이기 때문입니다. 좋은 사람은 회사의 생산성과 수익을 늘려주지만 나쁜 사람은 회사의 자원을 좀 먹습니다. 따라서 기업이 경쟁에서 승리하려면 무엇보다 헌신하고 잘 훈련 받은 사람이 필요합니다. 하지만 급변하는 업무 환경 속에서 직장인들은 긴장과 스트레스로 자신이 하는 일에 만족하지 못합니다. 실제로 디지털과 네트워크 기술이 발달하면서 직장인들의 업무 속도는 빨라졌고 컴퓨터나 이메일, 전화 등을 통한 감시 또한 심해졌습니다. 고용 시장은 불안해서 언제 해고당할지 모릅니다. 게다가 직장은 점점 더 불편한 곳으로 변하고 있습니다. 영국 직장인 5천명을 대상으로 조사했더니 50%가 상사나 동료가 다른 직원을 괴롭히는 것을 본 적이 있고 25%는 실제로 괴롭힘을 당했다고 합니다. 또 다른 조사에 따르면 미시건 노동자의 27%가 동료의 욕설 때문에 심리적으로 피해를 입고 있다고 합니다.

제프리 페퍼 교수에 따르면, 미국 노동자의 20%는 불경기 중에도 이직하고, 50%는 불경기가 끝나면 다른 직장으로 이직할 계획이라고 합니다. 만족도가 떨어지다보니 직장인의 생산성도 좋을 리 없습니다.

실제로 비즈니스 컨설팅 기업인 타워스 페린이 2007년 전 세계 18개국의 9만 노동자를 대상으로 고용 상태를 분석한 연구에 따르면 전체 직장인 중 21%는 자기 일을 하느라 바쁘다고 대답했고 그 중 38%는 완전히 논다고 답했습니다. 갤럽의 조사는 더 충격적입니다. 갤럽에 따르면 직장인의 19%가 회사의 이익이 반하는 일을 하고 71%는 그저 시계만 쳐다보면서 논다고 합니다. 이 조사에 따르면 회사에서 일하는 사람은 단지 10% 뿐이로군요.

제프리 페퍼 교수는 이런 환경에서 직장인들이 헌신하기를 바랄 수 없다고 말합니다. 불안하고, 불쾌하며, 짜증나고, 믿을 수 없는 곳에서 일할 수 있는 사람이 얼마나 헌신할 수 있겠습니까. 제프리 페퍼 교수는 기업이 생산성을 올릴 수 있는 문화를 함께 만들면서 직장인들의 문제를 풀어나가야 한다고 주장합니다.

무엇보다도 직장인이 기업을 믿을 수 있어야 합니다. 기업의 의사결정 구조를 이해하고 리더의 비전을 함께 따라가야 합니다. 믿을 수 있게 하는 방법은 솔직하게 커뮤니케이션 하는 것입니다. 감추고, 거짓말하고, 돌려 말할 때 믿음은 깨집니다. 페퍼 교수는 이를 오픈북 경영이라고 표현합니다. 책을 펴 놓고, 함께 공유하는 것. 이것이 신뢰를 확대하는 길입니다.

두 번째로, 페퍼 교수는 너무 많이 관리하거나 통제하기를 멈추라고 조언합니다. 구성원이 스스로 결정할 수 있도록 권한을 주고 독려하라는 것입니다. 물론 한두 번은 실패할 수도 있겠지요. 하지만 권한을 위임했을 때 사람들은 자기가 신뢰받는다는 생각을 하고 책임감 있게 일합니다. '이건 내 일이 아니야'와 '이건 내 일이야'라고 생각하는 것은 큰 차이가 있습니다.

세 번째로, 훈련과 개발에 투자해야 합니다. 배우면 빨라지는 것은 당연한 일이지요. 여기서 배운다는 의미는 외부 교육기관에서 배우는 것 뿐 아니라 내부에서 팀을 이뤄 배우는 것도 포함합니다. 브레인스토밍을 통해 아이디어를 함께 내고 정보를 공유해 지식을 쌓으며 의미 있고 중요한 일을 함께 한다는 생각을 심어주는 것. 이것이 훈련과 개발입니다. 물론 성과에 따른 적절한 보상도 필요합니다.

페퍼 교수는 이직률이 높은 회사가 매년 영업 수익이 33% 감소하는 사이 이직률 낮은 회사는 19% 증가했다는 조사 결과를 언급하면서 '지식이 문 밖으로 걸어나가지 않도록'하라고 조언합니다. 모든 일에 있어 이론과 실제가 다르듯이 기업이 사람을 대할 때도 참 많은 변수가 있습니다. 그러나 무엇보다 사람이 중요하다는 경영철학이 있다면 조직의 생산성은 늘어날 것입니다. 사람에 대한 생각, 몇 번식 돌이켜도 지나치지 않습니다.

2.3 실전 커뮤니케이션 Tip

1. 선택적 지각

"선택의 지각(Selective Perception)"이라는 심리학적 용어가 있습니다. 외부 정보를 객관적으로 받아드리는 대신 기존 인지체계와 일치하거나 자기에게 유리한 것만 선택적으로 받아들인다는 것입니다. 비슷한 개념으로 '칵테일파티 효과(Cocktail Party effect)'가 있습니다.

소리가 식별되지 않는 시끄러운 파티 장에서도 자기이름을 부르는 소리는 잘 들리지요. 사람은 소음 속에서도 자기에게 의미 있는 정보는 선택적으로 받아드립니다.

선택적 지각은 선택적 노출→주의→이해의 과정을 거치는데 선택적 지각은 일상생활에서도 많이 경험합니다.

열등감이 많은 사람은 타인의 무심한 행동도 자신을 무시한다고 곡해하곤 합니다. 망상증 환자들은 완벽하게 선택적 지각을 합니다. 선택적 지각 결과를 나름대로 정교한 논리로 만들어 주변에서 아무리 진실을 예기해도 듣지 않습니다.

선택적 지각은 여러 사람이 함께 모여 있을 때에 하나의 메시지를 가지고 다각도로 생각해 볼 수 있는 여지와 다양한 대응방안을 모색할 수 있다는 장점이 있는 반면, 때에 따라서는 동일한 메시지가 모호하게 해석되는 경우를 일으킬 수도 있습니다.

그렇다면 선택적 지각을 유발하는 요소는 어떠한 것이 있을까요? 바로 무의식적이고 습관화된 요소들입니다. 예를 들어, 자신과 직접 관련된 것들에 대한 자동적인 반응을 하게 되는 것 등을 들 수 있습니다. 수용자가 해석하기 어려운 메시지에 대한 자의적인 판단, 지적 작업량의 경중에 대한 판단, 일관성에 대한 강력한 요구입니다.

이러한 선택적 지각은 상대의 메시지에 대한 심도 깊은 이해를 방해할 수 있습니다. 이러한 비효율적인 경청은 다른 사람의 의도를 오해하게 만들고 현안이 되는 쟁점에 대한 혼돈을 가져오기도 하며 심지어는 가치 있는 정보가 상실되기도 합니다. 또한 조직구성원 간의 반목을 유발할 위험성도 내포하고 있으므로 조직구성원들은 경청에 대한 중요성을 인식하고 실천해 나가는 것이 중요합니다. 사람들이 전달하는 메시지는 내용과 감정을 동시에 포함하고 있는 경우가 많습니다. 그러므로 진정한 의미에서의 경청이란 메시지의 객관적인 내용뿐만 아니라 메시지 전달자의 감정까지도 헤아려 듣는 것을 의미합니다. 메시지의 객관적이 내용만으로 상대방의 의도 등을 파악하려 하기보다는 상대방의 감정이나 기분이 어떠하기 때문에 그런 말을 하는지를 고려해볼 필요가 있는 것입니다.

2. 경청의 기술

미국의 한 쇼프로그램에서 초등학생을 초대해 인터뷰를 했습니다.

"우리 어린이는 자라서 무슨 일을 하고 싶어요?"

"파일럿이요!"

"만약 태평양 한 가운데를 지나가고 있는데 비행기 연료가 다 떨어지면 어떻게 하죠?"

아이는 잠시 생각하더니 대답했습니다.

"비행기 안에 있는 사람들에게 안전벨트를 단단히 매라고 한 후에, 저는 낙하산을 타고 밖으로 나올거예요."

순간 관중석이 웃음바다가 되었습니다. 방청객 중 어떤 사람은 허리를 부여잡고 눈물을 흘리며 웃었고 어떤 사람은 미간을 찡그리며 "아휴, 저런 나쁜 녀석!" 하며 혀를 찼습니다. 사회자는 아이가 방청객들에게서 커다란 호응을 얻어낸 것에 대해 의기양양해 하고 있는지 살폈습니다. 하지만 뜻밖에도 아이의 눈에는 눈물이 그렁그렁 맺혀 금방이라도 떨어질 것 같았습니다. 그제야 사회자는 아이가 방청객들의 반응에 당황해하며 마음 아파하고 있음을 깨달았습니다. 사회자는 다정하게 아이에게 물었지요.

"왜 그렇게 하는 거죠?"

아이는 진지하게 대답했습니다.

"연료를 구해 오려고요."

그 대답에 방청객들은 아이의 천진함을 오해했음을 깨달았습니다.

말하는 것보다는 듣는 것이 어렵다고 합니다.

F(Friendly) 상대방에 대해 친근한 감정을 갖는다.

A(Attention) 말과 행동을 주목한다.

M(Me too) 맞장구를 치며 듣는다.

I(Interest) 이야기 내용에 관심과 흥미를 나타낸다.

L(Look) 상대방을 바라본다.

Y(You are centered) 대화의 중심이 상대방임을 느끼도록 한다.

공감적 경청이란 이렇게 가족과 같이 다른 사람이 가진 준거 틀의 내면에 들어가는 것을 말합니다. 다른 사람의 관점을 통해서 사물을 보는 것, 즉 그들이 세상을 보는 방식에 입각하여 세상을 보는 것입니다. 이때 우리는 그들의 패러다임을 이해하고 또 그들이 느끼는 감정도 이해합니다.

공감이란 동감을 말하는 것이 아닙니다. 동감은 합의의 한 형태인 판단을 포함합니다. 그리고 이것은 때때로 분위기에 맞춰 표현된 감정과 반응입니다. 공감은 어떤 사람을 감정적으로는 물론 지적으로도 완전하고 깊게 이해하는 것을 말합니다.

사람들은 말하는 법은 배워도 듣는 법은 배운 적이 거의 없습니다. 그러다보니 딴짓 안하고, 상대의 말을 듣기만 하면 그거로 그만이라고 생각하는 경우가 많습니다. 그러나 경청에도 다양한 수준이 있습니다. 듣는다고 해서 다 같은 경청이 아니라는 뜻이지요.

그럼 본격적으로 효과적인 이해를 위한 경청을 단계별로 배워보도록 합시다. 우선 단계별 경청을 배우기 이전에 우리가 준비해야 할 것들이 있습니다.

■ 경청을 하기 위한 준비과정

1. 모든 고정관념을 버리자!

먼저 자신의 고정관념을 버리고 상대의 관점에서 이야기를 들어야 합니다. 우리들 대부분은 자신의 기준으로 상대의 이야기를 판단해 버리는 잘못을 범하곤 합니다. 말하던 사람은 입을 다물게 되고, 듣는 사람은 끝내 말하는 사람의 속내를 알지 못한 채 착오에 의한 결정을 내리게 됩니다. 상대의 생각을 있는 그대로 유연하게 받아들이고 상대의 기분을 헤아려 배려해야 합니다. 경청해야 하는 순간 '나는~/내 생각은~/내 경험으로는" 등과 같은 주어를 마음속에서 없애 버리고 오로지 상대의 이야기를 왜곡 없이 있는 그대로 들을 수 있도록 마음을 열고 상대에게 전적으로 집중해야 합니다. 그것이 진심으로 듣는 자세이며, 경청의 기본 자세입니다.

2. 수용과 공감의 덕목을 갖추자!

수용은 상대가 무슨 말을 하든 거부하거나 반론을 제기하지 않고 그대로 받아들이는 것입니다. "언제, 어디서, 누가, 왜, 무엇을, 어떻게, 얼마나" 등의 논리적 원칙을 세우며 듣는 것은 마치 업무에 관한 정보 수집을 하는 태도를 갖게 하여 상대의 말하고자 하는 의욕을 꺾고 털어놓고 싶었던 이야기의 본질에서 점점 멀어지는 결과를 낳게 합니다. 또한 공감이란 말하는 이가 이야기나 표정을 통해 보여주는 희로애락을 자기 일처럼 느끼고 이해하는 자세입니다.

물론 똑같은 감정을 느낄 수는 없겠지만. 자신이 같은 입장에 놓였다면 어떤 심정일지를 여러 모로 헤아려 가능한 한 비슷한 기분을 가져보려고 노력하는 것이 공감입니다. 언제, 어디서, 누가, 왜, 무엇을, 어떻게, 얼마나 등의 논리적 원칙이 갖춰진 듣기는 마치 업무에 관한 정보 수집을 하는 태도를 갖게 됩니다. 이런 태도는 상대의 말하고자 하는 의욕을 꺾고 털어놓고 싶었던 이야기의 본질에서 점점 멀어지는 결과를 낳게 되지요.

3. 온몸으로 경청할 준비를 하자!

경청은 귀로만 듣는 것이 아닙니다. 또 마음만으로 듣는 것도 아닙니다. 상대의 이야기를 듣는 도중 끊임없이 표정과 몸짓과 태도 등 비언어적 표현을 통해 잘 듣고 이으며 고암하고 있다는 신호를 보내 주어야 하는 고도의 커뮤니케이션 기술입니다. 문제를 가진 사람이 중단하지 않고 끝까지 자신의 문제를 이야기하고 진심을 토로하게 만들려면 이야기를 계속할 수 있도록 끊임없이 격려해 주는 사람이 필요합니다. 상대에게 집중하고 있으며 상대의 이야기를 아주 관심 있게 듣고 있다는 신호를 발산해야 합니다. 즉 호기심을 가지고 있다는 것을 표현하는 것입니다.

가끔씩 고개를 끄덕이거나 공감한다는 표정으로 상대의 얼굴을 바라보는 일, 상대의 손을 잡아 무언의 격려 메시지를 전해주는 일 등 비언어 커뮤니케이션 방식이 훌륭한 역할을 할 수 있을 것입니다. 반대로 상대의 이야기 도중 딴 곳을 힐끔힐끔 쳐다보거나, 서류를 뒤적이는 일, 등이나 고개를 뒤로 젖혀 상대에게 거부감을 표현하는 등의 행동은 이제 이야기를 그만 하자는 신호가 될 수 있으니 주의해야 합니다.

■ 효과적인 경청기술

- 내용과 감정을 동시에 듣기
- 자신의 언어로 표현하기
- 명백하게 하기
- 공감적인 반응하기

3. 효과적인 메시지 작성

신입사원 이신입은 의욕 넘치는 젊은이입니다. 그는 업무에 관련된 모든 것을 수첩에 메모해 두었다가 하나하나 체크하는 등 꼼꼼하다는 장점이 있습니다. 그런데 그 꼼꼼한 면이 독이 될 때도 있습니다. 특히 어떠한 사항을 전달하거나 보고할 때가 그렇습니다. 자신이 알고 있는 모든 정보를 상대에게 전하기 위해 애쓰느라 오히려 핵심사항을 알아들을 수 없게 말하는 경우가 있습니다.

얼마 전의 일이었습니다. 잠시 자리를 비웠던 김차장에게 이신입 사원이 남긴 이메일이 있었습니다. 그 내용은 다음과 같았습니다.

"차장님, 어제 제가 참석했었던 그 회의에서 중간에 상무님께서 들어오셔서는 왜 이리 자료 보충이 안 되었냐고 하시기에 그 자료는 아직 업데이트가 안 된 버전이라서 그렇다고 말씀드리고 업데이트 완료된 버전은 김차장님이 가지고 계시다고 했었는데요, 제가 깜빡하고 말씀을 못드렸더니 상무님 비서로부터 전화가 와서 업데이트된 버전을 지금 달라고 하니까 자리에 돌아오시면 상무님께 최종자료 보내주시면 되거든요. 저는 지금 외근 나가야 하기 때문에 간단하게 메일로 남깁니다."

대체 이건 무슨 말일까요? 김차장은 암호 해독에 들어갑니다. 자신이 원하는 것을 효과적으로 전달하기 위해서는 핵심메시지로 간결하고 명료하게 문장을 구성하여 상대방에게 전달하는 것이 좋습니다. 고대 그리스의 작가 소포클레스는 "길게 전달하는 것과 잘 전달하는 것은 다르다."고 말했습니다. 중언부언하는 문장은 아무리 좋은 메시지를 담고 있어도 내용에 대한 이해를 높이기보다는 요점을 더욱 흐릴 수 있기 때문입니다. 그럼 위 사례의 핵심을 간략하게 전달하기 위해 메일의 내용을 바꾸어 보도록 하겠습니다.

메시지 작성

"차장님, 어제 제가 참석했었던 그 회의에서 중간에 상무님께서 들어오셔서는 왜 이리 자료보충이 안 되었냐고 하시기에 그 자료는 아직 업데이트가 안 된 버전이라서 그렇다고 말씀드리고 업데이트 완료된 버전은 박차장님이 가지고 계시다고 했었는데요, 제가 깜빡하고 말씀을 못 드렸더니 상무님 비서로부터 전화가 와서 업데이트된 버전을 지금 달라고 하니까 자리에 돌아오시면 상무님께 최종 자료 보내주시면 되거든요. 저는 지금 외근 나가야 하기 때문에 간단하게 메일로 남깁니다."	→	"차장님, 회의관련 최종 보고서를 상무님께서 급히 찾으십니다. 가능하시면 상무님께 이메일로 송부 부탁드립니다."

4. 메시지 전달매체

이신입 사원은 앞에 앉은 박대리에게 보고할 일이 있지만, 정신없이 바쁜 박대리에게 차마 언제 말을 꺼낼지 아리송하기만 합니다. 그래서 이메일을 사용하여 형식을 갖추어 보고를 하였습니다. 퇴근시간이 다 되어 메일을 확인한 박대리는 기분이 상했습니다.

"아니, 코앞에 있는데 보고를 말로 할 것이지… 그리고 메일을 보냈으면 보냈다고 말을 하든가, 퇴근시간 다 되었는데, 다시 일해야 겠구만… 이거야 원."

이신입 사원은 박대리에게 최대한 예의를 갖추어 업무보고를 했는데, 박대리가 기분이 상한 이유는 무엇일까요? 커뮤니케이션 경로의 선택은 메시지의 내용만큼이나 커뮤니케이션의 성공여부에 큰 영향을 갖습니다. 올바른 경로를 선택하면 목표로 하는 상대에게 다가가는 데 큰 도움이 될 수 있고 메시지를 제대로 전달할 수 도 있기 때문입니다.

오늘날의 직장에는 여러 가지 커뮤니케이션 경로가 있고, 그 경로는 점점 더 늘어나고 있습니다. 이것이 편리할 수 도 있지만, 커뮤니케이션을 오히려 복잡하게 만들기도 합니다. 특정한 경로가 다른 경로보다 항상 좋은 것은 아닙니다. 상황에 따라 어울리는 경로를 잘 선택해야 합니다. 어떤 메시지를 누구에게 전달하려 하며 그로 인해 어떤 목표를 달성해야 하는가에 따라 효율적인 경로가 있고, 그렇지 않은 경로가 있습니다. 그렇다면 적절한 커뮤니케이션 경로를 선택하기 위해 참고할 수 있는 사항은 무엇일까요? 제시되는 장점/단점 체크리스트를 이용하면 경로 선택에 도움이 될 수 있습니다.

■ 메시지 전달매체의 장/단점

매체	장점	단점
직접대면	피드백을 통한 확인, 인간적 접촉	한 명에게만 전달 가능
회의	정보공유, 아이디어 교환, 인간적 접촉	시간 소모, 인원 수 제한
E-mail	많은 수의 상대에게 전달	쉽게 무시될 수 있고, 반응을 측정할 수 없음
Memo	많은 정보를 다룰 수 있음	쉽게 무시될 수 있고, 무관한 사람들에게 전달될 수 있음
뉴스레터	많은 수의 상대에게 전달, 시각적 효과	읽는 데 시간 소모, 최신 정보가 아닐 수 있음

5. 우리의 목표는 바로!!!

특수부대원들이 한 겨울에 야간 행군을 앞두고 있었습니다. 동계훈련의 마지막

훈련인 만큼 각 분대별로 경쟁과 의욕이 대단했습니다. 부대원들은 몇 킬로미터의 행군인지도 모른 채 연병장에 완전군장을 하고 모였습니다. 그리고 분대장이 4개 분대원들에게 각기 다른 메시지를 전달하고 출발시켰습니다.

1분대는 정확한 거리를 알려주지 않은 채 행군을 출발시켰습니다. 물론 중간에도 거리에 대한 이야기는 한 번도 언급하지 않았습니다.

2분대는 총 거리가 40km라고 이야기 해준 후, 25km 지점에서 경로가 단축되어 5km밖에 안 남았다고 이야기했습니다.

3분대는 총 거리가 25km라고 이야기하고 출발시켰습니다. 그러다가 20km 지점에서 경로가 변경되어 10km를 더 걸어가야 한다고 이야기했습니다.

4분대는 30km라고 정확하게 총 거리를 이야기해주고 중간 5km마다 얼마나 남았는지를 계속 공지해주었습니다.

그리고 행군이 종료된 후 군인들을 대상으로 스트레스 정도를 측정하였습니다. 그 결과, 정확한 거리를 모르고 행군을 한 1분대 대원들이 가장 스트레스 수치가 높게 나왔고, 4분대 대원들은 스트레스 수치가 가장 낮았고 행군 완료시간도 다른 분대에 비해 빨라서 가장 먼저 복귀했습니다. 명확한 목표제시가 구성원들로 하여금 최선을 다할 수 있는 힘을 발휘하게 했고, 그 힘을 끝까지 지속할 수 있게 했던 것입니다.

정확한 목표설정과 커뮤니케이션이 구성원들에게 강한 동기부여가 된다는 것을 증명한 셈입니다. 정확한 목표를 설정하고 그것을 공유하는 것은 커뮤니케이션에 있어서 매우 중요합니다. 리더는 팀의 정확한 목표와 나아갈 방향에 대해 모든 구성원들과 적극적으로 공유하고 구성원들은 공유된 목표 정보를 서로 전달하고 구체화하려는 노력이 필요합니다. 그리고 그 최종 목표를 달성하기 위해서는 적절한 시점에서 성취감을 느낄 수 있도록 서로 배려하고 지치거나 좌절하지 않도록 격려와 조언을 아끼지 말아야 합니다.

6. 설득의 기술

쇼핑호스트, 거리의 약장수, MC… 이 사람들의 공통점은 무엇일까요? 바로 말을 재미있게 하는 화술의 달인들이라는 것입니다. 최근 유명 개그맨들도 고전적인 슬랩스틱 개그에서 벗어나 짧은 스토리 안에 강한 인상을 남기는 화법으로 대중들에게 큰 웃음을 주고 있습니다.

이들 모두는 단어 하나로 청중들을 홀리는 비키니 화법을 잘 구사하고 있기 때문에 대중들에게 화술의 달인으로 인정받고 있습니다.

사람들의 정보처리 과정은 감각기억, 단기기억, 장기기억으로 이어지는데, 대부분의 대화나 커뮤니케이션의 시작은 감각 기억과 단기기억에 의존합니다. 단기 기억은 30초 정도 유지되며 저장용량은 7단위 정도 밖에는 되지 않습니다. 사람이 집중해서 정보처리를 하는 시간은 10초에서 30초를 넘기 어렵습니다. 따라서 30초 동안에 상대방의 시선과 관심을 계속 유지하고 30초 안에 설득이 이루어져야 합니다.

7. 두려운 피드백 쿨~하게 받아들이기

(1) 피드백 수용이 어려운 이유

성장을 돕기 위한 효과적인 방법의 일환으로 피드백이 많이 활용되고 있습니다. 하지만 피드백이 기대만큼 효과를 보지 못하기도 하는데, 이는 사람들에게 피드백의 수용을 어렵게 하는 심리적인 방어기제가 자리 잡고 있기 때문입니다. 피드백 수용을 어렵게 만드는 원인을 짚어보고, 피드백을 보다 건설적으로 수용하기 위한 방법을 살펴보겠습니다.

조직에서는 다양한 형태의 피드백이 활용되고 있습니다. 예컨대, 구성원들에 대한 역량 평가, 성과 평가, 360도 다면평가 등 다양한 피드백 기법들이 도입되어 사용되고 있습니다. 또한 팀 단위 업무 수행이 증가하고 조직 내 소통과 집단 지성이 점차 강조되고 있는 피드백을 통해 구성원들은 자신의 역량을 향상시키고 부족한 점을 개선할 수 있습니다. 조직의 입장에서는 구성원들의 성장을 통하여 성과 향상과 구성원들의 보다 생산적인 행동의 증가를 기대할 수 있습니다. 때문에 조직 내에서 피드백을 잘 활용하는 일은 매우 중요합니다. 그러나 피드백을 통해 기대했던 것만큼 효과를 보지 못하는 경우가 많습니다. 구성원들은 피드백을 두려워하거나, 잔소리로 여기기도 하기 때문이지요. 특히 상사/직원, 동료 간에 피드백을 주고받는 일이 구성원들 사이에 불필요하게 갈등을 유발한다고 생각하기도 합니다. 그렇다고 해서 피드백을 주고받지 않는다면, 역량을 계발하여 지속적으로 성장하고 이를 통해 더 나은 성과를 낼 수 있는 좋은 기회를 놓치게 될 것입니다.

미국 스탠포드대학교의 미라 교수는 "비록 피드백을 받아들이기가 불편하더라도 항상 피드백을 구하고 주의 깊게 경청하려는 노력을 지속해야 한다. 그렇지 않으면 피드백에 적절하게 대처하지 못하여 파괴적이고 부적응적인 행동을 하게 된다. 이는 우리의 일뿐만 아니라 조직 전반에 걸쳐 부정적인 결과를 초래할 수 있다."고 지적한 바 있습니다.

(2) 피드백 수용이 어려운 이유

피드백은 왜 받아들이기 어려운가? 가장 중요한 원인은 피드백이 사람들 각자가 가지고 있는 자기 자신에 대한 긍정적인 이미지를 훼손시킨다는 점에 있습니다. 심리학자들에 따르면 사람들은 일반적으로 자기 자신을 긍정적으로 인식하려는 경향이 있다고 합니다. 이는 자신은 다른 사람들보다 평균적으로 낫다고 생각하는 평균 이상 효과(better-than-average effect), 자기 자신을 긍정적으로 인식하려는 자기 고양적 편향(self-enhancement bias) 등과 같은 심리적인 현상에서도 잘 나타납니다. 그러나 피드백으로 인해 자신이 바라보고 싶지 않았던 자신의 모습, 실수하고 실패하는 자신의 모습이 드러나게 됩니다. 특히 부정적인 피드백을 받았을 때는, 분노, 슬픔, 억울함, 부끄러움과 같이 부정적인 감정이 뒤이어 발생하게 마련이지요.

피드백이 자신의 성장에 도움이 된다고 생각해도 피드백에 따른 부정적인 감정으로부터 자유로워지는 것은 쉬운 일이 아닙니다. 이러한 이유로 인해 사람들은 보통 피드백을 기피하게 됩니다. 자기 자신은 피드백을 열린 자세로 받아들이고 있다고 생각할 수도 있지만, 그런 생각은 자신의 착각일 수 있습니다.

'성공하는 사람들의 7가지 습관'의 저자인 스티븐 코비는 15만 건에 이르는 다면평가를 실시했습니다. 분석 결과를 살펴보면 흥미로운 사실을 발견할 수 있는데, 여러 설문 문항들 중에 '방어적이지 않고 부정적 피드백을 받아들인다'와 '개선될 수 있는 방법으로 피드백을 추구한다'라는 문항의 경우, 동료 평가 결과에서는 대부분의 사람들이 가장 낮은 점수를 받았습니다. 그러나 자기 자신은 이 문항을 다른 문항에 비해 매우 높게 평가하는 것으로 나타났습니다. 즉 자기 자신은 피드백을 잘 받아들인다고 생각하지만 다른 사람이 보기에는 그렇지 않을 가능성이 크다는 의미입니다.

이처럼 피드백의 수용은 결코 쉽지만은 않은 일이다. 심리학자들에 따르면 자아(ego)가 위협을 받게 되는 상황에서는 자신을 보호하기 위한 심리적인 방어기제(Defense Mechanism)가 작동한다고 합니다. 이때 방어기제가 부적절하게 작동하게 되면, 피드백의 수용을 저해하는데 그치지 않고 부적응적인 행동을 유발하여 구성원들과의 관계를 악화시킬 수도 있기 때문에 유의해야 할 필요가 있습니다.

(3) 피드백 방어의 유형

피드백을 건설적으로 수용하기 위한 첫 번째 단계는 자신이 피드백에 대하여 어떠한 방어기제를 사용하고 있는지를 인식(Self-Awareness)하는 것입니다.

방어기제는 피드백으로 인해 발생하는 부정적인 감정이나 생각으로부터 자기 자신을 보호하여 심리적인 안정 상태를 유지하기 위해 작동합니다. 방어기제는 심리적인 건강을 위해 필수적이지만 부적절하게 사용될 경우 근본적인 문제 해결을 어렵게 만들 수 있기 때문에 유의해야 합니다. 방어기제 이론에 따르면 다양한 상황에서 작동하는 여러 가지 방어기제들이 있습니다. 방어기제들은 한 가지 유형이 두드러지게 나타날 수도 있고, 여러 유형이 복합적으로 나타날 수도 있습니다.

■ 방어기제

Denial부정 : "그건 말도 안 돼, 네가 잘못 생각한 거야"

'부정'이라는 단어에서 쉽게 알 수 있듯이, 이 유형의 방어기제를 주로 사용하는 사람은 피드백을 인정하거나 받아들이려고 하지 않습니다. 도리어 피드백을 제공한 상대방의 생각이 잘못되었다고 비난하기도 합니다. 심지어는 '상대방이 자신을 시기하고 있어서 그런 말을 한 것이다', '자신을 고의적으로 폄하하려고 한다', '뭔가 다른 목적이 있을 것이다'는 등 상대방의 의도를 의심하여, 상대방이 제공한 피드백을 잘못되었음을 주장하기도 합니다.

Evasion회피 : "나중에 얘기하자"

회피 유형의 경우 소극적이고 수동적인 태도로 문제 상황으로부터 벗어나려는 행동을 말합니다. 구체적으로 문제를 자꾸 덮어두려고 하거나 해결을 미루려고 한다. 혹은 피드백 자체가 아예 없었던 일인 듯이 행동하기도 합니다. 하지만 이런 태도로는 일시적으로 상황을 모면할 수는 있어도 장기적으로는 문제 요소가 누적되어 상황이 악화되거나 문제해결이 갈수록 어려워질 수 있습니다. 게다가 이 유형을 주로 사용하는 경우 문제해결이 지연되기 때문에, 자신의 문제해결 능력에 대한 믿음을 상실하여 자신감이 저하될 수 있습니다. 따라서 본인 스스로 더욱 유의해야 하는 유형입니다.

Rationalization합리화 : "그런 상황에서는 누구나 그럴 수밖에 없어"

합리화 방어기제를 사용하는 사람들의 경우, 논리적인 설명을 제시하여 자신의 행동을 정당화하거나 합리화합니다. 피드백 자체를 받아들이려고 하지 않는 부정이나 회피와 같은 방어기제와 달리, 합리화하려는 사람들은 자신의 부정적인 피드백을 받았다는 사실이나 다른 사람들이 자신을 그렇게 판단할 수 있다는 사실을 인정합니다. 하지만 거기까지입니다. 인정은 하되, 그것은 자신의 잘못이 아니라 어떤 사람이라도 그 상황에서는 그렇게 행동할 수밖에 없다는 식으로 설명하며,

자신이 결국 옳다고 결론짓습니다. 결과적으로는 피드백을 통해 아무런 개선이 이루어지지 않는 것이지요.

Action-out행동화 : “다 집어치워!”

행동화는 피드백에 따른 부정적인 감정을 직접적으로 상대방에게 쏟아내는 유형입니다. 부정적인 감정을 통제하거나 제어하는데 따르는 긴장을 견디지 못하여, 즉각적으로 감정을 표출시킵니다. 부정적인 감정의 표출로 인해 다른 사람에게 심리적인 상처를 주거나 주변 사람들과의 관계가 악화될 수 있다는 점에 특히 유의해야 하는 유형입니다. 예를 들어, 물건을 던지거나 큰 소리를 내는 등 조직에서는 다소 바람직하지 않은 행동을 합니다. 행동화 유형의 리더의 경우, 자신의 리더십 평가 결과나 정상적인 피드백 내용들을 받아들이지 않고 오히려 자신을 평가한 사람들을 비난하거나 섭섭함을 노골적으로 표현하는 것이 좋은 예입니다. 일례로, “너희들이 이럴 수가 있어?”라며 구성원들을 다그치거나, “이런 평가를 도대체 왜 하는 거야?”라며 평가 주관부서에 항의하는 행동을 보일 수도 있다는 얘기입니다.

Control통제 : “도대체 누가 이런 생각을 하는 거야?”

피드백에 따른 부정적인 감정이나 내적인 갈등을 해결하기 위하여, 피드백을 제공한 상대방의 생각에 직접적으로 영향을 끼치려는 유형입니다. 자신의 생각을 강요하거나 자신의 마음에 들지 않는 의견을 제시하지 못하게 하는 분위기를 조성할 수 있습니다. 자기주장이 강하거나 사람들과의 관계에서 주도적, 지배적인 성향을 가진 사람들에게서 이러한 특성이 나타날 가능성이 큽니다. 조직 내에서 통제가 가장 부정적인 형태로 나타나는 경우는 리더가 피드백을 제공한 구성원을 찾아내어 모종의 제재나 위협을 가하려는 행동입니다. 누가 자신에게 부정적인 피드백을 했는지 밝히고 싶은 요구를 가질 수는 있습니다. 물론 이를 통해 이후에는 피드백이 긍정적으로 바뀔 수도 있겠지만, 정작 종요한 문제는 겉으로 드러나지 않은 상태로 지속될 수밖에 없습니다. 이는 피드백의 가치를 훼손시킬 뿐만 아니라, 결과적으로는 조직 내 소통의분위기를 저해시키는 매우 바람직하지 못한 행동이라고 할 수 있겠지요.

Passive-Aggression수동공격 : "오늘은 야근 좀 하지"

수동공격 방어기제를 주로 사용하는 유형은 부정적인 감정을 상대방에게 직접적으로 표현하지 않습니다. 다만 보다 간접적이고 은밀한 형태로 위장하여 상대방에게 불편함이나 분노를 유발시킵니다. 예를 들어, 꾸물거리면서 상대방의 일을 방해하거나, 말을 걸어도 대답을 하지 않기도 하고, 고의로 실수를 저질러 상대방을 곤란하게 만드는 등의 행동을 보일 수 있습니다. 리더의 경우에는 사소한 부분에 트집을 잡아 보고서를 계속 반려시킨다든지, 일을 과도하게 맡긴다든지 등의 방법으로 상대방을 괴롭히는 행동을 보이는 경우가 이에 해당합니다.

Reaction Formation반동형성 : "난 정말 괜찮아, 아주 좋은 지적이야"

자신의 부정적인 감정이 겉으로 드러나지 않도록, 오히려 그것과 반대되는 말이나 행동을 하는 유형을 반동형성이라고 합니다. 피드백을 받고 분노를 느끼더라도 상대방이나 다른 구성원들에게 화를 내는 등의 공격적인 행동을 하지 않습니다. 반대로 상대방에게 과도한 관심이나 친절을 보입니다. 혹은 자신은 피드백을 대범하게 받아들이고 있다는 것을 과시하려는 듯한 다소 과장된 행동을 하기도 합니다.

이러한 태도는 상황에 어울리지 않게 부자연스러울 가능성이 큽니다. 사람들은 부정적인 피드백을 받아서 화가 나거나 불쾌감을 느낄 수 있고, 사회적으로 용인되는 범위 내에서는 어느 정도 이를 겉으로 드러내기도 하는데, 반동형성 유형은 지나칠 정도로 긍정적인 태도를 보여서 상대방이 오히려 "정말 괜찮은 거 맞아?", "어떻게 저런 얘기를 듣고 괜찮을 수가 있지?"라고 의구심을 품게 되는 것입니다.

(4) 피드백을 받는 바람직한 방법

피드백을 건설적으로 수용할 수 있는 자세를 갖는 것은 누구에게도 쉽지만은 않습니다. 피드백을 받아들이는 방법에 대하여 체계적인 교육을 받을 기회가 많은 것도 아닙니다.

■ 피드백 받아들이는 단계

단계 1 : 피드백에 따른 감정 직시하기

올바른 피드백의 수용은 피드백으로 인해 발생하는 부정적인 감정에 대한 인식과 수용에서 시작합니다. 부정적인 피드백을 받으면 즉각적으로 분노, 불안, 슬픔, 억울함 등과 같은 부정적인 감정이 발생하기 마련이지요. 수용되지 못한 부정적인 감정은 심리적인 에너지를 소모시키고 판단력을 흐리게 만듭니다. 이로 인해 피드백을 통해 자신이 처해있는 상황과 자신이 가지고 있는 문제들을 정확히 평가하지 못하게 됩니다.

따라서 부정적인 감정으로부터 벗어나려고 하지 말고 이를 있는 그대로 받아들이려는 노력이 필요합니다. '지금 내가 이런 피드백을 받아서 억울함을 느끼고 있구나', '내가 다른 사람들에게 실수하는 모습을 보인 것 같아서 창피하고 부끄럽구나'라는 식으로 자신의 감정을 직시하고 수용할 수 있어야 합니다. 부정적인 감정을 인정하지 않고 묻어둔다고 해서 저절로 사라지지 않는다. 수용되지 못한 감정은 또 다른 상황에서 다른 형태로 더 큰 문제를 촉발시킬 수 있습니다.

만약 감정을 받아들이기가 어렵다면 잠시 덮어두고, 감정을 감당할 수 있을 만큼 시간이 지난 뒤에 다시 직시하는 것도 좋은 방법이 될 수 있습니다. 중요한 것은 결국 감정으로부터 도망치지 않고 이를 받아들일 수 있어야 한다는 점입니다.

단계 2 : 자기 자신을 객관화하기

자신의 감정이 전돈된 이후에는 자기 자신을 객관화하려는 노력이 필요합니다. 자기 객관화가 필요한 이유는 변화를 위해서는 정확한 자기 평가가 필요하기 때문입니다. 자기 객관화란 자기 자신을 제3자의 관점에서 객관적으로 바라보는 것을 말합니다. 감정이 진정된 상태에서 자신에 대한 피드백을 검토하여, 사람들이 자신을 어떻게 판단하고 있는지, 자신에게 어떤 행동을 기대하는지, 부족하거나 개선해야 할 점은 무엇인지를 정리할 필요가 있습니다. 이 과정에서 염두에 두어야 하는 것은 피드백의 내용이 항상 옳은 것은 아니기 때문에 다양한 피드백을 함께 고려하여 종합적으로 자신에 대한 판단을 내려야 한다는 점입니다.

인간은 자신의 긍정적인 측면만 보려는 경향이 있지요. 하지만 지속적으로 성장하기 위해서는 자신의 긍정적인 측면과 부정적인 측면 모두를 인식하고 수용할 수 있어야 합니다. 물론 자신의 부정적인 측면을 마주할 경우, 자존심이 상하고 자신감이 저해될 수도 있습니다. 그렇다고 하더라도 이를 받아들여 개선하려고 노력하지 않는다면 향후 지속적으로 유사한 형태의 부정적인 피드백을 피할 수 없을 것입니다.

단계 3 : 피드백에 감춰진 상대방의 욕구를 읽어내기

자기 객관화로 피드백을 통해 자신의 상황과 문제에 대한 판단을 내렸다면, 그 이후에는 해결책을 찾아야 합니다. 해결책은 피드백 안에 내재되어 있는 경우가 많습니다. 피드백을 받아들일 때는 겉으로 들어난 표현보다 피드백을 통해서 평가자가 전달하고 싶은 의도에 주목할 필요가 있습니다.

예를 들어, '독단적인 측면이 있다'라는 피드백을 받은 경우, '독단적'이라는 표현 때문에 '내가 왜 독단적이야?', '잘 모르고 하는 소리야!'라고 반응하며 감정만 상할 수 있습니다. 혹은 '그래, 난 독단적이야'라는 식으로 단순히 인정해버리는 정도에 그칠 수도 있지요. 하지만 그 표현의 이면에 주목해보면 '자신의 이야기에 더 귀를 기울여줬으면 좋겠다'라는 의미가 내재되어 있음을 알 수 있습니다. 따라서 피드백을 수용할 때에는 '독단적'이라는 표현에서 '경청하려는 노력이 필요함'이라는 메시지를 읽어낼 수 있도록 노력해야 한다는 것입니다.

피드백을 하는 사람들이 효과적으로 피드백을 제공하는 훈련이 되어 있지 않은 경우가 많다는 점도 피드백 수용시 염도에 둘 필요가 있습니다. 훈련이 되어 있지 않기 때문에 피드백의 내용에 다소 거칠거나 불쾌감을 불러일으키는 표현이 담겨 있을 수 있습니다. 본래 피드백에는 상대방을 평가하는 표현보다 구체적으로 행동을 묘사하는 표현을 사용해야 합니다. 평가에는 '좋다/나쁘다', '옳다/그르다'라는 내용이 포함되어있어 거부반응을 불러일으킬 가능성이 크기 때문입니다. 또한 '이런 점이 문제다'라는 표현보다는 '이렇게 해줬으면 좋겠다'라는 식으로 자신이 상대방에게 바라는 바가 정확히 표현되어야 합니다. 따라서 피드백을 받아들일 때에는 이러한 점을 감안하여 표현 이면에 담긴 내용에 주목하는 편이 바람직할 것입니다.

8. 완벽주의의 함정

완벽주의자들의 실패 혐오증은 혁신과 도전을 가로막는 커다란 걸림돌이 될 수 있다는 점에서 문제가 될 수 있습니다. 예를 들어, 완벽주의자들은 실패를 너무나 두려워하기 때문에 새로운 도전을 하는 것을 싫어할 뿐만 아니라, 새로운 것을 배우는 데에도 소홀히 할 수 있습니다. 심지어 새로운 시도가 절실하게 요구되는 상황에서도 완벽하게 성공할 것이라는 확신을 하지 못하면 시작조차 하지 않기도 합니다. '성공 확률이 100%가 아니라면 어떻게 해도 안 될 것이다'라고 생각하기 때문입니다. 그래서 심리전문평가기관인 HAS(Hogan Assessment Systems)의 제프 포스터 박사는 "완벽주의자가 새로운 혁신을 일구어 내기는 힘들다"고 말한 바 있습니다.

실패에 대한 혐오로부터 비롯되는 또 다른 부작용은 일의 실행보다는 계획에 집착하게 된다는 점입니다. 완벽주의자는 어떤 일을 시작하든지 사전에 만반의 준비를 하지 않는다면 심한 불안감에 휩싸이거나, 대로는 도전하지 않고 실패하고 말 것이란 부정적 확신에 사로잡히는 경향이 있습니다. 때문에 이들은 발생 가능한 모든 시나리오에 대비하여 계획을 수립한 이후에야 실행에 옮기게 됩니다. 실한 경우, 계획만 세우다가 일을 시작하지도 못하는 경우도 있습니다. 특히나 요즘처럼 불확실성이 높고 신속한 의사결정이 요구되는 경영환경에 이런 완벽주의 성향은 성과에 오히려 차질을 자져올 가능성이 큽니다.

(1) 마이크로 매니지먼트

완벽주의자들이 보여주는 특성 중의 하나로 '마이크로 매니지먼트'를 빼놓을 수 없습니다. 타인의 능력을 믿고 업무를 맡기거나 타인의 의견을 신뢰하면서 수용하기보다는 자신이 모든 것을 직접 두 눈으로 보고 지나치게 세밀할 정도로 일을 챙기려 하는 것이다. 이런 성향은 조직 내에서 리더의 자리를 맡게 되었을 때 특히 강하게 나타납니다.

완벽주의 리더가 마이크로 매니지먼트에 빠지는 근본적인 원인은 타인에 대한 믿음을 갖지 못하기 때문입니다. 완벽주의 리더는 자신의 실패에 대해 스스로 엄격한 기준을 적용하듯이 부하에게도 엄격한 성공의 잣대를 적용합니다. 그러나 완벽주의 리더의 마음속 잣대에 비추어 봤을 때 믿고 맡길 만한 역량을 가진 부하직원이 있을 리가 없는 것입니다. 또한 완벽주의 리더는 부하들이 자신이 기대하는 만큼 최선을 다하지 않고 있다고 생각합니다. 그렇기 때문에 자신이 직접 관여하지 않으면 업무상 실수나 문제가 생길 것이란 불안감에 빠진다. 그 결과, 부하에게 일임한 업무에 대해 일일이 간섭하고 잔소리를 하는 리더가 되는 것입니다.

(2) 완벽주의의 자기 인식

한편 완벽주의자들은 다른 사람들이 자신이 수행한 미흡한 업무 성과에 대해 다소 비판적인 피드백이 제공될 경우 이를 자신에 대한 공격으로 인식하기도 합니다. 그렇기 때문에 완벽주의자는 타인과 허심탄회하게 이야기하는 것을 힘들어 하곤 합니다. 특히 이러한 완벽함에 대한 인정 욕구와 부정적 피드백에 두려움은 새로운 아이디어를 창출하는 브레인스토밍과 같은 유형의 커뮤니케이션의 효과성을 저해하는 요인으로 작용할 수 있습니다. 브레인스토밍의 경우, 비록 불완전한 아이디어라도 스스럼없이 의견을 개진하고, 이러한 다양한 의견을 쌓아가면서 완성도 높은 아이디어를 만들어 가는데 그 목적이 있습니다. 그러나 완벽주의자들의 경우 자신의 아이디어가 완벽하기 전까지는 아이디어를 개진하지 않거나, 타인의 아이디어를 폄하하는 발언을 하곤 하여 커뮤니케이션이 원활이 이루어지지 못하게 할 수 있습니다.

완벽주의는 일종의 개인적 신념 또는 가치라 할 수 있습니다. 때문에 하루아침에 이러한 성향을 바꾼다는 것이 그리 쉬운 일이 아닙니다.

「당신을 성공으로 이끄는 1% 리더십」의 저자인 데이비드 도트리치 역시 "완벽주의의 함정에 빠진 사람들은 자신들의 완벽주의를 자랑스러워하는 경향이 있어서 완벽주의의 함정에서 벗어나기 어렵다"라고 말한 바 있습니다.

이러한 점을 감안해 볼 때 완벽주의 함정에서 빠져 나오기 위해서는 그 무엇보다 먼저 본인의 정확한 자기 인식이 필요합니다.

미니지식 Q&A

■ 더치페이는 버릇없는 행동인가요?

『더치페이, 상당히 합리적이고 아쌀해 보이지만, 속내를 들여다보면 결코 그렇지 않다. 경제적 능력이 다른데, 왜 똑같이 내는가? 그건 페어플레이가 아니다. 있는 쪽은 '없는' 척, 없는 쪽은 '있는' 척. 그러면서 속으로는 서로를 견제하기 바쁘다. 배려하는 척하지만 사실은 서로 속고 속이는 '더티페이'에 불과하다. 경제적 능력이 엇비슷해서 그런다고? 그래도 마찬가지다. 경제력이 비슷하다고 해서 똑같은 방식으로 돈을 쓰는 건 좀 이상하지 않은가?" (「돈의 달인, 호모 코뮤니타스」, 175쪽)』

상대방의 호의를 무시하고 무조건 각자 계산해야 한다고 주장하는 것은 상대에게 부담을 줄 수 있습니다. 서로에게 가장 행복한 지불 방법이 무엇인지 생각해 보면 좋겠지요?

미니지식 Q&A

■ **메신저는 정말 업무 집중에 방해가 될까요?**

얼마 전에 회사의 메신저 사용 금지령이 내려졌습니다. 직접 이야기를 하거나, 전화로 의사소통을 하라는 차원에서의 조치입니다. 그런데 메신저를 사용하던 사람들은 이게 여간 불편한 일이 아닙니다. 저 같은 경우 평소에 많이 사용하진 않지만 꼭 필요한 경우에는 편리한 도구인데, 막상 없으니 무언가 허전합니다. 정말 업무에 방해가 될까요?

- 휴대폰, 메신저 등 수시로 일을 방해하거나 직접적인 커뮤니케이션을 저해하는 수단이 점점 늘어나면서 일에 집중하지 못하거나 사람들 간의 직접적 소통이 줄어들고 있습니다. 수리로 여기저기 산만하게 날아오는 메신저들의 공격을 막아내다 보면 집중하면 1시간에 끝낼 일을 퇴근 무렵이 되어서도 다 끝내지 못하는 경우가 있습니다.

미니지식 Q&A

■ **지각했을 때 인사하나요?**

아무리 지각하지 않으려 해도 여러 가지 사정으로 지각을 할 수도 있습니다. 지각뿐만 아니라 직장에서 일하다보면 본의 아니게 실수할 경우도 있습니다. 그럴 때마다 어물거리거나 슬그머니 넘어가지 말고 정확하게 사유를 공손히 말씀드리고 사과하는 것이 좋습니다. 요즘 트위터나 문자메시지를 활용하는 경우도 있는데 이것은 좋은 방법이 아닙니다.

03
CHAPTER

조직행동의 이해

Objective

1. 조직행동의 기본적 이론에 대한 이해를 통해 효율적이고 생산적인 조직을 운용할 수 있는 관리역량을 함양시킬 수 있습니다.

4. 중간관리자로서 과학적인 지식을 바탕으로 조직을 보다 효율적이고 생산적으로 운영, 관리할 수 있는 능력을 배양시킬 수 있습니다.

3.1 조직행동론의 기초

1. 조직행동론의 정의

회사, 대학, 연구소, 교회, 군대, 이 모든 것은 조직입니다. 그런데 정확히 조직에 대해 정의를 내릴 수 있을까요?

학자들은 "조직이란 두 사람 이상이 서로 연결되어 상호작용을 하면서 공동의 목표를 달성해 나가는 모임이다."라고 정의하고 있습니다. 이렇듯 조직은 인간의 모임이며 그곳에는 항상 인간의 행동과 서로의 관계가 존재하는데, 조직 안에서 인간행동을 연구하고 설명하는 학문이 바로 조직행동론인 것입니다.

인간행동의 관찰과 예측은 개인의 추측으로도 가능합니다. 그런 개인의 추측은 직감이나 상상 등에 의한 것으로 과학적인 체계를 갖추고 있지 않으며 결과의 정확도가 낮다는데 문제가 있습니다. 그러므로 체계적으로 조직 구성원의 행동을 관찰하고 정확한 해석을 통해 예측할 수 있다면 조직의 관리 및 생산성 향상에 도움이 될 것입니다. 또한 개인, 집단, 조직이 조직 목표를 효율적으로 달성하도록 그들의 노동을 지원하고 개선, 혁신하는 방법을 조직 관리자에게 제공하게 됩니다.

2. 조직행동론의 기초

개인차원의 연구	집단차원의 연구	조직차원의 연구
- 한 사람의 개인 - 조직행동과 밀접한 것들: 성격, 태도, 가치관, 능력, 판단, 학습, 동기유발, 인지 - 기대효과: 직무만족도 개선, 조직원 간 관계개선 - 부정적 행동억제	- 집단 속에서의 개인 - 집단의 속성: 개인 간의 커뮤니케이션, 리더십, 권력게임, 갈등이 문제, 집단 내에서 이루어지는 의사결정	- 조직 내에서의 개인 - 조직의 특성에 따른 차이: 구조, 규칙과 제도, 지휘체계와 분위기 - 일의 설계 : 조직 내에서의 개인과 집단의 행동은 일의 설계에 따라 달라진다.

3.2 개인차원의 이해

1. 가지각색 직원들이 기업의 IQ를 높인다.

린든 존슨 전(前) 미국 대통령은 말했습니다. “우리 모두는 다르다. 심지어 미국 안에서도 똑같은 것은 없다. 만약, 우리가 모두 같다면 우리는 모두 같은 아내를 원할 것이다. 얼마나 큰 문제가 생길지 상상해 보라.”

이제는 다양성의 시대입니다. 기업들은 획일적이고 정교한 계획만으로는 성과를 꾀하지도, 직원들의 공감을 사지도 못합니다. 가지각색의 조직원들을 바탕으로 에너지와 혁신이 넘치는 조직을 만들고, 조직의 창조적 마찰이 가져다주는 시너지 효과를 누리고 싶은가요? 그렇다면 다양성을 수용하는 차원을 넘어 효과적으로 관리하는 방법을 알아야 합니다. 여기 그 해답이 있습니다. 특이한 것, 독특한 것, 불가사의한 괴짜, 다채로운 것, 이상야릇한 것을 적극적으로 추구할 때 살아남는 시대가 왔다. 경쟁에서 이기고 싶다면, 그렇다면 다양한 사람들의 특성을 활용해 어떻게 성과를 극대화시킬 것인가에 주목해야 할 때입니다.

2008년 월스트리트 저널이 발표한 ‘가장 영향력 있는 경영사상가 20인’에서 1위에 오른 게리 해멀(Gary Hamel). 지금은 경영학의 핵심 개념이 된 ‘핵심 역량(core competence)’의 창시자인 그가 최신 저서 『경영의 미래』에서 혁신을 이루는 경영 DNA로 ‘다양성’을 꼽았습니다. 게리 해멀은 “기업이 변화무쌍한 세계에서 경쟁을 뚫고 승리하기 위해서는 ‘적응력’이 필수조건입니다. 적응력의 범위를 넓히려면 생각, 기술, 태도, 역량의 다양성을 키워야 한다.”고 말하였습니다. 기업입장에서는 다양한 관점을 수용해 변화에 신속히 대응하는 것이 경쟁력 있는 가치가 되었습니다.

다양하다니, 뭐가? 다양성에 대한 관심이 높아질수록, 다양성을 보는 관점과 정의도 다양해지고 있습니다. 다양성 안에는 연령, 성, 인종, 민족 등 인구통계학적 속성을 비롯해 성격, 가치, 태도, 신념 등 심리적 속성도 포함됩니다.

『다양성 높은 집단에서 성과를 관리하는 감정지능(Emotional Intelligence for Managing Results in a Diverse World)』의 저자인 가르텐슈바르츠와 로웨(Gardenswartz & Rowe)는 다양성을 1) 성격(다른 사람에게 즉각적으로 보이지 않는), 2) 나이, 성(gender) 등과 같은(부분적으로 보이는) 내부적 차원, 3) 외부적 차원(소통 가능한), 4) 조직적 차원의 4가지 계층 모델로 정의했습니다. 이 모델에서는 다양성의 속성을 인구통계학적 측면에 보다 무게를 싣고 있지만 성격이라는 심리적 속성도 고려하고 있습니다. 체계화된 모델을 기반으로 하면 기업이 처한 다양성 문제를 진단하고 그 해결방안을 찾기가 수월할 것입니다.

2. 다양성, 왜 기업에게 왜 중요한가?

2001년도에 '포춘(Fortune) 1000대 기업' 및 '일하기 좋은 100대 기업'의 HR 전문가 121명을 대상으로 조직 다양성과 관련한 서베이(SHRM Survey)를 했습니다. '조직의 다양성 관리가 조직의 경쟁력에 긍정적인 영향을 미친다'는 응답이 91%나 됐습니다. 아울러 '다양성 관리가 기업문화를 증진시킨다'는 79%, '채용을 개선한다'가 77%, '고객관계가 개선된다'는 응답이 52%에 이르렀습니다.

그렇다면 다양성이 조직에 줄 수 있는 가장 긍정적인 효과는 무엇일까요? 바로 창조성, 혁신성을 자극한다는 점입니다.

『메디치 효과(The Medici effect)』의 저자인 프란스 요한손(frans Johansson)은 여러 분야의 창의적인 일에 종사하는 사람들과의 인터뷰를 바탕으로 "혁신은 각기 다른 영역, 배경, 전문성을 지닌 사람들이 각자의 생각을 공유할 때 발생할 가능성이 높다."고 말했습니다. 다양한 영역, 분야, 문화 등이 만나는 교차점에서는 충돌을 빚거나, 또는 새로운 결합이 일어나면서 보다 혁신적인 아이디어가 나올 수 있다는 것입니다. 하지만 다양성이 긍정적 측면만 있는 것은 아닙니다. 이질적인 집단 간의 갈등, 의사소통의 어려움과 같은 부정적 면도 있습니다. 따라서 다양성을 어떻게 관리하느냐에 따라 양날의 검으로 작용합니다.

다양성을 인정하지 않는 기업에서는 직원들이 '다양한 목소리를 내 봤자 나에게 이익이 되지 않는다'고 판단하게 됩니다. 이는 업무 몰입도와 만족도를 낮추고 긴장과 갈등을 일으킵니다. 그 결과 업무의 원활한 진행에 문제가 생깁니다. 따라서 다양성이 긍정적 영향을 불러일으키도록 하기 위해서는 조직 차원에서 적절한 관리를 해야 합니다.

3. 세계적인 기업들은 어떻게 하고 있나?

다문화, 다민족으로 구성된 해외의 국가들은 이미 90년대 초부터 다양성 연구를 시작했습니다. 현재는 다양성을 제도화해 실행하고 있다. 하지만 우리 현실은 아직 그 수준에 미치지 못하고 있습니다. 다양성 관리는 각 기업의 사정에 따라 설계되고 실천되는 것이 가장 효과적입니다. 그렇다면 다양성을 조직의 DNA로 만든 성공적인 글로벌 기업들은 공통적으로 어떤 방법을 썼을까요?

(1) 다양성은 우리를 성공으로 이끈다.

휴렛패커드(HP)의 기존 기업 슬로건은 '다양성은 창의성, 발명, 사업 성공을 유발한다' 였습니다. 하지만 HP의 다양한 재능개발 프로그램(Diverse Talent Development Program)의 책임자인 신디 스탠필(Cindy Stanphill)은 그 슬로건에 '다양성을 인정하고 수용한다'는 표현이 빠져 있음을 발견했습니다. 그리고 다음과 같이 수정했지요. '다양성의 인정과 수용은 창의성과 생산성을 유발하고, 나아가 혁신과 성과 향상을 유발하며, 사업성공의 길로 이끈다.' 이 슬로건은 단순히 구호로 그친 게 아니라 '다양성 찾기 회의' 등을 통해 행동으로 옮겨졌습니다. 3일 동안 진행된 이 회의를 통해 혁신적인 아이디어들이 쏟아져 나왔습니다. 더 나아가 사업 성공을 위해 다양성을 인정하고 수용하는 것이 얼마나 중요한지에 대한 직원들의 공감대까지 이끌어냈습니다.

조직 다양성을 효과적으로 관리하기 위해서는 다양성을 기업의 비전, 가치로 규정하고 실천해야 합니다. 조직원이 자발적으로 다양성을 높이는 데 동참하게 하려면 '우리 회사는 다양성이 기업의 장기적인 비전'이라고 방향을 제시하는 것이 중요합니다. 또한 다양성 관리를 기본적인 경영전략으로 삼아야 합니다. 그럼으로써 다양한 조직을 운영하는 것이 경영성과를 높이는 핵심요소라는 사실을 알려야 합니다.

(2) 사람들로 하여금 마음껏 떠들게 하라.

IBM은 2007년 7월, 이노베이션잼(Innovation Jam)이라는 온라인 사이트를 열었습니다. 고객과 컨설턴트, 직원 가족 등을 포함한 10만 명이 넘는 사람이 이노베이션잼에 드나들며 물류시스템 개선, 무역, 건강관리, 환경, 재정문제 등 미래와 관련된 아이디어를 내놓고, 이에 대해 자유롭게 토론했습니다. IBM측은 동영상, 가상여행, 흥미진진한 신기술에 관련한 정보를 제공했습니다. 이 획기적인 사이트 덕분에 IBM은 회사 내에서는 얻기 힘든 다양한 의견을 얻을 수 있었습니다.

다양성을 수용하는 기업문화를 만들기 위해서는 조직 내 커뮤니케이션이 중요합니다. 원활한 커뮤니케이션을 통해 다양한 사람들이 지닌 문화와 경험을 공유할 수 있게 됩니다. 그럼으로써 새로운 가능성을 발견하게 되고, 조직에 대한 소속감과 만족감을 높일 수 있습니다.

(3) 훈련과 제도로 밀어줘라.

GE는 최고다문화관리자(CDO : Chief Diversity Officer)를 두고 있습니다. 다양한 문화를 포용하고 직원들을 동등하게 대우하려는 노력의 일환입니다. 모토로라 역시 미국 본사에 CDO를 두고 부사장급 임원이 앞장서서 여성, 동성애자, 흑인 등 사내 소수그룹을 위해 헌신하고 있습니다. 모토로라의 인사 정책에서 가장 눈길을 끄는 것은 5개의 다양성 비즈니스 위원회입니다. '인종・성・가치관・종교 등의 벽을 허물어 다양한 인재를 활용하겠다'는 의미가 담겨 있습니다. 사내에 공석이 발생하면 글로벌 채용 인터넷시스템을 통해 세계 어느 지역에서든 공석에 대한 채용 공고를 냅니다. 이 자리에는 사내 직원이면 전 세계에서 누구나 지원할 수 있습니다. 지원 후에는 일정한 절차를 거쳐 최적임자가 선발됩니다. 만약 한국 직원이 파리에서 일하기를 원하면 이런 기회를 통해 자리를 옮길 수 있는 것입니다.

존슨앤존슨은 '다양성 대학'이라는 사이버 대학을 설립했다. 온라인 교육을 통해 구성원들에게 글로벌 및 이문화 이슈에 대한 감수성을 훈련시켰습니다.

이처럼 다양성 활동이 중요한 기업 업무로 인식되면서 다양성 관리를 담당하는 부서와 직위가 생겨나고 있습니다. 다양성 관리부서와 담당자는 인사 부서에서 일하며 채용 및 배치, 승진, 교육훈련, 인사평가 및 보상 등 다양성을 고려한 인사정책을 실시하는 것이 효과적입니다. 또한 전략적인 의사 결정을 내릴 수 있는 기업의 최상위층이 최고다문화관리자(CDO) 역할을 담당할 때 실질적인 성과를 거둘 수 있습니다.

(4) 리더가 적극적으로 지지하라.

다양성 관리가 정착하기 최고경영진들이 의사결정과 행동에서 다양성을 포용, 관리하고 있음을 직접 보여주어야 합니다.

글로벌 선진기업의 CEO들은 일찍부터 다양성에 관심을 갖고 관리에 나섰습니다. IBM의 회장이자 CEO인 샘 팔미사노(Sam Palmisano)는 다양성 정책을 공식적인 선언문으로 발표했습니다. 인종, 피부색, 종교, 성별, 성적, 정체성, 국적, 장애 및 나이에 관계없이 채용, 교육, 보상, 승진 등이 이뤄진다는 내용의 선언문이었습니다.

(5) 조직 다양성, 기업이 살 길이다.

조직 내에 존재하는 수많은 다양성, 즉 차이를 활용한 리더십으로 혁신을 이루기 위해서는 어떻게 해야 할까요? 리더십 솔루션스 컴퍼니의 CEO인 데비 케네디는 저서 『차이의 리더십(Putting Our Differences to Work)』에서 5가지 실천전략을 말하고 있습니다.

첫째, 다양성 추구를 조직의 우선목표로 정한다.

둘째, 구성원들의 개성에 관심을 갖는다.

셋째, 개성은 인정하되 개인의 책임감을 핵심가치로 선정한다.

넷째, 솔직한 커뮤니케이션이 가능한 분위기를 만든다.

다섯째, 상부상조하는 체제를 마련해 모든 사람에게 이익이 되는 분위기를 만든다.

결국 다양성 관리의 핵심은 다양성이 존중되는 조직문화를 만드는 것이며 그 중심에는 최고경영진들이 있어야 합니다.

4. 성격이 달라도 너무도 달라

(1) 성격의 정의

성격(性格)은 한자의 성품 성(性)자와 격식 격(格)자로 이루어져 있습니다. 그래서 성격이란 내적인 성품이 외적으로 격식을 차리고 있음을 뜻합니다. 이는 성격이 내적 요소와 외적 요소로 구성되어 있음을 암시하는 것입니다.

영어의 personality는 그리스어의 persona에서 유래되었습니다. 그리스에 페르조나는 원래 그리스 연극에서 배우들이 쓰던 가면을 일컫는 말입니다. per는 '~를 통하여(through)', sonare는 '말하다(speak)'라는 뜻입니다. 요즘도 이 말은 연극에서 배우의 역할을 나타내는 용어로 사용되기도 합니다.

페르조나는 이처럼 어떤 사람의 참모습이라기보다는 배우가 가면을 쓰고 무대에서 연극하듯이 사람들이 사회장면 속에서 피상적으로 나타내는 사회적 이미지를 뜻합니다. 즉 personality란 사회라는 커다란 무대에서 사람들이 나타내는 외현적인 행동 양상인 것입니다. 이러한 사실은 영어의 personality와 우리말의 성격이란 말의 의미가 다소 다르다는 사실을 보여주는 것이기도 합니다.

(2) 성격의 구성 요소

성격이란 말의 어원에서 알아보았듯이 영어의 personality란 말의 어원은 주로 외현적인 행동 양상에 초점을 맞추고 있습니다. 그러나 우리말의 성격도 그렇거니와 현재 심리학에서 사용하고 있는 성격이란 용어는 성격의 어원처럼 그렇게 피상적인 행동 양상만을 뜻하지는 않습니다. 심리학에서 사용하고 있는 성격을 보다 정확하게 정의하기 위해서는 성격의 의미를 정의하기에 앞서 성격의 구성 요소를 알아볼 필요가 있습니다. 성격은 크게 내적 요소와 외적 요소로 구성되어 있습니다.

성격의 내적 요소란 선천적으로 타고난 비교적 안정된 심리적 요소를 말합니다. 이는 사회문화적 조건에 의해 주로 결정되는 외현적인 행동 요소와 구분되는 개념입니다. 내적 요소는 특히 '공격적이다', '선하다' 등과 같이 선천적인 심리 특성을 강조하는 특성(character)과 생물학적으로 결정되는 체질과 같이 선천적으로 결정되는 심리 특성인 기질(temperament)로 구분됩니다.

특성이란 말은 성격과 구분 없이 사용되기도 하지만 주로 내적인 요소를 더 강조합니다. 이 말은 그리스어의 조각(charakter)이란 말에서 유래되었는데, 이 말의 어원에서 느낄 수 있는 것처럼 성격이 선천적으로 조각되듯이 결정된다는 점을 강조하고 있습니다. 특성과 달리 기질은 특성보다도 더 선천적이고 결정적입니다. 기질은 성격과 특성이 이루어지는 기반을 담당합니다. 사람들은 생리적 요소를 강조하는 기질에 따라 똑같은 상황이라도 정서적으로 반응하는 패턴이 다릅니다. 가령 차가 막힐 때 어떤 사람은 쉽게 짜증내고 흥분하지만 어떤 사람은 그러려니 하고 기다립니다.

성격은 이러한 내적 요소와는 달리 외적 요소도 포함하고 있습니다. 성격의 외적 요소란 성격의 어원에서 살펴보았던 영어의 personality를 말합니다. 이는 사회문화적 환경 내에서 사람들이 나타내는 가시적이고 피상적인 행동 패턴을 말하는 것으로, 사람들이 주위 사람에게 표방하는 공적인 성격을 형성하고 비교적 일관된 행동패턴을 나타내는데, 행동의 외적 요소란 이처럼 사회문화적 환경 속에서 사람들이 가시적으로 나타내는 외현적인 행동패턴을 말합니다.

(3) 성격은 어떻게 결정되는가.

성격의 구성요소가 다양한 것처럼 성격을 결정하는 요소도 다양합니다. 사람이 유전과 환경에 의해 결정되는 것처럼 성격도 그와 비슷한 방식으로 결정됩니다.

사람을 구성하는 요소는 기본적으로 심리적 요소와 신체적 요소로 나눌 수 있습니다. 심리적 요소란 mind를 말하고 신체적 요소란 body를 말합니다. 사람은 둘 중 어느 하나만으로 이루어지지는 않습니다. 그래서 Descartes는 mind와 body의 상호작용론을 주장했고, 이러한 관점은 지금까지도 이어져 내려오고 있습니다. 그러나 사람을 구성하는 심리적, 신체적 요소 이외에 심리학에서는 사람을 사람답게 만드는 기본 요소를 한 가지 더 고려하고 있습니다. 그것은 다름 아닌 사회적 요소입니다. 이것을 공식으로 나타내면 다음과 같습니다.

> 사람 = f(M · B · S)
> (f는 함수, M은 mind, B는 body, S는 society)
> (이 관계에서는 어느 한쪽이 0이면 모든 값이 0이 됨)

사람들은 선천적으로 mind와 body를 가지고 태어나고 후천적으로 그것들을 형성해 나가지만 그러한 것들은 어디까지나 사회라는 테두리 내에서 이루어지는 것입니다. 사회심리학자인 Lewin은 이러한 사회를 커다란 자기장에 비유하며 생활공간(life space)이라고 했는데, 사람들은 바로 이러한 생활공간 내에서 서로 영향을 주고받으며 살아가는 것입니다.

사람의 성격도 사람이 결정되는 방식과 유사합니다. 성격은 선천적으로 어느 정도 결정되지만 최종적으로 어떤 성격을 갖느냐 하는 것은 사회라는 테두리 내에서 어떤 환경을 경험하느냐에 달려 있는 것입니다.

선천적 요소란 주로 생물학적인 요인을 말합니다. 유전, 부모, 체형과 같은 요소들로 특성과 기질 같은 내적 요소가 관련됩니다. 성격을 결정하는 선천적 요소의 증거는 주로 쌍생아 연구에 근거하고 있습니다. 정서성, 활동성, 사교성 등과 같은 다양한 성격 차원을 연구한 결과를 보면 일란성 쌍생아의 경우 60% 정도 일치했습니다. 이에 비해 이란성 쌍생아의 경우에는 0~20% 정도만 일치했지요.

후천적 요소란 다양한 사회문화적 영향, 가정환경, 부모의 성격, 교육 등과 같은 환경적 요인들을 말합니다. 후천적 요소에는 앞서 사람을 사람답게 만드는데 필요한 요소인 사회적 요소도 포함됩니다. 성격을 결정하는 후천적 요소의 증거는 일란성 쌍생아라도 같은 환경에서 자란 경우의 성격 일치율이 다른 환경에서 자란 쌍생아의 성격 일치율보다 두 배 이상이나 높다는 연구들에 근거하고 있습니다. 이는 성격을 결정하는데 있어서 선천적인 요소도 중요하지만 후천적인 요소도 중요하다는 사실을 보여줍니다. 심리학은 성격을 결정하는데 있어서 선천적 요소를 무시하지는 않지만 그보다 후천적인 환경 요소를 더 강조하고 있습니다. 사람의 성격을 결정하는 요소와 결정 방식을 공식으로 나타내면 다음과 같습니다.

> 성격 = f (H · E)
> (f는 함수, H는 유전, E는 환경)
> (이 관계에서는 어느 한쪽이 0이면 모든 값이 0이 됨)

5. 특성이론

사람들은 평소에도 뚱뚱하면 여유롭고, 마르면 지적이며, 옥니에 곱슬머리이면 고집이 세다는 등 나름대로 상식을 동원하여 성격을 분류하고 있습니다. 이처럼 일반인들이 누구나 나름대로 독특하게 가지고 있는 성격판단의 기준을 내현성격이론(implicit personality theory)이라고 합니다. 성격의 특징은 사람마다 다르다는 독특성에 있지만, 좀 더 생각해 보면 사람들의 성격들 간에는 공통점이 존재하고 있음을 알 수 있습니다. 특성이론은 이러한 특성을 찾아내어 성격을 분류하는 이론입니다.

(1) 유형론

유형론(typology)은 성격이론 중에서 가장 오랜 역사를 가진 이론이라고 할 수 있습니다. 고대 그리스의 의사인 Hippocrates는 사람의 체액을 혈액, 점액, 흑담즙, 담즙으로 구분하고, 그 중 어느 체액이 신체 내에서 우세한가에 따라 성격이 결정된다고 주장했습니다. 가령 혈액이 우세하면 다혈질로 성격이 다정하고 유쾌하다는 식입니다. 이렇듯 체액을 중심으로 하는 성격 이론을 특히 체액론이라고 합니다.

한편 Hippocates의 체액론과는 달리 Kretchemer와 Sheldon은 체격에 따라 구분했는데, 체격을 중심으로 한 성격이론을 체격론이라고 합니다. 이밖에 Jung은 심리 특성으로 성격을 내. 외향성으로 분류하기도 했다. 유형론의 분류와 그에 따른 성격 특징은 아래 표와 같습니다.

유형론의 분류와 성격 특징

학자	이론	분류	성격유형	성격특징
Hippocrates	체액론	혈액 점액 흑담즙 담즙	다혈질 점액질 흑담즙질 담즙질	다정하다, 유쾌하다 느긋하다, 동작이 느리다 우울하다, 슬프다 민첩하다, 화를 잘 낸다
Kretchemer	체격론	마르고 큰키 뚱뚱함 근육질	세장형 비만형 근육형	꼼꼼하다, 신경질적, 깔끔하다 사교적, 변덕 심함, 활발하다 활동적, 모험적이다
Sheldon	체격론	내배엽형 중배엽형 외배엽형	내장 긴장형 신체 긴장형 대뇌 긴장형	사교적, 애정과 내장기관중시 모험적, 신체활동과 권력 추구 감각적, 예민, 사람을 회피
Jung	심리 유형론		내향성 외향성	갈등 회피, 고독을 즐김 사교적, 진취적, 모험적

(2) 특질론

특질(trait)이란 한 사람을 다른 사람과 비교적 영속적으로 구분해 주는 심리적 경향성을 말합니다. 이는 성격을 이루는 기본 단위이자 인간 행동의 다양성(개인차)을 설명해 주는 중요한 요소입니다. 특질은 선천적으로 획득될 수도 있고 후천적으로 형성될 수도 있습니다. 사람들은 나름대로 독특한 특질을 가지고 있으며, 이러한 특질은 사회생활이나 대인관계를 영위할 때 사람들에게 공통적으로 나타나는 공통 특질과 개인을 특징지우는 개별 특질로 구분됩니다. 이러한 공통특질과 개별특질을 찾아내어 성격을 분류하려는 이론이 특질론입니다.

특질론의 대표적인 학자는 Allport입니다. 그는 인간을 설명하는 약 18,000개 정도의 형용사를 분석하여 성격을 공통 특질과 개별 특질로 구분하였습니다. 이어 Cattell은 이들 형용사를 비슷한 의미를 갖는 단어들로 묶어 200개의 성격 특성을 찾아내었고, 최종적으로 요인분석을 통해 인간의 성격을 가장 잘 나타낼 수 있는 16개의 성격 요인(factor)을 선정했습니다. Cattell은 이러한 방법을 통해 특질을 기저에서 외연적 행동을 결정하며 비교적 안정적인 원천 특질(source trait)과 안정적이지 않고 사람마다 독특한 표면 특질(surface trait)로 구분하였습니다.

이런 특질 분류와는 달리 Eysenck는 내향성/외향성, 안정성/불안정성(신경증적 경향성, neuroticism), 정신병적 경향성(psychoticism)으로 분류하였습니다. 가령 내향적인 사람은 가성 수준이 높아 외부자극에 민감하고 주의력이 높아 조건화가 잘 이루어지는 반면, 외향적인 사람은 각성 수준이 낮아 자극에 민감하지 못하고 주의를 기울이지 못해 조건화가 어렵고 쉽게 소거되는 경향이 있다고 주장했습니다. 그래서 내향적인 사람은 조용하고 내성적이며, 의사결정시 신중하고 위험이 따르는 일을 좋아하지 않고, 질서 있는 생활을 선호한다. 이에 비해 외향적인 사람은 사교적이고 친구가 많으며, 파티에 참석하기를 좋아하고 흥분을 잘하고 충동적이다.

신경증적 경향성은 정서적인 안정성을 나타내는 차원으로, 이러한 경향성이 많은 사람은 적은 사람보다 쉽게 흥분하고 불안해하며 불안정한 특성을 보인다. 이에 비해 정신병적 경향성은 정신병이 될 성향과 정신병질자가 될 정도를 반영한다. 이러한 경향성이 높은 사람은 공격적이고 냉정하며 타인에 대한 배려를 하지 못하고 사회적 관습을 받아들이지 않으며 충동적인 행동 특성을 보인다고 하였습니다.

특질론의 분류와 그에 따른 성격 특징은 아래 표와 같습니다.

특질론의 분류와 성격특징

학자	분류	성격유형	성격특징
Allport	공동특질 개별특질	공동특질 중심성향 기본성향 이차적 성향	사회생활에 공동된 성격 특질 사람이면 누구나 갖는 특질 개인 생활을 지배하는 특질 개인차를 나타내는 특질
Cattell	원천특질 표면특질 내외향성 안정성 차원	내향성 외향성	행동을 결정하는 기본특질 개인차를 나타내는 특질 조용, 내성적, 신중, 질서 추구 사교적, 충동적, 모험적
Eysenck	정신병차원	신경증적 경향성 정신병적 경향성	쉽게 흥분하고 불안정함 공격적이고 냉정, 충동적

6. 과정이론

앞에서 살펴본 특성 이론은 사람의 성격을 묘사하고 분류하는 데는 유용하지만, 성격이 어떻게 형성되고 형성된 성격이 어떤 의미를 갖는지는 제대로 설명하지 못합니다. 이러한 측면에 초점을 맞춰 이루어지는 연구들이 성격의 과정이론이다. 과정이론에는 크게 정신분석이론, 행동주의이론, 인본주의이론이 있습니다.

(1) 정신분석

정신분석(psychoanalysis)은 Freud에 의해 창시된 이론으로 무의식과 성욕을 강조하는 Freud 중심의 정신분석과 이에 반발하여 사회문화적 속성과 집단 무의식을 강조하는 Jung, Adler 중심의 신 정신분석으로 구분됩니다. 정신분석이론은 인간의 무의식적 동기와 내면적인 힘, 그리고 그 힘들의 갈등을 중시하기 때문에 정신역동이론(psychodynamic theory)이라고도 합니다.

(2) Freud의 정신분석

Freud(1856~1939)의 정신분석은 특히 인간의 무의식적 동기나 소망, 갈등을 다루기 때문에 심층심리학이라고도 하며, 인간의 심리적인 과정과 움직임을 다루기 때문에 역동심리학이라고도 합니다.

Freud는 인간의 정신세계를 무의식과 전의식, 의식이라는 가설적인 3층 구조로 분석하고, 그 중에서 인간을 지배하는 주된 의식 수준은 무의식이라고 보았습니다. Freud는 무의식 이외에도 조금만 노력하면 각성 수준으로 끌어올릴 수 있는 전의식, 항상 각성 수준에 있는 지각, 감각, 언어, 감정 표현 등과 같은 의식을 구분하고 빙산에 비유하였습니다. 그러면서 의식은 빙산의 일각이며 무의식은 수면 아래 잠겨 있는 빙산의 대부분이라고 보았습니다.

Freud는 인간의 행동에는 반드시 원인이 있으며, 그 원인을 이루는 것이 바로 무의식적 동기(unconscious motivation)라고 주장했습니다. 무의식적 동기는 주로 성욕과 공격성으로 이루어져 있으며, 그러한 무의식적 동기와 의식 간에는 끊임없는 갈등이 빚어지는데, 이 갈등이 인간의 정신세계를 지배하는 힘이 되는 것입니다.

Freud는 그 밖에도 사람들이 생각하거나 느끼는 모든 것에는 반드시 의미와 목적이 있다고 보았습니다. 그러한 것들은 이미 선천적으로 또는 개인의 경험(주로 어린 시절)에 의해 결정되는데 이러한 관점을 정신결정론(psychic determinism)이라고 합니다.

Freud는 말년에 무의식적 동기 중에서 선천적인 것 이외에 후천적으로 형성되는 것도 있음을 인정했는데, 그것이 바로 성격 구조입니다. 성격은 본능적인 원초아(id), 현실과의 접촉에 의해 결정되는 자아(ego), 사회적 규준이 관습에 의해 내면화되어 행동을 규제하는 양심인 초자아(super ego)로 구성됩니다.

7. 바람직한 성격

지금까지 성격의 정의, 성격의 결정인자, 성격 형성의 이론들을 살펴보았습니다. 그렇다면 우리가 사는 세상에서 바람직한 성격이란 무엇인가? 이에 대해 알아보기 위해서는 우선 바람직한 성격과 건강하지 못한 성격을 구분할 필요가 있습니다.

(1) 바람직한 성격의 구분

어떤 성격이 건강하고, 어떤 성격이 건강하지 않은가를 구분하기는 쉽지 않습니다. 왜냐하면, 사회적으로는 바람직하지 않고 건강하지 않은 성격이라고 하더라도 개인에게는 바람직한 성격이 될 수 있고, 그 반대의 경우도 가능하기 때문이다.

첫째, 개인에 따라 바람직한 성격은 다를 수 있다. 갑순이는 대학교 1학년입니다. 그녀는 내향적이라서 다른 사람과 어울리기보다는 혼자서 독서하거나 생각에 잠기길 좋아합니다. 친구들과 어울려 여행을 가기보다는 혼자 가기를 더 좋아하고, 친구들과 어울려 수다를 떠는 것도 싫어합니다. 그녀는 다른 사람과 있으면 불안합니다. 이러한 갑순이에게 과대표는 MT를 가자고 했습니다. 그러나 갑순이는 거절했습니다. 이후에도 몇 번이나 학과 행사가 있었으나 그때마다 그녀는 참가하지 않았습니다. 이후 학과에서 갑순이는 외톨이가 되었지만, 그녀는 그렇게 된 것이 오히려 더 좋았습니다.

우리는 갑순이를 어떻게 평가해야 할까요? 바람직한 성격이란 개인적인 기준에 따라 달라질 수 있으므로 어느 성격이 바람직하다고 단정하기는 곤란합니다.

둘째, 사회적 규범에서 크게 벗어나지 않는 성격이라야 합니다. 갑순이와 같은 경우가 옳다고 마냥 모든 사람의 개인적인 성격 특성이 다 바람직하다고 분류할 수는 없습니다. 가령 지존파의 구성원은 반사회적 성격을 가지고 있습니다. 그들은 그들 나름대로의 성격을 마음대로 발휘하며 범죄를 저질렀습니다. 이들의 성격도 개인차를 인정해 주어야만 할까요? 그렇지는 않습니다. 아무리 개별적인 성격 특성을 인정한다고 하더라도 타인이나 사회에 심각한 해를 끼친다면 그것은 바람직한 성격이라 할 수 없을 것입니다.

셋째, 적극적으로 자기계발을 위해 노력하는 성격이 바람직한 성격이다. 앞서 두 가지의 구분은 다소 소극적인 분류입니다. 그러나 바람직한 성격이란 자신의 삶을 창조적으로 개척하고, 신체적·정신적 건강을 해하지 않으며, 성인으로서의 자아가 충분히 성숙되었을 때를 말합니다. 그러한 성격이어야말로 자신의 삶을 창조적으로 영위해 나갈 수 있을 뿐만 아니라 다른 사람과 사회의 발전에도 기여하는 삶을 살 수 있을 것입니다.

(2) 건강하고 성숙한 자기발견을 위한 테스트

이제 성격에 대한 논의를 마치면서 스스로 나의 성격은 어떤지, 나의 성인 자아는 어느 정도 성숙되었는지를 확인해 보도록 합니다. 이 테스트는 자기분석을 위한 하나의 수단이므로 절대값을 갖는 것은 아닙니다. 다만 자기발견에 도움을 받을 수 있는 보조 수단임을 염두에 두고 다음 두 가지 테스트를 실시해 보도록 합니다.

〈테스트 1〉	날짜 : . . .	이름 :

예 : 응답의 개수( )	아니오 : 응답의 개수( )

다음의 항목을 읽고 자신에게 해당되는 진술이면 "예", 그렇지 않으면 "아니오"에 체크하세요.

1. 나는 가끔 두 가지 일을 하려고 시도한다. ( )
2. 나는 다른 사람에 비해 밥을 빨리 먹는 편이다. ( )
3. 나는 일을 하고 있을 때 다른 사람의 방해를 받으면 몹시 불쾌하다. ( )
4. 나는 사소한 일로 다른 사람에게 짜증을 내기도 한다. ( )
5. 나는 다른 사람에 비해 말을 빨리 하는 편이다. ( )
6. 나는 다른 사람이 일(공부)을 잘하면 몹시 긴장한다. ( )
7. 나는 야망이 있고 모든 일에 정력적이다. ( )
8. 나는 어떤 일을 다하지 못하면 심장박동이 빨라지고 몹시 긴장하는 이다. ( )
9. 나는 일을 서두르는 경향이 있다. ( )
10. 나는 줄을 서서 기다리는 것을 싫어한다. ( )
11. 나는 앞차가 우물쭈물 거리면 짜증이 난다. ( )
12. 나는 게임을 하면 양보하지 않는다. ( )
13. 나는 일이 항상 효과적으로 처리되기를 바란다. ( )
14. 나는 일의 질보다는 양을 중시하는 편이다. ( )
15. 나는 약속 시간에 빨리 도착해서 상대방을 기다리는 편이다. ( )
16. 나는 일을 하지 않고 놀고 있으면 죄의식을 느낀다. ( )
17. 나는 하루가 너무 짧아 불만일 경우가 종종 있다. ( )
18. 나는 다른 사람보다 어떤 일이든지 더 잘 해야 한다고 생각한다. ( )
19. 나는 사회적 경제적으로 성공하는 것만이 최선이라고 생각한다. ( )
20. 나는 두 가지 일을 한꺼번에 처리하기 위해 고민한다. ( )

〈테스트 2〉	날짜 : . . .	이름 :
점수 : 점	점수합계 : 점	

내용에 전혀 해당되지 않는다고 생각하면 0, 어느 정도 해당된다고 생각하면 1, 많이 해당된다고 생각하면 2를 체크하세요.

1. 나는 실수를 했을 때, 실수를 과장하거나 비난받지 않기 위한 변명을 한다.
   (생각하면 : 0, 어느 정도 생각하면 : 1, 많이 생각하면 : 2)
2. 나는 애인의 생일이나 결혼기념일과 같은 중요한 날들을 잘 기억하지 못한다.
   (생각하면 : 0, 어느 정도 생각하면 : 1, 많이 생각하면 : 2)
3. 모임에서 나는 부인이나 애인은 무시한 채 다른 사람들, 특히 여자들(여자는 남자들)에게 잘 보이려고 한다.
   (생각하면 : 0, 어느 정도 생각하면 : 1, 많이 생각하면 : 2)
4. 나는 상대방을 배려하지 않고 내 맘대로 사랑 표현을 한다.
   (생각하면 : 0, 어느 정도 생각하면 : 1, 많이 생각하면 : 2)
5. 나는 친구를 잘 도와주지만 애인이나 부인(남편)의 사소한 부탁은 잘 들어주지 않는다. (생각하면 : 0, 어느 정도 생각하면 : 1, 많이 생각하면 : 2)
6. 나는 애인이나 부인(남편)이 자신들에게 무관심하다고 불평하면 그들이나 그들의 문제에 관심을 가져준다.
   (생각하면 : 0, 어느 정도 생각하면 : 1, 많이 생각하면 : 2)
7. 나는 어떤 일이든지 내가 하고 싶을 때에만 일을 시작한다.
   (생각하면 : 0, 어느 정도 생각하면 : 1, 많이 생각하면 : 2)
8. 나는 내 감정을 표현하는 데 어려움을 느낀다.
   (생각하면 : 0, 어느 정도 생각하면 : 1, 많이 생각하면 : 2)
9. 나는 아버지(여자는 어머니)와 가까워지고 싶지만, 언제나 깊이 없고 딱딱한 대화만 나눈다. (생각하면 : 0, 어느 정도 생각하면 : 1, 많이 생각하면 : 2)

10. 나는 나와 다른 의견을 갖는 사람의 말을 잘 듣지 않는다.
(생각하면 : 0, 어느 정도 생각하면 : 1, 많이 생각하면 : 2)
11. 나는 화가 나면 남들이 진정하라고 해도 듣지 않고 지나치게 화를 낸다.
(생각하면 : 0, 어느 정도 생각하면 : 1, 많이 생각하면 : 2)
12. 나는 어머니가 애인이나 부인(남편)과의 사이에서 불화가 생겼을 때 어머니 문제로 곤란한 적이 있다.
(생각하면 : 0, 어느 정도 생각하면 : 1, 많이 생각하면 : 2)
13. 나는 내 능력에 맞지 않는 직장(학교)을 다니고 있다고 믿지만, 불평불만을 터뜨리는 것 이외에 별다른 방법을 갖고 있지는 않다.
(생각하면 : 0, 어느 정도 생각하면 : 1, 많이 생각하면 : 2)
14. 나는 다른 사람들 간의 인간관계에서 성실함이나 따스함이 결여되어 있다.
(생각하면 : 0, 어느 정도 생각하면 : 1, 많이 생각하면 : 2)
15. 나는 술을 마셨을 때 문제가 있다. 가령 성격이 변하고 불끈하기도 하며, 허풍을 떨고, 지나치게 환락적이 되기도 한다.
(생각하면 : 0, 어느 정도 생각하면 : 1, 많이 생각하면 : 2)
16. 나는 어떤 재미있는 장면을 보면, 그 장면을 보기 위해 지나칠 정도로 오랫동안 머문다. (생각하면 : 0, 어느 정도 생각하면 : 1, 많이 생각하면 : 2)
17. 나는 여자가 집안일만 하길 바랄만큼 보수적인 태도를 갖고 있다.
(생각하면 : 0, 어느 정도 생각하면 : 1, 많이 생각하면 : 2)
18. 나는 설명하기 어려운 불안을 느끼며 자신감이 부족함을 느끼지만, 그런 것들을 누구와 얘기하고 싶지 않다.
(생각하면 : 0, 어느 정도 생각하면 : 1, 많이 생각하면 : 2)
19. 나는 애인이나 부인(남편)이 지나치게 감정적이라고 비난하지만, 나는 보다 더 감정적일 때가 많다.
(생각하면 : 0, 어느 정도 생각하면 : 1, 많이 생각하면 : 2)

테스트 1은 전형적인 A타입의 행동 양식을 구별해 내려는 것입니다. 따라서 20개의 질문 중 "예"라는 응답이 많을수록 A타입의 성격 유형에 가깝고, "아니오"라는 응답이 많을수록 B타입의 성격 유형에 가깝다고 할 수 있습니다. 설명을 참고하기 전에 두 번째 테스트도 실시해 보도록 합니다.

첫 번째 테스트는 자신의 성격 유형을 판단할 수 있는 테스트입니다. 요즘 성격과 신체건강(관상동맥 질환, 암 등)과의 관계에 대한 연구가 활발하게 진행되고 있습니다. 이 테스트의 값은 특히 미국에서 가장 높은 사망률을 기록하고 있는 관상동맥 심장질환(CHD, coronary heart disease)과 관련이 높습니다.

- A타입의 성격 : 강한 야심, 경쟁적 충동, 끝까지 몰두하고 쉽게 긴장하는 사람입니다. 이런 사람은 말이 빠르고 정열적입니다. 그리고 강한 적대감을 잘 나타냅니다. 항상 시간이 부족하다고 느끼며 한꺼번에 두 가지 이상의 일을 하려고 하거나 또 실행하게 됩니다. 이러한 경향 때문에 그들은 성취를 양적으로 측정하려는 경향이 있습니다.
- A타입의 행동 유형 : A타입에 속하는 사람은 약속 시간을 잘 지키는 것은 물론 대개 약속 시간에 빨리 도착합니다. 일을 빨리 처리하고 싶어 하기 때문에 천천히 그리고 방법적인 측면을 중시하는 복잡한 과제 수행에는 뒤떨어집니다. 그들은 시간이 빨리 지나간다고 느끼고 있어서 마감해야 할 일이 없음에도 불구하고 일을 가능한 한 빨리 처리하려고 합니다. 만약 지시를 무시하고 두 번째 테스트를 하지 않고 테스트의 분석을 읽고 있다면 당신은 A타입일 가능성이 높습니다.
- A타입의 평가 : 일반적으로 볼 때 이들은 B타입의 사람에 비해 성공하는 경향이 높습니다. 대학에서의 성적은 좋은 편이고, 사회적 · 경제적인 명성과 함께 직장에서의 성공 가능성도 높습니다.
- A타입과 건강 : A타입에 속하는 사람들이 B타입에 속하는 사람들보다 관상동맥 심장질환의 발병 가능성이 두 배 이상 높고, 재발 가능성도 다섯배 이상

높습니다. 그리고 심장마비에 걸릴 확률도 높습니다. A타입은 혈압, 심장박동, 호흡수의 증가가 B타입보다 크고, 위험에 처하거나 스트레스에 직면했을 때 상황 대처에 필요한 에피네프린과 노어에피네프린과 같은 호르몬의 분비가 왕성합니다. 이와 같은 과도한 신체의 생리적 활동은 순환기 질환(cardiovascular disease)으로 이어질 수도 있습니다.

- B타입의 성격 : B타입의 성격은 A타입과는 반대다. B타입의 성격 유형은 여유 있고 느긋하며 덜 경쟁적이고 참을성이 있으며, 위의 설명과 반대로 해석하면 됩니다.

건강에 좋은 성격 유형은 B타입입니다. A타입에서 B타입으로 전환하는 훈련을 실시한 후에 심장병의 재발에 관한 연구를 한 결과 심장병 발병률이 절반 이상 감소했음을 보여주고 있습니다. 그러나 A타입에서 B타입으로 성격을 전환하는 것은 그 만큼의 사회적 · 경제적 성취에 대한 손실을 감수해야만 합니다. 그러므로 어느 성격 유형이 바람직한지는 자기 스스로 판단해야만 합니다.

두 번째 테스트는 자아가 얼마나 성숙했는지를 알아보기 위한 테스트로 일명 피터팬 신드롬(PPS) 테스트입니다. 정상적인 사람이라면 성장해 감에 따라 자신의 역할과 직무를 수행하고, 그에 따른 성취감을 느끼려는 성숙한 자아가 발달하게 됩니다. 그러나 어떤 사람들은 어린아이같이 자신의 역할을 수행하기를 거부하고 어른으로서의 책임감을 회피하려는 경향을 나타냅니다. 이 테스트는 이러한 성격의 소유자들을 구분해 줍니다.

- 성숙한 성인(총점 0~15점) : 이 범주에 속하는 사람들은 피터팬 신드롬이 없다고 보아도 좋습니다. 건강한 심리사회적 활동을 할 소지가 많습니다. 성숙한 자아를 형성하고 있기 때문에 자신의 계발을 위해 노력한다면 보다 충실한 삶을 영위할 수 있을 것입니다.
- 과도기 성인(총점 16~30점) : 이 범주에 속하는 사람들은 피터팬 신드롬이 위협적입니다. 완전한 성인 자아를 형성하지도 못했고, 그렇다고 어린이 자아에

머물러 있지도 않는 과도기에 해당됩니다. 당신이 이 범주에 속한다면 애인, 부인, 부모, 직장동료, 학교 친구들과의 대인관계 문제점을 솔직히 인정하고 그 문제점을 개선하도록 노력해야 합니다. 지금보다 더 책임감 있는 일 처리를 시도하고 자신감 있는 생활을 통해 독립심을 키워 나갈 필요가 있습니다. 그러면 성숙한 성인 자아로 발전할 수 있을 것입니다.

- 위험한 성인(총점 31~40점) : 이 범주에 속한 사람들은 피터팬 신드롬을 가지고 있는 사람들입니다. 당신이 만약 이 범주에 속해 있다면 먼저 다시 한 번 체크해 보세요. 지나치게 엄격하게 답하지 말고, 여유 있게 다시 한 번 체크해 보도록 합니다. 그래도 이 범주에 속한다면, 당신은 동화 속에 나오는 주인공인 피터팬처럼 어린 시절의 추억 속으로 심리 여행을 하는 사람입니다. 자신이 현실을 도피하고 있는 것은 아닌지 냉철히 분석할 필요가 있습니다. 자신의 맡은 바 역할이 무엇이고, 책임져야 할 일은 무엇이며, 성인으로서 가져야 할 가치관이 무엇인지를 파악하고 자기 체험 화할 수 있도록 노력해야만 합니다. 이러한 자기 노력이 소용없다면 전문가와 상의하는 것도 바람직합니다.

8. 태도

조직 구성원으로서 개인은 특정한 성격구조와 가치관을 바탕으로 인간·사물을 지각하고 학습하며 태도를 형성합니다. 즉 태도는 개인행동을 이해하는 중요한 변수로 조직관리를 위해 이해할 필요가 있습니다. 태도는 행위의 선행과정이며 밀접한 관련을 가집니다. 따라서 바람직한 태도를 형성하고 그렇지 못한 태도를 변화시킴으로써 조직의 성과와 유효성을 증대시킬 수 있습니다.

(1) 태도의 정의

태도는 하나의 가정적인 가공물(hypothetical construct)이자 이미 존재하고 있기 때문에 관찰과 식별이 가능한 어떤 형태를 취하고 있는 것은 아닙니다. 또한 태도는 매우 지속적이고 시간과 공간을 뛰어넘는 일관성을 지닙니다. 올포트(G. W.

Allport)는 태도란 어떤 대상에 대해 지속적으로 호의적 또는 비호의적으로 반응하려는 학습된 사전적 경향(predisposition)으로 정의를 내렸습니다.

(2) 태도변화이론

■ 인지부조화이론(Cognitive dissonance theory)

인간은 원래 많은 인지들 사이에 일관성이 결여되어 있을 때 이를 피하려는 본능이 있습니다(L. Festinger)이 이론에 의하면 태도란 사람들의 조직적인 심리구조의 일부를 이루는 것인데 사람들은 이 구조를 유지하는 과정에서 부조화를 피하고 조화(consonance)를 추구한다는 것입니다. 이러한 부조화나 조화는 사람들 마음속의 두 개 이상의 태도들이나 다른 인지적 요인들 사이에 이루어지고 있는 관계에서 일어나는 심리현상입니다. 사람들의 태도변화는 결국 부조화를 피하고 조화를 추구하는 과정에서 일어나는 현상이라고 이 이론은 보고 있습니다. 인지부조화 이론에 따르면 예측된 부정적 결과를 야기하는 혹은 야기할 가능성을 가진 행동을 자유로이 선택할 수 있다는 것을 개인이 인지할 경우에만 인지부조화를 경험하게 됩니다. 이러한 인지부조화가 촉발되는 원인으로는 불충분한 정당화(Insufficient justification)와 긍정적인 대안들 사이에서의 선택의 압력(Post-decisional dissonance)의 경우를 들 수 있습니다. 불충분한 정당화와 관련한 추가적인 연구들은 인지부조화는 행위자가 상대방에 대한 '호감'을 가지며 동시에 상대방이 행위자를 '믿는' 경우에 한하여 인지부조화가 일어남을 보여주고 있습니다.

■ 자기-지각이론(Self-Perception theory)

자기-지각이론은 불충분한 정당화와 관련된 결과에 있어서 인지부조화 이론과는 해석을 달리 합니다. 행동에 대해서 충분한 보상을 받는 개인의 경우에는 행동에의 관여에 대한 충분한 외적인 정당화가 존재하기에 태도를 변화시키지 않지만, 불충분한 정당화를 가진 개인의 경우에는 외적인 충분한 정당화가 존재하지 않기에 그들이 관여하는 행동 그 자체를 믿기 때문에 그러한 행동을 한다는 태도를 형성한다고 봅니다.

자기-지각이론의 이러한 효과는 태도에 관한 내적인 단서(internal cues)가 약할 경우에 일어납니다. 이러한 상황에서 개인은 그들 자신의 행동을 관찰하고, 이러한 관찰된 행동에 근거해서 태도를 추론하게 됩니다. 태도에 관한 충분한 내적인 단서가 존재할 경우에는 외적인 불충분한 정당화가 태도의 변화를 발생시킨다는 자기-지각 이론의 설명력은 떨어진다고 할 수 있습니다(Deci의 인지적 평가이론).

■ 장(場)이론(Field theory)

인간의 심리상태인 태도는 고정적이거나 안정되어 있는 것이 아니라 겉으로는 그렇게 보일지라도 사실은 서로 상충되는 힘이 계속 작용하고 있는 동적(動的)인 세력장 세계에서 균형 상태를 유지하고 있는 것뿐이다(K. Lewin). 결국 균형상태의 세력 장에서의 태도변화는 변화제어세력과 변화추진세력과의 세력관계에서 결정되게 된다는 이론입니다.

(3) 태도변화이론의 사례

일상생활에서 흔히 경험할 수 있는 행동입니다. 파병에 관한 상반된 입장을 가진 A, B 두 사람이 있습니다. 여기에서 A는 파병에 찬성한다는 이유만으로 상대방을 보는 태도가, 즉 B를 보는 시각이 변합니다. 여기에서 적용되는 태도변화 이론은 첫 번째, 두 번째 이론인 인지부조화이론(Cognitive dissonance theory)과 자기-지각이론(Self-Perception theory)입니다. A의 개인적인 파병에 대한 생각은 앞으로의 전망, 즉 우리나라뿐만이 아니라 세계 전체적인 안목에서 볼 때에 도리 원칙이 어긋나버린, 극단적으로 잘못되어버린 결단에 동의를 해서는 안 됩니다. 즉 파병을 반대한다는 입장입니다. 여기서 A는 파병 찬성은 불충분한 정당화 이고 외적인 충분한 정당화가 존재하지 않기에 B를 좋은 친구가 아니라고 믿고 그러한 행동을 하는 태도가 형성됩니다. 그리고 A는 파병 반대가 구조를 유지하고 조화를 추구할 수 있다고 생각합니다. 결국 부조화를 피하고 조화를 추구하는 과정에서 사람들은 태도에 변화가 일어나는 것입니다. 파병찬성은 부정적 결과를 야기할 가능성이 있기에 인지 부조화가 촉발되는 원인으로 여긴 것입니다.

(4) 효과적인 태도변화 방안

■ 칭찬과 감사의 표현

상대방이 잘 해왔기 때문에 구체적으로 칭찬해 줄 수 있는 사례, 그리고 당신과 상대방이 의견일치를 볼 수 있는 공통점을 찾아낸 뒤 말을 시작합니다.

■ 간접적인 잘못 표현

"바보 같으니!"라고 말하는 것과 "당신이 할 일은 잘못됐지만, 나는 당신이 훨씬 더 잘할 수 있다는 것을 안다."라고 말하는 것에는 큰 차이가 있습니다.

■ 자신의 잘못 인정

성숙한 리더는 다른 사람들이 범하는 실수를 자신도 저질러 왔다는 사실을 인정합니다. 자신의 잘못을 먼저 얘기하는 것은 서로간의 관계를 공고히 하고 상대의 잘못을 바로 잡는 것을 용이하게 할 것입니다.

■ 직접적인 표현 전 요청

이 원칙은 사람의 자존심을 세워주고 자신의 중요성을 느끼게 해줍니다. 반감 대신에 협조를 불러일으키고 직원들의 창조적 사고를 발전시키는 데 아주 효과적입니다.

■ 상대방의 체면 인정

짐승은 궁지에 몰리면 반격합니다. 사람도 이와 마찬가지입니다. 상대방에게 체면을 세울 기회를 줘야합니다.

■ 훌륭한 명성 추구

평판 중에서 가장 중요한 것은 리더의 신용입니다. 당신이 그들을 신뢰하고 존경하고 있다면 그들은 그 신뢰와 존경에 걸맞게 되기 위해 열심히 일할 것입니다.

■ 상대를 위한 격려

누군가가 어떤 태도나 행동을 고칠 수 있는가는 스스로가 변화를 얼마나 어렵다고 생각하는 가에 달려 있습니다. 당신의 이 원리를 이용하여 그들을 도울 수 있습니다.

태도는 여러 가지 요인에 의해 형성되지만, 그 태도에 따라 조직의 성과와 유효성이 결정될 수 있습니다. 따라서 경영자는 고객과 종업원의 태도의 원인을 잘 살피고 기업에 부정적 태도를 미리 차단하는 한편, 부정적 영향을 줄 수 있는 태도를 파악, 이를 효과적으로 변화시키도록 조직 상황에 맞게 시행해야 할 필요가 있습니다.

9. 직무만족

직무만족은 직무에 대한 태도의 하나로서 인지, 정서, 행위의 복합체이므로 실제로 관찰되는 것처럼 정확하지는 않고, 구성원의 행위나 언어적 표현으로 추론되는 것으로 복합적인 개념입니다(Lichtenstein, 1984).

직무만족의 최초 연구자인 Hoppock(1935)은 직무만족을 '사람이 자신은 직무에 만족한다'라고 말하게 하는 원인이 되는 심리적, 생리적, 환경적 상황의 조화라고 정의하였다. 또한 Locke(1976)는 직무만족이란 '개인이 직무나 직무경험에 대한 평가의 결과로 얻게 되는 즐겁고 긍정적인 감정상태'로 정의하였다. 일반적으로 직무만족이란 조직 구성원들이 직무와 관련시켜 갖게 되는 태도, 가치, 신념, 욕구 등의 감정적 상태를 가리킵니다. 직무만족에 대한 학자들의 정의는 다양하지만 이를 통해 공통적으로 도출할 수 있는 직무만족에 대한 정의는 첫째, 직무만족이란 직무나 직무수행과 관련하여 개인이 느끼는 정서상태와 관련되어 있고, 둘째, 직무만족은 개인이 가지고 있는 욕구의 충족과 관련되어 있다는 점입니다.

직무만족의 개념에 대해서는 조직에서 인간의 문제에 보다 많은 관심이 집중돼 1960년대부터 많은 연구가 이루어져 왔습니다. 그 결과 직무만족은 단일차원이 아닌 다차원적인 개념이며 조직의 다양한 성과요인들과 관련된다는 사실이 밝혀졌습니다.

개인이 조직에서 느낄 수 있는 이런 차원들은 대략 직무자체, 승진, 임금, 상사, 동료 등 다섯 가지 요인으로 요약됩니다(Smith et al., 1969).

조직구성원의 직무만족은 조직의 원활한 흐름이나 운영을 평가하는 중요한 기준이 되고 있습니다. 이러한 직무만족은 개인적 측면과 조직적 측면에서 그 중요성을 갖습니다. 개인적 측면에서 직무만족은 가치판단적 측면, 정신건강측면, 신체적 건강측면에서 중요합니다. 직장생활에 불만족을 느끼면 삶 자체에도 불만을 느낄 수 있으며, 직무에 대한 스트레스 등은 신체에도 영향을 미치기 때문입니다. 또한 조직적 측면에서 직무만족은 성과에 직접 영향을 주며, 직무에 만족하는 사람들은 자신이 속해 있는 조직에 대해 호의적이게 되고 이에 따라 이직률과 결근율이 감소하게 되어 생산성 증가로 이어질 수 있다. 따라서 조지가원에서도 직무만족은 중요한 요소가 됩니다.

10. 행동수정

10여 년 전쯤에 중국집에서 탕수육을 일정 횟수 배달주문을 하고 스티커를 모으면 순금 한 돈을 주는 이벤트가 유행인 적이 있었습니다. 순금 한 돈을 준다는 말에 강한 동기가 생겨 중국집에 전화를 걸어 스티커 판을 가져다 달라고 했는데 받고 보니 스티커를 붙여야 하는 포도송이가 주렁주렁…! 언제 그 많은 포도열매를 스티커로 채우나 한숨만 나왔고 주저 없이 포기하고 말았지요. 스티커제도와 같은 보상제도는 어떻게 활용하느냐에 따라 강한 동기를 주기도 하고 오히려 동기를 꺾는 독이 되기도 합니다.

아이들이 성장하면서, 어떻게 하면 읽기를 잘할 수 있느냐, 어떻게 하면 방 정리를 잘할 수 있느냐, 어떻게 하면 글씨를 또박또박 잘 쓸 수 있느냐 질문을 하는 부모들이 많지만 "스티커제도를 활용하고 계세요?"라고 질문하면 대부분의 부모들은 피식 웃으며 "유치한 것 같다" 혹은 "해봤는데 별로 효과적이지 않더라." 하고 답을 합니다. 이런 반응을 보이는 것은 대부분 스티커제도에 대한 큰 오해에서 비롯되는 것이기도 합니다.

스티커제도와 같은 보상제도는 매우 과학적인 행동수정의 원리를 바탕으로 만들어진 제도입니다. "동기"라는 것에는 "외적 동기"와 "내적 동기"가 있는데요, 예를 들어 "매일 줄넘기 50개를 한다."라는 규칙을 세우고 스티커제도를 적용한다고 가정해 봅시다. 처음에는 줄넘기를 하는 이유가 스티커를 모아서 칭찬선물을 받으려는 "외적 동기"에 의해 움직이게 됩니다. 그런데 줄넘기를 매일 열심히 하다 보니 건강에도 좋은 것 같고 몸도 상쾌하고 성취감도 느끼면서 "내적 동기"가 발동하게 되는 것이지요.

이렇듯 어떤 바람직한 행동의 동기가 외적인 것에서 내적인 것으로 옮겨가도록 하는 그 중심에 스티커제도와 같은 보상제도가 있다는 것을 정확하게 이해한다면 자녀에게 스티커 주는 일을 "유치하다"고 잘못 생각하는 일은 없을 것입니다. 자녀가 성장해 감에 따라 그 이름이 스티커에서 '포인트'와 같은 용어로 달라지기만 할 뿐 그 원리는 동일합니다.

행동수정은 현재의 문제행동을 변화시켜서 바람직하지 못한 행동은 감소 제거하고 바람직한 행동을 양성하려 하는 것입니다.

- 행동수정 모델이 기초를 두고 있는 행동주의는 인간의 행동은 학습되는 것이며 인간이 느끼고 사고하고 행동하는 것은 학습사의 결과라고 주장합니다.
- 행동수정 모델은 구체적이고 정확한 문제 규명, 변화 목표, 개입과정이 강조되며 이런 특성은 책무성을 증진시키는데 기여하고 있습니다.

11. 동기부여

'방청소를 해야 하는데, 왜 이렇게 하기가 싫을까?' 보통 이런 마음 상태(의욕상실)를 자주 겪으실 것입니다.

- 여기서 무엇인가를 해야 하는데 → 욕구
- 왜 이렇게 하기가 싫을까? → 의욕의 부재, 즉 동기부여의 부재
- 의욕 = 동기부여라고 표현할 수 있습니다.

의욕 대신에 동기부여라는 표현을 쓰면, 그 동기부여는 다시 내적 동기부여와 외적 동기부여라는 것으로 나뉩니다. 예를 들어 쉽게 표현을 하면,

- 공부하는 것 자체가 너무 재미있어서 공부를 열심히 했다. → 내발적 동기부여
- 공부를 열심히 하면 부모님이 용돈을 많이 주시기 때문에 공부를 열심히 했다. → 외발적 동기부여라는 것입니다.

위의 외발적 동기부여는 어찌 보면 보상을 기대하는 심리라고 볼 수 있습니다. 사실 내발적 동기부여가 잘 안 되는 경우 우리는 보상이라는 타이틀을 걸고 자신에게 혹은 타인에게 외발적 동기부여를 가하게 됩니다. 즉 내적 동기부여의 유무에 대해서는 별로 생각하지 않은 채, 무엇인가를 이뤘을 때 무의식적으로 외발적 동기부여, 즉 보상이란 것을 자신이나 타인에게 주는 경우가 많습니다. 그런데 경우에 따라서 보상이란 것이 원래 존재했던 내발적 동기부여를 없앨 수도 있다는 실험결과가 있었습니다. 아래에는 그린과 레퍼라는 심리학자가 행한 실험 내용입니다.

그림 그리는 것 자체를 좋아하는 유치원생을 많이 모아서 A그룹과 B그룹으로 나눕니다. 즉 이들은 그림 그리는 것 자체에 내발적 동기부여를 많이 가지고 있는 어린이들로 쉬는 시간이나 자유시간에 그림을 그리는 것을 좋아합니다.

A그룹에게는 그림을 많이 그리면 그만큼 상을 많이 준다고 말을 해주고 그림을 그리게 했습니다. B그룹에게는 보상에 관한 아무 말도 해주지 않은 채 그림을 그리게 했습니다. 그림을 모두 다 그린 후에는 A그룹과 B그룹 동일하게 그림을 그

린 장수만큼 상을 주었습니다. 그리고 일주일 후 자유시간에 무엇을 하고 있는지 지켜보니, A그룹 어린이는 예전보다 그림을 그리는 아이의 수가 줄어들었고, B그룹의 경우는 그림을 그리는 아이의 수가 더 늘어났다고 합니다. 그 이유는 그림을 그린 만큼 상을 받는다는 예기를 미리 들은 A그룹 아이들의 경우, 그림을 그리는 동안 보상이란 것에 대해서 생각하게 되고, 자신이 지금 그림을 그리는 이유가 상을 받기 위해서라고 인식하게 된다고 합니다. 즉 내발적 동기부여가 외발적 동기부여로 바뀌게 된다는 것입니다.

반면 아무 예기도 듣지 않았던 B그룹 어린이의 경우, 자신이 그림 그리는 것 자체, 즉 내발적 동기부여에 충실히 행동했기에 보상이란 것이 생겼다고 인식을 하게 되어서 오히려 내발적 동기부여가 더 증가한다고 합니다. 즉 무엇인가를 해내야 할 때 중요한 것은, 그 일 자체를 좋아하게 만드는 작업이 우선 해결된 후에 보상에 관한 규칙을 세우는 것이 옳은 방법이 될 수 있습니다.

3.3 집단차원의 이해

개인차원의 연구를 통해서 개인의 능력, 성격, 태도, 학습, 동기부여 등에 대해서 알게 되었습니다. 하지만, 집단이란 단순히 개인들의 집합체가 아니라, 그 속에서 서로 협동하고 서로 부대끼고 상호작용을 하면서 개인 혼자 행동할 때와는 다른 그 무엇이 있습니다. 더구나 직장인들은 혼자서 살아가기 보다는 온종일 집단 속에서 타인과 함께 살고 있기 때문에 집단의 연구는 개인연구보다 더 중요할지 모릅니다.

즉 조직 내의 모든 구성원은 어느 집단에 속해 있고, 각 집단들은 체계적으로 연결되어 하나의 조직을 만들고 있기 때문에 집단에 관한 연구가 없으면 조직을 이해할 수 없고 집단행동을 알아야만 조직행동을 더 잘 이해할 수 있게 됩니다.

1. 집단의 이해

■ 집단이란

공동의 목표를 달성하기 위해서 일정기간동안 상호작용하거나 상호의존적인 관계를 가지는 두 사람 이상의 집합체를 말합니다.

■ 집단의 조건

- 구성원들 사이에 공동목표가 있어야 합니다.
- 둘 이상의 개인들 사이에 상호의존성이 있어야 하며, 이를 바탕으로 실제적인 상호작용이 있어야 합니다.
- 특정 사람들의 모임이 일정기간 존속해야 합니다.

■ 집단 형성의 단계

1단계 : 형성단계(Forming)
2단계 : 갈등단계(Storming)
3단계 : 규범확립단계(Norming)
4단계 : 과업수행단계(Performing)
5단계 : 변신단계(Adjourning)

집단은 위와 같은 단계를 거치게 되며, 이에 다른 각 구성원들 사이에 발생할 수 있는 문제를 잘 해결해 나간다면 팀워크를 보다 향상시킬 수 있을 것입니다.

2. 집단의 성격

집단의 성격에는 규모, 계층적 지위, 역할, 규범, 리더십, 신뢰, 응집력, 집단 간 갈등 등과 같은 변수들이 포함됩니다.

■ 규모

집단의 성격에 영향을 끼치는 가장 중요한 요소는 규모입니다. 일반적으로 규모가 큰 집단에 속한 구성원은 그 만족도가 낮은 경우가 많습니다. 너무나 많은 사람이 한 집단에, 한 팀에 같이 있기 때문에 서로의 관계가 서먹서먹하거나 깊은 관계로 발전하지 못하기 때문입니다. 또한 규모가 커지면 곧 성과의 증가로 직결되지는 않습니다. 많은 사람이 같이 일하기 때문에 열심히 일하지 않는 사람이 전체에 묻어가는, 즉 무임승차자 Free rider가 될 수 있기 때문입니다. 그러나 다양한 기술이나 의견 지식의 투입이 필요할 때는 대규모 집단이 소규모보다 더 효율적일 수 있습니다. 대규모 집단에는 다양한 경험과 다양한 기술, 지식을 가진 사람이 많이 모이므로 적절한 가능성을 갖은 사람이 더 높기 때문입니다.

■ 집단의 구성

구성원들의 동일한 특성을 공유하는 정도에 따라 동질적 집단과 이질적 집단으로 구분됩니다. 먼저 동질적 집단이란 비슷한 경험을 가진 사람들로 구성된 집단입니다. 동질적 집단은 단기간에 고도의 협동이 필요한 업무의 경우에 효과적입니다. 그러나 단점으로는 구성원의 경험과 관점이 너무 유사해서 창의적인 성과가 나오지 않는 경우가 많다는 것입니다.

반면 이질적인 집단은 창조적인 업무, 다양한 경험과 기술을 요하는 업무에 효과적입니다. 그러나 다양한 경험 또는 문화적 배경으로 구성되는 이질적 집단은 집단 형성의 단계에서 집단해체가 일어날 가능성이 높습니다. 하지만 이 과정을 넘기면 성과가 큰 것이 일반적입니다. 만약 이질적인 집단이 형성된 경우 집단의 리더는 서로간의 업무와 책임을 명확화하고 의사소통을 채널들을 마련하여 그런 갈등의 소지를 해결한다면 뛰어난 성과를 거둘 수 있습니다.

■ 지위와 역할

구성원들은 지위와 위치에 따라 고유한 역할을 부여받게 됩니다. 이 역할은 기대되어진 역할과 지각되어진 역할이 있는데, 이 두 가지 역할이 서로 조화를 이룰 때 효과적일 수 있습니다. 기대되어진 역할이란 집단 내에서 A라는 사람이 반드시 해야 하는 것으로 요구되는 역할입니다. 반면 지각되어진 역할이란 그 A라는 사람이 수행한 실제적이 S역할입니다. 이 둘 간에 차이가 있을 때 역할 갈등이 빚어지게 되며 이는 집단성과에 부정적인 영향을 미치게 됩니다.

■ 규범

규빔은 집단의 구성원들 간에 공유되고 인정된 비공식적인 행동의 기준을 말합니다. 서로 간에 공유하고 인정하는 규범은 어떻게 형성되는 것일까요? 규범은 집단 상급자나 영향력이 있는 구성원의 진술에 의해서 형성될 수도 있고 과거의 중요한 사건에서 형성될 수도 있습니다. 예를 들어, 회사의 사장님이나 높으신 분들이 우리 회사 업무를 이렇게 하는 것이다. 또는 이러한 일이 있었을 때는 이런 식으로 행동해왔다고 이야기를 하면 그런 것들이 조직에서 아주 자연스럽게 '아 그렇게 행동하는 것이구나, 이렇게 업무를 처리하는 것이구나' 하는 규범이 되는 것입니다.

규범은 일단 정립된 후에는 그것을 따라야만 하는 보이지 않는 동조 압력이 가해집니다. 모든 구성원이 인정하지 않으면 규범이 될 수 없습니다. 이로 인해 규범은 조직의 핵심가치, 도 집단의 정체성을 유지하는데 커다란 도움을 줍니다. 조직이 지향하고자 하는 가치 또 조직의 정체성을 유지하는데 규범이 존재함으로 인해서 모든 사람이 그것을 따르게 되고 모두가 그것을 지키고 열심히 그것을 따라 일을 하기 때문에 조직의 정체성, 집단의 정체성을 유지하는데 규범은 매우 중요한 역할을 한다고 할 수 있습니다.

■ 집단의 응집성

Group Cohesion이라고 하는 집단응집성은 집단구성원들 사이에 얼마나 강하게 서로 결속되어 있는가 하는 개념입니다. 흔히 우리가 자주 말하는 우리라는 단어가 이 집단의 응집력을 대표한다고 할 수 있습니다. 집단 응집력은 집단을 움직이는데 필수적인 힘으로 집단 응집력이 높은 구성원들은 또한 효율성도 높다고 합니다. 이런 결과를 접하면 집단 응집력이 높은 집단이 성과도 높은가에 대해 의문을 제기할 수 있습니다. 하지만 아직 이 질문에 대한 연구결과는 집단 응집력을 어떤 방식으로 측정하느냐에 따라 결과에 커다란 차이가 있어 확정적이지 않습니다.

3. 조직사회의 권력

권력이란 사회적 관계 속에서 상대방의 의지와 관계없이 나의 의지와 뜻을 상대방에게 관철시킬 수 있는 잠재적, 실재적 힘 또는 능력을 의미합니다. 우리 사회에서 권력의 원천은 많이 알려져 있고 복잡하고 종종 가장되어 왔습니다. 이러한 권력은 5가지로 설명할 수 있습니다.

- 보상적 권력 : 원하는 보상을 해 줄 수 있는 자원과 능력을 가질 때 발생
  예) 호의적이 S인사고과, 인정, 급여인상, 승진, 호의적인 업무할당, 격려 등
- 강압적 권력 : 처벌이나 위협을 줄 수 있는 능력을 가질 때 발생
  예) 해고, 부서이동, 낮은 고과, 승진 누락 등
- 합법적 권력 : 조직 내 지위와 관련 있음, 합법적 권력은 인사권에 기반함
- 준거적 권력 : 자신보다 뛰어난 사람을 닮고자 할 때 발생
- 전문적 권력 : 특수한 분야에 탁월한 능력이나 정보를 갖고 있는 사람들이 갖는 권력

4. 권력행사에 따른 반응

일반적으로 관리자가 권력을 사용하였을 때 나타나는 하급자들의 반응은 다음과 같이 복종, 동일화, 내면화, 분열화 등 4가지로 구분할 수 있습니다. 일반적으로 관리자는 피권력자들이 권력행사의 뜻과 취지를 받아들여 깊이 이해하고 실천하게 되는 내면화를 가장 선호하게 됩니다. 복종과 동일화의 반응도 관리자가 효율

적인 경영관리를 하는데 있어 도움을 줄 수 있지만 자율성과 능동성이 결여되었다는 측면에서 내면화에는 못미친다고 할 수 있을 것입니다.

권력의 원천				권력행사에 따른 반응
보상적 권력 강압적 권력 합법적 권력 전문적 권력 준거적 권력	▶	권력의 사용	▶	복종 동일화 내면화 분열화

5. 임파워먼트

종업원에게 제한적인 의사결정권을 부여하고, 스스로 상황에 따라 지시하고 관리할 수 있도록 도와주는 것을 '임파워먼트'라고 합니다. 즉 조직원에게 조직을 위해 많은 일을 할 수 있는 권력, 힘, 능력이 있다고 확신을 시켜 주는 과정을 말합니다.

그렇다면 기업은 왜 종업원에게까지 일정한 권한을 부여해야만 할까요? 기업을 운영함에 있어서 고객의 요구가 점점 다양해지고 있고, 더불어 많은 문제점들 역시 발생하고 있습니다. 빠르게 돌아가고 다양해지는 사회 속에서 문제점에 대한 빠른 대응은 필수라고도 볼 수 있습니다. 문제를 즉각적으로 해결하고 융통성 있는 업무를 조장하기 위해선 실무자들이 다양한 상황을 유동적으로 처리할 수 있어야 하는데요. 따라서 실무자라고 할 수 있는 종업원들에게 임파워먼트가 부여되는 것입니다.

임파워먼트의 좋은 예로는 미국의 백화점 '노드스트롬'이 있습니다. 노드스트롬은 고객을 위한 임파워먼트로 유명한데요, 멘사는 노드스트롬의 판매 직원이었습니다. 어느 날 멘사는 단골 고객으로부터 “몇 일전 노드스트롬에서 200만원짜리 셔츠와 넥타이를 구입했는데, 뜨거운 물에 세탁하는 바람에 옷이 상했다.”라는 편지를 받았다고 합니다.

분명 고객의 잘못으로 이루어진 제품의 손상이었지만, 멘사는 그 고객에게 새 셔츠로 교환해 주겠다고 연락하였습니다. 그리고 노드스트롬의 비용으로 손상된 제품을 반품하였다고 합니다. 회사측에서는 멘사에게 임파워먼트를 부여하였고, 이에 따라서 멘사는 고객의 일에 대해 누구의 허락도 필요 없이 손쉽게 즉각적인 행동을 취할 수 있었던 것입니다.

최근 이러한 임파워먼트는 고객의 만족도를 매우 높여줌으로써, 많은 회사들에게 인정받고 단계적으로 적용되고 있습니다.

■ 임파워먼트 실천 전략

- 정보를 공개한다.
- 적극적인 변화에 동참하도록 유도한다.
- 혁신활동을 지원한다.
- 권한을 부여하고 동시에 책임감을 느끼도록 해야 한다.

6. 조직정치

조직정치란 개인 또는 집단의 이기주의를 보호하기 위한 일련의 고의적인 행위를 말합니다. 조직정치의 동기는 자원, 의사결정, 목표, 기술과 외부환경, 변화를 들 수 있으며 자세한 설명은 아래와 같습니다.

- 자원 - 자원의 희소성이 높을수록 정치적 동기는 강하며 새로운 자원의 필요성에 따라 정치적 동기는 강하다.
- 의사결정 - 불명확한 결정사항일수록 장기 전략에 대한 결정일수록 조직정치가 발생할 가능성이 높다.

- 목표 - 목표가 불확실하거나 복잡할수록 조직정치가 발생할 가능성이 높다.
- 기술과 외부환경 - 조직 내의 기술이 복잡해질수록, 외부환경의 변화가 심한 경우, 조직정치가 발생할 확률이 높다.
- 변화 - 조직구조의 재조정, 계획된 조직개발 노력, 그리고 외부의 압력에 의해 변화가 일어날 때 조직 정치의 전술이 보다 크게 작용한다.

■ 권력 획득을 위한 정치기법

조직정치는 정치적이라는 표현이 주는 부정적인 이미지와 달리 실제 내용은 다분히 긍정적인 측면을 가지고 있는데, 개인의 이익을 위해 조직의 이익을 희생하는 경우 조직행위는 바람직하지 않게 됩니다. 조직정치란 적용범위에 따라 방법을 달리할 뿐이지 결코 사라지지는 않습니다. 따라서 억제하려 하기보다는 효율적으로 관리해나가는 것이 중요합니다. 이를 위해서는 표준화된 평가기준으로 업무성과를 평가하고 명확한 보상체제를 통해 불확실성을 줄여주는 것이 매우 중요합니다.

■ 전략적 정치기법

- 자주 상담을 한다.
- 유연성을 유지한다.
- 정해진 범위 내에서 커뮤니케이션을 활성화한다.
- 자신감을 보여준다.
- 정보와 특정인에 대한 접근을 통제한다.
- 중심적이고 대체 불가능한 활동을 전개한다.
- 멘토링의 관계를 형성한다.
- 야심 있는 하급자들 간의 경쟁적인 분위기를 자극한다.
- 잠재되어 있는 반대세력을 무력화시킨다.
- 전략적인 대체 방안들을 준비한다.
- 방관자를 끌어들인다.

- 강력한 연합세력을 구축한다.
- 전문성을 높인다.
- 개인적 위상을 제고한다.
- 타협기술을 발휘한다.
- 자신의 주장을 입증하기 위한 연구 자료들을 이용한다.
- 속뜻을 내보이지 않는다.
- 불필요한 논쟁을 피한다.

3.4 조직문화와 변화

1. 아이디어가 좋다고 무조건 성공하는가?

좋은 아이디어가 사장되는 원인으로 우리가 생각하는 몇 가지 오해들이 있습니다. 첫째, 좋은 IDEA이기 때문에 혁신이 그냥 받아들여질 거라고 생각합니다. 그렇다면 왜 Sony의 Beta 방식이 VHS에 졌을까?, Mac OS가 왜 MS DOS에 졌을까?, IDEA도 중요하지만 개방성과 범용성과 같은 다른 부분들도 고려해야 된다는 게 단적으로 드러난 예입니다.

둘째, 새로운 좋은 아이디어가 소개되면 별 노력 없이 사용될 것이라는 생각 때문입니다. 새싹을 심어놓고 물을 주지 않으면, 과연 잘 자라날까? 끊임없이 인내심을 가지고 전파를 해야 된다는 것입니다. 만약 직급을 이용해 Top-Down 형태대로 위에서 눌러 찍으면 빨리 아이디어가 전파되겠지만, 여러 가지 저항이 발생할 수도 있습니다. 이와 반대로 Bottom-Up 형태로 점진적으로, 목적의식을 심어주고 방향성을 제공함으로써 구성원들의 자발적인 변화를 이끌어내는 방법도 있지만 설득과 소통으로 인해 변화가 상대적으로 느리게 전파됩니다.

그럼 부드럽게 변화를 주도하고 이끄는 방법은 무엇이 있을까요? Linda Rising의 Fearless Change 패턴은 Top-Down, Bottom-Up적인 변화를 조화롭게 사용하여 조직에 변화를 이끌어내는 패턴입니다.

2. 변화를 거부하는 조직 문화와 그 속에 피어나는 민들레

우리는 먼저 조직문화가 변화를 쉽게 수용할 수 있게 만들어야 합니다. 한 목수가 나무 하나를 자르는데 5시간이나 걸렸는데, 그 이유는 너무 바빠 도끼날을 갈 시간이 없어서였다고 합니다. 너무 바빠 품질과 효율성 향상시키기 위한 방법이나 교육들을 배울 시간이 없다는 핑계로 오히려 더 안 좋은 결과를 만든 상황입니다. 먼저 변화를 수용하는 사람의 유형을 파악해 보면 다음과 같습니다. 사람들이 변화를 받아들이는 성향을 그룹화한 Roger's Innovation Curve라는 것이 있다. 여기서는 변화를 받아들이는 그룹을 5가지로 구분합니다.

- Innovators - 변화를 이끌어가는 혁신적인 사람들
- Early Adopters - 새로운 아이디어 채택을 다른 이보다 일찍 조심스럽게 수용하는 사람들
- Early Majority - 신중한 사람들, 조심스러우나 일반적인 사람들보다 좀 더 빨리 변화를 수용
- Late Majority - 회의적인 사람들, 대다수의 사람들이 새로운 아이디어와 제품을 사용할 때 사용
- Laggards - 전통적인 사람들, 옛 방식을 고수하는 것을 좋아하고, 새로운 아이디어에 비판적이며, 새로운 아이디어가 주류가 되거나 심지어 전통이 되어야 수용

이 Curve에서 알려 주듯이, 새로운 것을 좋아하는 진보적인 성향을 가진 사람부터 점진적으로 설득하면서 변화를 이끄는 것이 좋은 방법일 것입니다.

3. 어디서부터 변화를 시작해야 하나?

그건 바로 마음가짐입니다. 내 자신이 변화를 전파하는 Evangelist가 되어야 하며, 열정을 지속적으로 유지할 수 있는 Dedicated Champion(헌신적인 챔피언)이 되는 것입니다. 성공적인 Dedicated Champion이 되기 위해선 변화를 주도하는 역할 역시 업무의 부분으로 인정받아야 됩니다. 하지만 대부분의 회사가 어떠한 가시적 성과가 나오는데 업무의 초점이 맞추어져 있다는 것이 문제입니다. 그리고 긍정적으로 변화하고 있다는 것을 보이기 위해서 무언가 지속적으로 일이 잘 진행된다는 것을 외부에 알려야 하며 또한 잘 평가받기 위해서 근거와 자료를 꾸준히 만드는 작업이 필요합니다. 높은 상사에게는 프로세스에 대한 도입으로 반복되는 실수나 문제점들이 서서히 줄었다고 도표로 뽑아내어 예전보다 나아졌다고 평가(하지만 변화를 지지하는 높은 상관에게 지속적인 지원을 받기 위해서는 이러한 평가자료도 매우 중요하다)를 하는 것만큼 모두다 변화의 장점을 인식하고, 이것이 긍정적으로 바뀌어 현재 잘 적용되어 있다고 팀원들이 느끼는 것도 중요합니다.

먼저 Do Food 패턴과 Brown Bag 패턴을 이용해 회의라는 무거운 형태의 모임이 아닌 가벼운 모임의 형태로 대화를 시작해서 나의 의견에 동조하는 사람을 찾아야 됩니다. Do Food는 음식을 나누면서 애기하는 패턴으로, 음식이 상당히 분위기를 부드럽게 해주고 아이디어를 샘솟게 해준다는 것입니다. 여기서 주의할 것은 특정인이 먹지 못하는 음식이 있을 수도 있으니 몇몇 종류의 음식을 준비하는 것입니다. 그리고 Brown Bag은 우리가 샌드위치 집에서 보는 갈색의 종이백을 기억하면 될 것입니다. 바로 이러한 가벼운 음식을 먹으면서 식사시간에 대화를 나누라는 것입니다. 회의의 무거운 형태가 아닌 식사시간의 가벼운 대화만으로도 나의 의견(변화 내용)에 동조하는 사람을 찾을 수 있습니다.

이때 사용되는 패턴이 Test the water입니다. Test the water의 의미는 나의 의견에 동조하는지 보고 물에 발을 담근다는 정도로 생각하면 됩니다(나의 애기에 동조하는 사람을 찾아내는 패턴). 가벼운 주제로 이러한 변화에 대해서 어떻게 생각하느냐 얘기를 나누는 것만으로 충분합니다. 또한 변화가 어려운 조직은 너무 처음부터 큰 변화를 주도하기보다는 조금씩 변화를 주는 것이 중요합니다.

4. 변화는 시간이 필요하다.

그 다음 우리가 가져야 하는 마음가짐은 변화하기 위해 시간이 필요(Time for reflection)하다는 것입니다. '온고지신(溫故知新)'처럼 옛것을 기반으로 더 나은 것을 차츰 개선해 나가는 것이 중요합니다. 회고를 통해서 더 나은 것을 만들 수 있다는 의미입니다. 기존 시스템의 문제를 파악해서 원인을 찾아내고 개선해 나가되, 다만 급격한 변화가 아닌 조금씩 바꾸어 나가는 것이 중요합니다. 처음부터 큰 변화는 많은 저항과 함께 지속적인 변화에 적합하지 않습니다. 그렇기 때문에 작은 변화에 대해 서로 평가하고, 이 성공(small success)을 서로 공유해야 합니다. 바로 작은 성공을 팀원들과 공유함으로써 지속성을 유지하는 것이 중요합니다. 즉 작은 성공이 모여서 큰 성공을 이룬다는 절대 조언에 기반을 두고 있다. XP, Scrum에서 말하듯이 짧은 주기의 데모시간을 주어서 그 사이에 성공을 공유하고, 잘못된 것을 바로 잡는 시간이 필요합니다. 이렇게 하면 팀원들은 Lesson Learn하면서 올바른 형태로 프로젝트의 방향을 잡아갈 수 있습니다.

또한 프로젝트 도중 회고(retrospective), 검시(postmortem), 산후(postpartum) 또는 프로젝트 리뷰(Project review)를 통해 계속해서 Lesson Learn하는 자세 역시 중요합니다. 또한 조직 간의 정치나 저항이 덜 발생할 수 있는 구조로 팀을 구성해야 합니다. 대부분의 변화는 시나리오로 또는 Feature의 변화를 가져오는데 이러한 변화의 빈도에 따라 팀 역시 시나리오나 Feature 별로 구성되어야 합니다.

5. 다른 이에게 도움을 요청해라.(Ask for Help)

황우와 유방의 얘기에서 알 수 있듯이, 사람을 적절하게 활용하는 것이 중요합니다. 사람들에게 도움을 요청해라. 거절을 당할 수도 있지만, 거절을 당하더라도 다양한 사람의 여러 가지 조언을 들을 수도 있습니다. 도움을 요청하기 위해서는 끊임없이 Stay in touch(지속적으로 만나고 애기를 나누는 패턴)해야 하며, 업무가 아닌 개인적인 애기들도 공유할 수 있도록 친분을 쌓는 것도 중요합니다. 1분씩 돌아가면서 서로에게 일어났던 이야기나 애기들을 나누는 것도 좋습니다.

문제는 이러한 미팅에 절대 강제성을 부여해서는 안 된다는 점입니다. 누군가가 돌아가면서 발표를 해야 한다거나, 아침에 하는 것은 이것 때문에 준비를 해야 된다는 부담감으로 다들 힘들게 준비하는 경우도 있고, 또한 아침 출석 체크와 동시에 상사의 명령 하달의 시간으로 변해서 오히려 자유로운 팀원의 분위기를 망칠 수도 있습니다. Brown Bag 패턴과 Do Food 패턴을 이용하면 좋습니다.

조직개발은 조직이 직면하고 있는 문제들을 해결하고 조직의 재생능력을 증진시키기 위한 장기적인 노력을 의미하며, 특히 변화관리자나 변화주도의 도움과 응용행동과학의 이론 및 기술을 이용하여 보다 효율적이고 협력적인 조직문화를 형성해 나가는 것을 뜻합니다.

조직개발 모델은 변화의 조점을 가지고 문제를 진단하여 최적의 기법을 선택, 적용, 측정하여 다시 feedback하는 과정을 거치게 됩니다.

6. 조직문화의 이해

한 조직의 문화가 경쟁력과 창의력에 미치는 영향을 과소평가하는 경향이 있습니다. 어떤 조직이던 그 조직 특유의 문화가 있기 마련인데, 그것이 역동성과 진취성을 띠면 조직에 이롭고, 반면 비창의적이고 경직된 조직 문화는 발전을 막을 수 있게 됩니다.

챌린저 우주왕복선의 이륙 중 폭발사고의 총체적인 원인을 미국 우주항공우주국(NASA)의 경직된 문화였다고 결론내린 점은 조직문화가 프로젝트의 결과에 직결되어 있음을 보여줍니다.

기업 문화를 이해하고, 바람직한 방향으로 조직을 개발하는데 유용한 틀로서 7S

모델이 있습니다. 미국기업의 성공사례를 연구한 피터스(Peters)와 워터맨(Waterman)의 저서 『탁월함을 추구하며(In Search of Excellence)』에서 소개된 '7S'는 공유가치(Shared Value), 전략(Strategy), 스킬(Skill), 구조(Structure), 시스템(System), 구성원(Staff), 스타일 (Style)을 말합니다.

■ 7S 모델

7S의 각 요소들은 기업의 일부분을 설명하며, 이들이 모여서 기업 전체의 독특한 특성과 분화를 만듭니다. 이들 요인들이 서로 긴밀하게 연결될수록 조직 문화는 더욱 활기를 띠고, 연결고리가 느슨할수록 침체된 문화를 형성합니다.

일곱 가지 요소 가운데, 조직 문화에 직접적인 영향을 주는 세 가지 항목을 소개하면 다음과 같습니다.

먼저, 스타일(Style)은 구성원들을 이끌어가는 전반적인 조직관리 스타일을 말합니다. 예를 들면, 개방적, 참여적, 민주적, 온정적, 유기적 스타일 등이 있습니다. 스타일은 조직 전반의 측면뿐만 아니라 구성원 개개인의 측면, 특히 CEO의 스타일도 기업을 이해하는데 중요한 요인입니다. 왜냐하면, CEO의 스타일은 구성원들의 행동 조성은 물론 조직 분위기에 직접적인 영향을 미치기 때문입니다.

구성원(Staff)은 기업이 필요로 하는 사람의 유형을 말하며, 기업 문화 형성의 주체입니다. 여기서 구성원은 단순히 인력구성을 말하는 것뿐만 아니라, 그들이 갖고 있는 능력이나 지식 등의 집합체를 말합니다. 구성원의 잠재력과 팀워크는 기존의 기업문화에 영향을 받습니다. 그리고 공유 가치(Shared Value)는 조직 구성원들의 행동과 사고를 특정 방향으로 이끌어가는 원칙이나 기준을 말합니다.

구성원들 사이에서 조직의 존속이나 성공의 근본적인 요인이 공유가치입니다. 구성원들이 공통으로 갖고 있는 가치관이나 이념, 기업의 존재 목적 등이 여기에 해당됩니다. 이 세 가지가 서로 유기적으로 연결될 때 바람직한 기업 문화가 만들어 집니다. 즉 CEO의 스타일에 따라 구성원의 능력과 잠재력이 발휘되고, 조직의 공유 가치를 서로 이해하고 하나 될 때 생산적이고 창조적인 조직문화가 형성됩니다.

구체적인 방법으로 일본 증권의 대표적 회사인 노무라의 차별화된 '동기부여'를 통해서 조직 활성화를 찾고 있습니다. 노무라 보고서에 따르면 직원에게 동기(모티베이션)를 부여하기 위해서는 '보수의 총량'이라는 관점에서 바라보라고 제안합니다. 즉 돈과 지위에는 제약이 있지만 감사, 자랑, 자극, 학습, 성장, 재미, 도전 등으로 얻어지는 성취감은 사람과 사람 사이에서 만들어지고, 조직이 시간을 들여 만들 수 있다는 것입니다. 이것들은 사용할수록 풍요로워져 결국에는 강한 조직을 만들고, 보수의 총량을 증대시킬 수 있습니다.

이와는 반대로 자기중심적이고 부정적 사고방식을 갖고, 트집 잡기, 업무 강요, 공적 훔치기, 보신주의, 사내정치 몰두 등의 성향을 가진 사람은 '모티베이션 킬러'로서의 조직에 부정적인 영향만 준다는 것입니다.

7. 홉스테드의 문화비교

조직문화란 일정한 패턴을 갖는 조직 활동의 기본가정 또는 전체, 믿음을 말합니다. 이들은 특정집단이 외부환경에 적응하고 내적으로 통합해 나가는 과정에서 고안, 발견, 개발한 것들이며, 이러한 가정들은 오랜 기간동안 조직구성원들이 타당한 것으로 여겨왔기 때문에 당연한 것으로 받아들여지며 새로운 구성원들에게도 조직의 문제를 해결하는 올바른 방법으로 학습되어집니다.

문화 간 비교연구에 가장 많이 사용되는 모델은 홉스테드(G. Hofstede)의 문화비교이론입니다. 그는 1980년 글로벌 기업 IBM의 40여 개국, 10만 명 가량의 종업원들을 대상으로 문화의 차이에 대한 조사를 실시하였습니다. 즉 글로벌기업 간의 국가 간 문화 차이를 통계적 기법을 이용, 실증적 연구를 실시한 것입니다. 이는 문화적 차이를 경영자 입장에서 어떻게 파악해야 하며, 대안을 모색해야 할 것인가에 관한 연구였습니다. 이를 통해 4가지 차원으로 구분하였는데, 그 내용은 다음과 같습니다.

개인주의	개인이 자기 자신이나 자신의 직계가족을 우선적으로 생각하는 성향 개인주의적 사회에서는 개인 간의 유대관계가 약하고 각 개인에게 주어진 도덕적 자유의 몫이 매우 큼.
권력격차	사회에 존재하는 힘의 불균형에 대해 구성원들이 받아들이는 정도, 권력을 갖지 못한 사람들이 권력을 갖고 있는 사람들의 지위를 인정하는 정도, 권력 격차는 조직 내에서 권한의 상부집중화나 독단적 리더십의 사용가능 수준을 결정해 주므로 조직경영에 커다란 의미를 갖게 됨.
불확실성 회피경향	불확실성을 회피하려는 성향이 강한 경우 미래의 불예측성 또는 불확실성을 스스로의 노력과 의지를 가지고 극복하려는 성향을 보임. 따라서 강한 불확실성 회피성향을 갖게 되는 한국이나 일본 같은 경우 보다 큰 감성적 성향과 공격적 성향을 보이게 되며, 안정적 관행을 창출하기 위해 노력함.
남성적 성향 대 여성적 성향	한 사회의 가치가 무엇에 의해 지배되는가에 기초하는 개념으로 남성적 성향의 사회에서는 사회의 지배차가 결단성이나 돈 또는 다른 물질적 수단이 된다. 여성적 성향의 사회는 사람들 간의 관계, 다른 사람들에 대한 배려, 삶의 질에 대한 관심이 보다 중요시되는 사회이다.

미니지식 Q&A

■ 전체 분위기를 바로 잡는다고 제가 당했을 때는 어떻게 하지요?

회사의 전체 분위기를 바로 잡는다고 제일 어린 제가 시범케이스로 당했는데, 저만 그런 것도 아니고 다들 그러는데, 이런 경우 이 억울함을 어떻게 해야 할까요?

- 혼을 내는 상사의 입장에서는 이런 경우 자신과 가깝거나 아주 가깝지 않다고 느끼는 사람이 대상자가 될 가능성이 큽니다. 전자의 경우에는 꼭 실망할 일만은 아니지만, 후자의 경우라면 오히려 이런 일을 계기로 그걸 뛰어넘는 계기로 삼는 것이 좋습니다. 이는 나에 대한 회사의 평가를 판단하는 계기가 되기도 합니다.

미니지식 Q&A

■ 선배가 야근하면 나도 야근?

칼퇴근하는 직장이라는 말에 덥석 입사했는데, 자꾸 선배가 야근을 합니다. 혼자 가려니 찜찜하고, 집에 일찍 가고 싶기도 한데 어떻게 하는 게 좋을까요?

- 야근이라는 것에 집중하기보다는 직장에서 업무에 대한 성과를 내고 싶은 욕심이 있다면 일 자체가 자신의 능력을 키울 수 있다는 사실을 기억해야 합니다. 조금 늦게 퇴근하더라도 선배와의 야근은 그동안 내게 부족한 업무에 대한 도움도 받을 수 있고 조언을 받을 수 있는 기회이기도 합니다. 또한 인간적으로도 더 친해질 수 있는 계기가 될 수 있습니다.

미니지식 Q&A

■ 모르는 거 물어보라면서 질문하면 짜증내는데요?

모르는 업무도 많고 해결할 수 없어서 선배에게 질문했더니, 평소에는 모르는 거 있으면 물어보라고 해놓고 '도대체 입사교육 때 뭐 배웠어?'라며 짜증을 냅니다. 질문해야 하나요, 말아야 하나요?

- 어렸을 때를 회상해 보세요. 숫자를 배울 때 "왜 이게 1이야"라고 물으면 대부분의 어른들은 "1이라고 하기로 약속했어"라고 말했을 겁니다. 그런데 "1에다 1더하면 어떻게 되요"라고 물으면 친절하게 "두 개"라고 가르쳐 주었던 경험이 있었을 것입니다. 지금 내가 사소하고 하찮은 질문을 하고 있는지 구체적이고 중요한 문제에 대한 질문을 하는지를 생각해 보세요. 무턱대고 사소한 것부터 일일이 묻지 말고 중요한 핵심을 질문하는 것에 선배는 더 답변의 보람을 느낄 것입니다.

04
CHAPTER

효과적인 갈등관리

Objective

1. 갈등에 대한 정확인 인식과 개념을 이해할 수 있습니다.

2. 조직 내 갈등관리의 중요성을 인식하고 갈등 단계별 대처방안을 분석하는 능력을 함양시킬 수 있습니다.

4.1 갈등의 개념

1. 갈등을 두려워하지 마라.

북해에서 청어잡이를 하는 어부들을 괴롭히는 가장 큰 고민은 어떻게 하면 청어를 런던까지 산 채로 가져가느냐 하는 것이었습니다. 산 청어와 죽은 청어 간의 가격차가 엄청났기 때문이었는데, 문제는 시장에 도착하기 전에 대부분 죽어버린다는 것이었습니다. 하지만 한 수산업체는 청어를 산채로 운송해와 큰 이익을 남기고 있었습니다. 그 비결은 무엇이었을까요? 바로 역발상에 있었습니다. 그 업체는 청어를 담은 수조안에 청어의 천적 한 마리를 집어넣었습니다. 청어는 천적에게 잡아먹히지 않기 위해 필사적으로 도망쳐 다녀야했고, 그 필사적인 몸부림과 긴장감이 오히려 청어를 싱싱하게 유지시켜준 것이었습니다. 그 천적이 축낸 청어는 불과 몇 마리에 불과했습니다.

근심걱정 없고 갈등도 없는 평온한 상태에서 주는 먹이만 받아먹으며 태평성대를 누렸던 청어들. 그러나 불청객 메기가 들어오면서부터 잡아먹히지 않기 위해 부지런히 헤엄쳐 다녀야했고, 활동량이 많아지다보니 먹이도 잘 먹고 체력도 강해지고 번식력도 늘어나게 되었던 것입니다.

갈등이란 동시에 두 개 이상의 상반된 충동, 동인 및 내·외적 욕구가 발생했을 때 나타나는 거의 비슷한 힘이 대립된 상태를 의미합니다.

2. 갈등의 원인

집단은 개인과 개인의 관계를 전제로 한 것이며 또한 집단과 개인, 집단과 집단의 관계가 있어야만 공동의 목표를 효율적으로 달성할 수 있습니다. 그런데 두 주체가 서로 관계를 가질 때 여러 측면에서 불일치가 있기 마련인데 이러한 상태를 갈등이라 합니다. 이러한 갈등은 개인 및 집단의 행동에 직접적 영향을 미치는데, 갈등은 다른 사람과의 상호작용 중에 발생하는 이해관계의 대립으로 정의될 수 있는데, 조직에 도움이 될 수도 있습니다.

갈등은 수직, 수평, 역할갈등, 집단내의 갈등, 개인 내부갈등, 개인-개인 간 갈등, 개인-집단 간 갈등, 집단-집단 간, 집단-조직 간, 조직-조직 간의 갈등이 있습니다. 갈등은 심리적 원인과 사회적 원인, 조직적 원인에 의해서 발생되는데, 심리적 원인에는 삶과 죽음의 충돌, 욕구좌절, 방어 메커니즘, 사회적 학습이 있을 수 있고,

사회적 원인에는 역할과 신분에 따른 갈등, 집단 간의 특성, 지각의 차이 등이 원인이 됩니다. 그리고 조직적 원인으로는 수행 목표의 차이, 자원의 할당문제, 제도와 규정의 성숙성, 계층직급 간의 차이, 집단이 독재적으로 관리되고 있거나 집권화 되어있을 때, 각 부문 간의 상호 의존성(연결 상태), 능력급 혹은 성과급 보상제도 등이 원인이 됩니다. 이러한 갈등은 어떠한 조직에서나 생겨나는 현상이고, 따라서 조직은 갈등현상에 의식적으로 대처하는 활동을 하지 않으면 안 됩니다.

이러한 대립된 의견의 차이로부터 초래되는 결과는 지배와 복종, 대립과 경쟁, 협조, 그리고 통합을 들 수 있습니다.

3. 갈등의 유형

갈등은 크게 개인적 갈등, 개인 간 갈등, 집단 간 갈등으로 나누어 볼 수 있습니다.

■ 개인적 갈등

- 좌절로 인한 갈등
  - 좌절은 개인의 욕구가 목표에 도달하기 전 장애에 부딪힐 때 나타납니다.
  - 자신의 역할에 대한 요구가 개인의 자질, 욕구, 태도, 가치관, 능력에 맞지 않는 경우에 나타납니다.
- 목표로 인한 갈등
  - 둘 이상의 동기들이 상호간에 부딪치게 되는 경우에 나타납니다.
  - 개인이 둘 이상의 긍정적 또는 부정적 목표를 경합적으로 갖는 경우
  - 개인이 갖는 하나의 목표가 긍정적 성격과 부정적 성격을 동시에 내포하는 경우
- 역할로 인한 갈등
  - 역할로 인한 갈등은 개인의 성격과 대인관계의 특성에 영향에 받습니다.
  - 성격에 따라 받는 갈등은 다를 수 있습니다.
- 해결안
  - 좌절 갈등 : 인생에 장애는 자연스럽게 발생한다는 것을 인식합니다.

상황에 따라 눈높이를 낮춥니다.

- 목표 갈등 : 자신을 너무 고집하지 말고 상황에 유연히 대처합니다.
- 역할 갈등 : 상대방의 성격을 수용하는 자세를 갖습니다.

인간관계를 더욱 돈독히 한다.

■ 개인 간 갈등 : 고부 간, 부부 간, 부자 간, 동료 간

• 쟁점의 불일치에 의한 갈등
- 사실, 방법, 목적, 가치관 등의 차이에서 발생합니다.

• 감정적 관계에 의한 갈등
- 불안, 불신, 거부 등과 같은 부정적 감정에서 발생합니다.

• 상호관계
- 두 가지 갈등의 명확한 구분은 힘듭니다. 처음에는 쟁점에 의해 유발된 갈등이 감정적 갈등으로 이행됩니다.

• 해결안
- 쟁점 갈등은 문제해결에 중점을 두어야 하고,
- 감정적 갈등은 당사자 간의 수용 자세와 긍정적 감정의 증대에 중점을 두어야 합니다.

■ 집단 간 갈등 – 부서 간 중심

• 업무의 상호의존성
- 기본적으로 협동적 상황이 되어야 하는데도 업무관계에서 상당한 갈등을 빚는 경우

• 불균형적인 종속
- 한 단위부서가 다른 부서에 정보 등에 대해 의존해야 할 때 발생합니다.

• 보상
- 경쟁 유도를 하기 위해 단위부서들을 동기부여시키는 기준에서 업적이 평가

되고 보상을 받는 경우에 발생합니다.

- 부서 간의 차이
  - 부서간의 업무성격이 상이하기 때문에 발생합니다.
- 공동자원의 배분
  - 각 부서가 필요로 하는 자원을 확보하기 위해 경쟁할 때 발생합니다.
- 해결안
  - 대면 : 갈등을 빚는 집단들이 얼굴을 맞댄 미팅을 통해 갈등을 감소시킵니다.
  - 협상 : 상호 양보를 통하여 상호이익이 되는 합의점에 도달합니다.
  - 상위목표의 도입

    집단들이 함께 힘을 합치지 않고는 달성될 수 없는 목표를 설정합니다. 상위목표는 양 집단에 모두 매력적이어야 하고, 협동을 필요로 하는 것이어야 하며, 달성 가능한 것이어야 합니다.
  - 조직구조의 개편

    구성원들의 태도, 사고방식 변화 등의 행위적 변화는 일시적인 해결안 밖에 되지 않으므로, 근원적인 갈등의 해결을 위해 조직구조의 개편이 필요합니다.
  - 작업흐름에 의한 재편성 : 서비스와 영업부서

    조정기구의 설치 : 갈등집단 간의 차이를 경감시켜 주고, 그들의 활동을 통합시켜 주는 역할을 하게 됩니다.

4. 갈등의 순기능과 역기능

갈등은 표면적인 행동뿐 아니라 내면적인 적대감 같은 심리적인 요소를 포함하는 개념입니다. 조직 내의 갈등은 순기능과 역기능을 가지는데, 갈등은 조직의 현재의 균형을 깨뜨려 불안과 무질서를 초래할 수도 있으나 그에 의한 불균형이 조직이 더 나은 상태로 나아가게 하는 조직의 원동력으로 작용하여 조직이 성장, 발전하게 해주기도 합니다.

그리고 갈등으로 인해 조직의 문제점을 균형적으로 바라볼 수 있고 그 해결을 위해 다양하고, 창의적인 사고를 하게 되며, 원만히 해결된 갈등은 조직의 통합과 발전에 기여합니다. 또, 조직 외부 간 갈등의 경우 조직 내 단합이 잘됩니다. 하지만 갈등은 조직구성원 간 단결을 방해함으로써 조직의 발전을 저해하고, 갈등이 심해질 경우 정당, 기업, 이익 단체 등의 조직은 해체될 가능성도 있습니다. 그리고 갈등이 격화되면 개인의 인격이나, 만족감 등이 무시되고 지나친 과업지향적 분위기가 조성됩니다. 또한, 집단 간의 갈등은 획일성이 강조되어 개인적 특성이나 차이가 무시됩니다. 게다가 각 집단은 상대집단에 대해서 경계의식을 유발시켜 부정적 시각을 갖게 하는 한편, 자신과 자기집단의 역할을 과대평가하여 파벌의식을 고조시킬 수 있습니다.

5. 갈등의 수준과 생산성

갈등수준	낮음	이상적	높음
영향	역기능적	순기능적	역기능적
집단행동	환경변화에 적응력 둔화 무사안일주의 침체적 의욕상실	환경변화에 신속한 적응 창의적 변화 지향적 활발한 문제해결 행동 적극적 목표달성 행동	혼란 분열 상호조정 결여 목적의식 결여
성과	낮음	높음	낮음

6. 갈등의 해소와 조정 방법

1) 갈등예방 방법

① 권한에 관한 규정을 명확히 하고, 업무를 확실하게 구분하여 갈등의 발생 소지를 줄입니다.

② 평소에 회의나 회식 등 공식, 비공식 모임을 자주하여 서로 생각이 다른 사람들과 대화를 통해 갈등을 예방합니다.

③ 미래의 일을 사전에 계획을 세워 추진합니다.

④ 업무가 비슷하여 소규모 집단 간에 갈등이 자주 발생할 경우 그 집단들을 통합합니다.

⑤ 한 명의 상사가 여러 집단을 동시에 관리합니다.

⑥ 순환보직을 통해 상대방의 입장을 이해할 수 있게 합니다.

2) 갈등해소 방법

① 목표 성취를 위한 수단을 찾아낼 때, 서로 다른 목표들을 동시에 충족할 수 있는 수단을 찾습니다.

② 갈등이 매우 심한 경우 어느 한 쪽을 다른 곳으로 인사조치 시킵니다.

③ 상위의 더 큰 목표를 강조하여, 내부의 갈등을 잠재웁니다.

④ 당사자 간 혹은 조직의 대표 간 협상을 통해 합의점을 이끌어냅니다.

⑤ 제3자가 중재자의 역할을 하여 갈등을 합리적으로 조정합니다.

⑥ 상관(감독자)이 직권에 의해 논의중단 등을 명합니다.

⑦ 근본적인 갈등 해소방법이랄 수는 없지만 회피의 방법을 사용하여 단기간에 갈등을 완화시킬 수 있습니다.

⑧ 시간과 비용이 많이 들기는 하지만 교육훈련을 통해 사람의 태도를 바꾸어 갈등을 해소할 수도 있습니다.

4.2 갈등 프로세스의 이해

갈등 프로세스에 관해서 학자에 따라 4단계 혹은 5단계로 보고 있습니다.
도넬슨의 갈등의 제과정을 보면 아래와 같습니다.

■ Donelson의 갈등의 제과정

단계	내 용
의견불일치	상황의 어떤 사소한 특징에 의존하여 발생한다고 하여 '상황갈등(contingent conflicts)'이라고도 부름
대결단계	반대 입장에 있는 사람들은 관련된 쟁점들을 토론하고, 상대방을 전환시키려는 시도에 집중하게 되며, 이러한 가운데서 커뮤니케이션이 급격히 증가하게 된다.
격화단계	갈등은 더 격화되며 논쟁의 강도 역시 더 심화된다. 이러한 갈등의 격화는 갈등 당사자들 모두에게 오해와 좌절 불신을 초래하고 '눈에는 눈, 이에는 이'라는 부정적 심리를 갖게 한다.
진정단계	갈등 당사자들은 자신들의 관점에 강하게 개입하게 되었지만, 계속되는 논쟁으로 인하여 시간과 에너지가 낭비되고 있다는 것을 인식하게 되는 단계이다.
해소단계	어떤 집단도 갈등에 의해 생성된 문제들을 해결하지 않고서는 목표를 달성할 수 없기 때문에 관여된 사람들은 어떻게 해서든지 갈등 전 상태, 즉 일치상태로 되돌리려 한다. 이 단계가 갈등의 해소 단계이다.

4.3 갈등관리의 유형

1. 갈등관리의 전략과 방법

1) 갈등관리의 기본전략

■ 해소전략

조직에 유해한 갈등을 해소하는 전략에는 적용전략과 제거전략이 있습니다. 적응전략은 갈등의 원인이 되는 상황을 온존시킨 채 갈등에 적응하도록 하는 전략입니다.

반면에 제거전략은 조직구조와 업무구조 및 행태를 변화시켜 갈등상황을 제거하는 전략입니다.

■ 조성전략

조직의 생존과 발전에 도움이 됨은 물론, 조직의 효과성이나 성과의 향상에 도움이 되는 갈등은 의도적으로 조성하는 전략이 필요합니다. 고전적 갈등관이나 행태 주의적 갈등관과 달리 현대적 갈등관은 조직에 부정적인 영향을 미치는 갈등은 억제하되 긍정적인 영향을 미치는 갈등은 조성해야 한다는 입장을 취하고 있습니다.

긍정적인 갈등은 조직의 생존과 성장에 필요한 쇄신적 기능을 수행하여 조직발전의 원동력이 됩니다. 이러한 갈등은 조직구성원으로 하여금 무사안일과 정체된 의식에서 벗어나 적극적이고 능동적인 행동을 하도록 자극하는 활력소가 됩니다.

유기체적인 특성을 지니는 조직에게 갈등은 자율조정적인 메커니즘을 작동시키고 건강한 체질을 갖추도록 자극하는 요소로 작용하기도 합니다. 갈등은 현존의 조직에서 의사결정의 양태를 바꾸고 자원배분상태를 변화시켜 조직의 기본질서를 근본적으로 바꿀 수도 있습니다.

2) 갈등관리의 방법

갈등관리의 방법도 전략차원에서처럼 해소방법과 조성방법으로 나눌 수 있습니다.

■ 갈등해소 방법

갈등은 기본적으로 조직발전이나 성과향상에 부정적인 경우가 대부분입니다. 조직 관리자는 이러한 역기능적인 갈등을 해소하기 위해 여러 가지 방법을 구사하여야 합니다.

■ 상위목표의 제시

갈등을 일으키는 당사자들에게 공동으로 추구해야 할 상위의 이념이나 조직목표를 설명함으로써 갈등을 해소하는 방법입니다.

■ 자원의 확대

갈등당사자들이 부록한 자원을 보다 많이 확보하려는 경쟁으로 갈등이 유발된 경우 자원을 늘리는 방법을 통해 갈등을 해소합니다.

■ 회피 및 완화

회피(avoidance)는 단기적으로 갈등을 완화할 수 있는 가장 초보적인 방어기제로서 갈등을 지연시키는 경우를 말합니다. 갈등을 야기할 수 있는 의사결정의 연기, 갈등상황에 처한 당사자들의 접촉금지, 갈등행동의 억제 등의 방법이 활용될 수 있습니다. 완화(smoothing)는 갈등 당사자 사이의 차이점이나 상충점들을 호도하고 유사성이나 공동이익을 강조함으로써 갈등을 해소하는 방법입니다.

■ 타 협

타협은 갈등 당사자들이 상호 대립하고 있는 부분을 양보하여 공동의 결정을 내리는 방법입니다. 타협은 당사자 사이의 협상과 제3자에 의한 중재가 포함됩니다. 타협은 서로 조금씩 양보하는 것이기 때문에 완전한 승자도 매자도 없으며, 어느 당사자에게도 최선의 해결은 아닙니다.

■ 조직구조나 태도의 변화

조직의 구조를 변화시켜 갈등을 근본적으로 해소하는 방법이 있습니다. 이러한 방법으로 조정담당 직위나 기구의 신설, 이의제기 제도의 실시, 갈등 중인 조직단위의 합병, 지위체계의 개편, 업무배분의 변경 등이 있다. 또한 갈등 당사자들의 태도를 변화시켜 갈등을 해소하는 방법이 있습니다. 시간과 비용이 많이 소요되기는 하지만 당사자들의 태도를 바꾸는 방법으로 교육훈련이나 고충처리제도 등의 방법을 활용할 수 있습니다.

■ 상관의 명령

계층구조상 상위직에 있는 사람이 갈등 당사자들에게 명령하여 갈등을 해소할 수 있습니다. 공식적 권한에 근거하여 부하들의 의견대립에 따른 갈등을 해소할 수 있는 것입니다.

■ 보직 교류

근무하는 조직단위 사이에 갈등이 발생하는 경우 갈등당사자들을 상호 교류시켜 근무하도록 합니다. 이러한 보직 교류는 상호 이해의 폭을 넓혀 갈등을 해소시킬 수 있습니다.

3) 갈등조성방법

조직관리자들은 조직 내 갈등 중에는 조직에게 활력과 쇄신적 기풍을 가져다주는 갈등이 있음을 인식하여야 합니다. 이러한 순기능적인 갈등은 적절히 노출시키거나 조성하고 그것을 창의적이고 건설적으로 해결해 나가야 합니다. 이를 위해 관리자들은 먼저 건설적인 갈등은 수용한다는 입장을 공개적으로 밝히고 순기능적인 갈등이 자유롭게 표출될 수 있도록 조직분위기를 조성해야 합니다.

■ 정보제공의 조작

갈등조성 대상자들에게 정보전달을 억제하거나 과다한 정보를 제공함으로써 갈등을 조성할 수 있습니다. 조직구성원이 얻고자 하는 정보를 제한하면 그의 권력은 감소합니다. 그로 인해 권력이 재편되면서 갈등이 조성될 수 있습니다. 정보를 과다하게 제공하면 혼란을 야기하면서 갈등을 조성할 수 있게 됩니다. 과다정보는 조직구성원들에게 정체된 행태와 의식을 일깨우고 창의성과 자율성을 자극할 수 있습니다.

■ 의사전달의 통로 변경

현재까지 제도화된 의사전달의 통로를 의식적으로 변경시켜 갈등을 조성할 수 있습니다. 의사전달의 통로변경은 조직 내 중요한 정보의 채널을 변경시키는 것으로서 정보의 재분배와 권력의 재분배를 초래하여 갈등을 야기하게 됩니다.

■ 조직구조의 변경

관료제의 조직계층수를 늘리거나 기능별 조직단위를 늘려서 서로 견제하고 경쟁하도록 유도함으로서 갈등을 조성할 수 있습니다.

■ 보직이동 또는 직위 간 관계의 재설정

갈등조성 대상자들에게 갈등소지가 있는 인사를 단행하거나 직위 간의 관계를 변경시키거나 업무를 재배분함으로써 갈등을 조성할 수 있습니다.

■ 태도가 상이한 사람들의 접촉유도

사람들의 행태가 극단적으로 차이가 나는 사람들을 서로 대면시키는 방법으로 갈등을 조성할 수 있습니다.

2. 갈등관리 유형의 진단

■ 갈등관리 유형의 진단

아래의 항목들은 귀하의 갈등관리 유형을 알아보기 위한 것입니다. 다음의 15개의 질문에 대하여 평소에 귀하께서 생각하시는 대로 물음에 답하여 주시기 바랍니다.

각 질문에 응답을 한신 후에는 아래의 갈등관리 유형별 점수의 합계를 내십시오. 갈등관리 유형 중 점수가 제일 높은 것이 귀하의 갈등관리 유형을 대표한다고 할 수 있습니다. 각 항목에 대한 응답은 1~5까지 되어있으니 응답의 정도에 따라 적절히 응답하여 주시기 바랍니다.

갈등관리 유형 진단	날짜 : . . .	이름 :
점수 : 점	점수합계 : 점	
(1 매우 그렇지 않다/ 2 그렇지 않다/ 3 중립 / 4 그렇다 / 5 매우 그렇다)		

No	질문	점수				
		1	2	3	4	5
1	나는 내 주장의 장점을 설명하기 위해 동료들과 논쟁한다.					
2	나는 타협을 이루기 위해서 동료들과 협상한다.					
3	나는 동료들의 기대에 부응하고자 노력한다.					
4	나는 주어진 문제에 대해 모두가 찬성할만한 해결책을 찾기 위해 동료들과 함께 노력하곤 한다.					
5	나는 내 주장을 관철시키기 위해 강력한 자세를 취한다.					
6	나는 갈등으로 물의를 빚고 싶지 않기 때문에 동료들에 대해 느끼는 갈등을 혼자서 삭인다.					
7	나는 나의 해결방안을 관철시키기 위해서 끝까지 노력한다.					
8	나는 타협을 위해서 '주고받는(give and take)' 전략을 사용한다.					
9	나는 동료들과 문제를 함께 해결하기 위해 정확한 정보를 교환한다.					
10	나는 동료들과 다른 의견을 갖고 있다해도 이를 공개토의하지 않는다.					
11	나는 동료들의 의견을 적극 수용한다.					
12	문제해결의 최선책을 착지 위해서 나는 모든 문제들을 털어놓고 얘기하는 성향이다.					
13	나는 문제해결에 진적이 없을 대 중간적 대안을 제시한다.					
14	나는 동료들의 의견을 따르려는 성향이 있다.					
15	나는 동료와의 의견대립을 피하기 위해서 내가 동료들의 의견에 반대대하더라도 이를 그냥 묻어둔다.					

	협력형	배려형	지배형	회피형	타협형
항목	4. ________	3. ________	1. ________	6. ________	2. ________
및	9. ________	11. ________	5. ________	10. ________	8. ________
점수	12. ________	14. ________	7. ________	15. ________	13. ________
총점					

▪ 갈등관리의 5가지 유형 설명

유형	내 용
협력형 (Integrating 또는 Problem Solving)	- 자신의 이익이나 관심이 높고 상대방도 배려하고자 할 때 상생의 (win win)의 해결방안 - 목적이 상충되는 경우에는 적절하지 못한 방법, 많은 시간과 노력을 필요
배려형 Obliging 또는 Smoothing)	- 자신의 주장을 관철시키거나 이익을 확보할 필요가 적은 반면, 상대방의 입장을 배려하여 양보 - 문제의 복잡성에 따라 갈등의 해소가 미봉책으로 끝날 수 있다.
지배형 Dominating 또는 Forcing)	- 상대방을 배려할 필요 없이 자신의 이익과 주장을 관철시키려 할 때 사용 - 상대방에 대한 강요나 굴복으로 불만이나 저항을 불러올 수 있다.
회피형 (Avoiding)	자신의 주장을 내세울 필요가 적거나 이해관계가 낮고 상대방에게도 적극적으로 배려할 이유가 없을 때 취하는 갈등해결 유형
타협형 (Compromising)	- 서로의 이해관계 주장이 맞물린 상황에서 양보나 지배가 어려울 때 사용하는 해결 유형 - 갈등의 해결이 미봉책 수준에 머물 수 있지만 파국을 막고 누구도 패자로 전락되는 길을 막는 합리적 방안

미니지식 Q&A

■ **동료랑 싸우고 나니 회사에서 마주칠 때 마다 어색해요.**

- 동료는 함께 얼굴을 보며 업무를 보고 협조를 얻어야 하는 가족 같이 친밀한 관계입니다. 따라서 먼저 누가 화해하느냐는 자존심의 문제가 아니라는 것입니다. 굳이 상대방에게 잘못을 인정시키려고 한다면 화해가 아니라 싸움을 더욱 키우는 결과를 낳을 수도 있으므로 여유를 가지고 화해를 시도해 보는 것이 좋습니다. 지는 것이 이기는 것입니다.

미니지식 Q&A

■ **썰렁한 유머에 매일 웃어주어야 하나요?**

저보다 10살이나 많은 김과장은 정말 재미없는 이야기 대회의 대상 수상자 같이 매일 재미없는 이야기만 합니다. 그럴 때마나 늘 웃어주어야 할까요?

- 대화 시에는 서로 성의 있게 들어주는 자세가 중요하기 때문에 상대방의 이야기를 성의 있게 들어주지만, 정말 재미있다는 듯이 오버해서 웃는 것은 아닙니다. 그러면 상대방은 정말 재미있는 줄 알고 착각할 수 있기 때문에 적당한 선에서 화제를 돌리는 것이 좋습니다. 자연스럽게 상대방의 이야기 중에서 모티브를 잡아서 영화나 시사적인 이슈로 주제를 이끌어 내도록 합니다.

미니지식 Q&A

■ **회사 흉만 보는 이선배, 맞장구 쳐주어야 하나요?**

나도 같이 흉을 보자니, 늘 부정적인 자신이 되는 것도 싫고, 안보자니, 선배가 무안해 할 것 같은데 이럴 때는 어떠하지요?

- 가급적 그런 자리에 참석하지 않는 게 좋지만, 어쩔 수 없이 대화에 참여하게 되었다면 중립적인 자세를 유지하는 것이 좋습니다. 가끔 대화의 추임새를 맞춰준다고 생각하고, "그렇군요" 등의 대화를 하다보면 상대방은 자연스럽게 내용에 시들해질 것입니다.

  그럴 때 자연스럽게 다른 주제의 대화로 넘어가는 것이 좋습니다.

05
CHAPTER

Biz E-mail & Letter Writing

Objective

1. 일반적인 회사 업무에서 사용되는 기본서류 작성법에 대해 숙지할 수 있습니다.

2. 기획업무부터 보고서 등 중요사항 등에 대한 서류작성을 할 수 있습니다.

3. 형식에 맞는 비즈니스 서신을 주고받을 수 있습니다.

5.1 비즈니스 문서작성의 중요성

직장인의 업무에 대한 지식 중에서도 대부분 신입사원이 간과하기 쉬운 부분이 바로 '비즈니스 문서작성'입니다.

여기에서 말하는 비즈니스 문서란 회사에서 사용하는 모든 문서를 의미하며 여기에는 문서를 더욱 체계적으로 만들기 위한 기획력과 만들어진 문서의 내용을 윗사람들 혹은 고객들에게 설득하기위한 설득력/발표력도 같이 포함된다고 볼 수 있습니다. 이러한 '비즈니스 문서작성'은 사실 문서작성 그 자체뿐만 아니라, 앞서 이야기했던 '업무의 대한 지식'을 여러분의 상상을 동료, 고객에게 좀 더 어필하기 위한 최고의 무기가 되기 때문에 모든 직장인에게 가장 필요한 능력 중의 하나라고 볼 수 있습니다.

한글 프로그램이나 MS오피스 프로그램의 기능을 아는 것만으로는 '비즈니스 문서작성'을 잘한다고는 할 수 없습니다. 초등학생이 말을 잘한다고 해서 회사에서 비즈니스 협상을 잘할 것이라고 할 수는 없겠죠? 마찬가지로 오피스 프로그램을 잘 다룬다고 해서 '비즈니스 문서'를 잘 만든다고 볼 수는 없는 것입니다.

취업시즌 때마다 뉴스에서 여러 번 보도되어서 이미 다 알겠지만, 기업의 인사담당자들이 학생들이 대학교에서 무엇을 배웠는지 모르겠다고 하소연하는 것을 본적이 있을 것입니다. 그도 그럴 것이 대부분 대학교에서는 회사에서 어떻게 생활해야 인정받을 수 있을 것인지에 대해서 가르쳐주지 않습니다. 대부분 순수한 학문적인 지식위주로 가르쳐줄 뿐입니다. 일부학교에서는 좀 나아졌지만, 아직도 이 문제는 심각한 상황입니다. 또한, 대기업의 기획실에서 요구되는 능력은 중소기업에서 요구되는 능력과는 판이합니다. 세상에는 수많은 유형의 회사가 존재합니다. 이 수많은 유형의 회사를 '비즈니스 문서작성과 결재 프로세스'라는 측면에서 분류해보면 아래와 같이 중소기업/밴처회사/외국계회사/대기업/금융기관 및 공기업의 5가지로 분류할 수 있으며 이들 회사의 유형별로 문서작성 포커스를 살펴보면 다음과 같습니다.

1. 중소기업에서의 비즈니스 문서작성

직원 5명의 조그마한 사무실에 사장, 이사, 과장, 대리, 여직원 이렇게 4명이 앉아 있었는데 A씨가 사원으로 들어가니 직급별 1명의 완벽한 라인이 완성되었습니다. 그리고 여직원은 이사님도 뭐라고 하지 못하는 권력을 가지고 있었습니다.

자의든 타의든 간에, 여러분이 중소기업에 입사하고 나서 가장 처음 해야 할 일은 밥그릇을 스스로 챙기는 것입니다. 절친한 선배나 친구가 있어서 여러분을 따로 챙겨주지 않는 한, 중소기업에서는 여러분에게 생존방법을 잘 알려주지 않습니다. 원하는 삼성전자에도 못 들어가고 회사이름을 말하면 아무도 모르는 조금한 회사에 들어갔다고 낙담한 체 무기력한 모습을 보이면 말 그대로 바로 퇴출입니다. 뉴스에서 명퇴/조퇴와 같은 말을 쓰면서 대기업이나 공기업들을 정년단축이 사회적인 문제라고 말이 많지만, 직원이 적은 중소기업은 그런 화려한 수식어도 없이 사장님의 눈밖에 나가는 순간 바로 아웃입니다.

대기업이나 은행, 공기업/공무원들은 신입사원을 뽑으면 최소한 한 달에서 길게는 수개월간 단체연수를 통해서 회사생활에 잘 적응할 수 있도록 밥그릇을 챙겨줍니다. 또한, 퇴직할 때까지 수시로 강제교육을 하면서 조직생활에서 낙오되지 않도록 신경을 써주는 별도의 인사관리 조직이 있는데 반해, 개인회사는 신입사원에게 별도의 교육할만한 형편이 되지 않습니다. 말 그대로 바로 '현장투입'인 셈입니다. 정글과 같은 비즈니스 현장으로 바로 투입되어 적응하지 못하는 신입사원은 바로 퇴출당하고 다른 회사를 알아보게 됩니다. 대기업 사람이 워낙 많아서 신입사원들의 인격이 아주 모나지 않는 한 일을 잘 못하더라도 조직에 업혀서 티나지 않지만, 개인사업체는 그 사람이 일을 잘하는지/못하는지, 성격이 좋은지/나쁜지의 여부가 입사하자마자 일주일 내에 바로 보이게 됩니다.

이 때문에 중소기업에 입사한 신입직원의 이직률이 높은 것이고, 중소기업 사장들도 쓸만한 인재가 없다고 하소연을 하는 것입니다. 100명을 뽑아서 그 중에서 한 명이 일을 못하면 티가 나지 않겠지만, 힘들게 한 명을 뽑았는데 그 직원의 능력이 사장의 기대 이하라면 바로 눈엣가시 같은 존재가 되겠죠?

나쁜 점이 있으면 좋은 점도 있는 법, 중소기업에서 일단 조직에 적응하는 순간 그 경쟁력은 대기업에 입사한 친구들이 대리가 되기까지 약 5년 동안 배울 업무들을 1년 안에 마스터할 수 있습니다. 또한 직원이 적으니 사장과도 바로 의견교환을 할 수 있기 때문에 조직 의사결정에 깊게 관여할 수 있다는 큰 장점도 존재합니다. 이렇듯 중소기업에 입사한다고 해서 무조건 나쁜 것만은 아닌 셈입니다.

중소기업에서는 부서가 세분화되어 있지 못하고 한 사람이 많은 역할을 담당해야 하기 때문에 물품구매를 위한 품의서와 상품의 판매를 위한 상품 안내서 및 권유서, 사장의 지시를 전하는 안내문을 비롯한 거래처 회사에 대한 의뢰서/조회서/해명서/회답서는 물론 심지어는 새로운 사람을 뽑기 위한 인력관리 문서와 개인적인 실수를 했을 때 써야 하는 반성문인 시말서에 이르기까지, 회사에서 사용하는 모든 종류의 비즈니스 문서를 다룰 줄 알아야 합니다. 중소기업에서 자주 활용하는 문서의 종류와 해당 문서를 만들기 위한 MS오피스 및 한글 프로그램의 활용 빈도를 살펴보면 대략 다음과 같습니다.

한글로 모든 문서를 만들 수는 있지만 MS오피스에 비해서 전문성이 다소 떨어지기 때문에 국산 소프트웨어를 위주로 하는 공공기관 등에서 주로 사용합니다. 공공기관에서 주로 사용하는데도 불고하고 일반 기업체 종사자가 한글을 배워야 하는 이유는, 공공기관과 거래하는 회사들은 이들 공공기관에 제출해야 하는 모든 문서를 한글로 만들어야 하고, 오래되고 큰 조직들 역시 연세가 있으신 분들이 많아서 이분들에게 익숙한 한글의 활용 빈도가 여전히 높다고 볼 수 있습니다.

만약 한글을 쓰지 않고 MS오피스를 사용한다면 회사에 따라서 약간 다를 수 있으나 일반적으로 업무/거래/구매/영업과 관련한 서식 대부분은 엑셀을 이용해서 만들고 있으며, 계약 및 간단한 보고는 워드로, 제안서 및 기안지와 같이 기획을 하는데 장시간이 요구되는 문서들은 파워포인트로 만드는 것이 일반적입니다.

설립된 지 10년 이상이 된 중소기업들의 특성은 대부분 오랫동안 관계를 맺어 온 좀 더 큰 규모의 거래처가 다수 있고 사장은 그 거래처의 높은 사람들과 돈독한 관계를 유지하고 있을 가능성이 매우 큽니다. 회사영업의 대부분은 이러한 기존 거래처를 통해서 유지되고 있고 회사 내의 상사들은 그 거래처를 인간적으로 관리하는데 많은 시간을 할애하고 있습니다. 만약 이러한 조직체에 신입사원으로 들어간다면 대학교에서 마케팅과 경영관리시간에 배웠던 새로운 마케팅 기법이나 조직전략의 수립과 같은 이론들을 활용할 기회는 거의 0%에 가깝습니다. 신규마케팅 기법을 통해서 영업망을 확대하는 것도 좋지만, 이 조직에서 더 중요한 것은 기존 영업망이 떨어져 나가지 않도록 수시로 관리해야 하고, 인력이 워낙 적기 때문에 개편할 조직 자체가 존재하지 않기 때문입니다.

■ 중소기업에선 엑셀이 최고

물품견적서, 경리일보, 인건비 지급내역, 지출결의서, 원가계산서 그리고 급여까지 대부분 엑셀 하나면 충분합니다. 게다가 한 번 수식을 만들어 두면 자동으로 값이 입력되니 이것처럼 편한 일도 없습니다. 하지만 문제는 누가 고양이 목에 방울을 다느냐 하는 것입니다. 무슨 말이냐고요? 누군가 처음에 업무에 맞게 양식을 만들고 수식을 넣어야 한다는 겁니다. 그렇지 않다면 일일이 수작업 해야 하니 엑셀의 편리함을 느낄 수 없습니다.

그런데 중소기업이 어려운 점은, 누군가 만들어 둔 파일이 또 어느 틈에 사라진다는 겁니다. 누군가 체계적으로 파일을 관리하고 공유해야 하는데, 다들 자기 일이 바쁘다보니 이런 일까지 챙길 여력이 없습니다. 그래서 중소기업에서는 오피스팩으로 문서를 공유, 관리하고 오피스폴더에서 체계적으로 보관하며 전자결제로 편리하게 처리할 수 있습니다.

엑셀 자동화 파일을 이용하여 여러 문서들에 자동수식 기능을 넣어 숫자만 넣으면 값이 자동으로 계산되게 만든 서식들입니다. 엑셀을 잘 모르는 사람들도 바로 사용할 수 있어 인력이 적은 중소기업에게 꽤 유용합니다.

엑셀 자동화 서식에서는 필요한 대로 숫자만 바꾸면 자동으로 값을 계산해주는 편리한 서식들이 무려 80여 가지나 있습니다. 중소기업에서 만들기 어려운 골치 아픈 수식 문서들은 엑셀자동화 서식에서 다운받아 해결할 수 있습니다.

2. 벤처회사에서의 비즈니스 문서작성

위에서 설명한 중소기업보다 한 단계 업그레이드된 문서를 작성하는 곳은 바로 벤처회사입니다. 이들 벤처회사의 특징은 나름대로 부서별로 업무가 분화되어 있기 때문에 앞에서 살펴봤던 중소기업과 같이 한 명의 사원에게 밑도 끝도 없이 다양한 비즈니스 문서를 맡기는 경우는 거의 없습니다, 또한, 벤처회사의 특성상 중견 간부들은 대기업이나 공공기관과 같은 규모가 크고 조직화한 곳에서 실무자로 일하다가 회사를 옮긴 경우가 많아서 중소기업보다는 체계적인 문서작성과 기획력의 노하우가 어는 정도 있는 조직일 가능성이 큽니다.

이러한 벤처회사는 아이디어 하나로 회사를 설립하고 대부분 오래 기간이 지나지 않았기 때문에 일반 중소기업과는 달리 영업망이 거의 없습니다. 이러한 이유 때문에 새로운 아이디어로 만들어진 제품 혹은 서비스를 여러 곳에 알리기 위해서 회사 소개서와 제품 소개서의 작성은 가장 많이 하게 됩니다. 인사 및 총무와 관련한 문서는 이미 대기업이나 중견기업에서 이직한 사람이 담당하고 있을 가능성이 크고, 사장도 매우 트인 사고의 사람들이 많아서 '품의서'와 같은 불필요한 문서작성 없이 간단한 승인절차만으로도 일을 수행할 수 있습니다, 지금 당장 가장 중요한 것은 회사를 더욱 많은 사람에게 알려서 생존 가능성을 높여야 하기 때문에 그런 사소한 것까지 챙기기에는 시간이 모자랍니다. 이런 벤처 조직에서 가장 많이 작성하게 되는 회사 소개서와 제품 소개서는 대부분 파워포인트로 작성합니다. 따라서 제품 개발을 하는 연구직이 아닌 이상, 벤처회사애서 사무직에 종사하는 사람들은 능수능란한 파워포인트의 활용이 무엇보다 중요하다고 볼 수 있습니다.

특히, 외부의 수많은 투자자에게 우리 회사가 믿을만한 투자처이며 제품의 시장성이 충분하다는 것을 각인시키기 위해서는 창의적이고 사람들의 시선을 끌어당길 수 있는 프레젠테이션 자료를 작성해야 하며, 이를 능수능란하게 발표할 수 있는 테크닉은 회사가 투자를 받아서 크게 성공할 수 있는지를 판가름하는 중요한 기준입니다. 이 때문에 수많은 벤처회사가 전문 프레젠테이션 디자인 회사에 일을 맡기기도 합니다. 그러니 신입사원의 프레젠테이션 자료 작성능력이 뛰어나다면 모든 직원의 관심과 부러움을 한 몸에 받을 수 있게 되는데, 이때 주의해야 할 점은 문서 기획력과 창의력이 없이 파워포인트를 다루는 기술만 있다면 생존기간이 그리 길지 않다는 것입니다. 부지런히 업무를 배우고 기획력과 창의력이 뒷받침되어야만 생존기간이 배가될 수 있다는 점을 명심해야 합니다.

3. 외국계 회사에서의 비즈니스 문서작성

외국계 회사에서 많은 사람들이 가장 놀라는 부분은 바로 실적에 관한 한 '인정사정 볼 것 없다'라는 점입니다. 아무리 CEO와 인간적인 관계가 좋다고 하더라도 실적이 저조하거나 심지어는 어느 정도 실적을 달성하였는데도 불구하고 연초의 목표를 달성하지 못한 중견 간부들이 하루아침에 책상을 빼는 경우가 부지기수입니다. 설사 회사에서 책상을 빼지 않는다 하더라도 실적에 대한 스트레스는 다른 유형의 회사에서 받는 스트레스와는 비교할 수 없을 정도로 강력합니다. CEO는 물론이고 말단 신입사원까지 모든 전 직원이 실전에 목숨을 거는 조직이 바로 외국계 회사입니다.

이러한 외국계 회사의 실적 중시 분위기는 바로 회사의 소유 구조와 관련되어 있습니다. 개인이 소유하는 대부분 국내 회사들과는 달리 우리나라에 진입한 외국계 회사들의 주인은 수많은 외국인 주주입니다. 이들 CEO도 주주들을 대표하는 이사회에 의해서 선출된 대표일 뿐이지, 우리나라와 같이 회사를 소유하면서 경영을 동시에 하는 다국적 회사는 거의 없어서 이사회의 눈 밖에 나면 바로 퇴출되는 것이 현실입니다. 이러한 외국계 기업은 '주식회사의 존재 목적은 주주 가치의 극대화'라는 경영학의 기초 이론이 여지없이 적용되는 조직입니다. 이사회는 현재 CEO가 있는 기간에 회사 가치(주가)가 얼마나 올랐고 배당금을 얼마나 배정했는가에 따라서 CEO를 평가하게 됩니다.

이러한 현실 앞에서 CEO의 관심은 첫째도 숫자, 둘째도 숫자, 셋째도 숫자입니다. 자신이 취임하기 전과 비교해서 현재 얼마나 매출액이 증가했는지, 그에 따라서 이익이 얼마나 증가했는지, 만약 매출액이 증가하지 못했다면 그 사유는 자신의 잘못이 아닌 불가항력에 의해서 그렇게 된 것이고, 자신이 아무런 대응방안을 내놓지 않았다면 그 손실은 더욱 커졌을 것이라는 점을 끊임없이 이사회에 설득해야 합니다. 이러한 실적 보고는 거의 매월 본사에 보고되며, 본사에서는 이러한 숫자에 근거한 보고서를 토대로 CEO를 평가하고 적절한 연봉과 함께 계약기간을 연장할 것인지를 결정하게 됩니다.

CEO가 이렇게 숫자와 실적에 매달리는 상황에서 밑의 간부들 역시 부하 직원들에게 오로지 매출액을 증대시키고 비용을 절약할 방안을 종용하게 됩니다. 다른 어떤 조직보다도 숫자(특히, 영업 및 수익금액)에 대한 광범위한 분석과 관련 데이터를 처리할 수 있는 엑셀은 물론 분석 결과를 상사에게 효율적으로 전달할 수 있는 보고서를 만들기 위한 파워포인트의 적절한 조화 능력이 매우 중요시되는 조직이 바로 외국계 회사입니다.

4. 대기업에서의 비즈니스 문서작성

대기업에서 비즈니스 문서작성의 특징은 크게 두 가지로 볼 수 있습니다. 첫째는 부서별로 담당하는 업무가 명확하게 분리되어 있기 때문에 중소기업과 같이 한 명의 사원이 온갖 종류의 문서를 만드는 경우가 거의 없다는 점입니다. 실례로 직원의 채용 및 퇴사, 휴가와 관련된 문서는 오로지 인사관리부서에서만 작성합니다. 따라서 다른 사람들이 휴가를 신청하거나 퇴사할 때에는 인사관리부서에서 미리 만들어 놓은 통일화된 서류를 다운로드 받아서 자신의 인적사항 정도만 일부 수정해서 사용해야 합니다. 만약 기획부서에 새로 들어온 신입사원이 기존 '휴가 신청서'가 마음에 안 든다며 마음대로 문서를 만들어서 보고하게 되면 조직에 적응을 못하고 개별적인 행동을 한다고 문제아로 인식될 수도 있는 노릇입니다. 대기업은 적게는 수백 명에서 많게는 수만 명의 개인이 일하는 거대 조직이기 때문에 개인마다 서로 다른 양식의 문서를 사용하면 대혼란이 일어날 수 있습니다. 그래서 회사에서는 그 형식을 미리 만들어 놓고 사내 인트라넷을 통해 내려받을 수 있게 하는 것입니다.

대기업 문서작성의 두 번째 특성은, 첫 번째 특성과 같은 이유 때문에 대부분 기획안과 같은 분이 만든 문서를 볼 것이라는 점을 항상 염두에 두고 문서를 만들어야 하는데, 이때 주의해야 할 점은 개개인마다 특성이 다르듯이 상사마다 선호하는 문서의 유형이 달라진다는 것입니다. 화려하게 만든 문서를 선호하는 상사들도 있습니다. 특히, 상사들은 자신들이 직접 문서를 만들기보다는 부서원(주로 대리급)에게 지시하여 만들게 한 후, 그 문서를 보완해서 더 높은 상사에게 보고하는 경우가 많기 때문에 업무를 받은 부서원은 상사가 선호하는 문서가 어떤 유형인지를 파악하는 것이 무엇보다 중요합니다. 또한, 대기업의 주요 특징 중 하나인 빈번한 인사이동 때문에 수시로 상사가 바뀔 가능성이 있습니다. 상사가 바뀔 때마다 그 상사의 취향을 파악해서 환경에 적응해가는 능력 또한 대기업에서 요구되는 능력 중의 하나입니다(무식한 말로는 눈치라고 하고, 유식한 말로는 직장인을 위한 처세술입니다. 이와 관련된 서적도 수백, 수천 권이며 아마 여러분도 몇 권 정도는 읽어봤을 것입니다).

대기업에서는 자신이 속한 1개의 부서에서 모든 일을 처리할 수 없으므로 여러 부서의 다양한 부서원들과 같이 모여서 일할 수 있는 원만한 대인관계와 커뮤니케이션 능력이 필수인 조직들은 본점에서 결정한 사항들에 대해서 모든 직원에게 알리기 위한 '시달문서'를 자주 작성하게 됩니다. 새로운 신상품이 출시되거나, 기존 상품의 내용 변경, 전 직원을 대상으로 한 연수 시행과 같이 조직의 모든 구성원이 알아야 하는 일들을 본사에서 기획하고 나서 품의 및 결재과정을 거쳐 상부의 승인을 얻어 전 직원에게 알리고자 하는 문서가 바로 '시달문서'입니다.

5. 공기업 및 금융기관에서의 비즈니스 문서작성

공기업(공무원 포함)이나 은행 같은 금융기관의 공통점은 매우 보수적이고, 대기업보다 훨씬 더 광범위하게 전국에 걸친 조직(예 : 전국 동사무소 혹은 전국 은행지점 등)을 가지고 있다는 점입니다. 이와 같은 조직에서는 본사에서 하나의 문서를 만들어서 수백 개의 모든 지점에 뿌리는 만큼 문서 하나의 파급 효과가 크기 때문에 그 형식을 제대로 갖추고 관련 담당자에게 문서의 핵심 내용을 명확하게 전달하는 것을 최우선으로 하고 있습니다. 특히, 공무원 조직은 대부분 문서가 다 정형화되어 있기 때문에 상사로부터 혼날 수도 있는 조직입니다. 이 때문에 전자문서 결재시스템이 완벽하게 갖춰져 있는데도 불구하고 결재서류 파일에 문서를 껴서 상사의 결재도장을 받고 나서, 전자문서 결재서류에 다시 올려서 전자문서 결재를 다시 받는 이중결재 프로세스를 밟아야 하는 경우가 종종 발생합니다.

다른 모든 비즈니스 문서들도 마찬가지겠지만, 앞에서 잠시 언급한 시달문서의 경우 잘못 작성되어서 공표되면 그 파급효과가 매우 큽니다. 만약 전국적인 지점을 보유한 은행에서 새롭게 연 금리 6%의 신규 수신 상품이 나왔다는 문서는 연 금리 16%라고 잘못 작성하고, 이 문서를 작성한 사람의 상사들도 대강대강 결재해서 문서의 오류를 발견하지 못한 채 시달문서를 전 지점에 보냈을 때 그 파급효과를 상상해 보십시오. 이런 문제 때문에 상사들이 아래 사람이 만든 문서를 결재할 때 매우 꼼꼼하게 살펴보는 것입니다.

또한 다른 조직에 비해서 한글 프로그램을 매우 광범위하게 사용합니다. 공공기관은 외부에 문서를 내보낼 때 한글 프로그램만을 사용하고 있으며, 이들 공공기관에 문서를 보내야 하는 일반 회사들도 한글로 만들어야 하는 경우가 대다수입니다. 물론, 최근 들어서 파워포인트의 사용이 많이 증가했지만, 국산 소프트웨어 사용에 대한 정책상의 이유 때문에 이들 공기업과 금융기관에서의 한글 프로그램 사용은 계속될 것입니다.

6. 존재감을 부각하라.

사회생활이란 무엇인가 간단히 고찰해 보겠습니다. 실력만 있으면 당연히 회사에서 인정받고 승진도 잘 되겠지라고 생각하는 취업 준비생들이 많은데, 이는 굉장히 순진한 생각입니다. 회사라는 조직 역시 빈틈이 많은 인간이 모인 곳이어서 이해가 안 가는 구석들이 매우 많습니다. 단적인 예로 여러분 주변의 고시 준비생 중에 이성친구도 만나지 않고 술도 안 먹으면서 정말로 열심히 공부하는데 매번 고시에 떨어지는 반면, 도서관에서 연애나 하고 설렁설렁 공부하는 것 같은데 고시에 쉽게 패스해서 승승장구하는 친구들이 있죠? 대부분의 회사 역시 마찬가지입니다. 정말로 열심히 회사를 위해 주말에도 밤늦게까지 개인시간을 희생해가면서 일하는데도 불구하고 윗사람들의 신임을 받지 못하고 승진도 늦게 되는 사람들이 있는가 하면, 업무시간에 딴짓을 하고 윗사람들 있을 때만 열심히 일하는 척하는데 승승장구하는 사람이 현재 여러분이 근무 중이거나 앞으로 일할 회사에 있을 확률은 100%입니다. 이런 현실이 마음에 안 들고 치사해서 회사생활 못하겠다면 회사에 다니지 말고 자기사업을 해야 합니다(그런데 개인 사업을 하는 사람들의 이야기를 들어보면 그 세계도 이상한 구석이 많기는 마찬가지입니다).

노력과 실력대로 승진되지 않는 이유는 여러 가지가 있습니다. 사장의 아들이나 가까운 친척이라서 승승장구하는 것일 수도 있고, 아는 건 없는데 번지르르 말을 잘해서 윗사람들을 살살 잘 구슬리는 것일 수도 있고, 그것도 아니면 직장상사와 친한 선후배 관계라서 승진이 빠른 동교나 후배도 볼 수 있을 것입니다.

여러분이 회장 아들이 아니고, 봉이 김선달 선생처럼 달변가도 아니고, 잘나가는 상사의 친한 후배도 아니라면? 여러분이 기댈 언덕은 자신의 능력을 스스로 알아서 잘 포장하여 보여주는 방법밖에는 없습니다. 그러기 위해 가장 빠르고 손쉬운 방법은 비즈니스 문서를 잘 만들어 윗사람들에게 보고하는 것입니다. 실례로 예전에 모 대기업의 이사님께서 술자리에서 직원들에게 이런 말을 한 적이 있었습니다.

"예전 제가 여러분 자리에 있을 때는 '나만 열심히 일하면 위에서 잘 평가해 주겠지!' 라고 생각했었는데, 세월이 흘러서 이 자리에 올라와보니 묵묵히 일만 잘하는 직원, 별로 고맙지 않습니다. 그보다 자신을 잘 포장해서 보여주는 직원에서 더 애착이 가고, 그들에게 더 좋은 평가를 하게 됩니다."

이 얘기를 하는 이유는 상사에게 무조건 아부하라는 것이 아니라, 최소한 자기가 가진 능력을 제대로 평가받기 위해서는 어느 정도의 Show-up은 필수라는 것을 강조하기 위해서입니다.

5.2 비즈니스 문서작성을 위한 첫 단추

비즈니스 문서작성의 중요성에 대해 앞에서 충분히 설명하였으니, 이제 신입사원 혹은 이 부분에 자신이 없는 현재 직장인이 반드시 알아야 하는 비즈니스 문서작성의 기초에 대해 살펴봅시다.

1. 비즈니스 문서를 만드는 이유와 적절한 프로그램

학교를 졸업하고 A회사의 인터넷 사업부서에서 사회생활의 첫발을 내디딘 이대정 씨. 사회에 먼저 진출한 선배들로부터 한글 프로그램과 MS오피스 프로그램을 잘 다룰 줄 알면 신입사원 생활의 50%는 인정받는다는 말을 듣고 프로그램의 기능에 대해서는 웬만큼 학습을 마친 상태였습니다.

첫 출근을 해서 분위기를 살펴보니 6개월 뒤에 시작될 미디어 사업에 대한 준비로 시스템을 납품할 후보회사들을 선정한 상태였으며, 이들 후보회사들에 대한 제안요청서(RFP, Request for proposal)를 준비하는 단계였습니다. 학교에서 '경영전략' 시간에 '제안서'에 대해서는 들어 보았지만, '제안요청서'라는 말은 처음 들어본 대정 씨는 같은 사업부 대리인 강 대리에게 살며시 물어보았습니다.

"대리님, 제안요청서가 뭐에요? 제안요청서라는 말은 처음 들어서요."

"제안요청서? 말 그대로 제안을 요청하는 문서지 뭐. 하하"

"......"

"지금 우리가 도입하려고 하는 시스템에 대해서 들어봤지? 그 시스템을 우리가 다 못 만드니 외부에서 도입해야 하잖아. 우리 회사에 맞는 최고의 시스템을 가장 좋은 가격으로 도입해야 하니까, 그런 시스템을 만드는 여러 회사에 당신들의 시스템을 우리에게 팔 의향이 있으면 제안서를 보내라고 요청하는, 말하자면 회사 대 회사의 비즈니스 문서인 셈이지. 그래서 그 회사들이 제안서를 보내주면 우리는 그거를 보고 제품설명 프레젠테이션과 제안가격 비교 등을 거쳐서 최종 구축업체를 선정하게 되는 거지."

"아, 그러면 제안요청서를 만드는 거는 쉽겠네요. 우리가 내년에 시스템을 도입하니 너희가 가진 시스템의 제안서를 보내라. 뭐 이렇게 적으면 되는 거죠?"

"그렇게 간단하게 생각할 문제는 아니야. 일반적으로 지금과 같이 기업에서 새로운 정보기술을 접목해 시스템을 구축할 때에 도입할 기술과 업체를 선택하는데 있어서 제안요청서(RFP)와 제안서, 기술테스트, 최종 프레젠테이션의 4단계 프로세스를 거치는데, 얼마나 체계적으로 제안요청서를 작성하는가에 따라 제안서의 품질도 결정되고 프로젝트의 성공여부에도 큰 영향을 미치게 되어 있어. 즉 프로젝트 성공의 첫 단추는 바로 제안요청서인 셈이지. 첫 단추가 잘못 끼워지면 그 파장이 엄청난 거는 알지? 대정 씨의 오피스 활용 실력도 파악해 볼 겸, 이번 RFP를 한 번 만들어 봐."

1시간 뒤

"잘 돼가? 응? 설마 지금 파워포인트로 RFP 만드는 거는 아니겠지?"

"아, 예. 파워포인트로 만들고 있는데요?"

"흠. 그러고 보니 아직 비즈니스 문서작성에 대해서 대정 씨가 잘 모르는 것 같네. 자, 일단 이 표를 봐. 일반적으로 회사에서 비즈니스 문서를 만드는 6가지 이유와 각각에 맞는 문서작성 프로그램을 말해주고 있어. 여기 보면 엑셀은 요청, 분석, 보고의 경우에 주로 사용되고 있는 걸 볼 수 있을 거야. 지금 대정 씨가 만드는 파워포인트 문서는 RFP의 성격인 '요청'과는 거리가 좀 있어서 잘 사용하지는 않지. 파워포인트가 주로 사람들을 설득하거나 보고/설명할 때 사용하는 툴이라는 점을 명심해야 해. 그러니 RFP는 워드프로세서나 엑셀로 만들지 파워포인트로 만들지는 않아. 특히 우리 부서는 대부분 엑셀을 사용하고 있어. 물론 경우에 따라서는 파워포인트로 만든 RFP도 볼 수 있지만 흔하지는 않지."

"여러 종류의 비즈니스 문서 중에서 RFP 같은 문서는 대부분 표준화 되어 있기 때문에 만들기가 그나마 수월한 문서에 속해. 비즈니스 문서에는 표준화된 비즈니스 문서와 비표준화 된 문서가 있다는 거는 알고 있지?"

"……"

"표준화되어 있는 문서란, 작성할 문서의 내용과 맞는 정형화된 문서 서식의 사용이 중요하기 때문에 다른 사람이 만들어 놓은 파일만 가지고 있으면 그냥 복사해서 조금만 바꿔서 사용하면 되지. 그러나 표준화되어 있지 않은 문서는 기업 간에 거래를 시작하기 위해서 만드는 회사 소개서나 회사 제품을 소개하는 제안서 같은 경우지. 회사별, 제안 제품별, 보고하는 대상마다 그 특징이 워낙 달라서 작성하는데 시간이 오래 걸리고 프레젠테이션과 같은 발표와도 연결되어 있는 경우가 대부분이야. 표준화된 문서에 한 종류이기 때문에 비즈니스 문서작성 원칙 안에서 만들면 돼. 내가 작년에 만든 RFP 파일을 줄테니 살펴보고 다시 한 번 만들어볼래?"

2. 비즈니스 문서의 10가지 구성요소

우리가 자주 보는 소설에도 구성단계와 같은 기본적인 요소가 있듯이, 비즈니스 문서에도 10가지의 기본적인 구성요소가 존재합니다. 물론, 이러한 기본적인 구성요소는 회사마다 약간의 차이가 존재하지만, 대부분은 아래의 요소를 갖추어서 비즈니스 문서를 작성하고 있습니다. 회사에서 내부 보고용 문서를 만들어서 상사에게 보고할 때 맞춤법만 틀려도 지적을 당하는 마당에, 회사의 외부로 나가거나 회사의 전체 직원이 보게 될 문서를 작성할 때는 아래의 구성요소 중 하나만 빠져도 상사의 지적을 받게 되니 유의하기 바랍니다.

① 문서번호 : 문서의 제일 상단에 있는 '문서번호'는 문서의 증빙과 보관상 편의를 위해 업무부서 단위로 정한 규칙에 따라 기재됩니다. 그렇게 해야만 나중에 보관된 문서를 쉽게 찾을 수 있고, 문서번호 체계에 따라서 내용을 보지 않고도 어느 부서에서 어떤 목적으로 문서를 만들었는지 파악할 수 있습니다. 규모가 작아서 모든 것을 수작업으로 처리하는 회사에서는 문서번호를 직접 손으로 일일이 입력해야 하지만, 결제시스템을 갖추고 있는 회사에서는 문서번호가 자동으로 생성됩니다.

② 작성연월일 : 사람마다 생일이 있듯이, 모든 비즈니스 문서에도 '작성연월일'이라고 하는 탄생일자가 있습니다. 이때 주의해야 하는 점은 문서를 만든 날이 아니라, 문서를 발신한 날을 기재해야 한다는 점입니다. 예를 들어 '2010년 1월 20일'에 RFP를 만들었다 하더라도 문서를 '1월 23일'에 해당 업체에 발신한다면 '2010년 1월 23일' 이 본 RFP의 '작성연월일' 이 됩니다. 문서번호와 마찬가지로 규모가 작아서 모든 것을 수작업으로 처리하는 회사에서는 본 작성연월일을 직접 입력해야 하지만, 결제시스템을 갖추고 있는 곳에서는 자동으로 생성됩니다.

③ 수신인 : 신입사원들이 가장 실수하기 쉬운 부분이 바로 '수신인'과 관련된 부분입니다. 내부보고 목적의 문서는 대부분 수신부서만을 적으면 되지만,

외부로 보내는 비즈니스 문서의 수신인을 적을 때에는 문서를 받는 회사의 이름을 첫 행에, 직위명과 성명은 다음 행에 써야 하며, 수신처의 주소는 적지 않는 것이 좋습니다. 물론 직위가 없거나 모르는 수신인일 때는 어쩔 수 없지만, 회사에서 사용하는 비즈니스 문서인데 상대방의 직위도 모르고 문서를 보낸다는 것은 거의 무작위로 보내는 스팸메일에 해당할 정도로 좋지 않은 작성방법입니다.

문서를 받는 사람의 뒤에 붙이는 경칭은 아래의 4가지 경우가 있으니 참고하기 바랍니다.

④ 발신인 : 문서를 만들어서 보내는 '발신인'에는 회사/부서/직위/이름을 모두 쓰며, 필요한 경우 대표자의 성명을 먼저 쓰는 때도 있습니다.

⑤ 제목 : 당연한 말이지만 제목만 보고도 쉽게 문서의 성격과 내용을 알 수 있게 하되, 될 수 있으면 간결한 제목을 사용해야 합니다. 신입사원 초기에는 문서 제목이 마음에 들지 않는다고 지적당해서 문서를 여러 번 수정할 경우가 많이 있습니다.

⑥ 첫머리 : 아무리 '목적'이 있는 비즈니스 문서라 하더라도 인사말부터 시작하는 것이 기본적인 예의입니다. 대부분 '평소 귀사와 귀 팀의 협조에 감사드립니다.'라는 듣기 좋은 말로 시작하게 되는데 웃는 얼굴에 침 못 뱉는다는 속담도 있죠?

⑦ 본문 : 비즈니스 문서의 본문은 문서의 용건을 말하는 주요 부분이므로 될 수 있으면 간단명료하게 써야 합니다. 그래서 가장 많이 쓰는 방법은 항목별로 번호체계를 이용해서 간결한 문장으로 구성하는 것입니다.

⑧ 맺음말 : 대부분 사외 문서는 본문을 다 쓰고 그냥 '끝'이라는 말로 문서를 끝내는 경우가 많이 있습니다. 그렇지만 사내 문서(혹은 사외문서라 하더라도 자주 연락이 오고 가는 경우 포함)는 서로 다들 잘 아는 처지에 왠지 자기 할 말만 하고 나간다는 인상을 줄 수 있겠죠? 나중에 술자리에서 다른 부

서의 사람들이 여러분이 만든 문서가 성의 없다느니, 신입사원이 능력은 좋은데 인간이 덜됐다는 그런 말이 나오지 않게 하기 위해서는 마지막에는 행을 바꿔서 "~해주시면 감사하겠습니다. 끝"과 같이 공손하게 끝내주는 것이 원만한 회사생활을 위한 바람직한 행동입니다.

⑨ 다음 및 별첨 : 본문 이외의 추가적인 내용이 있으면 마지막에 '다음'으로 해서 따로 적는 것이 좋으며, 다른 문서가 같이 첨부될 때는 '※ 첨부(문서이름)'와 같이 쓰는 것이 일반적입니다.

취업준비생이나 신입사원은 이해하기 어렵겠지만, 가끔 어떤 상사들은 ※ 표시나 ☞ 표시에 민감하기도 합니다. 어떤 상사는 ※ 표시를 선호하고, 또 어떤 상사는 ☞ 표시를 선호해서 무조건 그 표시로 고치라고 요구하는 경우를 볼 수 있는데, 누군가에게 물어보기에도 민망한 이런 질문을 눈치로 파악하는 방법은 과거 그 상사 밑에서 일했던 직원이 만든 문서를 뒤져서 살펴보는 것입니다. 그러면 거기에 정답이 다 나와 있습니다.

기타 사항이 있을 때에는 반드시 '추신'이라고 쓰고 추가사항을 적어야 하며, 팩스로 문서는 보내는 경우 팩스를 받는 사람이 문서를 다 받은 건지 확인할 수 있게 하려면 문서의 맨 밑 중앙에 '현재 페이지/전체 페이지 수'를 기재합니다. 그래서 문서를 다 받지 못하면 상대방이 연락할 수 있게 해 주는 것이 진정한 비즈니스 예의입니다.

⑩ 체계적인 문서 파일의 정리 : 마지막 열 번째 구성요소는, 바로 여러분이 만드는 문서들을 잘 정리할 수 있도록 문서 파일의 이름과 저장 폴더를 체계적으로 정리하는 것입니다. 사실, 이러한 비즈니스 문서는 여러분이 어느 회사에서 일하던지 공통으로 사용할 수 있기 때문에 만약 회사 내에서 부서를 옮기거나 다른 회사로 이직하게 되면 여러분이 생존할 수 있는 하나의 무기가 될 수 있습니다. 그러나 문서의 내용이 외부에 알려지면 안 되는 회사의 기밀사항이면 나중에 불미스러운 일이 발생하지 않기 위해서라도 기본적인 문

서의 포맷만을 이용해야 하겠죠? 회사에 따라서는 이직 시 문서의 유출을 법적으로 금지하는 회사들도 많이 있으니 반드시 주의하기 바랍니다.

■ 비즈니스 문서작성의 8가지 원칙

한글이나 MS오피스 프로그램을 잘 다룬다 하더라도, 비즈니스 문서를 만드는 데 있어서 기본적으로 지켜야 하는 원칙을 모른다면 어디에도 사용할 수 없는 그저 예쁜 문서만을 만들게 됩니다. 그래서 이제부터는 어떤 프로그램을 이용하든지 간에 비즈니스 문서를 만들 때 반드시 지켜야 하는 8가지 기본 원칙에 대해서 설명하겠습니다. 회사 대 회사 간의 문서뿐만 아니라, 여러분이 회사 내부용 문서를 만들 때에도 반드시 지켜야 하는 원칙들입니다.

원칙 1. 문서가 필요할 때 빠르게 작성하자.

RFP나 제안서와 같은 비즈니스 문서는 실무처리를 위해 작성하는 것인 만큼 그 시기를 놓치게 되면 아무리 좋은 내용이라도 소용없게 됩니다. 예를 들어, RFP 같은 문서를 작성할 때는 상대 회사에 언제까지 제안서를 내라고 시기를 명시하게 되는데, 그 정해진 시간 안에 작성해서 제출해야겠죠? 대부분 회사에서는 긴급한 사안이 발생했을 때 신속하게 작성할 수 있도록 TFT(Task Force Team)를 운영하고 과거의 모든 문서를 매뉴얼화해 사용하고 있는데, 대표적인 예로 대규모의 제안서를 제출하는 IT회사의 경우 200~300페이지에 달하는 제안서라 하더라도 수십 명이 일사불란하게 작업해서 하루나 이틀만에 뚝딱 만들어낼 수 있습니다.

원칙 2. 이해하기 쉽게 보편성 있는 단어와 문장을 사용하자.

비즈니스 문서의 기본 목적은 의사전달입니다. 그러므로 그 문서를 받아보는 상대방이 쉽게 이해할 수 있도록 보편적인 단어를 사용해야 하는 것은 당연지사입니다. 인터넷상의 용어는 물론이고 상대방이 헷갈릴 수 있는 애매한 표현 및 단어는 사용하지 말아야 합니다. 요새 신입사원들이 만드는 문서나 이메일 내용을 보면 가끔 문서의 RMx에 ^^;;나^______^와 같은 이모티콘, 또는 '감사함당~', '수고하세용~'과 같은 표현들을 사내에서 거침없이 사용하는 때도 있는데, 개념 없는 신입사원이라는 별명을 얻고 싶지 않으면 때와 장소를 가려서 잘 사용해야 합니다.

가장 안전한 방법은 표준어만을 이용해서 문서를 작성하는 것입니다. 아무리 상사와 친해졌다고 하더라도 '차장님~감사함당 수거하셈~'과 같은 정체불명의 단어들은 친구들과 메신저로 이야기할 때에만 사용하기 바랍니다.

원칙 3. 한눈에 내용을 파악할 수 있게 판독의 용이성을 높이자.

가장 좋은 비즈니스 문서는 잘 모르는 사람이 한 번만 읽어봐도 무슨 내용인지를 파악할 수 있게 만든 것입니다. 그러기 위해서는 전달하고자 하는 요점을 먼저 기술하고 부가 설명은 뒤에 해서 상대방이 문서를 끝까지 꼼꼼하게 읽어보지 않더라도 내용을 한눈에 파악할 수 있게 해야 합니다. 이를 위해서 본문의 내용에 1, 2, 3과 같이 번호를 매겨서 항목별로 간략하게 기재하는 방법을 많이 사용하는데 이러한 방법을 통해서 이해가 빠르고 오래 기억할 수 있으며 내용을 빠뜨리지 않고 기록할 수 있습니다. 같은 내용의 비즈니스 문서라 하더라도 상대방을 위해서 적절한 여백과 번호를 쓴 문서와 그렇지 않은 문서와는 확연한 차이가 있습니다. 아무리 기발한 전략이나 아이디어를 담고 있는 문서라 하더라도 판독이 어렵다면, 십중팔구 여러분의 상사는 문서를 집어던지면서 다시 작성해 오라고 소리칠 것입니다.

원칙 4. 객관성과 구체성 있는 문장을 사용하자.

객관성과 구체성은 판독의 용이성과는 약간 다른 의미인데, 이는 좋은 비즈니스 문서란 누가 읽어도 같은 의미로 받아들일 수 있도록 객관적으로 정확하게 기술해야 한다는 것입니다. 예를 들어, 하나의 비즈니스 문서를 읽고 A라고 이해를 하는 사람과 B라고 다르게 이해를 하는 사람이 있어서는 안 된다는 것입니다. 누가 읽더라도 그 내용을 다른 사람들과 똑같이 이해할 수 있어야 합니다.

원칙 5. 적정한 문장 길이를 사용하고 맞춤법을 맞추자.

내용이 아무리 좋은 비즈니스 문서라 하더라도 문장이 소설과 같이 장황하다면 상대방이 읽기에 지루하고 이해하기 어렵기 마련입니다. 따라서 문장이 길어질 때는 될 수 있으면 쉼표(,)를 사용하지 말고 끊을 수 있는 부분은 끊어서 짧고 간결하게 작성하는 것이 좋습니다. 또한, 회사 대 회사의 공식 문서는 맞춤법에 어긋나면 문서에 대한 신뢰도까지 떨어질 수 있으므로 애매한 단어는 반드시 사전 등을 활용해서 정확한 단어로 작성해야 합니다. 다시 한 번 강조하지만, 비즈니스 문서 작성에서 소설과 같이 길고 깊은 뜻이 함축된 문장의 사용은 절대 금지입니다.

원칙 6. 최소한의 예의인 비즈니스 격식을 차리자.

비즈니스 문서는 의례적인 요소가 많으므로 존댓말을 이용하여 정중한 표현을 사용하는 것이 좋습니다. 그렇다고 해서 지나친 존댓말의 사용은 오히려 부자연스러워 보일 수 있으니 주의합니다.

원칙 7. 책임범위를 구체적으로 명시하자.

문서가 무서운 것은 바로 책임이 대동되기 때문입니다. 기록으로 보조되는 문서의 특징상 문서를 만든 작성자는 그 내용에 문제가 발생하면 언제든지 책임을 지겠다는 자세로 문서작성에 임해야 하며, 필수 기재사항을 유념해서 정확하게 작성해야 합니다. 아무리 말단사원이 문서를 작성하였다 하더라도 문서 상단의 결재란에 결재한 상사들은 그 문서에 대한 공동의 책임을 지기 때문에, 상사들은 결재하기에 앞서서 문서를 꼼꼼하게 읽어보고 마음에 들지 않는 경우 문서를 다시 작성해오라고 호통치기도 하는 것입니다. 특히 문서에 인명/직위/지명/수량/금액/날짜가 들어가면 정확하게 기재되었는지 여러 번 확인하는 것은 필수입니다. 법령과 관계된 계약서, 차용증 등의 비즈니스 문서는 필수 기재사항을 빠뜨리면 그 문서 전체의 효력을 상실할 수 있습니다. 또한, 법률적으로 사용해서는 안 되는 문구들이 있을 수 있기 때문에 1차 작성을 하고 나서 회사 내부의 법률 자문팀에 의해 확인한 후, 문서를 발송하는 절차를 거치기도 합니다.

원칙 8. 표준화된 문서인지 비표준화된 문서인지 파악하자.

일반적인 인사, 총무, 경리, 회계부서와 관련된 문서는 이미 표준화되어 있기 때문에 상대적으로 작성하기가 매우 수월합니다. 이런 문서들은 주로 엑셀 및 워드(한글)로 작성하며, 인터넷에서 다운로드 받을 수 있는 비즈니스 문서 필수양식을 참조하여 손쉽게 수정해서 사용하는 것이 일반적입니다. 이러한 표준화된 문서를 잘 만들기 위해서는 문서 유형에 대한 이해가 필요하며, 작성하고자 하는 문서의 내용과 맞는 정형화된 문서 서식을 얼마나 빨리 찾아서 사용할 수 있느냐가 관건이라고 할 수 있습니다.

이에 비해서 기업 간에 거래를 시작하기 위해서 만드는 회사소개서, 회사제품을 소개하는 제안서, 신규사업 진출을 위한 기획안과 같은 문서들은 표준화되어 있지 않습니다. 이는 회사별, 제안 제품별로 그 특징이 다르므로 작성하는 데 시간이 오래 걸리고 경우에 따라서는 프레젠테이션과도 연결될 때가 많습니다. 따라서 오피스 프로그램의 각종 기능에 대한 숙지는 물론 창의적인 문서작성을 위한 아이디어의 산출이 관건이라고 볼 수 있습니다. 표준화되어 있는 문서의 작성에 비해서 상대적으로 매우 어려운 분야입니다.

■ 문서의 작성요령

① 서식 ⇒ 서식은 법령에 따라 서식이 결정되어 있는 것과 법령에 따라 서식이 결정되어 있지 않은 것 및 내부법칙에 따라 결정되어 있는 것과 내부법칙에 따라 결정되어 있지 않은 것 등 다양하게 존재하고 있습니다. 서식이 법령이나 내부법칙에 따라 결정되어 있으면 그에 따라 작성하고, 결정되어 있지 않으면 각 원칙에 따라 작성하면 됩니다.

② 문체 ⇒ 서식의 작성 시 어떠한 문체를 사용하느냐? 이는 대체로 다음에 주의하여 기재하면 됩니다. 즉 문체는 구어체로 '…입니다' 또는 '…습니다'를

기준으로 합니다. 단, 계약서류나 내부문서에는 '…로 있다'를 기준으로 하는 것이 있고, 표현을 부드럽게 할 때에는 '…것이라 한다'를 사용합니다.

③ 한자의 병용 ⇒ 한자는 원칙으로 당용한자(현재 쓰이는)를 사용하는데 때로는 상용한자도 사용합니다. 한자와 한글의 사용방법은 상대에게 읽기 편하도록 배려하여 균형을 생각하면서 사용합니다.

④ 숫자 ⇒ 아라비아 숫자를 사용(1, 2, 3,…)하되, 단 一齊, 一般, 第三者 등과 같이 용어로서 의미를 갖는 것은 아라비아 숫자를 사용하지 않습니다.

⑤ 기호 ⇒ 기호를 사용할 때에는 사전에 몇 단계의 기호가 들어가는가를 생각하고 이에 맞추어 사전에 기호의 크기를 정하고 그 순서에 맞게 배열, 기재합니다.

통상 다음과 같은 형태에 따라 그 크기를 정하고 있습니다.

1, 2, 3,…
(1), (2), (3), …
1), 2), 3),…
①, ②, ③,…
가, 나, 다,… 또는 ㄱ, ㄴ, ㄷ,…

이외에 다음의 기호가 사용되고 있다.

로마문자
Ⅰ, Ⅱ, Ⅲ,…
ⅰ, ⅱ, ⅲ,…
알파벳
A, B, C,…
a, b, c,…

교재 이외에는 좀처럼 사용되지 않지만 編(편), 章(장), 節(절), 款(관), 目(목)이 사용되는 경우도 있습니다.

[예]
　　第1編
　　　第2章
　　　　第3節

그러나 특수한 기호나 상대가 알아볼 수 없는 기호 등은 사용하지 않는 것이 타당합니다.

■ 문서의 사본을 만드는 법

① 발신부를 작성하고 다음의 항목을 기재합니다.

발신번호
날짜(연월일)
수신자(회사명, 담당명, 개인명)
발신자
건 명
비고(등기우편, 속달, 동봉서류 등등)

② 발신문서의 복사본을 작성해서 그것을 가지고 발신부로 바꿉니다.

■ 비즈니스 문서작성을 위한 기본정보

비즈니스 문서의 작성에 대해서는 평소에 문장 패턴(형식)을 결정해 두는 게 바람직합니다.

비즈니스 문서의 경우 패턴의 수는 많지 않습니다. 그때그때의 경우에 따라 맞추어 생각해내는 것이 아니라 결정되어 있는 형식을 이용해서 요점을 빠르고, 정확하고, 확실하게 상대방에게 전달될 수 있도록 하는 것이 포인트라고 말할 수 있습니다.

문장은 가로쓰기와 세로쓰기가 있지만, 내용은 실질적으로 변화하지 않고 또 세로쓰기는 거의 없고 대부분 가로쓰기로 되어 있고, 또 그렇게 작성하는 것이 주류를 이루기 있습니다.

(1) 문서의 구성

문서는 여러 가지 부분으로 성립됩니다.

필요불가결의 구성부분을 크게 나누어 보면 다음과 같습니다.

① 언제 ⇒ 발신 연월일

② 누가 발신했는가 ⇒ 발신자명

③ 누구에게 보내는 것인가 ⇒ 수신자명

④ 문서작성의 목적은 무엇인가 ⇒ 본문

본문은 모두부(글의 첫머리)와 주요부, 결미부로 나눌 수 있습니다. 본문에는 이외에 형식적으로 첫머리의 문장과 끝부분의 문장에 인사차림의 말('삼가 아룁니다' 또는 '삼가 올립니다' 등)과 끝맺음말이 포함됩니다. 또한 거기에 덧붙여 문서의 목적에 관하여 내용을 확실히 하기 위하여 중요사항에 대하여는 주요부에 쓰지 않고 하기 또는 별기(별첨)라고 하여 나타내는 경우가 많습니다.

이렇게 함으로써 발신자는 수신자의 기분을 상하지 않게 하여 소기의 목적을 전달할 수 있고, 수신자는 그 내용을 쉽게 파악 이해할 수 있게 됩니다. 이외에 첨부되어 있는 서류나 도면을 그리는 경우도 있습니다.

(2) 문서번호

문서번호는 기호와 번호로 나누어집니다.

기호는 a, b, c… 가, 나, 다… 등이 있지만 조직 명칭의 1~2문자를 따서 명기합니다. 예를 들면, 총무과 취급문서라고 하면 「총제1234호」라고도 하고 「총발 No. 011」라고도 합니다.

번호는 발신 순에 따라 연번을 이용하고 있지만 연도의 2자를 따서 「02--123호」라고도 하고, 「02 제10호」라고도 하는 데에 따라 정리될 수 있습니다. 한편, 문서번호는 생략하는 경우도 많습니다. 발신자, 날짜, 건명을 나누면 구태여 번호를 붙이지 않아도 대부분의 용건은 충분하기 때문입니다.

(3) 날 짜

날짜에 대하여는 특별히 설명할 것은 없지만 문서작성 때 기입하지 않는 경우가 많습니다. 날짜를 생략해버리면 여러 가지로 지장이 있습니다. 특히, 중요한 문서로 그 날짜로써 성립의 다툼이 있는 경우는 더욱더 중요하므로 날짜를 명확하게 기재하여야 합니다.

(4) 발신자

발신자의 기재요령은 다음의 예문과 같이 하고 발신자가 회사 등인 때에는 먼저 소속되어 있는 법인명을 쓰고, 그 다음에 조직, 담당과 성명을 쓰고 날인을 합니다.

날인의 방법에는 직인과 개인인이 있습니다. 양쪽 모두 찍는 경우가 있지만 조직에 소속되어 있는 직위에서 발한 것이 있으면 직인을 찍는 것이 보통입니다. 그러나 직인이 없는 경우에는 개인인으로 찍으면 됩니다.

비즈니스 문서의 경우 인을 생략하는 경우도 많습니다. 발신자의 조직과 직위만 쓰고 개인인을 찍는 일의 예도 가끔 눈에 띕니다.

[예] ○○주식회사
영업부장 ?

또는 담당사무 취급자를 "( )"를 사용하여 표시할 때에는 그 업무의 원활을 위한 담당자의 연락처를 명시하는 일이 되고, 사무취급에도 원활을 꾀할 수 있습니다.

[예] ○○주식회사
영업부장 홍길동

(담당 제2과 김철수)

이때 취급자 인과 회사 인을 찍는 경우에는 그 균형을 맞추어 기재한 후 날인하는 것이 타당합니다.

[예] ○○주식회사
대표이사 사장 홍길동 ←(대표이사 사장인)
(회사인)

(5) 수신자

- 주소, 회사(법인), 조직담당, 성명

수신자가 회사 등의 법인일 때 회사명과 조직, 담당을 쓰고 연결하여 이름을 씁니다. 주소까지 쓰는 예는 적지만 기록에 남길 경우에는 주소를 쓰는 것이 좋습니다.

담당만을 쓰고 성명을 생략하는 경우도 있지만 같은 조직 안에 동 직위의 관리직이 복수로 있는 경우도 있어서 성명은 반드시 기재하여야 합니다.

[예] ○○주식회사
영업부장 홍길동 전

- 존칭의 말 등

직위에 대하여 문서를 낼 경우에는 '전(殿)'을 많이 사용하고 있으나, 시말서와 같은 문서에 관하여는 느낌상으로 '전'은 사용하기 어렵고 '양(様)'을 사용하고 있습니다. 이에 대하여는 특별한 규칙은 없으나 문서의 목적과 내용에 맞추어서 사용하면 좋습니다.

각위라고 하는 것은 편리한 용어로 많은 사람들에게 보낼 경우로 수신자를 특정하지 않을 때 사용합니다. 즉 '○○회원 여러분'과 같은 경우를 들 수 있습니다. 이때 여러분은 어느 한 사람을 특정하지 않고, 관련 회원이면 누구나 그 대상(수신자)이 될 수 있습니다.

(6) 본 문

본문에 관한 각 항목의 포인트

- 표제(건명)

내용을 바로 알 수 있도록 표제를 붙입니다. 표제에 이어서 괄호 안에 내용의 종류를 부기하면 한층 문서의 목적과 성질이 분명하게 됩니다.

괄호 안에 부기하는 예

[예] *의뢰 *확인 *보고
*통지 *청구 *조회
*안내 *회답 *연락

■ 본문의 구성도

표제(건명, 표제 등)
관사와 모두부
주요부(주문, 본문, 하기 등)
결미부(말문)
결사(결어)
본 문

- 관사와 모두부(기어, 전문)
  ① 관사 ⇒ 문장의 첫머리 인사말을 기재
  ② 모두부 ⇒ 그 시기, 즉 계절과 그 때에 맞는 인사말을 기재(예, 신록의 계절 등)

이는 비즈니스 문서이기 때문에 이에 대해서는 그다지 신경써서 기재할 필요는 없으나 상대의 인격을 존중하는 차원에서 경어를 사용하여 정중하게 쓰는 것이 좋습니다.

- 주요부

주요부의 기재방법에는 문장의 종류에 따라서 다릅니다. 특히, 요점에 관하여는 문장이 종료했을 때 '하기'나 '별첨' 등을 종료 후에 하단에 기재하여 표현하는 일이 많습니다. 이는 요점이 확실하게 상대방에게 전달되지 않을 정도로 복잡, 난해한 문장이거나 진기한 것을 과시하는 듯한 문장은 호감이 가지 않기 때문입니다.

목적을 확실하게 한 문장을 생각하는 일이 비즈니스 문서를 작성하는 포인트라고 생각할 수 있습니다. 실질을 중요시하고 특히 주목받고 싶은 곳은 '……'을 붙이거나 여러 가지 배려를 해주면 좋습니다.

주요부의 내용구성은 6하 원칙을 활용하여 작성할 수 있도록 하면 좋습니다.

> [예] 회의 안내
>
> who ⇒ 누가……주최자
>
> what ⇒ 무엇을 ……의제
>
> when ⇒ 언제……개최일
>
> where ⇒ 어디서……회의 장소
>
> why ⇒ 왜(무엇 때문에)……회의개최의 이유
>
> how ⇒ 어떤 식으로……회의의 운영방법

- 결미부와 결사

결미부

① 주요부에 따라 다른 것

통상 안내…… *안내

통지…… 통지

보고…… 보고

조회…… 조회

의뢰…… 의뢰

회답…… 회답

답장…… 답장의 경우에는 올립니다.

② 주요부에 따라 다르지 않는 것

잘 부탁드립니다.

배려해 주시도록 부탁드립니다.

때가 때인 만큼 자애하시기를 빕니다.

5.3 발빠르게 체크해 보는 비즈니스 문서의 포인트

1. 표준화된 비즈니스 문서의 포인트

중소기업에 입사한 첫날, A씨가 해야 했던 일은 사무실에서 사용할 시가 10만 원 상당의 사진과 같은 '링 제본기' 구매를 위한 '품의서'를 만드는 일이었습니다.

링 제본기가 뭔지도 몰랐고 '품의'라는 말은 난생처음 들어보는 말이었을 뿐만 아니라, 가는귀가 약간 먹은 터라 '품위'라고 잘못 들어버린 나머지 무척이라 당황했습니다. 있지도 않은 '품위서'를 작성하느라 반나절을 끙끙대던 필자를 옆자리의 대리가 물끄러미 바라보다가, 답답한 나머지 본인이 직접 작성하고 사장님에게 결재를 맡으러 가버려서 A씨는 무척이나 상심했었습니다. 만들어진 문서를 몰래 훔쳐보니 제목에는 '품의서'라고 적혀 있었고, 이를 사전에서 찾아보니 아래와 같았습니다.

그동안 대학교와 대학원에서 수년간 배운 지식이 부질없었음을 보여주는 극단적인 사례였지만, 이렇듯이 기업에서는(특히 중소기업) 온갖 다양한 종류의 문서 작성 경험을 쌓을 기회가 존재합니다. 그러나 대부분 이미 틀이 잡힌 문서들이기 때문에 문서작성자의 창의력을 발휘할 기회는 거의 없다고 볼 수 있습니다. 혈기왕성하고 뭐든지 아이디어가 풍부한 젊은 신입사원들이 중소기업의 사무직으로 들어가서 얼마 지나지 않아 답답해하는 이유가 바로 여기에 있다고 볼 수 있습니다. 아래에는 회사에서 자주 사용하는 15가지의 비즈니스 문서의 작성 방법과 간단한 사례를 설명하였으니, 가벼운 마음으로 한 번 살펴보기 바랍니다.

1) 품의서

회사마다 정해진 양식에 충실하게 작성을 하되 (1) 기안번호, (2) 기안연월일, (3) 기안책임자, (4) 안건명, (5) 기안취지, (6) 실시방법, (7) 비용, (8) 실시기일, (9) 첨부자료, (10) 결재자인의 10가지 요소가 빠지지 않게 주의해서 작성해야 합니다. 이때 결재를 원하는 사항이 구체적이고, 결재권자가 쉽고 정확하게 이해할 수 있게 해야 하며, 작성하기 전에 상사나 관계부서의 의견을 충분히 수렴하여 제출하기 전에 사전협의를 하는 것이 좋습니다. 일반적으로 예산을 동반하는 사안에 대해서 승인을 구하기 때문에 객관적이고 타당성 있는 내용이어야 하며, 금액 등의 수치를 정확하게 작성해야 하는 것은 기본 중의 기본입니다.

사실 품의서는 대기업과 공기업에서는 거의 사용하지 않습니다. 대부분 정해진 예산 한도 내에서 부서 내 서무직원에게 이야기하면 바로 구매가 가능하기 때문입니다. 비품구매를 위한 품의서는 주로 중소기업에서 사용합니다.

2) 안내문

안내문은 회사의 직원들에게 알리고 싶은 사항이나 연락사항을 게시나 회람 등을 통해 안내하는 문서이기 때문에 직접적인 업무상의 일보다는 회사 내의 행사나 복리후생에 관한 내용이 대부분입니다. 그러므로 읽는 사람들의 관심과 흥미를 유발할 수 있도록 친절하고 일목요연하게 작성해야 하며, 제목에는 '알림'이나 '안내' 등을 덧붙여 일방적인 통지가 아님을 분명히 밝히고 안내 배경이나 취지를 설명한 후 용건을 설명해야 합니다. 또한, 알리고자 하는 내용은 조목 별로 기재함으로써 모든 사람이 알기 쉽게 구성하고 필요한 사항을 빠짐없이 기록하는 것이 중요합니다.

3) 통지문

통지문은 회사의 주요 업무전달사항을 관계자들에게 알리는 문서로서, 명령 지시사항들인 경우가 많으므로 해야 할 말을 위주로 신속하고 정확하게 작성해야 합니다. 이러한 통지문은 잘못 작성되었을 때 확인이 필요하기 때문에 문서번호나 날짜를 정확하게 기재해야 합니다. 또한, 업무상의 통지이므로 전달하고자 하는 내용이 정확하고 일목요연해야 하며, 지시/전달을 위해 작성하는 문서이므로 전달하고자 하는 용건만 간결하게 적어야 합니다.

4) 시말서

시말서는 업무상 과실이나 실수 때문에 피해가 났을 때 실수에 대해 정확히 설명하고 반성함과 동시에 앞으로의 결의를 밝히는 문서로서, 과실의 내용이나 경위를 간단히 기술하며 피해를 준 것에 대한 사과가 주요 내용입니다. 가장 주의해야 할 사항은 회사의 로고가 선명하게 있는 회사용지에 시말서를 쓰는 것은 절대금물이며, 빈 A4와 같은 개인용지에 작성해야 합니다.

5) 반박서, 해명서

반박서와 해명서는 이치에 맞지 않는 항의에 즉각 반론해야 할 때, 혹은 상대방이 반론을 제기하는 경우 해명하는 문서로서 부당한 항의에는 타협하지 말고 객관적인 자료를 제시하면서 분명하게 반론해야 합니다. 법적 판단을 요할 수 있으므로 회사 외부로 보내는 항의서의 경우 될 수 있으면 내용증명 우편으로 발송해야 하며, 정중하게 쓰는 것이 원칙입니다.

6) 사과문

사과문은 부주의나 과실 때문에 거래 상대방에게 물적, 심적 피해를 주었을 때 이를 사과하고자 보내는 문서로서 신속하게 작성하여 사과의 시기를 놓치지 않도록 주의해야 합니다. 또 솔직하고 성의 있는 내용으로 구체적인 문제해결 의지가 담겨 있어야 합니다.

7) 거절장

거절장은 상대의 의뢰나 요구를 거절하는 문서로서, 상대의 기대에 어긋나는 것이므로 감정이 상하지 않도록 정중하고 설득력 있게 구체적인 이유를 들어야 합니다. 이때 상대의 잘못은 될 수 있으면 직접적으로 거론하는 것이 아니라 추상적으로 표현하고, 미안한 마음이 표현되도록 신경 써야 하며, 앞으로의 거래관계를 고려하여 직접적인 부정이 아니라 '다음 기회에 잘 부탁 한다.'라는 표현을 사용하는 것이 바람직합니다.

8) 조회서

조회서는 분명치 않거나 의문 나는 점에 대해서 상대방에게 문서로 문의할 때 작성하며, 그 목적은 회답서를 받는 데 있으므로 조회의 취지, 내용, 목적을 명확하게 써야 합니다. 상대에게 부탁하는 것이므로 예의를 갖추는 것이 중요하며, 문의하는 것은 조목별로 깔끔하게 정리해야 합니다.

9) 회답서

회답서는 앞의 조회서에 대한 답변서이므로 조회 받은 내용이 무엇인지를 확인하고 그에 맞는 답변을 문서로 정리해서 상대가 이해하기 쉽도록 간결하게 구성하고 논리적으로 정리해야 합니다. 원칙적으로 문의 받지 않은 사항은 답변할 필요가 없지만, 상대에게 도움이 되리라 판단되는 사항이나 자료가 있다면 첨부하는 것이 좋습니다. 항목별로 정확하게 회답하며, 허락하기 곤란하다면 확실하게 거절 의사를 표현해야 합니다.

10) 의뢰서

의뢰서는 비즈니스 상의 필요한 사항을 상대방에게 요청하는 부탁문으로, 상대의 마음을 움직일 수 있게 성의 있고 명확한 문장으로 작성해야 합니다. 또한, 의뢰서는 상대에게 번거로움을 주게 되는 문서이므로 성의 있는 태도와 겸손한 자세로 문서의 목적을 잊지 말고 간략하고 정중하게 써야 합니다.

11) 신청서

신청서는 새로 거래신청, 거래조건의 변경을 외뢰하거나 이미 끝난 협의사항을 정리하는 문서로, 신청의사가 정확하게 전달되도록 내용이나 목적을 간략하게 적어야 합니다. 특히 신규거래 신청서라면 더욱 정중한 내용이 되게 작성해야 합니다.

12) 통지서

통지서는 비즈니스와 관련하여 기업 간에 주고받음으로써 상대방에게 일정한 정보를 전달하는 업무상의 통지입니다. 따라서 전달하고자 하는 내용이 정확하고 일목요연하게 육하원칙에 따라 작성되어야 하며, 금액이나 날짜 등 숫자의 작성에는 특별히 주의해야 합니다. 특히 실용성이 강한 문서이기 때문에 의례적인 문구는 생략해야 합니다. 통지서의 목적은 신속한 의사전달에 있기 때문입니다.

5.4 비표준화된 비즈니스 문서의 포인트

1. 기획서(기안지)

기획서는 자신이 의도하는 기획 내용을 상사나 상급 부서에 알리고 이해시켜 이의 실행 여부를 승인받기 위해 작성하는 문서로서, 기획 목적과 의의를 명확히 밝히되 주관적인 의견이나 희망사항을 적지 말아야 합니다. 특히 기획안에 대한 구체적인 기대효과 및 이익을 구체화하여 기재해야 하며 내용을 항목별로 나누어서 핵심을 전달할 수 있도록 작성해야 합니다. 회사에 따라서 기획서식이 정해져 있는 경우 기획서 서식(기안지)에 필요한 사항을 1매에 기재한 후, 상세자료는 별도의 첨부자료를 제출하는 때도 있습니다.

기획서에 대한 자세한 사항은 제8장 기획문서작성기법을 참고하도록 합니다.

2. 보고서

보고서는 업무와 관련해 진행한 일의 내용이나 결과를 상사에게 알리기 위해 작성하는 문서로서 앞부분에 결론을 먼저 제시한 다음에 세부사항에 대한 설명이나 원인을 기술하는 것이 일반적입니다. 보고서의 내용을 함축하는 제목을 사용해야 하며 문장은 간결하게, 내용은 한눈에 알아볼 수 있도록 항목으로 나누어 정리합니다. 필요하다면 그래프나 표를 이용해 객관적인 사실을 먼저 작성하고, 개인적인 견해는 문장의 마지막이나 별지에 구분해서 작성해야 합니다.

■ 보고서 작성법

보고서란 특정사건에 관한 현황이나 연구, 검토결과 등을 보고하거나 건의하고자 할 때 작성하는 문서입니다. 보고서의 종류에는 여러 가지가 있습니다. 그 중에서도 직장생활(회사)에 있어서의 보고서가 그 주류를 이루고 있다고 해도 과언이 아닙니다.

보고서의 작성요령은 각 형태에 따라 차이가 있고, 또 회사의 종류와 그 업무의 종류에 따라 그 작성방법이 다릅니다. 이는 각 형태별로 요구하는 사항과 그 업무의 성격이 다르므로 나타나는 현상이라 할 수 있습니다. 그러나 그 형태나 성격이 다를지라도 보고서는 일정한 틀을 요합니다.

즉 보고서마다 요구하는 사항이 있습니다. 그 요구하는 사항이 무엇인가를 확실히 파악하여 그 사실을 기록하고, 문제의식을 가지고 향후 대책을 제시하는 등의 보고서의 형태(틀)에 맞추어 간단, 명료하고 확실하게 기재하는 것은 모든 보고서의 공통된 사항이라 할 수 있습니다.

– 보고서의 작성 시 주의사항

보고서는 각 회사마다 정형화된 기본 틀을 유지하고 있는 경우가 많습니다. 그러므로 그 기본 틀을 토대로 하여 글자의 크기(point)를 설정하고, 보고내용의 요지를 간단, 명료하게 기재하되 보고서를 읽는 사람이 작성자의 뜻을 충분히 이해할 수 있도록 기재하여야 합니다.

그러기 위해서는 문장의 형태를 서술적으로 너무 길게 작성하지 말고 각 사안별로 나누어 일목요연하게 작성하되 하나하나의 문장을 짧게 하여 읽는 사람으로 하여금 이해하기 편리하도록 하여야 합니다. 또 특히 중요하거나 강조할 부분은 다른 문장보다 눈에 띄게 처리하는 방법도 좋으나 조잡한 형태는 피해야 하고, 특히 보고서에는 보고하고자 하는 내용의 누락이 없어야 합니다.

• 요점을 명확하게 작성하라.

보고서는 특정 사안에 관한 현황이나 연구, 검토 결과를 보고하거나 건의하는 문서입니다. 그러므로 특정 사안에 관한 현황이나 연구, 검토 결과의 요점을 명확하게 작성하여 보고하고자 하는 내용이 무엇인지를 한 눈에 쉽게 알 수 있도록 작성하여야 합니다.

그러기 위해서는 각 사안별로 문장을 나누어 일목요연하고, 간단, 명료하게 기재하되 이해하기 쉬운 문구를 사용하여 전하고자 하는 내용의 취지를 충분히 전달될 수 있도록 작성하여야 합니다.

- 보고의 목적과 주된 내용의 누락이 없어야 한다.

보고서는 그 보고하고자 하는 목적과 주 내용이 무엇인지를 명확하게 표현하되 누락이 없어야 합니다.

- 문제점을 지적하고 적극적으로 제안하라.

특정사안에 관한 현황이나 연구, 검토 결과 문제점이 있으면 이를 지적하고 대처방안을 모색하여 제안하여야 합니다.

– 작성요령

- 서식(문서의 틀)의 결정

문서를 작성하기 위해서는 먼저 어떠한 서식(틀)에 작성할 것인가를 생각하여야 합니다. 서식은 통상 각 형태에 따라 법령으로 결정되어 있는 것과 그렇지 않는 것이 있고, 또 각 조직체(회사 등)마다 일정한 틀에 의한 서식을 만들어 사용하고 있는 경우가 많습니다.

그러므로 문서는 그에 맞는 서식을 선택하여 작성하여야 합니다. 어떠한 서식을 사용하여 문서를 작성할 것인가는 문서작성자의 능력을 실험하는 잣대가 될 수 있습니다. 문서에 맞는 서식은 그 성격에 따라 이미 만들어 사용하고 있는 서식 중 사안에 맞는 서식을 채택하여 사용하면 되고, 그렇지 않는 경우 이미 만들어져 있는 서식 등을 응용하거나 기안문서(용지) 등을 이용하여 각 형태에 맞게 응용하여 사용하면 됩니다.

- 글자와 문체

글자는 쉽고 간명한 한글을 사용하되 표준말과 순화된 용어를 사용하고, 문체는 구어체(…입니다, …습니다 등)를 기준으로 작성하며, 한자를 병용할 경우 상대가 읽기 편하도록 배려하여 균형을 생각하면서 사용하되 현재 쓰이는 한자(당용 한자)나 상용한자를 사용하여 작성합니다.

또한 숫자나 기호를 사용할 경우 숫자는 아라비아 숫자를 사용하고, 기호는 문장의 구성에 따라 그 크기에 맞게 순서를 정하여 배열하여야 합니다.

- 문장의 배열

  문장은 간단, 명료하고 알기 쉽게 작성하되 6하 원칙에 맞추어 일목요연하게 각 사안별로 나누어 배열하여야 합니다.

- 기 타

  연호는 서기를 쓰되 서기의 표시는 생략하고, 날짜는 연월일의 글자를 생략하고 온점(.)을 찍어 사용하며, 이상과 이하 및 미만 등의 표시는 정확하게 사용하여야 하며, 우회적 표현이나 기교 등은 생략하여 실질적 내용이 정확하게 전달 될 수 있도록 작성하는 것이 가장 타당합니다.

3. 권유서

권유서는 상대에게 자사의 상품소개, 점포 개설, 세미나 참석 등을 광고, 선전하면서 이의 구매나 참석 등을 요청하는 문서로서 제안 제품에 대한 내용을 충분히 숙지한 상태에서 작성해야 합니다. 중요사항은 별지에 기록하며, 강요가 아닌 객관적인 정보 소개가 가장 효과적인 포인트가 된다는 점을 인지하고 작성해야 합니다.

4. 기안문서

기안문서란 어떤 사항의 문제해결을 위한 처리방안을 작성하여 결재권자에게 의사결정을 요청하는 것으로 기업의 형태, 종류, 업무의 내용에 따라 다를 수 있으나 통상 상급자의 지시사항이나 자신의 업무발안 및 각종 법령이나 예규의 변경 등에 이용되고 있습니다.

■ 기안문서 작성방법

- 작성 전 준비사항

  기안문서를 작성하기에 앞서 먼저 그 목적을 파악하는 것이 중요합니다. 즉 기안문을 작성하는 목적과 작성이유, 기대효과와 결재권자의 의도 및 지시내용을 숙지하고 이에 따른 관계법령 및 참고문헌을 찾는 등으로 정보를 수집한 후 이를 이용하여 기안 목적에 맞는 초안을 작성합니다.

- 검토와 확인

기안자는 기안문의 주요내용을 분명히 하여 문장을 구성하고 간결, 명료하고 이해하기 쉽게 본안을 작성한 후 잘못된 부분이나 불필요한 부분 및 중요사항의 누락이 없는지 등을 확인, 검토하여야 합니다.

- 작성 시 주의사항

기안문은 6하 원칙에 의하여 정확하게 작성하되 비교적 이해하기 쉽고, 간결하고, 명확하게 작성하여야 합니다.

■ 작성방법

- 발신기관

먼저 해당 문서를 발신하는 기관(회사 등)의 명칭을 기재하되 내, 외부문서에 상관없이 기안자가 소속된 기관의 명칭을 우편번호와 주소 및 전화번호와 전송번호, 담당자를 기재한다.

- 문서번호

문서번호는 통상 기관기호, 분류기호, 붙임표 및 문서등록번호로 구성하되 문서관리의 전산화와 문서검색을 용이하게 하여 문서의 관리 및 이용을 편리하게 하여 줍니다.

문서번호에 붙이는 기관기호는 통상 두 글자로 기관명의 약칭을 사용하며, 분류번호는 연도별 일련번호나 연도표시 일련번호 등을 사용하고 있으나 행정기관 등과 같은 곳에서는 문서를 분류 구성하여 분류번호를 사용하고 있는 경우도 있습니다. 또한 문서등록번호는 문서가 작성된 후 등록, 발송 시 부여하는 것으로 처리부서별로 문서등록대장에 등록된 순서에 따라 연도별 일련번호를 붙이는 것이나 일반 기업체에서는 문서발송번호로 기입하여 사용하는 경우도 많습니다.

- 시행일자

시행일자란 문서가 효력을 발생하는 날짜를 말하는 것으로 일반 조직체(회사 등) 내에서는 최종 결재권자의 결재가 있어야 그 효력이 있으므로 최종 결재일을 기재합니다.

- 보존기간

기안문서의 보존기간은 공문서인 경우는 공문서의 분류 및 보존에 관한 규칙에 따라 그 기간을 기재하고, 이에 정하여져 있지 않거나 일반적인 문서의 경우 각 자체규약 등에 의하여 기재하거나 기재하지 않는 경우도 있습니다. 보통 일반회사 등에서는 이 보존기간의 기재는 생략합니다. 한편, 보존기간은 통상 영구보존과 30년, 20년, 10년, 5년, 3년, 1년 등으로 나누어 그 기간을 규정하고 있습니다.

- 수신기관

수신기관에 앞서 경유할 기관이 있는 경우 경유란에 그 기관명을 기재하고, 수신란에 수신기관명을 기재하되 내부의 기안문일 경우 내부결재라 기재하면 됩니다. 또한 참조란에는 문서를 직접 접수, 처리할 부서의 실무책임자의 직명을 기재하되 문서를 처리할 최하위 보존기간의 주무부서장(과장급)을 기재함이 타당합니다.

- 문서처리인

문서처리인에는 취급에 관한 사항(비밀사항 등인 경우 암호나 음어사용과 전신이나 모사전송 등)과 기관장(기관장의 직명과 결재 시 서명과 결재일자), 보존(문서작성기관에서의 보존기간), 보조기관(보조기관이란 결재권자를 보좌하는 직속 하급자를 말하는 것으로 결재권자의 결재를 받기 전에 보조<보좌>기관의 검토를 받아 함으로 보조기관명을 쓰고 서명<전결 혹은 대결>을 받아야 한다)과 기안(기안자의 성명과 서명) 및 협조(기안문의 내용이 다른 기관의 업무와 관련이 있을 경우 그 기관의 협조를 받아야 하므로 협조자의 직위와 서명)로 구성되어집니다.

- 제 목

기안문의 제목은 전체의 내용을 한 눈에 파악할 수 있는 글로 간단, 명료하게 기재하되 상대에게 전달하고자 하는 핵심적인 사항을 알 수 있도록 하여야 합니다. 즉 영업보고나 ○○교육안내 등과 같이 조회, 질의, 의뢰, 통지, 소개, 독촉 등의 문구를 제목의 말미에 붙여 사용하되 그 내용은 1줄을 넘지 않게 하는 것이 좋습니다.

- 내 용

내용은 전문과 주문 및 말문으로 구성하여 작성하되 상대에게 전달하고자 하는 내용을 6하원칙에 따라 간단, 명료하게 작성하여야 합니다.

- 추신과 첨부

추신은 통상 본문 중에 내용을 빠뜨리거나 강조하고자 할 때 본문 하단에 본문과 구분하여 기재하고, 첨부는 동 문서와 관련하여 첨부하여야 할 참고서류나 금전, 유가증권 및 기타 물품 등이 첨부될 때에 그 첨부되는 서류 등의 명칭과 수량(부수)을 기재합니다.

- 발신명

문서의 발신은 발신기관의 기관장 명의로 발신하나 내부문서인 경우 발신명을 기재하지 않습니다.

- 수신처

수신처는 수신기관이 두 곳 이상일 경우 문서의 말미에 수신처란을 만들어 기입하되 발신자 명의란부터 한 줄 아래 기준선부터 표기합니다.

5. 기타 대외문서

비즈니스에서는 회사의 공식적인 문서, 각종 정보를 알리기 위한 엽서 등이 많이 활용됩니다. 최근에는 이메일 사용도 크게 늘고 있습니다. 공식적인 문서는 물론 각종 엽서도 형식과 문구가 대개 정해져 있습니다. 여러 가지 경우가 있을 수 있으므로 각종 사례별 예문을 소개한 책을 참고로 하면 실수를 예방할 수 있습니다.

■ 전화 공식문서 작성

비즈니스 사회에서 의사전달은 문서로 하는 것이 원칙입니다. 전화는 상대방이 잘못 알아듣거나 정확하게 전달하지 못하는 경우도 있고, 1:1 대화이기 때문에 문제가 발생했을 때 책임소재를 가리기 어렵습니다.

또한 1건의 문서에는 1건의 용건만을 담아야 합니다. 2개 이상의 용건을 취급하면 용건에 따라 담당자가 다를 수 있고 문서철도 다를 수 있기 때문입니다. 비즈니스 문서는 종류에 따라 형식에 맞게 작성하되 목적을 확실하게 밝혀야 합니다. 누구나 알기 쉬운 용어를 사용하도록 하고, 간단명료하게 작성합니다.

[문서작성 예]

* 발신한 날짜 : 연호를 적는 것이 일반적임
* 수신자명 : 회사명과 이름은 약자를 쓰면 안 된다.
* 발신자명, 인장 날인
* 제목 : 구체적으로 적는다.
* 인사말 : 계절인사, 감사하다는 표현 등
* 문서내용
* 別記 : 간결하되, 구체적으로 쓴다.

■ 엽서

일본에서는 엽서를 보내는 경우가 많습니다. 여름에는 暑中お見舞い, 연초에는 연하장, 선물을 받은 경우에는 감사엽서, 보직이 바뀌었을 경우에는 알림엽서를 보냅니다. 일본우체국에서는 연하장을 1월 1일 아침 한꺼번에 배달해주기 때문에, 신년아침에는 연하장을 읽는 즐거움을 느낄 수 있습니다.

5.5 직장 내 이메일과 메신저 사용법

1. 회사는 언제나 당신을 보고 있다.

직장인들의 인터넷 사용 빈도는 나날이 증가하고 있습니다. 업무에 필요한 자료를 검색하거나 업무용 서신을 주고받는 수단으로서 인터넷은 반드시 필요한 도구입니다. 그러나 뉴스검색이나 온라인쇼핑, 개인 이메일 관리, 미니홈피나 블로그 관리, 웹서핑, 온라인게임, 주식투자, 메신저를 이용한 수다 등 개인적인 용도로 사용하는 시간 또한 적지 않습니다.

이처럼 인터넷에 시간을 빼앗기며 생산성이 저하되는 것을 방지하고, 회사기밀 노출을 지하기 위해 많은 회사들이 개인적인 용도의 인터넷 사용을 제한하고 있습니다. 그러므로 오해의 소지가 있는 인터넷 사용은 자제하는 것이 좋습니다.

특히 사내 전산망의 메인 계정을 사용해서 개인적인 내용을 주고받지 않도록 하는 것이 좋습니다. 내용이 회사 서버에 보관되기 때문에 컴퓨터에서 편지를 삭제했더라도 기록이 남게 되고, 회사 측에서 원한다면 언제든 내용을 열람할 수 있기 때문입니다.

사내 정보유출을 방지하기 위해 일부 대기업들은 이메일 가운데 특정단어가 들어가거나 대용량 첨부파일이 있는 이메일은 자동으로 걸러내 내용을 확인하기도 합니다. 또한 원격제어 프로그램을 설치해 직원 개인의 PC 이용을 감시하는 경우도 있습니다. 성인 사이트에 접속하거나 대용량 파일을 다운로드 받은 기록까지 모두 체크될 수 있습니다. 따라서 불필요한 오해를 받지 않으려면 회사에서 지급한 컴퓨터와 인터넷망은 업무와 관련된 일에만 사용하도록 합니다.

즉각적인 대화를 할 수 있다는 편리함 때문에 메신저 사용이 보편화되고 있습니다. 많은 직장인들이 업무나 사내 연락 창구로 이용하는 동시에 개인적인 잡담 창구로 사용하기도 합니다. 그런데 사내연락과 개인연락을 동시에 사용하면서 본의 아니게 실수를 하는 경우도 있습니다. 상사에 대한 험담을 친구에게 보낸다는 것이 바로 그 상사에게 잘못 보내서 곤욕을 치렀다는 이야기를 종종 듣게 됩니다. 이런 일이 없도록 각별히 조심해야겠지만 기본적으로 회사 내에서 개인적인 메신저 이용은 하지 않는 것이 좋습니다.

2. 비즈니스 이메일 작성법

이메일은 비즈니스에 있어서 핵심적인 커뮤니케이션 수단입니다. 직장인들이 이메일 작성과 관련해 보내는 시간이 하루 평균 49분이라는 조사 결과도 있습니다. 이메일 역시 사소한 실수로 좋지 않은 인상을 남길 수 있으므로 예의를 갖추어야 합니다.

자신의 감정을 가볍게 표현하는 데 유용한 이모티콘은 문자메시지, 메시지, 이메일 등에서 자주 이용됩니다. 그러나 국내의 경우에도 업무 메일은 너무 가볍지 않게 품위를 지키는 것이 중요하므로 이모티콘 사용은 최소화하거나 사용하지 않는 것이 좋으며, 약어나 속어도 삼가도록 합니다. 맞춤법이 틀리거나 엉성한 문장도 내용에 대한 신뢰감을 떨어뜨리므로 작성한 다음에는 반드시 검토한 뒤 보내야 합니다.

업무용 이메일의 경우 지나치게 장황하게 쓰지 않도록 하며, 결론부터 쓴 다음 그에 대한 설명을 간략하게 쓰고 그 다음에 데이터를 덧붙이는 것이 좋습니다. 그러나 바로 용건부터 시작하면 너무 딱딱하게 느껴지므로 간단한 인사말 정도는 문두에 써주도록 합니다.

모니터는 종이와 달리 잘 읽히지 않을 수 있으므로 글은 길게 이어 쓰는 것보다 엔터키로 구분해주고, 내용상 단락을 구분할 때는 줄을 띄워서 가독성을 높이는 것이 좋습니다.

중요한 메일을 보낸 뒤에는 확인절차를 거치도록 합니다. 잘못 보내졌거나 .인터넷상의 문제로 수신이 안 됐을 경우도 있으므로 반드시 별도의 확인을 하도록 합니다. 이메일상의 수신확인 기능을 이용하는 것은 기본이며 직접 전화를 걸어 메일 확인 여부를 묻는 것도 좋은 방법입니다.

이메일을 받은 다음에는 너무 늦지 않게 답신을 보내는 것이 예의입니다. 발신자는 수신확인 기능을 통해 상대방이 메일을 읽었는지 여부를 체크하게 마련인데, 메일을 읽은 게 확인되는 데도 답변이 늦는다면 불쾌감을 느낄 수도 있습니다.

이메일의 '서명기능'을 활용해 회사명과 부서, 자신의 이름, 연락처 등을 입력해 놓고 이메일을 보낼 때마다 자동으로 기재되도록 해두도록 합니다. 그리고 첨부파일을 보낼 때 용량이 큰 파일은 상대방의 메일함을 꽉 채워버릴 수 있으므로 반드시 압축해서 보내도록 합니다. 제목은 누가, 무슨 업무로 보냈는지 한눈에 알 수 있는 함축적인 내용을 쓰는 것이 좋습니다.

3. 회사는 밖에서도 당신을 보고 있다.

■ 개인 블로그 이용시 주의사항

한 조사에 따르면 우리나라 직장인 10명 중 7명은 자신을 표현하기 위해 블로그나 미니홈피 등 사이버공간을 적극 활용하는 것으로 나타났습니다. 인맥관리를 위해 직장 내 상사나 동료의 블로그를 방문한다는 직장인들도 많습니다.

그런데 블로그가 기업 측에서 개인을 파악하는 데 유용한 도구로 이용되고 있음을 기억해야 할 것입니다. 실제로 신입사원 채용에서 미니홈피나 블로그 같은 1인 미디어를 참조하는 기업이 약 30퍼센트에 달하는 것으로 나타났습니다.

구직자뿐 아니라 직장인도 감시의 대상이 됩니다. 프랑스의 한 회사원이 자신의 블로그에 회사 간부에 대해서 비난하는 글을 올린 다음, "간부를 모욕했으니 당장 회사를 나가라"는 해고 통보를 받은 사례가 있습니다.

인터넷 검색엔진업체 구글의 직원도 개인 블로그에 회사생활에 관한 이야기를 올렸다가 해고당한 사례가 있으며, 미국 델타항공의 스튜어디스는 유니폼 차림으로 섹시한 포즈를 취한 사진을 블로그에 올렸다는 이유로 해고당한 바 있습니다.

개인 표현의 자유 침해라는 논란도 있지만, 직장인은 '개인 블로거'인 동시에 '회사 조직의 일원'이므로 조직의 이해에 반하는 행동을 하지 않도록 블로그 활동에도 주의를 기울여야 합니다. 또한 업무 시간 중에 개인의 미니홈피나 블로그를 관리하는 일도 자제하도록 합니다.

블로그의 주제만 잘 잡으면 얼마든지 업무와 연계하여 활용할 수 있으며, 회사에서 성장해 나가는 데 도움이 되기도 합니다. 예를 들어, 휴대폰 개발 부서에서 근무한다면 전 세계 모바일 트렌드에 관련된 블로그를 운영하면서 관련 자료를 포스팅하는 것입니다. 자료를 모으면서 자신도 공부가 되고 자료가 쌓이게 되면 회사의 연구보고서 등으로 활용할 수가 있습니다. 이런 블로그라면 회사에서도 마다할 이유가 없지 않을까요?

4. 자신도 모르게 범죄자가 될 수 있다.

■ 정보통신 관련 법률

직장 동료의 이메일 출력물을 회사에 제출했던 한 회사원이 「정보통신보호법」 위반으로 150만 원의 벌금형을 선고받은 일이 있습니다. 타인의 전자우편 내용을 출력한 '이메일 출력물' 자체는 「정보통신보호법」상 비밀이 아니지만, 그 내용을 회사에 제출하는 등 누출한 행위는 「정보통신보호법」상 비밀누설죄에 해당한다는 대법원 판결이 나온 것입니다.

별 것 아닌 일이라 생각하는 사이, 자신도 모르게 「정보통신보호법」에 저촉되는 행위를 할 수도 있으므로 정보를 처리함에 있어서 각별히 주의해야겠습니다. 특히 고객의 정보를 다루는 직종에서는 작은 실수도 없도록 주의를 기울여야 합니다. 얼마 전 한 대기업에서 1천만 명이 넘는 개인정보가 유출된 사건이 있었는데, 주범은 그 회사의 고객정보 데이터베이스에 접근할 수 있는 자회사 직원으로 밝혀졌습니다. 그 직원은 물론, 부탁을 받고 엑셀파일로 정보를 정리해 준 같은 회사 여직원까지 「정보통신이용촉진 및 정보보호 등에 관한 법률」 위반죄를 적용받아 법의 심판을 받게 되었습니다. 특히 개인정보를 다루는 직장인의 경우, 작은 정보 하나라도 철저한 보안 하에 다루도록 노력해야 합니다.

최근에는 해킹에 의한 피해도 자주 발생한다. 대량의 개인정보를 취급하는 업체 등이 해킹을 당하면서 고객의 정보가 유출되는 사건도 잇따르고 있으며 인터넷 무선공유기를 이용한 해킹도 빈발하고 있습니다. 이들 모두 「정보통신이용촉진 및 정보보호 등에 관한 법률」에 위반되는 행위이므로, 어떤 경우에도 시도되어서는 안 되겠습니다. 그리고 이러한 피해를 방지하기 위해서 기업체에서는 보안에 만전을 기해야 하며, 담당직원들은 항상 보안절차를 철저히 점검해야 합니다.

대기업에서는 사내 인트라넷이 잘 구축되어 있어서 해킹에도 비교적 안전한 편이지만 작은 중소기업의 경우에는 무방비로 노출되는 경우가 많습니다. 인터넷 무선공유기가 보편화되면서 공유기를 통해 여러 구성원들이 인터넷을 사용하기도 하는데, 공유기에 암호를 걸어놓지 않으면 외부 노트북에서도 쉽게 접속이 가능하며, 공유폴더에도 접근할 수 있다. 무선공유기를 사용한다면 반드시 공유기의 자체 암호기능을 사용하도록 합니다.

5. 불필요한 사이트에 가입하지 마라.

■ 개인정보를 지키기 위해

인터넷 사용이 활성화 디면서 다양한 사이트에 접속하게 되고 회원으로 가입하는 경우도 많습니다. 그러나 그런 과정에서 자신도 모르게 정보가 유출되어 뜻하지 않은 피해를 입기도 합니다. 실제로 유출된 개인 정보를 이용해 문자메시지, 전화, e메일을 이용한 명의도용과 금융사기 등 2차 피해를 유발하는 경우도 많습니다. 그러므로 인터넷을 사용할 때는 다음과 같은 점들에 유의하여 개인정보 유출을 최대한 예방하도록 해야겠습니다.

우선 자신이 사용하고 있는 비밀번호는 정기적으로 교체하도록 합니다. 그리고 비밀번호를 선정할 때에도 누구나 쉽게 추리할 수 있는 번호는 사용하지 않아야 합니다. 꼭 필요한 경우가 아니면 개인정보를 사이트에 제공하지 않는 것을 원칙으로 삼아야 합니다. 특히 주민등록번호를 제공하고 실명확인절차까지 거치는 사이트의 경우 정보가 누출됐을 때 위험성이 더 크므로, 반드시 필요한 경우에만 가입해야 합니다. 꼭 가입해야 한다면 되도록 '필수 정보'만 제공하고 '추가 정보'는 제공하지 않도록 하며, 약관은 반드시 읽어봐야 합니다.

또한 '제휴 마케팅'에 현혹되지 않도록 주의한다. 인터넷 업체들이 보험회사나 금융회사 등에 고객의 동의를 얻어 회원 정보를 제공하기 위해 경품 행사를 하는 경우가 있는데, 수시로 걸려오는 보험이나 신용카드 가입 권유 전화는 이러한 행사에 참가하면서 무심코 개인정보 제공을 동의했기 때문인 경우가 많습니다. 오랫동안 방치해두고 사용하지 않는 사이트에서는 가급적 탈퇴하고 탈퇴 후에 개인정보가 파기되었는지 반드시 확인하도록 합니다.

PC방을 이용할 때에는 각별한 주의를 기울여야 합니다. 전국 상당수의 pc방 카운터에서 관리자들이 동의 없이 고객의 모니터 화면을 그대로 볼 수 있어, 고객정보의 실시간 노출 위험이 높은 것으로 드러났다는 취재 결과도 있었습니다. 고객의 이메일이나 주민등록번호 등을 관리자들이 얼마든지 볼 수 있는 것입니다. 그러므로 개인정보를 모니터 상에 드러내야 하는 정보 이용의 경우, PC방에서 이용하지 않는 것이 좋습니다.

6. 형식이 내용을 결정한다.

■ 전자결재 보고방법

디지털 시대를 맞으면서 커뮤니케이션 수단에도 큰 변화가 일어나고 있습니다. 직장 내 의상소통 환경도 마찬가지입니다. 회사 내부에서만 통용되는 인트라넷을 이용하여 전자결재나 이메일 보고가 일반화되는 추세입니다. 덕분에 '결재서류에 언제쯤 사인을 받게 될까?' 하염없이 기다리거나 답답해할 필요가 없어졌으며, 상사와 부하직원 간의 직접적이고 즉각적인 커뮤니케이션이 이루어지게 되었습니다.

사내 공지사항도 일일이 게시물을 벽보에 붙이는 수고 없이 모든 구성원이 빠짐없이 볼 수 있습니다.

그러나 아날로그 양식과 디지털 양식의 차이를 충분히 인지하지 못한 채, 예전에 쓰던 문서보고 양식을 그대로 이메일로만 옮기는 사람들이 많습니다. 직장인들은 하루 평균 50~100건의 이메일을 받습니다. 메일 확인할 시간이 부족한 상황에서 반감되고 효과도 덜어진다. 디지털 기대에 걸맞은 보고 방법은 다음과 같습니다.

첫째, 제목에 핵심이 되는 내용을 넣어야 합니다. '주간업무 보고'라는 제목을 받으면 '매주 하는 것'이라는 생각이 앞서게 되므로 우선적으로 열어보지 않을 수 있습니다. 그러므로 제목에 핵심 키워드를 넣는 것이 업무 처리에 도움이 됩니다.

둘째, 보고서 첫 화면에 보고할 내용의 요점이 간결하고도 명료하게 정리되어야 합니다. 서는 항상 신문기사 제목 듯이 첫머리에 열쇠가 되는 중심어로 작성하며, 앞에서 전체 내용을 일목요연하게 정리한 문서를 뒤쪽에 첨부하도록 해야 합니다. 두 번 이내의 클릭만으로 주요내용을 파악할 수 있도록 정리하는 것이 중요합니다.

셋째, 보고 채널을 일원화해야 합니다. 결재권자가 여러 개의 이메일 주소를 사용하고 있더라도 보고용으로는 한 개를 선택하여 집중하도록 합니다. 여러 개를 이용하다 보면 일일이 챙기고 확인하기가 어려워 중요한 보고를 놓칠 우려가 있기 때문입니다.

문서의 성격을 드러내기 위해서 말머리를 활용하면 좋습니다. 예를 들어, 급한 결재를 요하는 사항이라면 제목 앞에 [긴급]이라는 말머리를 넣도록 합니다.

7. 야동 공유 금지

■ 인터넷 상으로 자료를 주고받을 때

직장인들에게 인터넷은 없어서는 안 될 편리한 도구입니다. 과거 우편으로 장시간 전달해야 했던 자료들을 이메일이나 웹하드, 메신저 등 다양한 창구를 통해 쉽고 신속하게 전달할 수 있기 때문입니다. 그러나 편리하다는 이유로 생각 없이 이용하다보면 실수를 하거나 본의 아니게 상대에게 피해를 줄 수도 있습니다.

먼저 어떤 경우에도 불법복제 소프트웨어나 음란물은 올리지 않도록 합니다. 불법복제 소프트웨어를 이용하는 것은 만든 이의 지적 소유권을 침해하여 프로그램 개발자의 의욕을 떨어뜨리고, 관련 산업 발전을 가로막는 일입니다. 또한 개인의 불찰로 회사 차원에서 고액의 벌금을 물어야 하는 문제가 발생할 수도 있으므로 반드시 정품을 사용하도록 합니다.

업무상 필요한 연락망으로 불법 복제물이나 음란물을 주고받는 것은 위법 행위일 뿐 아니라 그로 인한 과부하나 바이러스 감염 등도 우려되므로, 개인 경력에 누가되고 조직에게 피해를 입힐 수 있는 행위는 시도하지 않는 것이 바람직합니다.

그리고 업무상 필요한 자료일지라도, 파일에 감염되어 있는 바이러스로 인해 본의 아니게 상대방에게 피해를 줄 수 있으므로 모든 자료는 올리기 전에 반드시 바이러스 체크를 해야 합니다. 올릴 자료의 양이 방대할 경우에는 압축을 해서 용량을 줄이는 것이 좋습니다. 유익한 자료를 받았을 때에는 감사의 표시를 하는 것도 잊지 말아야 합니다.

개인 고객에게는 무료로 제공되지만 기업 고객에게는 유료로 제공되는 소프트웨어가 많습니다. 압축소프트웨어 '알집'이 대표적입니다. 무료 소프트웨어라고해서 집에서 쓰던 프로그램을 회사 컴퓨터에 깔아버리면 그 순간 불법 소프트웨어로 간주됩니다. 한 번 깔린 프로그램은 지운다고 해도 하드디스크에 흔적이 남기 때문에 주의해야 합니다.

8. 스팸메일 퇴치작전

■ 스팸메일 대처법

매일같이 쏟아져 들어오는 스팸메일 때문에 짜증을 느끼는 사람이 많을 것입니다. 각종 광고성 메일은 주소와 아이디를 바꿔가며 끊이지 않고 들어옵니다. 때로는 지인의 메일주소를 통해 들어오기도 하고, 심지어 자신의 메일 주소를 통해서도 들어옵니다. 그 정도가 되면 섬뜩해지게 마련입니다. 메일을 보낼 때 발신 메일 주소는 발신자 마음대로 조절할 수 있습니다. 특히 스팸메일을 보내는 프로그램들은 대부분 그런 기능을 가지고 있습니다. 그래서 주소만 보고 무심코 기울여 살펴보아야겠습니다. 또한 의심스러운 첨부파일은 절대 열어보지 않도록 해야 합니다.

메일 차단 필터를 사용해 스팸메일을 차단하는 것은 기본이나, 그렇게 설정해도 계속 주소를 바꿔가며 들어오는 스팸메일도 있습니다. 이럴 경우는 전문적인 업체에서 제공하는 '스팸차단 프로그램'을 사용하도록 합니다. 그러면 사용자가 일일이 차단설정을 하지 않아도 스팸을 거른 뒤 하루에 한 번씩 '스팸처리 리포트'를 보내 혹시라도 정상메일이 잘못 처리되지 않았는지 확인할 수 있도록 해주므로 편리합니다.

모두가 볼 수 있는 게시판 등에 자신의 메일주소를 적어놓는 것은 절대 금해야 할 행동입니다. 스팸메일을 보내는 사람들은 이 주소를 이용해 다수의 사람들에게 스팸메일을 발송하곤 하기 때문입니다. 그러므로 공개된 사이트에 자신의 이메일을 올릴 때는 '비밀'기능을 이용해 다수가 보는 것을 방지하는 것이 좋겠습니다.

미니지식 Q&A

■ 이메일 제목 어떻게 정하나요?

TV와 각종 매체에서 흘러나오는 광고제목처럼, 멋진 이메일 제목을 붙이고 싶은데, 뭐라고 할지 애매합니다. 또한 애써 제목을 멋지게 붙여서 전송하였는데, 스팸으로 분류되어 상대방이 읽지도 않았다는 점은 더욱 우리를 당황하게 만듭니다. 이때 소속을 밝히는 제목이 가장 평이하며, 핵심이 되는 부분에 대한 파일제목을 간단히 써놓은 것도 좋은 방법이 됩니다.

미니지식 Q&A

■ **적당한 이모티콘이 더 정감가지 않나요?**

상대방에게 친근감을 표시하기 위해 이모티콘은 처음 보내는 이메일에서는 사용해서는 안 되며 비즈니스 상에서 이메일을 보낼 때는 상대방의 연령대와 직급을 생각하여 이메일을 보내는 것이 좋습니다. 이메일을 통해 상대방은 당신에 대한 인상을 굳히기 쉽기 때문입니다.

미니지식 Q&A

■ **팩스 과연 잘 들어갔을까요?**

팩스기기에는 전송을 마친 후 전송 성공여부가 액정 창에 표시됩니다. 그러나 전송은 다 된 것 같은데 정상적인 성공 메시지가 뜨지 않는 경우도 있습니다. 여러 장을 보냈는데, 다 들어갔는지, 중간에 잘린 것은 아닌지 걱정이 됩니다. 이때 팩스를 넣기 전에 미리 전체 페이지수를 적어서 보내는 것이 좋으며, 반드시 보내고 난 후 약 1~2분 후에 팩스 전송이 잘 도착했는지 확인 전화를 해 보도록 합니다.

06 CHAPTER

글로벌 에티켓과 테이블 매너

Objective

1. 세계문화이해를 바탕으로 글로벌매너와 에티켓을 이해할 수 있습니다.

2. 서양음식과 동양음식에 대한 차이점과 각각의 에티켓을 익힐 수 있습니다.

3. 식전주, 식중주, 식후주 등 식사와 더불어 즐기는 알코올성 음료에 대해 이해하도록 합니다.

6.1 상황별 에티켓

1. 세계화와 문화 이해

외국인들과 함께 경쟁하고 생활하는 글로벌 시대에는 다른 문화를 이해하고 타문화를 편견 없이 받아들이는 것이 세계시민, 글로벌 시티즌으로 생존하는데 필수적입니다. 상대편의 문화를 이해하는데 최상의 자세는 "상대방의 입장에 서서 열린 마음으로 먼저 이해하고 포용"하려는 마음의 자세입니다.

헌팅턴(S. Huntington)의 문명 충돌론에 따르면 세계는 하나의 지구촌으로 묶여져 단일 공동체를 이루고 있는 것처럼 보이지만 민족주의라는 또 다른 세력이 강하게 부각되어 세계화를 저해하고 있습니다.

세계화를 지향함에 있어서 우리는 무엇보다 문화적 쇄국주의의 피해의식부터 버려야 합니다. 우리의 정신적 고유성은 굳게 지키면서 문화·커뮤니케이션·교육·통상·투자·인적 교류에서 국경의 빗장을 활짝 열어야 합니다. 외국 대학의 분교 설치, 외국 대학과의 학점 교류, 대학생들의 외국대학 학점이수 인정, 유년기부터의 영어교육, 외국인 취업 확대, 위성TV 등 국제 커뮤니케이션 매체의 확대, 초국경투자, 홍콩식 국제도시의 건설 등을 두려워해서는 안 됩니다. 이를 놓고 문화적 식민화나 외래 사조의 잠식을 우려하는 목소리가 높지만, 이것은 우리가 그만큼 세계화에 자신감이 없다는 소리밖에 되지 않습니다.

앞으로의 세계에서는 모든 사람이 다문화적 사회 속에서 살아야 하고, 편견을 제거해야 하며, 관용을 연습해야 한다는 것이 거의 분명합니다.

2. 매너와 에티켓

매너(manner)의 어원인 라틴어 마누아리우스(manuarius)는 마누스(manus)와 아리우스(arius)의 합성어입니다. 손(hand)을 뜻하는 마누스는 '우리의 행동이나 습관'

이라는 의미로 발전하게 되었으며, 아리우스는 '방법' 또는 '방식'을 의미한다. 따라서 매너란 인간의 '행동 방식'을 의미합니다.

에티켓(Etiquette)의 어원은 귀족들이 베르사이유 궁전에 출입할 수 있는 티켓(ticket)에서 유래하였으며 '예의범절'이라는 뜻 이외에 '명찰'이나 '꼬리표'라는 의미를 지니고 있습니다. 따라서 에티켓은 귀족 신분을 나타내는 일종의 꼬리표라는 의미입니다.

사람들은 흔히 매너와 에티켓 용어를 혼동하여 사용하는 경우가 많습니다. 예를 들면, 우리가 타인의 방에 들어가려 할 때 노크를 하는 것은 당연한 규범이므로 에티켓이라 할 수 있습니다. 그러나 문을 두드릴 때 점잖게 두드리느냐 아니면 쾅쾅 소리를 내며 두드리느냐 하는 것은 매너의 차원인 것입니다. 따라서 아무리 에티켓에 부합하는 행동이라 해도 매너가 좋지 않다면 예의바른 인간으로 대접받기는 어려울 것입니다. 또한 아무리 훌륭한 에티켓이나 매너라도 그 속에 상대방을 존중하는 진실한 마음이 내포되어 있지 않다면 그 가치는 반감될 뿐 아니라 때로는 상대방을 조롱하는 것으로 오해받을 수도 있습니다. 물론 스치고 지나갈 사람에게 무슨 진실한 마음이 필요하겠느냐고 할 수도 있겠으나 형식적이거나 가식적인 매너는 본능적인 느낌으로 알아 챌 수 있으며 이렇게 시작된 인간관계는 오래 지속되지 못합니다.

1) 인사예절

인사는 사람이 사람다울 수 있는 가장 아름다운 행위이며 사교의 기본이 되는 매너입니다. 또한 인사하는 행위 하나만 보더라도 한 인간의 인격과 품위를 어느 정도 파악할 수 있으며, 친절하고 기품 있는 인사를 할 줄 아는 사람이 성공할 가능성은 그렇지 못한 사람보다 훨씬 더 높습니다.

인사방법은 대개 수평적 방식과 수직적 방식으로 구분됩니다. 전자는 악수, 포옹, 볼 키스, 윙크, 제스처 등과 같은 형태의 인사로 이는 수평적 관계가 중시되는 서구인들에게 자주 나타나는 인사방식이며, 결속의 의미를 더 많이 내포합니다.

반면에 후자는 동양인들의 절과 같은 형태로 발전했으며 이 때 몸을 굽히는 정도는 상대방과의 신분상의 격차를 나타내고 상하관계를 설정해 주는 의미를 지닙니다.

다른 나라의 특이한 인사법 중에 태국의 와이(Wai)를 소개합니다. 이 인사법은 '인사'와 함께 '고맙다'라는 의미를 갖고 있으며, 우리나라 스님이 합장하는 모습과 비슷합니다. 그러나 사람에게 뿐만 아니라 물건에 대해서도 한다는 점이 특징입니다. 인사방식은 양손으로 합장함과 동시에 머리를 숙이는 것으로 머리가 합장한 손으로 가까이 갈수록 존경의 도가 높아지며, 상대방이 답례를 하면 기뻐합니다.

동양의 인사문화	서양의 인사문화
정중하게 절한다.	밝은 표정으로 눈을 마주치며 악수한다.
상하구별이 있다.	평등하다.
경(敬)을 기본으로 한다.	친(親)을 기본으로 한다.
공손성을 강조한다.	반가움을 강조한다.
가급적 피부접촉을 하지 않는다.	피부 접촉을 좋아한다.
인사의 종류가 복잡하다.	인사의 종류가 단순하다.

2) 소개예절

사람을 처음 만났을 때 제3자의 입장에서 타인을 소개하거나 자기 자신을 소개하는데 있어서 소개의 순서, 소개를 받을 때 지켜야 할 예절이 있습니다.

소개에 대한 서구인들의 차이를 살펴보면, 미국인들은 사람 소개를 가볍게 취급하며 영국인들은 지나칠 정도로 신중하게 생각하는 경향이 있습니다. 유럽 대륙인들은 소개를 주최자가 해야 할 가장 중요한 의무라고 생각합니다. 그래서 이들은 초청자의 이름, 직업, 지위 등을 사전에 알아두기도 하며, 주최자가 없는 경우라면 기다리지 않고 손님들끼리 서로 인사를 나눕니다.

일반적으로 소개를 받을 때 또는 소개를 할 때는 일어서는 것을 기본으로 합니다. 동성끼리 소개를 받을 때나 성직자, 연장자, 자기보다 지위가 매우 높은 사람을 소개받을 때 남녀 관계없이 일어나는 것이 예의입니다. 그러나 환자나 노령인 사람은 예외가 될 수 있습니다. 이성 끼리에서도 남성이 여성을 소개받을 때는 반드시 일어서야 하지만 여성이 남성을 소개받을 때에는 반드시 일어날 필요가 없습니다. 나이가 많은 부인이나 앉아있던 여성은 그대로 앉아 있어도 무방합니다.

또한 소개할 사람과 소개받을 사람의 순서를 어떻게 정할 것인가도 중요합니다. 항상 '소개받을 사람'이 상위자라는 점만 주의한다면 이러한 어려움을 해결할 수 있습니다. 인사 소개 순위는 다음과 같습니다.

먼저 소개할 사람	다음에 소개할 사람
하 위 자	상 위 자
후 배	선 배
연 소 자	연 장 자
남 성	여 성
미 혼 자	기 혼 자
집안사람	손 님

3) 악수예절

악수하는 행위는 상대방을 신뢰한다는 표시로 중세시대까지만 해도 악수는 무기가 없고 적의가 없음을 확인시키기 위한 수단으로 사용되었습니다.

전통적으로 서양에서는 여자에게나 손윗사람에게 악수를 하자고 내밀면 안 되었습니다. 오늘날에도 남자가 여자에게, 젊은이가 연장자에게, 후배가 선배에게, 하급자가 상급자에게 악수하자고 손을 내미는 것은 금기로 되어 있습니다.

이상적인 악수방법은 몸을 똑바로 세운 채 적당한 힘으로 상대의 손을 가볍게 잡고 상대의 눈을 지그시 바라보며 부드럽고 정겨운 인사말을 건네는 것입니다. 특히 상대와 손을 맞잡는 육체의 만남과 눈빛으로 주고받는 마음의 교감이 중요합니다. 악수는 원칙적으로 오른손으로 해야 하나, 부상을 당했을 경우나 특별한 상황에서는 반드시 양해를 얻고 왼손으로 하기도 합니다. 그러나 왼손은 부정적으로 여기므로 양해를 얻어 악수를 사양하는 것도 하나의 방법입니다.

각 나라의 풍습과 문화에 따라 악수하는 습관이 다르고 의미도 달라질 수 있습니다. 예를 들면, 미국인들이 힘 있게 가까이 서서 손을 쥔다면, 영국인들은 거리를 약간 두고 손에도 힘을 덜 줍니다. 이탈리아인들은 팔꿈치를 붙잡고 악수를 합니다. 이처럼 각 나라마다 악수방법에 차이가 있기는 하지만, 악수로 사람을 평가 할 수 있다는 공통점을 갖고 있습니다. 손을 내미는 것, 손을 굳게 붙잡는 것, 손을 빼내는 것을 자세히 관찰하면 그 사람이 얼마나 자신감이 있고 솔직한 가를 알 수 있습니다.

4) 명함예절

외국에 나가 외국인의 집을 처음 방문할 때 명함을 사용하면 매우 효과적입니다. 방문한 집의 주인이 부재중일 경우 자신의 명함 귀퉁이를 접어 현관에 놓고 오는 오랜 관습이 있습니다. 선물이나 꽃을 보낼 때나 소개장을 써줄 때도 명함을 함께 보내면 매우 효과적입니다.

서양에서는 사각형 순 백지로 명함을 제작하는 것이 원칙이며, 세 가지 종류(초대용, 일반용, 사업용)의 명함을 인쇄하여 상황에 따라 다른 종류의 명함을 사용합니다. 반면 동양에서는 업무용만을 사용하는 데서 차이가 있습니다.

명함을 주고받을 때 고려할 사항을 간략히 소개하면 다음과 같습니다.

① 명함은 반드시 명함 지갑에서 꺼내고 받은 명함도 명함 지갑에 넣는다.

② 상대의 명함을 받으면 받은 즉시 호주머니에 넣지 않고 그 명함에 관해서 한두 마디 대화를 건네 보는 것이 좋다. 이는 상대방에 대한 관심이 있다는 느낌을 보이기 위해서이다.

③ 명함은 원칙적으로 하위에 있는 사람이 먼저 내는데, 이때 오른쪽 끝을 엄지와 검지로 잡고 전달한다. 상위자에 대해서는 왼손으로 가볍게 받쳐내는 것이 매너이며, 동위자・하위자에게는 오른손으로만 쥐고 건네는 것이 예의바른 행동이다.

5) 방문예절

한국 남성들은 간혹 예고 없이 친척이나 직장 동료들을 밤늦은 시간에 자신의 집으로 데리고 가는 경우가 있는데, 이러한 갑작스런 방문은 피하는 것이 좋습니다. 반면에 서양인은 자신의 시간을 어떻게 쓸 것인지 수첩에 미리 계획하고 메모해 두며, 10일 전에 초대장을 보내는 것을 원칙으로 삼습니다.

방문할 때 고려할 사항을 간략히 소개하면 다음과 같습니다.

① 약속은 상대방의 형편에 따라 시간을 정해야 한다.

② 반드시 전화로 연락을 취하여 방문 인원수를 알려야 한다.

③ 방문 시간은 유럽에서의 방문 시간은 대략 점심 후인 오후 3시부터 저녁식사 전으로 인식되어 있다. 가장 적당한 시간은 오후 4~6시경으로 생각하면 된다.

④ 하룻밤을 묵게 되는 방문일 때는 조그만 선물을 가져가는 것이 좋다.

6) 대화 예절

대화할 때 고려해야 할 사항을 간략히 소개하면 다음과 같습니다.

① 가장 중요한 것은 상대방의 말을 잘 들어주는 것이다.

② 상대방의 눈을 부드럽게 응시하면서 마음에서 우러나오는 미소를 짓는다.

③ 적절한 주제를 선정하는 것이다. 화제가 쓸데없는 곳으로 번져 우정이나 애정에 금이 가는 경우도 있다. 우선 정치나 종교와 같이 이미 결론이 정해져 있는 주제나 의견이 충돌할 가능성이 있는 주제는 피하는 것이 좋다.

④ 대화 시에 불필요한 행동을 하는 것도 피해야 한다. 옷자락을 잡아당기거나 어깨를 치는 행위, 외국인이 지나갈 때 비속어를 쓰는 행위 등은 시비가 될 수 있다. 공공장소에서 안하무인격으로 떠들어대는 한국인들은 외국인들에게 매우 부정적인 인상을 줄 수 있다.

⑤ 상대방의 장점이나 공로를 발견하여 칭찬해주고, 작은 봉사에도 감사의 표현을 잊지 않는 것이 중요하다.

⑥ 외국인에게 칭찬을 들었을 때는 감사를 표하는 것이 좋다. 한국적인 겸양의 말은 외국인에게는 무안을 주는 말로 받아들여질 수도 있다.

7) 제스처

말하는 사람은 자신의 음성 언어와 함께 표정·몸짓을 통해 상대방과 더욱 풍부한 대화를 나눌 수 있습니다. 그래서 몸짓 언어(body language)라고 부르는 제스처는 중요한 의사소통 방법 가운데 하나입니다.

제스처는 나라나 지역에 따라서 다른 의미를 가질 수 있기 때문에 외국인들이 사용하는 제스처에 대해 어느 정도는 알아두는 것이 좋습니다.

8) 휴대폰예절

언제 어디서나 띠리리~ 너무나 무분별하게 사용되는 휴대폰. 지금은 누구나 필수품처럼 가지고 다니는 것이 휴대폰입니다.

대학생은 물론이고 대부분의 중고생들에게도 휴대폰은 일상생활의 필수품으로 자리 잡았으며, 때와 장소, 남녀노소를 가리지 않고 각양각색의 벨소리를 울리며 혼잣말하는 풍경에 우리 모두 무감각해졌습니다.

특히 버스 안이나 지하철 안에서 '여보세요?'를 거듭 외치는 사람, 수업시간에 돌발적으로 나오는 휴대폰 벨소리, 영화관이나 도서관 등 공공기관에서 울리는 벨소리는 사람들을 짜증나게 하고 중요한 일을 망치게 할 수도 있습니다. 또한 사생활 침해는 물론, 많은 사람들의 생명을 위협하는 경우도 있습니다. 버스 운전사들이 한 손에 휴대폰을 들고 한 손으로 운전하는 것은 대형 참사로 이어질 수 있는 위험한 일입니다. 교통사고 10건 중 1건은 휴대폰의 오용으로 생긴 사고라고 합니다. 이러한 위험성 때문에 운전 중 휴대폰 사용이 적발되었을 경우 7만원의 범칙금을 내도록 법제화 한 것입니다.

이러한 휴대폰을 우리는 어떻게 사용해야 될까요?

첫째, 휴대폰은 꼭 필요한 일에만 써야 한다. 쓸데없는 일에 휴대폰을 쓰는 일은 경제적 · 시간적 낭비를 초래하게 됩니다.

둘째, 공공기관 안에서는 가급적 벨소리를 진동으로 바꾸고 다른 사람에게 피해가 가지 않도록 최선을 다해야 합니다.

9) 네티켓

네티켓(Netiquette)이란 네트워크(Network)와 에티켓(Etiquette)의 합성어로, 네티즌(통신사용자)들이 네트워크를 사용하면서 지키고 갖추어야 할 예의범절을 의미합니다. 익명성, 다양성, 자발성, 쌍방향성, 다중성 등의 다양한 특징을 가지는 가상공간도 넓게 보면 사회의 일부분임을 깨닫고, 실제의 사회생활과 마찬가지로 바람직한 인간 공동체로 발전할 수 있도록 가상공간에서의 에티켓, 즉 네티켓이 필요한 것입니다. 실제로 인터넷이 대중화되면서, 네티켓은 단지 지키면 좋은 수준이 아니라 반드시 지켜야만 하는 것입니다. 또한 네티켓을 지킴으로써 사이버공간에서 건전한 정보와 인간관계를 형성하여 다양한 정보를 효율적으로 이용할 수 있는 경제적 효과도 얻을 수 있습니다.

네티켓의 기본 원칙을 살펴보면 다음과 같습니다.

① 사이버 공간에서도 자신과 같은 사람들이 존재한다는 사실을 명심한다.

② 사이버 공간에서도 실생활에서의 윤리 규범과 행동을 준수해야 한다.

③ 자신이 접속해 있는 사이버 공간의 문화에 알맞은 행동을 한다.

④ 다른 사람들의 시간에 대해 충분히 존중하고 배려해야 한다.

⑤ 예의바르고 정중하게 행동하여 자신의 모습을 근사하게 한다.

⑥ 전문적인 지식을 공유하여 세상을 발전시키는 데 도움을 준다.

⑦ 토론 시 감정을 절제해야 하며, 지속적인 논쟁은 피해야 한다.

⑧ 다른 사람의 사생활을 존중하는 마음을 가져야 한다.

⑨ 자신의 권력을 남용해 다른 사람들에게 피해를 주지 말아야 한다.

⑩ 다른 사람의 사소한 실수를 관대하게 용서해 주어야 한다.

10) 선물 예절

생일이나 약혼·결혼·출산 등과 같은 개인적인 기념일에서부터 크리스마스나 설날과 같은 축일에 이르기까지 가족이나 친구들에게 선물을 주고 축하하는 것은 인간 사회의 보편적인 풍속입니다.

선물을 받았을 때는 그것을 준 사람 앞에서 펴보고 감사를 표현하는 것이 선물을 주는 사람도 기쁘게 합니다. 답례로는 상대방의 선물가격 정도의 선물을 준비해서 주는 것이 예의이며, 감사편지를 쓰는 것도 예절입니다. 선물을 고를 때는 선물을 받는 사람이 부담스럽지 않는 것으로 결정하고 상대방에게 잘 어울리는 것을 선택합니다.

구미에서의 결혼선물은 우리나라의 축의금 내는 풍속과 차이가 있습니다. 신부의 가까운 친구가 파티를 주선하면 이 파티에 초대된 사람은 결혼선물을 가져가거나 잘 알려진 상점에 신랑·신부의 이름을 기록해 놓고 그들에게 필요한 새 살림 목록을 올려놓습니다. 참석한 손님들은 그 상점에서 형편에 맞는 물건을 선정하여 선물할 수 있도록 배려하였습니다.

11) 흡연예절

담배가 기호품화 되어 가고는 있으나 건강을 생각해서 금연하는 인구가 늘고 있고 어린이나 병약자들에게는 더욱 해롭기 때문에 공공장소에서의 흡연은 삼가야 합니다. 또한 방문할 때 담배를 피우는 사람의 숨결이나 담배냄새가 나는 의복 등으로 다른 사람에게 혐오감을 주어서는 안 됩니다.

미국·싱가포르에서는 실내나 공공장소의 금연 구역에서의 흡연은 법으로 엄격히 규제되고 있으며 이를 위반하면 수십만 원 상당의 벌금을 물게 됩니다. 중국이나 동남아시아에서는 여자가 담배 피우는 것에 익숙하지 않아 신기하게 생각하고는 담배를 자꾸 권할 수도 있습니다. 태국과 대만에서는 흡연할 경우 노골적으로 싫은 표시를 합니다.

12) 조문예절

슬픈 일을 당했을 때 찾아보고 위로해 준 친구는 기쁠 때 찾아온 친구보다 더욱 소중합니다. 각 나라마다 장례식을 치르는 관습도 제각각입니다. 서양에서는 조문을 갈 때 모닝코트에 검은 넥타이와 검은 장갑을 착용하는 것이 원칙입니다. 영국과 미국에서는 회색장갑을 착용합니다. 여성은 눈에 띄지 않는 어두운 색상이면 무난합니다. 물론 장식이나 귀금속(진주는 예외)도 피하는 것이 좋으며, 조위금은 액수보다 성의가 더 중요합니다.

6.2 글로벌 공중예절

1. 공공장소에서의 예절

공공장소에서 우리가 범하기 쉬운 실수들을 정리해 보면 다음과 같습니다.

① 자기 집은 깨끗이 청소하면서 공원이나 공공장소에서는 쓰레기를 마구 버린다.

② 쓰레기통이나 땅바닥에 함부로 침을 뱉는다.

③ 공공장소에서 마른 오징어를 먹거나 삼겹살을 구워 먹거나 된장국을 끓여 먹는다.

④ 아무 곳에서나 카드나 화투놀이를 한다.

⑤ 도로에서 타인에게 위협적인 자세로 운전을 한다.

⑥ 공공건물의 출입문을 잡아주지 않아 뒤에 오는 사람을 당황하게 만든다.

⑦ 도로나 복도에서 타인과 접촉하거나 부딪치고도 사과하지 않는다.

⑧ 엘리베이터에서 서로 인사하지 않는다.

2. 계단, 복도, 보도에서의 예절

계단이나 실내복도, 혹은 보도에서 지켜야 될 사항에 대해 살펴보도록 하겠습니다.

① 계단에서는 가능한 한 다른 사람을 추월하지 않는다.

② 계단을 오를 때는 남성이 여성보다 앞서서 올라가며, 반대로 내려갈 때는 여성이 먼저 내려간다.

③ 계단이나 복도에서 상급자를 수행할 때는 상급자를 중앙에 서도록 하고, 안내할 때는 약간 앞서가면서 상황에 따라 손으로 지적하며 설명한다.

④ 길을 가면서 담배를 피우거나 껌을 씹지 않는다.

⑤ 길에서 싸움을 하거나 침이나 가래를 뱉지 않는다.

⑥ 술에 취해 비틀거리며 걸어서는 안 된다.

⑦ 서양인들과 눈길이 마주쳤을 때 미소를 던지면서 인사한다.

⑧ 동성끼리 손을 잡고 걷거나 팔짱을 끼면 서양인들은 동성애자로 간주하므로 주의한다.

⑨ 상급자나 여성과 함께 보도를 걸을 때 남성이 항상 차도 쪽에 서야 하는 것이 중요하다.

3. 승강기에서의 예절

승강기에서 지켜야 될 사항에 대해 살펴보겠습니다.

① 차례대로 타고 내리며 당연히 문 쪽에 서 있는 사람부터 내린다.

② 어린이나 윗사람, 여성이 먼저 타고 내리도록 배려한다.

③ 승강기 안내원이 없는 경우 아랫사람이나 남성이 먼저 타서 작동시킨다.

④ 외국인에게 먼저 타도록 권할 때 영어로는 "After you, please!"라고 말하면서 엘리베이터를 잡아 준다. 양보를 받은 사람은 바로 답례를 한다.

⑤ 엘리베이터 안에도 상석이 있다. 들어서서 왼편 안쪽, 즉 버튼이 있는 반대쪽이 상석이다.

⑥ 문이 닫히려는 순간 누군가가 뛰어온다면 잠시 기다렸다 함께 가는 것이 매너이다.
⑦ 밤늦은 시간에 여성 혼자서 탑승하는 것은 가급적 피한다.
⑧ 층수를 누른 다음 곧바로 '닫힘' 버튼을 누르지 않는다.
⑨ 에스컬레이터를 사용할 때 한 편으로 서서 올라간다. 급한 일이 있는 사람이 걸어서 올라 갈 수 있게 자리를 비워 두는 것도 좋은 매너이다.
⑩ 영국・프랑스・스페인・멕시코 등에서는 엘리베이터 버튼의 층수 표시가 우리와 다르다. 1층에는 PB(Piso Bajo)로 표시되어 있고 2층에서부터 '1'로 표시되어 있기 때문에 버튼을 누를 때 번호를 혼동하지 않도록 한다.

4. 지하철, 버스, 열차, 승용차에서의 예절

지하철, 버스, 열차, 승용차에서 지켜야 될 예절은 다음과 같습니다.
① 노약자나 장애인, 임산부, 그리고 어린이를 데리고 탄 여성에게는 자리를 양보한다.
② 함께 타는 일행 가운데 여성이 있으면 먼저 자리에 앉힌 다음 착석한다.
③ 자리에 앉을 때는 좌석이 노약자나 장애인용이 아닌가 확인해야 한다.
④ 어린 학생들이 자리를 양보하지 않는다고 큰소리로 야단을 치거나 나무라는 행동도 바람직하지 않다.
⑤ 기차에서는 전망이 좋은 창가의 좌석이 상석이고 사람들이 다니는 통로 쪽이 말석이다. 마주보고 가는 경우 기차의 진행 방향을 바라보는 좌석이 상석이다.
⑥ 금연 차량 내에서는 흡연을 삼간다.
⑦ 실내에서 크게 웃거나 떠들지 않는다.
⑧ 아이들이 시끄럽게 떠들거나 복도를 뛰어다니지 않도록 주의시킨다.
⑨ 함부로 구두를 벗어선 안 된다.
⑩ 차표 구입 시 기다리는 선(wait line)에 한 줄로 서서 대기한다.

5. 기내나 선박에서의 예절

기내나 선박에서 지켜야 될 사항에 대해 살펴보겠습니다.

① 비행기에 탑승한 후 자신의 번호에 해당하는 좌석에 가서 앉는다. 좌석을 찾기 어려우면 승무원에게 물어본다.

② 선반에는 옷과 같이 가벼운 물건만을 넣어 둔다.

③ 비행기에서는 전망이 좋고 방해를 덜 받는 창가가 최상석이다. 항상 가운데 자리가 말석이다.

④ 상급자나 여성이 마지막으로 탑승하고 내릴 때는 먼저 내리도록 배려한다.

⑤ 비행기는 특히 이착륙 때가 위험하므로 승무원의 지시에 따라 반드시 안전벨트를 착용하고 금연한다.

⑥ 탑승 직전에 용변을 미리 보는 것이 좋다.

⑦ 화장실은 남녀 공용이므로 반드시 문을 잠가야 한다.

⑧ 핸드폰과 같은 전자제품 사용은 전면 금지되어 있다. 이는 비행기의 전파발신과 수신에 지장을 줄 염려가 있기 때문이다.

⑨ 흡연이 가능한 항공기인 경우, 담배를 피우기 위해 흡연석 쪽으로 이동하는 것보다는 항공권 구입 시 미리 흡연석을 요구하는 것이 좋다.

⑩ 발이 피로하면 신발을 벗고 슬리퍼를 신는 것은 괜찮지만 벗은 채로 기내를 돌아다니거나 발을 남에게 보여주는 행동은 바람직하지 않다.

⑪ 승무원을 부를 때 호출 버튼을 누르거나 지나칠 때 가볍게 손짓이나 눈짓으로 부르면 된다. 서비스를 받고 나서 감사의 표시를 한다.

6. 백화점이나 상점에서의 예절

백화점이나 상점에서 지켜야 될 매너에 대해 살펴보겠습니다.

① 서양에서는 점심시간에 문을 닫는 상점이 많다. 슈퍼마켓도 저녁 6~7시 이후에는 모두 문을 닫으므로 미리 필요한 물건을 사두는 것이 좋다.

② 상품을 여러 가지 구경했다고 해서 반드시 물건을 구입해야 된다고 생각할 필요는 없다. 그러나 '미안합니다'나 '감사합니다'라는 표현은 아끼지 말아야 한다.

③ 바겐세일을 한다고 충동구매를 해서는 안 된다.

④ 고가의 의류는 점원의 양해를 구한 후 입어봐야 한다.

⑤ 옷을 고를 때 한 번에 여러 벌의 옷을 가지고 탈의실로 들어가지 않는다.

⑥ 뒷사람의 안전을 위해 출입문을 잠깐 잡고 있어 준다.

6.3 서양의 식사매너

1. 서양음식의 특징

서양음식은 주된 음식(main dish)의 주재료가 육류이며 여기에 익힌 채소 2~3가지를 곁들입니다. 에너지 공급원으로는 빵이나 감자로 만든 음식을 먹으며, 조리 시에는 돼지기름이나 버터 등의 동물성 지방을 사용합니다. 서양음식은 육, 어류의 맛을 돋우기 위해 소금과 후추를 사용하고, 누린내와 비린내를 없애기 위하여 향신료를 넣은 소스를 음식에 끼얹어 먹습니다. 음식은 한 가지씩 차례로 대접하고, 음식마다 사용하는 포크와 나이프가 다릅니다.

2. 서양 각 나라별 음식의 특성

(1) 프랑스 음식

- 조리법이 섬세하고, 예술적이며 모양이 아름답습니다.
- 세계적으로 으뜸가는 음식문화를 자랑하며 소스가 음식의 중심이 됩니다.

(2) 영국음식

- 실직적인 가정음식이 발달되었으며 로스트비프(roastbeef)와 홍차가 유명합니다.

(3) 이탈리아음식 : 스파게티, 피자, 마카로니 등 밀가루 음식이 발달했으며, 올리브유, 토마토, 치즈를 많이 사용합니다.

(4) 독일음식 : 합리적인 가정음식이 발달했으며, 햄, 소시지 등 육류가공품이 발달하였습니다.(감자를 주식으로 함)

(5) 미국음식 : 통조림과 샐러드, 냉동식품, 반조리식품, 인스턴트식품이 발달하였습니다.

(6) 러시아음식 : 술과 함께 음식을 즐기는 풍습이 있으며, 캐비어가 유명합니다.

3. 서양음식의 종류

(1) 소스(sauce)

- 서양음식에서는 육류, 어류, 채소류를 익힌 후 소스를 끼얹어 맛과 색을 돋우어 요리를 완성합니다.

(2) 애피타이저(appetizer)

- 오르되브르(hors do'evre) 또는 전채요리라고도 합니다.
- 식욕을 돋우기 위하여 산뜻하게 조미한 음식으로 식사 전에 대접합니다.
- 칵테일과 카나페가 대표적입니다.

* 칵테일

신선한 채소 + 새우, 또는 게살, 또는 굴 + 소스를 끼얹어 유리그릇에 담아냅니다.

* 카나페

크래커나 식빵 위에 여러 가지 재료를 모양 있게 얹어냅니다.

(3) 수프(soup)

- 콩소메와 포타아지로 나눌 수 있으며, 서양식 정찬에는 맑은 수프가 원칙입니다.

* 콩소메(consomme)

맑은 수프라고도 하며, 수프스톡으로 만듭니다.

* 포타아지(potage)

걸쭉한 수프라고 하며, 영양가가 많아 식사대용으로 좋습니다.

* 수프(soup) 만드는 요령

맑은 수프는 우선, 수프스톡(soup stock)을 만든 후 원하는 재료를 넣어 끓입니다. 걸쭉한 수프는 수프스톡에 루(roux)를 넣어 끓인 후 원하는 재료를 넣습니다.

soupstock : 쇠고기나 닭고기 등의 살코기에 뼈를 넣어 끓입니다.

roux : 녹인 버터에 밀가루를 넣어 볶아서 만듭니다.

(*약 3분간 볶으면 흰색, 5분간 볶으면 크림색, 10분간 볶으면 갈색이 됩니다.)

(4) 빵(bread)

- 에너지를 공급하기 위한 음식이며, 호밀이나 밀가루로 만듭니다.
- 이스트로 부풀려서 만들며 여러 가지 모양이 있습니다.
- 빵이라는 말은 포르투칼에서 온 말로 프랑스나 스페인에서도 역시 빵이라 하고 영어로는 브레드(bread), 독일어로는 브로트(brot)라 합니다.
- 북유럽에서는 호밀을 원료로 하여 검은 호밀빵을 만드는데, 호밀 특유의 향기가 있으며 바삭바삭하고 검은색을 냅니다.
- 밀가루를 원료로 하는 빵은 껍질이 두껍고 단단하며 향기롭고 속이 부드러운 바게뜨와(baguette) 버터를 많이 넣어 얇은 켜를 많이 생기게 하여 부풀린 연하고 섬세한 조직을 가진 크르와상(croissant)이 최고품입니다.
- 식빵이라고 알려져 있는 속이 부드럽고 껍질이 얇은 덩어리 빵은 영국식 빵으

로 미국으로 건너가 설탕과 지방을 첨가하여 더 연하고 부드럽게 발전하였습니다.

(5) 육류요리

- 쇠고기요리
  ㄱ. 쇠고기를 통째로 만든 요리
  -로스트비프(roastbeef), 바비큐(barbecue), 수프스톡(soupstock)
  ㄴ. 쇠고기를 다져서 만든 요리
  -미트볼(meatball), 미트로프(meatloaf), 햄버거스테이크(hamburgersteak)
  ㄷ. 쇠고기를 도톰하게 잘라서 만든 요리
  -스튜(stew), 비프스테이크(beefsteak)
- 돼지고기요리
  베이컨(bacon), 햄(ham), 등의 육류가공품과 로스트포크(roastpork), 포크커틀릿(porkcutlet) 등이 있습니다.
- 닭고기요리
  부위에 따라 조리법이 다릅니다.
  브로일러(broiler), 프라이(fry), 로스트(roast), 수프스톡(soupstock)에 쓰입니다.

(6) 생선요리

지방이 적은 흰 살 생선을 주로 이용해 버터를 바르거나 소스를 얹어 먹습니다. 비린내 제거를 위해 레몬즙을 넣어 조리하며 지방이 많은 붉은 살 생선은 굽고, 찌고, 튀겨서 타르타르소스(tartar)를 얹어 냅니다.

(7) 채소요리

채소는 삶아서 버터에 볶거나 크림 또는 토마토소스에 버무려 육류 및 어류와 곁들여 담아냅니다. 채소류는 크게 나누어 감자류(녹말을 함유하고 있는 것)와 그

밖의 채소류로 나뉘며 곁들여 낼 때에는 담아냅니다.

(8) 샐러드

간단한 디너의 애피타이저로 쓰이기도 하며, 정식 디너에서는 사이드메뉴(sidemenu)로 내기도 합니다. 경우에 따라서는 샐러드 자체를 주된 음식으로 대접하기도 합니다.

① 샐러드(salad)드레싱(dressing)의 종류

ㄱ. 프렌치드레싱(frenchdressing)

식초, 레몬즙, 다진 마늘, 설탕, 소금, 후추, 다진 파슬리 등을 잘 섞은 다음 올리브유를 넣어 충분히 섞이도록 잘 저어줍니다.

ㄴ. 사우전드 아일랜드 드레싱(thousandisland)

야채피클, 향신료 등을 넣어 향미가 있으며, 고소한 맛, 신맛 ,단맛이 잘 어우러진 특징이 있다. 야채샐러드와 잘 어울립니다.

ㄷ. 허니 머스터드 드레싱(honey-mustard dressing)

달콤한 맛의 허니 머스터드 드레싱은 머스터드소스에 꿀과 마요네즈를 섞어 만든 것으로 기호에 따라 재료의 비율을 조절합니다.

② 샐러드의 용도 및 재료

- 간단한 디너의 애피타이저

  양상추 + 한두 가지의 생채소 french 또는 thousandisland

- 정식 디너의 사이드 메뉴

  과일 + 한두 가지의 생채소 french 또는 thousandisland

- 주된 요리로서의 샐러드

  익힌 육류 + 생선 or 달걀 or 치즈 + 채소 마요네즈 or cook ed드레싱

* 샐러드는 어떠한 경우에도 차갑고 신선하며 색의 조화가 잘되고 신맛이 나야 합니다.

4. 서양식 상차림

(1) 아침식사(breakfast)

① 아메리칸식 아침식사(american breakfast)

과일 or 과즙 + 곡류음식 + 달걀과 베이컨(햄) + 빵 + 커피

② 유럽식 아침식사(continental breakfast)

과일 or 과즙 + 토스트 + 커피

(2) 점심식사(lunch) 또는 가벼운 저녁식사(supper)

- 아침보다는 실속 있게 단백질 식품을 첨가한 식단
  샌드위치 + 후식 + 음료 or 주된 음식 + 샐러드 + 빵 + 후식 + 음료

(3) 패밀리 디너(family dinner)

- 가족끼리 저녁을 갖추어 먹을 때
  수프 + 샐러드 + 빵 + 주된 음식 + 후식 + 커피 또는 티(tea)
  주된 음식은 쇠고기, 돼지고기, 닭고기 등을 이용하며, 후식은 케이크나 파이 등을 냅니다.

(4) 포멀디너(former dinner)

손님 초대시의 저녁 상차림으로 음식의 종류가 많고 고급재료를 사용하며 반드시 술을 대접합니다.

- 오르되브르(애피타이저=전채요리) : 빵, 수프, 생선요리, 앙트레, 육류요리, 샐러드, 후식, 과일, 음료

(5) 뷔페 (buffet)

비교적 좁은 장소에서 많은 손님에게 간단한 식사를 대접하기 위하여 차리는 상차림이다. 손님이 직접 덜어다 먹도록 하며, 나이프를 사용하지 않고 먹을 수

있도록 조리하며 채소요리를 장만합니다.

5. 서양식 식단구성

(1) 정찬

정식으로 차린 상차림으로 풀코스(full course)라고도 합니다(애피타이저 - 수프 - 피시(fish) - 앙트레 - 셔벳 - 로스트 -샐러드 - 후식 - 과일 - 커피). 식사 전이나 후에는 반드시 건배를 하며 생선요리에는 백포도주를 마시고 육류에는 적포도주를 마십니다.

(2) 일상식

- 아침식사 : 식욕을 돋우고 소화가 잘되는 음식으로 가볍게 차립니다.
- 프랑스식은 빵, 버터, 잼, 우유를 넉넉히 넣은 커피
- 영국 또는 미국식: 과일 또는 과즙, 시리얼, 달걀음식(프라이, 스크램블), 토스트, 음료, 육류가공품(햄, 소시지)

(3) 점심식사

- 프랑스식: 달걀, 생선, 육류음식, 채소음식, 샐러드, 후식, 커피
- 영국식 : 달걀음식, 생선음식, 육류음식 중에서 한 가지 선택
- 수프, 후식, 커피 또는 샌드위치와 후식, 차 등

(4) 저녁식사

정찬의 풀코스에 준해서 구성합니다.

6. 서양음식의 식사예절(Table Manners)

서양에서 테이블 매너가 완성된 것은 19세기 영국의 빅토리아 여왕 때라고 합니다. 이 시대는 형식과 도덕성을 가장 중시하던 때로서 이때에 갖춰진 식사예법

의 절차와 매너가 오늘날까지 이어져 오는 것입니다. 그러나 테이블 매너의 기본 정신은 형식에 있는 것이 아니라 서로 요리를 맛있게 먹고 분위기를 즐기는데 있음을 잊지 말아야 합니다.

(1) 기본매너

① 냅킨의 사용

우선 식탁에 앉으면 세팅되어 있는 냅킨을 무릎에 펼치는데 이는 앉자마자 펼치기보다는 모든 사람이 자리를 잡고 앉았을 때 하는 것이 좋습니다. 냅킨은 음식물을 옷에 떨어뜨리지 않기 위해서 사용하는 것인데, 그밖에 입을 가볍게 닦거나 핑거 볼(Finger Bowl)을 사용한 후 물기를 닦을 때에도 이용합니다. 어떤 여성은 립스틱을 냅킨으로 닦기도 하는데 이것은 에티켓에 어긋납니다. 식사가 끝난 후에는 되는대로 대충 접어 테이블 위에 놓습니다. 너무 깨끗하게 접어놓으면 사용하지 않은 냅킨과 혼동될 수 있으므로 주의합니다.

② 나이프와 포크의 사용

사용할 때 식사중일 때 식사가 끝났을 때

중앙의 접시를 중심으로 나이프와 포크는 각각 오른쪽과 왼쪽에 놓여있습니다. 따라서 있는 그대로 나이프는 오른손에 포크는 왼손에 잡으면 됩니다. 양식에서 포크와 나이프는 각각 3개 이하로 놓여있게 마련인데 코스에 따라 바깥쪽에 있는 것부터 순서대로 사용하도록 합니다. 식사 중 와인을 마시거나 하는 등으로 잠시 포크와 나이프를 놓을 때에는 접시 양끝에 걸쳐 놓거나 서로 교차해 놓으며, 포크만을 사용한 경우에는 접시 위에 엎어 놓습니다. 식사가 끝났을 때는 접시 중앙의 윗부분에 나란히 놓는다. 나이프는 사용 후 반드시 칼날이 자기 쪽을 향하도록 놓습니다.

(2) 요리에 대한 매너

동양적 사고방식에서는 여러 사람이 식사를 할 때, 모든 요리가 다 나오기 전에 먼저 먹는 것을 예의에 어긋나는 것으로 여기지만, 서양요리는 요리가 나오는 대로 바로 먹기 시작합니다. 서양요리는 뜨거운 요리든 찬요리든 가장 먹기 좋은 온도일 때 고객에게 서브되고 좌석 배치에 따라 상석부터 제공되기 때문입니다. 따라서 온도가 변하기 전에 먹는 것이 제 맛을 즐길 수 있는 요령입니다.

그러나 4~5명이 함께 식사를 하는 경우에는 요리가 나오는 시간이 그다지 길지 않으므로 조금 기다렸다가 함께 식사하는 것이 좋습니다. 특히 윗사람의 초대를 받은 경우에는 윗사람이 포크와 나이프를 잡은 후에 먹기 시작하는 것이 에티켓입니다.

① 전채요리(Appetizer)

전채요리는 앞에서의 내용과 같이 식욕을 촉진시키기 위해 식사 전에 가볍게 먹는 요리를 말합니다. 주 요리 전에 먹는 것이니만큼 아무리 맛이 있어도 적당히 먹어 두어야 메인요리를 제대로 맛볼 수 있습니다. 요컨대 공복이야말로 최고의 애피타이저인 것입니다.

② 수프(Soup)

수프는 진한 수프인 포타주(Potage)와 맑은 수프인 콘소메(Consomme)가 있습니다. 진한 수프의 경우에는 담백한 요리가 콘소메의 경우에는 진한 맛의 메뉴가 어울리며 코스가 많은 정찬요리에 적합합니다.

뜨거운 수프가 나왔을 경우에는 우선 스푼으로 조금 떠서 맛을 본 후, 스푼을 이용해 저어 식히도록 합니다. 입으로 후후 불어가며 식혀 먹는 것은 좋지 않으며 차를 마시듯 소리를 내어 먹는 것도 옳지 않습니다. 아울러 스푼으로 뜬 수프를 한 입에 먹지 않고 스푼 위에서 나눠먹는 것도 자제해야 합니다. 손잡이가 달려 있는 그릇에 담긴 수프는 손으로 그릇을 들고 마셔도 실례가 되지 않습니다.

③ 빵(Bread)

빵은 처음부터 테이블에 놓여 있더라도 처음부터 먹는 것도, 수프와 함께 먹는 것도 아닙니다. 빵은 요리와 함께 시작해서 디저트를 들기 전에 끝내는 것입니다. 자신의 빵 접시는 왼쪽에 놓인 것이므로 오른쪽의 빵 접시를 잘못 사용하지 않도록 합니다. 빵을 먹을 때는 포크와 나이프를 사용하지 않으며, 전체에 버터를 발라 먹지 말고 한 입으로 먹을 수 있는 크기로 빵을 잘라 놓고 버터를 바릅니다.

④ 와인(Wine)

유럽인들이 '와인 없는 식탁은 태양 없는 세상과 같다'라고 표현할 정도로 알칼리성 음료인 와인은 육식이 주 요리인 서양식탁에서 빠져서는 안 될 중요한 존재입니다. 와인을 마시기 전에는 입안의 음식을 다 삼키고 입 주위를 한 번 닦은 후 마시도록 합니다. 이는 입안의 음식물과 와인이 섞이게 되면 와인 특유의 풍미가 없어져 버리고, 기름기 같은 것이 와인 잔에 묻기 때문입니다. 와인은 요리와 함께 마시기 시작해 요리와 함께 끝냅니다. 즉 디저트가 나오기 전까지 마십니다. 한편, 와인이나 주류를 마시지 않는 사람이라면 글라스 가장자리에 가볍게 손을 얹고 '그만 되었다'는 표현으로 사양의 뜻을 전하면 됩니다. 흔히 글라스나 술잔을 엎는 경우가 있는데 서양식 테이블 매너에서 글라스를 엎는 것은 금기시되고 있으므로 주의하도록 합니다. 마지막으로 글라스에 담긴 와인은 남기지 않고 다 마시는 것이 예의입니다.

⑤ 메인디쉬(Main Dish)

a. 생선요리는 뒤집어 먹지 않습니다.

통째로 요리된 생선이라면 머리, 몸통, 꼬리를 나이프로 자른 후 지느러미 부분을 발라냅니다. 그러고 나서 역시 나이프를 사용하여 뼈를 따라 왼쪽에서 오른쪽으로 위쪽의 살과 뼈를 발라놓은 다음, 생선의 살만을 앞쪽에 놓고 왼쪽에서부터 먹을 만큼 잘라가며 먹습니다. 위쪽을 다 먹은 다음에는 뒤집지 말고 그 상태에서 다시 나이프를 뼈와 아래쪽의 살 부분 사이에 넣어 살과 뼈를 발라 놓습니다. 그러고 나서 남은 생선의 살을 조금씩 잘라가며 먹습니다. 그러나 대체로 생선요리는 살이 무른 편이므로 살을 떼어낼 때 이외에는 포크만을 사용해도 괜찮습니다.

b. 고기요리는 잘라가며 먹도록

스테이크의 경우 굽는 정도에 따라 맛이 달라집니다. 그러므로 스테이크를 주문할 때는 취향대로 부탁을 합니다. 스테이크의 참맛은 붉은 육즙에 있으므로 대개 적게 구울수록 고기의 참맛을 즐길 수 있습니다.

- 레어(Rare) : 약간 구운 것. 표면만 구워 중간은 붉은 날고기 상태 그대로입니다.
- 미디엄 레어(Medium Rare) : 좀 더 구운 것. 중심부가 핑크인 부분과 붉은 부분이 섞여져 있는 상태
- 미디엄(Medium) : 중간 정도 구운 것. 중심부가 모두 핑크 빛을 띠는 정도의 상태
- 웰던(Welldone) : 완전히 구운 것. 표면이 완전히 구워지고 중심부도 충분히 구워져 갈색을 띤 상태

고기요리는 한 번에 썰어 놓고 먹기보다는 잘라가며 먹는 것이 예의입니다. 뼈가 있는 고기인 경우 뼈에서 떼어내기 어려운 부분은 고기가 남아있더라도 그대로 남겨두는 편이 좋습니다.

c. 새우는 껍질을 떼어 내고 먹습니다.

새우요리는 우선 머리 부분을 포크로 고정시키고 새우 살과 껍질 사이에 나이프를 넣어 살을 벗겨내듯 하면서 꼬리 쪽까지 옮겨갑니다. 이렇게 양쪽으로 반복하다 보면 껍질이 쉽게 벗겨집니다. 그 다음 왼손의 포크로 꼬리부분을 들어 올리고, 오른손의 나이프로 껍질 부분을 누른 후 다시 포크로 살 부분을

당기면 그 부분만 쉽게 빠져 나옵니다. 껍질은 한곳에 두고 살 부분 왼쪽부터 잘라가며 마요네즈나 크림소스와 함께 먹습니다.

d. 소스도 요리입니다.

요리에 나오는 소스는 무조건 뿌리지 않습니다. 생선요리에 곁들여진 마요네즈, 타르타르소스 같은 진한 소스는 접시 한쪽에 덜어 놓아 조금씩 찍어 먹도록 하는데, 이는 진한 소스는 그 맛이 강해 요리 본래의 맛을 잃게 할 수도 있기 때문입니다. 고기 위에 뿌려진 것 같은 묽은 소스는 직접 요리에 얹어 먹도록 합니다. 전통적으로 고기요리는 육류의 종류에 따라 그 맛과 향을 더해줄 수 있는 소스와 어울리는데, 오리 고기에는 오렌지 소스, 돼지고기에는 파인애플 소스, 양고기에는 민트 소스 등이 궁합이 잘 맞는 고기요리와 소스입니다.

⑥ 샐러드(Salad)

고기와 야채는 맛에서도 조화를 이루지만, 고기는 산성이 강한 식품이므로 샐러드를 먹는 것은 알칼리성이 강한 생야채를 먹음으로써 중화시킬 수 있다는 영양학적인 의미를 가집니다.

대개 고기요리를 전부 먹고 난 다음 샐러드를 먹기도 하는데, 고기와 샐러드는 번갈아 먹는 것이 더욱 효과적입니다. 영미인들은 샐러드를 고기요리와 같이 먹거나 그 전에 먹는 반면, 프랑스 사람들은 고기요리가 끝난 다음에 먹는 습관이 있다고 합니다. 샐러드에 사용되는 소스를 특별히 드레싱(Dressing)이라고 하는데, 소스가 뿌려진 모습이 마치 여성들의 드레스 입은 모습과 같다고 해서 생겨난 말로 전해집니다. 드레싱류는 크게 프렌치 드레싱류와 마요네즈 소스류로 구분됩니다.

⑦ 디저트(Dessert)

디저트로는 과자나 케이크, 과일 등이 나옵니다. 서양 요리에서는 설탕을 거의 사용치 않으며, 전분도 적게 사용하므로 식후의 디저트는 달콤하고 부드러운 것이 일반적입니다. 디너의 따뜻한 디저트로는 푸딩, 크림으로는 만든 과자나 과일을 이용한 과자, 파이 등이 있고, 차가운 디저트로는 아이스크림과 셔벗이 있습니다.

a. 수분 많은 과일은 스푼으로 먹습니다.

수분이 많은 멜론이나 오렌지류는 스푼으로 먹습니다. 작은 크기로 통째로 제공된 멜론은 왼손으로 껍질을 잡고 오른손의 스푼으로 오른쪽부터 떠먹습니다. 수박이나 파파야 등도 이와 같은 방식으로 먹는데 씨는 입 속에서 발라내어 스푼에 뱉어 접시에 놓는 것이 예의입니다. 포도는 손으로 먹어도 상관없으나, 딸기는 한 알씩 스푼으로 먹도록 합니다.

b. 식후의 커피는 조금 진한 것으로

식후의 커피는 진한 것을 조금 마시는 것이 좋습니다. 커피는 향이나 마시는 법이 독특한 여러 가지 종류가 있는데 그 중 커피에 위스키를 넣고 생크림을 얹어 마시는 아이리쉬 커피나 꼬냑과 오렌지향을 가미해 마시는 카페로얄은 식후주와 커피를 동시에 즐길 수 있는 묘미가 있습니다. 설탕은 넣자마자 녹이지 말고 천천히 녹여 처음에는 쓴맛을, 나중에는 달콤한 맛을 즐기도록 합니다. 티백을 이용해 녹차나 홍차를 마실 경우에는 어느 정도 우러나온 티백을 컵에 대고 눌러 짜지 말고, 스푼 위에 놓고 실을 감아 짜낸 뒤 컵의 뒤쪽에 가로로 놓는 것이 깔끔하고 세련된 매너입니다.

(3) 상황에 따라 발휘하는 재치 있는 매너

① 식사중의 실수

이런 경우 웨이터나 지배인을 불러 도움을 청합니다. 가능한 다른 사람이 모르게 조용히 오른손을 들어 신호를 보내도록 합니다.

② 뜨거운 음식이나 상한 음식을 먹었을 때

무심코 먹은 음식이 너무 뜨거울 때에는 찬물을 먹습니다. 주변에 물이 없을 시에는 뱉도록 하는데 종이 냅킨에 싸서 그릇 한쪽에다 놓아둡니다. 상한 음식을 먹었더라도 마찬가지로 빨리 뱉도록 하는데, 뱉는 것이 잘 안 보이도록 냅킨으로 가리도록 합니다.

③ 고기나 뼈가 목에 걸렸을 때

생선가시가 걸렸을 때는 물을 마시거나 냅킨으로 입을 가리고 기침을 합니다. 손가락으로 입에서 꺼내는 것도 실례가 되지 않으며, 이때에도 역시 다른 손이나 냅킨으로 입을 가리도록 합니다. 고기나 뼈가 목에 걸려 기침을 여러 번 하고 싶다면 양해를 구하고 자리를 물러나도록 합니다.

④ 기침, 재채기, 코 풀기

기침이나 재채기가 나오려 하면 손수건 또는 냅킨으로 코와 입을 먼저 가리도록 합니다. 코를 풀고 싶을 때에는 양해를 구하고 자리를 뜹니다. 자신의 손수건이나 휴지를 사용하며, 냅킨은 원래 사용하지 않는 것입니다. 땀이 날 때에도 냅킨으로 닦지 않습니다.

(4) 서양식 손님 접대 및 식탁 차리기

- 손님 초대 시에는 흰색 식탁보를 깔고(30cm 정도 늘어지도록 함), 식탁 중앙에는 나지막하게 꽃을 꽂고 촛불로 식탁을 밝힙니다.
- 손님 1인의 좌석은 60~75cm 정도로 하고, 접시 위에 흰색의 냅킨을 놓습니다.

6.4 동양의 식사매너

1. 한국식 매너

한국음식은 상차림 격식과 식사예절이 갖추어져 있으며, 다른 사람을 먼저 생각하는 마음가짐을 중요시하였습니다.

예전에는 음식을 접대할 때 반드시 외상(=獨床) 차림을 원칙으로 하였으나 차츰

겸상과 두레상의 형식으로 변화되었고, 잔치나 손님을 접대할 때에는 교자상 차림이 일반화되었습니다.

식탁에서 주의해야 할 사항을 나열해 보겠습니다.

① 어른이 자리에 앉으신 다음에 아랫사람이 자리에 앉는다.
② 몸을 곧게 상을 향해 앉되 상 끝에서 몸의 간격이 주먹 하나가 들어갈 정도로 띄워 앉는다.
③ 어른이 먼저 수저를 든 다음에 아랫사람이 수저를 든다.
④ 숟가락으로 국이나 김치 등 국물을 먼저 떠먹은 다음 다른 음식을 먹는다.
⑤ 넝쿨진 음식은 젓가락으로 집어먹는다. 젓가락을 들 때는 숟가락을 먹던 밥그릇이나 국그릇에 넣어 걸친다. 숟가락과 젓가락은 한 손에 함께 들지 않으며, 마시거나 씹는 소리, 수저나 그릇이 부딪치는 소리가 나지 않게 한다.
⑥ 어른이 좋아하시는 음식은 사양해 먹지 않으며, 멀리 있는 음식은 사양하고 가까이 있는 음식을 주로 먹는다.
⑦ 국은 숟가락으로 소리 나지 않게 먹으며, 국그릇째 들고 마시지 않는다.
⑧ 고기의 뼈나 생선 가시, 음식물의 이물질 등은 주위 사람의 눈에 안 띄게 휴지로 싸서 처리한다.
⑨ 반찬 접시에 공용의 젓가락을 두고 개인 접시에 반찬을 덜어서 먹는다.
⑩ 수저 잡는 방법을 익혀서 바르게 사용해야 하며, 수저에 음식이 묻지 않게 깨끗하게 빨아먹는다.
⑪ 반찬을 뒤적거리거나 흘리지 말아야 하며, 여러 번 베어 먹지 않고 단번에 한 입으로 먹는다.
⑫ 식사 중에는 서로 대화를 나눈다. 그러나 입안에 든 음식이 보이거나 튀어나오지 않게 주의한다.
⑬ 밥, 국그릇에 찌꺼기가 붙지 않게 정갈하게 먹는다.
⑭ 음식에 대한 타박을 하거나 식사 전후에 트림을 하지 않으며, 상머리에서 이

를 쑤시지 않는다.

⑮ 너무 서둘거나 지나치게 늦게 먹지 말고 다른 사람과 같은 시간에 식사가 끝나게 조절한다.

⑯ 만일 먼저 식사가 끝나더라도 숟가락을 상위에 놓지 않고 밥그릇이나 국그릇에 젓가락을 들 때와 같이 놓는다.

⑰ 어른보다 먼저 일어나지 않는다. 급한 사정이 있는 경우에는 어른께 양해를 구하고 자리를 뜬다.

2. 중국식 매너

제대로 된 중국음식은 격식이 까다롭고 가짓수도 수십 가지이며 지방마다 특색도 다양합니다.

식사 초대할 때의 각종 예절 및 금기사항을 살펴보겠습니다.

① 초대 손님이 모두 모일 때까지 응접실에서 기다린다. 기다리는 동안 손수건으로 얼굴·손 닦기, 호박씨나 수박씨 까먹기, 차 마시기를 한다.

② 식사 시작하기 전 주인이 손님에게 술 세 잔을 권하는 관습이 있다. 매번 술을 권할 때마다 이유(건강을 위한다, 축하한다 등)가 있다. 이 세 잔 이전에는 손님은 주인에게 술을 권하지 않는다.

③ 손님은 너무 배불리 먹거나 접시를 완전히 비우지 않는다. 만약 접시를 완전히 비우면 주인이 요리를 부족하게 준비했다는 느낌을 받기 때문이다.

④ 여러 사람 분이 한 그릇에 담겨져 나오기 때문에 회전대로 돌려가며 음식은 조금씩 떠서 먹는다. 찬 것부터 더운 것으로 순서대로 먹는다. 음식도 짝수로 나오며, 먹은 그릇은 가져간다.

⑤ 생선요리의 살을 발라먹을 때 생선을 뒤집어 먹지 않는다.

⑥ 호쾌하게 먹는 것이 미덕이며 왁자지껄하게 먹는 쪽에 더 중점을 둔다.

⑦ 담소를 얼마만큼 잘 하느냐가 제일 큰 예의에 속한다. 그래서 두세 시간의

식사시간이 소요되는 것은 보통이다.

⑧ 주인이 권할 때는 '주소환빠', '오라', '쇄쇄' 등의 사의를 표한다.

⑨ 그릇을 받쳐 들고 먹는다. 고개를 숙여 식사를 하는 것은 돼지같은 동물이나 그렇게 하는 것으로 여긴다.

⑩ 젓가락에 음식이 묻었을 때 상위에 있는 물로 씻어도 된다.

⑪ 술·차 주전자의 입(壺口) 부분을 사람 쪽으로 하지 않는다. 주전자의 입 부분이 사람을 향하면 그 사람은 구설수에 오른다고 한다.

⑫ 손님 접대할 때 달걀은 두 개 부치지 않는다. 달걀 두 개는 중국어로 '이단(二蛋)'이라고 하는데 이 단어는 '바보'라는 뜻이다.

⑬ 과일을 대접할 때 배는 둘로 쪼개지 않는다. '배'는 중국어로 '梨子'이며 배가 갈라진 것은 '梨別'이 된다. 그런데 이 단어의 발음은 동시에 '離別'의 발음과 같다. 결국 배를 둘로 쪼개서 먹는 것은 '헤어진다'라는 의미가 된다.

(3) 일본식 매너

일본은 우리나라와 같이 좌식문화를 지속시키고 있는 나라이며, 식사예절이 복잡하고 엄격합니다.

식사초대 할 때의 예절에 대해 알아보겠습니다.

① 식사를 할 때 방석은 밟지 않고 앉는다. 우선 무릎으로 앉아 조정한다.

② 식사하기 전에 반드시 인사를 한다.

③ 음식을 먹을 때 허리를 굽히지 않는다.

④ 밥뚜껑은 왼손으로 열어서 왼쪽에, 국 뚜껑은 오른손으로 열어서 오른쪽에 두는데, 뚜껑 안쪽이 위를 향하게 둔다.

⑤ 밥그릇은 양손으로 들어 왼손에 옮겨 놓고, 오른손으로 젓가락을 든다.

⑥ 국그릇도 양손으로 들어 왼손에 옮겨 놓고, 건더기는 젓가락으로 먹으며 국물은 마신다. 국을 마실 때는 소리가 나도 상관이 없다.

⑦ 식사는 국을 한 모금 마시고 난 후에 밥, 국, 반찬의 순서로 먹는다.

⑧ 밥은 양이 모자랄 경우 두세 번 더 먹어도 실례가 아니다.

⑨ 식사가 끝나면 처음과 같은 방법으로 뚜껑을 덮는다.

6.5 알코올성 음료

1. 알코올성 음료의 분류

(1) 양조주(Fermented liquor) : 당분을 함유한 곡류와 과실 등을 단순 발효시켜 전분 함유물 중 전분을 당화시켜 주정화

- 과일발효 : Wine(포도), Cidre(사과), Toddy(야자수), Perry(배) 등
- 곡물발효 : Beer(두줄보리), 청주(쌀), 탁주(쌀), 황주(찹쌀) 등
- 기타발효 : Pulque(용설란), Mead(벌꿀), Anisado, Aniseed, Kumys

(2) 증류주(Distilled liquor) : 곡류와 과실 등을 원료로 한 양조주를 단식증류기나 연식증류기에 의하여 증류한 강한 알코올이 함유된 술

- 알코올의 끓는점(78℃)이 물의 끓는점보다 낮다는 원리활용
- 알코올농도가 25~50% 정도로 높아 화주, 독주, Spirits라 함
- 증류방식에 따라 단식증류(pot still)와 연속식 증류(patent still)로 분류되고 원료에 따라 곡물류(grain)와 과실류(fruits)로 구분
- 종류 : Whisky, Brandy, Gin, Rum, Vodka, Tequila, Aquavit, Arrack, Soju 등

(3) 혼성주(Compounded liquor) : 정제주정에 방향성 초목의 꽃, 뿌리, 껍질이나 과실의 향료를 혼합하고 향기와 감미를 첨가하여 비교적 강한 알코올성분을 유지하며 설탕이나 시럽 향료 등 첨가한 술 일명 재제주(再製酒), 코디얼(cordial), 리큐르(liqueur)라 칭함

- 제조법에 따라 에센스법, 여출법, 침출법, 증류법 등이 있으며 원료에 따라서는 향초류, 과실류, 종자류, 크렘류로 구분

▸ 종류 : Chartruese, Benedictine, Drambuie, Campari, Galliano, Vermouth, Absinthe, Curacao, Cointreau, Triple Sec, Sloe Gin, Cherry Brandy, Apricot Brandy, Kahlua 등

2. 맥주

1) 맥주의 어원

각 나라에서 맥주는 독일은 비어(Bier), 포르투갈은 세르베자(Cerveja), 프랑스는 비에르(Biere), 체코는 피보(Pivo), 이탈리아는 비브라(Birra), 러시아는 피보(Pivo), 덴마크는 올레트(Ollet), 중국은 페이주, 스페인은 세르비자(Cerveza) 등의 단어가 맥주라고 부른다. 맥주를 뜻하는 영어 단어인 'BEER'는 라틴어의 '마시다'를 '비베레(BIBERE)'에서 왔다고도 하고, 게르만족의 언어 중 '곡물'을 뜻하는 '베오레(BIOR)'가 그 어원이라고도 하는데 현재는 후자가 정설로 되어 있습니다. 독일어 '비르(BIER)', 프랑스어 '비에르(BIERE)' 이태리어 '비라(BIRRA)' 등은 다 어원이 같다. 한편 중국어로는 '페이주(碑酒)'라고 하며, 러시아 등 슬라브 국가들에서는 '삐뽀(PIVO)' 계통의 단어가 맥주를 지칭하는 대표적인 언어로 남아 있습니다.

2) 맥주의 기원과 역사

맥주는 인류의 조상이 유목생활에서 정착하여 곡류를 재배하면서부터 곡류의 가공으로 빵과 함께 생겨난 것으로 봅니다. 맥주는 7천년의 역사를 가졌으며 메소포타미아에서는 BC 3000년경에 맥아를 빻아 빵을 만들어서 주식으로 삼았던, 소아시아의 수메르인들이 처음으로 맥주를 마셨을 것으로 추측되고 있습니다. 역사적으로는 BC 4200년경 고대 바빌로니아에서 여섯 줄 보리[六條大麥]가 재배되면서 시작되었다고 추측되며, 함무라비왕조의 유적에 기록이 남아있습니다. 그 후 보리의 재배가 이집트로 전해져 이집트 제4왕조 때부터 제조하였다고 하며, 그 방법은 그리스・로마를 거쳐 유럽으로 전해져 두줄보리[二條大麥] 산지인 독일 및 영국에서 발전・성행하였습니다. 현재 쓰고 있는 맥주효모균의 학명은 로마시대에

맥주를 세레비시아(Cerevisia)라 부른 데서 유래합니다. 유럽에서는 초기에 가내공업으로 수도원에서 양조하였으나 소비층의 확산, 기계공업의 발달과 더불어 대규모 맥주공장이 생겨났습니다. 근대로 넘어오면서 맥주는 귀족의 손에서 시민의 손으로 넘어갔으며 부르조아지와 노동지층 모두에게 사랑받는 음료가 되었습니다.

19세기 프랑스의 생물학자 루이 파스퇴르는 맥주의 역사에 중요한 공헌을 했습니다. 그 전까지 맥주는 발효균을 살균하지 않은 생맥주였으나 루이 파스퇴르는 저온 살균법으로 오늘날과 같은 질 좋은 맥주를 맛보게 해주었습니다. 홉을 첨가한 것은 10세기경부터이며, 독일의 바이스비어는 1541년 뉘른베르크에서 처음 만들어졌고, 영국의 에일(ale)과 포터(porter)는 8세기경부터 만들어졌다고 한다. 한국에서는 1930년대에 일본 맥주회사들이 들어와 지금의 오비맥주(주)와 조선맥주(주)의 전신인 맥주공장을 지어 생산하면서 보급되었습니다. 8 · 15광복 후 품질향상으로 외국제 맥주를 추방하고 원료의 자급화에 힘써 한때 맥주용 보리와 홉을 자급하였으나, 맥주 소비의 급증으로 현재에는 수입에 의존합니다.

맥주는 세계 각국에서 제각기 오랜 역사를 가지고 있는 만큼 특수한 원료라든가 발효법에 의한 차이가 있습니다. 예를 들면, 맥주는 대맥을 주원료로 하는데 "베르린" 白(백)맥주는 대맥과 소맥을 사용합니다. "벨기에" 백맥주도 소맥으로 만들어 집니다. 그리고 향미를 주는 데 호프 대신에 버찌(벨기에의 체리비어), 두송나무열매 = 주니퍼베리 (노르웨이의 주니에일) 등을 사용하는 맥주도 있습니다. 야생효모를 쓰고 3~4년이나 숙성시키는 "벨기에"의 람비크도 색다른 맥주입니다.

3) 맥주의 제조방법

맥주제조는 먼저 보리를 싹틔워 맥아를 만든 후 맥아와 녹말질 부원료로 맥아즙을 만들고 홉을 첨가하여 펄펄 끓인 뒤 냉각시킵니다. 이 냉각된 맥아즙에 맥주효모를 넣어 발효시키고 일정기간 저장 · 숙성한 후 여과하여 바로 제품화하면 생맥주가 되고, 병이나 캔에 넣어 저온살균처리하면 오래 보관할 수 있는 맥주가 되는데, 그 공정은 다음과 같습니다.

① 맥아제조

맥아제조는 보리를 싹틔워 맥아효소인 아밀라아제(amylase)를 생성하는 것이 주된 목적입니다. 이때 다른 물질의 변화, 즉 단백질의 분해, 가용성 탄수화물의 생성, 배젖세포막의 용해도 함께 일어납니다. 아밀라아제는 당화과정 중에 맥아 및 부원료 중의 녹말을 효모가 이용할 수 있는 발효성당(醱酵性糖)으로 변하게 합니다. 수확 직후의 보리는 아직 발아력이 충분하지 않으므로 적어도 6~8주 이상 저장하여 충분한 발아력을 갖게 하여야 하는데, 이 기간을 보리의 휴면기간이라 합니다. 휴면이 끝난 보리를 정선기를 통하여 협잡물을 제거하고 균질한 맥아를 만들기 위하여 알갱이의 크기에 따라 선립(選粒)하여 세맥은 사료 등으로 사용합니다. 선립으로 알갱이가 균일한 것으로 골라진 보리를 침맥조(浸麥槽)에 담가 발아에 필요한 수분을 흡수시킨 후 발아실에 옮겨 작은 구멍이 있는 발아상 위에서 습기 있는 공기를 통기하면 발아합니다. 이 발아과정 중에 보리는 효소를 생성하며 맥주제조에 알맞은 물질로 변화합니다. 이렇게 5~8일간의 발아과정이 완료된 것을 녹맥아(綠麥芽)라고 합니다. 녹맥아는 많은 수분을 함유하고 있으므로 가열·건조하여 녹맥아의 생장을 중지시키고 맥아 특유의 향기와 맥주에 필요한 색소를 갖게 하는데, 이 과정을 배조(焙燥)라고 합니다. 배조가 끝난 맥아는 다시 정선제근(精選除根)한 후 방랭하여 맥아저장고에 저장한 후 후숙(後熟)하여 맥주제조에 사용합니다.

② 맥아즙제조

맥아즙제조는 맥아의 분쇄, 담금, 맥아즙 여과, 맥아즙 자비와 홉 첨가, 맥아즙 냉각 등의 공정으로 이루어집니다. 즉 맥아를 담금 전에 다시 정선하여 분쇄기에서 분쇄하고 물과 온도를 맞추어 담금(mashing)합니다. 이 담금에서 맥아효소의 작용으로 맥아 중의 불용성 물질이 가용성화(可溶性化)하고 녹말이 발효성 당으로 변하며 침출됩니다. 그러므로 담금에서 원료와 수량, 온도와 시간, 그 밖의 여러 조건을 부여하여 효소작용을 적당히 조절합니다. 담금과정에서 당화와 단백질 분해가 끝나면 여과조나 여과기를 이용하여 맥주박(麥酒粕)과 즙을 분리합니다. 맥주박은 제거하여 사료로 사용하고 맥아즙은 자비솥에 모아서 홉을 첨가하여 자비합니다. 자비의 목적은 맥아즙을 농축시키며 홉의 쓴맛성분이나 향기를 침출해내고 가열하여 응고성 단백질이나 타닌(tannin) 결합물을 석출시키며, 효소의 활성 정지와 살균 등을 행하는 데 있습니다. 이렇게 자비한 맥아즙에서 홉박을 분리시킨 후 냉각기로 급랭시켜 발효실로 보냅니다.

③ 주발효

냉각된 맥아즙에 0.5% 정도의 맥주효모를 첨가하여 알코올 발효를 하는데 이것을 주발효(主醱酵)라고 합니다. 주발효는 발효실의 개방된 용기나 밀폐식 탱크에서 행하며, 저면발효의 경우 5~10℃로 8~12일이 걸립니다. 우선 냉각된 맥아즙에 효모를 첨가하여 발효조에 넣으면 효모는 곧 생장·번식하는 동시에 발효성 당을 소비하고 알코올과 이산화탄소를 배출하는 발효작용을 합니다. 이 과정을 화학식으로 나타내면 C6H12O6=2C2H6OH+2CO2입니다. 이때 발효의 진행을 그대로 방임하지 않고 온도조절을 통하여 대략 8~12일에 주발효가 끝나도록 조절합니다. 발효상태는 대개 효모 첨가 후 제 3일까지 가장 왕성하게 출아(出芽)를 행하고 맥아즙 중에 분포되는 효모수는 4~5일에 최고에 달하며, 이때 발효도가 가장 왕성합니다. 전 발효가 끝날 때는 효모가 발효조 밑에 가라앉아 발효된 맥주와 분리됩니다. 주발효가 끝난 맥주를 미숙성맥주(yong beer)라고 합니다.

④ 후발효

후발효(後醱酵)는 저장(lagering)이라고도 하며, 밀폐탱크에서 아주 천천히 진행하여 1~4개월이 걸립니다. 0~2℃의 낮은 온도로 냉각장치를 설치하고 완전히 보온하여야 합니다. 후발효의 목적은 ⓐ 발효성 엑스의 재발효, ⓑ 맥주 중에 소요되는 이산화탄소의 포화, ⓒ 효모나 석출물의 침전분리, ⓓ 미숙성맥주의 거친 맛과 향기의 조화숙성 등으로서 저장 중에 맑고 숙성된 맥주로 변하게 됩니다. 후발효 탱크에는 맥주 중에 일정한 이산화탄소를 포화시키기 위하여 가스조절기(spund)를 설치하여 압력을 조절합니다.

⑤ 여과

저장탱크에서 숙성된 맥주를 여과하여 투명한 맥주로 만든다. 여과의 목적은 ⓐ 후발효가 끝난 맥주 중의 효모나 석출된 흡수지 또는 단백질 중의 침전되지 않고 일부 현탁되어 있는 것을 제거하고, ⓑ 맥주혼탁의 원인이 되는 불안정한 교질물질을 제거하는 것입니다. 몇 개의 저장탱크에 있는 맥주를 혼합・합류(合流)하고 용존되어 있는 이산화탄소의 기화방지와 단백질 등의 석출을 돕기 위하여 얼기 직전의 온도까지 냉각시켜 여과합니다. 맥주의 여과기에는 면여과기(綿濾過機), 규조토여과기, 시트여과기, 박막여과기 등이 있습니다.

⑥ 제품

여과된 맥주를 열처리하지 않고 제품화한 것이 생맥주이고, 열처리하여 효소나 효모의 활성을 정지시킨 것이 보존성이 높은 보통맥주입니다. 생맥주는 신선한 향미를 즐길 수 있으나 오래 보존할 수 없습니다. 요즈음에는 미세여과기로 여과하여 바로 제품화한 병생맥주 등이 있으나 이 역시 인베르타아제나 기타 효소의 활성으로 인하여 시일이 경과하면 맛에 변화가 일어납니다. 병제품 과정은 우선 가열한 알칼리 용액에 병을 침지하여 살균세병하고 거듭 병 내외를 맑은 물로 씻어낸 후 검병과정을 거쳐 맥주주입기에서 여과된 맥주를 담은 후 타전 (打栓)합니다. 이때 맥주 중의 이산화탄소가 기화되어 나가지 않도록 병 속의 압력과 같은 평형압력 상태에서 자연 낙하하여 맥주가 흘러들어가도록 합니다. 이렇게 병에 담겨진 맥주는 열처리기(pasteurizer)에서 저온 살균된 후 다시 엄밀한 검병과정을 거쳐 상표가 붙어 출하됩니다. 요즈음은 이러한 모든 작업이 자동화・기계화 되어있습니다.

4) 구성요소

① Hops

맥주는 호프가 함유된 유일한 음료입니다. 호프는 온화한 진정효과를 가지고 있으며 수면에 도움을 줍니다. 호프의 고미성분(쓴맛)은 식욕을 촉진시켜 줍니다. 많은 학자들은 호프 성분의 질병 예방효과와 조혈작용이나 약리작용을 연구하고 있습니다. 맥주를 즐기는 일은 삶을 고단하게 하는 것이 아니라 생활에 적당한 기쁨을 주는 것이며 대부분의 사람들은 맥주의 음용에 대하여 긍정적으로 기록하고 있습니다.

② 맥아(맥주용 보리)

맥아에는 영양소인 탄수화물, 단백질, 미네랄, 미량 필수원소 및 인체에 중요한 유기산류와 비타민이 함유되어 있습니다. 맥주 내 석탄산 계통 물질의 80%는 맥아로부터 유래하는데, 이 물질은 체내의 자유 레디칼(암의 발생을 촉진하는 물질)을 잡아주므로 적포도주와 동일하게 암의 발생을 억제하는 작용을 합니다.

③ 알코올

보통 맥주 내에는 4% 내외의 낮은 농도의 알코올이 함유되어있는데, 낮은 농도의 알코올은 생활에 생기를 불어넣는 활력소로써 작용하며 삶에 행복을 가져다주는 역할을 합니다. 매일 0.5~1리터의 맥주를 마신다고 하여도 맥주 내에 들어있는 알코올 양은 건강상 전혀 문제가 없다고 합니다. 맥주는 타 주류에 비하여 건강에 도움을 주는 물질을 많이 함유하고 있고 알코올농도는 낮아 알코올 의존성에 대한 걱정이 없습니다. 외국의 경우 맥주는 갈증을 해소하는 음료로써 역할을 하며 야외에서 운동을 하면서 또 식사 시에 물이나 주스 대신에 즐겨 마시는 음료입니다.

④ 물

맥주에는 물이 약 92% 함유되어 중요한 역할을 담당합니다. 맥주의 갈증 해소 효과는 높은 수분함량과 유익한 미네랄성분이 들어 있기 때문입니다.

⑤ 칼로리

맥주는 저칼로리의 음료입니다. 100그램의 맥주는 약 40kcal의 열량을 가지며 이는 사과주스나 콜라보다도 낮은 열량입니다. 따라서 비만을 염려하는 사람들에게 좋은 음료로서 역할을 합니다. 맥주는 신진대사를 촉진시키므로 식욕을 증진시켜 주는 효과가 있습니다.

⑥ 단백질 물질

맥주에는 생체구성에 필수적인 모든 필수아미노산과 많은 종류의 아미노산이 함유되어 있습니다. 따라서 맥주는 열량은 적은 반면 영양소를 충실히 함유하고 있어 다이어트를 하는 이에게 가장 적합합니다. 맥주는 곡류로 만든 주류로써 맥아를 많이 함유할수록 영양소의 기능을 충실하게 합니다. 맥주를 많이 마시면 살이 찌거나 배가 나온다는 것은 과학적 근거가 없으며 맥주는 오히려 다이어트음료로써 우수한 기능을 가지는 동시에 필수영양소를 고루 함유하고 있는 건강식품입니다. 보통 맥주를 많이 마셔 살이 쪘다는 이야기는 맥주와 같이 먹는 기름기가 많은 안주에 기인하므로 안주선택에 유의하는 것이 비만을 관리하는데 좋습니다.

⑦ 미네랄과 미량원소

맥주는 30종이 넘는 미네랄과 인체에 꼭 필요한 미량원소를 가지고 있으며 대부분 맥아에서부터 유래합니다. 1리터(1,000cc)의 맥주는 하루에 필요한 성장물질 중 마그네슘의 50%, 인의 40%, 칼륨의 20%를 공급한다. 칼륨이 풍부하고 나트륨은 적어 이뇨작용이 대단히 뛰어납니다. 마그네슘이 풍부하고 칼슘이 적어 무엇보다도 심장병을 예방하며 담석증과 요결석을 막아줍니다.

⑧ 비타민

맥주는 모든 종류의 중요한 비타민 B군을 보유하며 또 비타민 A, D, 노화방지물질인 비타민 E를 가지고 있습니다. 예를 들면, 1리터의 맥주를 마시면 사람이 하루에 필요한 비타민 B6의 약 35%를 충당할 수 있고 비타민 B_2는 20%, 나이아신(Niacin)의 65%를 공급받을 수 있습니다. 1리터의 맥주에는 210mg(밀리그램)의 비타민류를 함유하며 이 물질들 또한 맥주 보리에서 유래합니다.

⑨ 사과산과 젖산

맥주 1리터에는 약 650mg의 사과산과 젖산을 함유하고 있습니다. 인체에 필요한 사과산은 소화흡수가 잘되며 또 젖산은 대장에서 소화기능을 하는 미생물에 큰 도움을 줍니다.

⑩ 탄산가스

맥주 100그램에 약 0.5그램 포함된 탄산가스는 입안 점막의 혈액순환에 도움을 주어 타액 분비를 촉진하고 위의 소화액의 분비를 도와 소화작용을 쉽게 하며 인체에서 불필요한 물질을 소변으로 배출하는데 중요한 기능을 합니다. 맥주를 마실 때의 상쾌한 청량감은 물론 탄산가스에서 오는 것입니다.

⑪ 폴리페놀

맥주 1리터에는 약 150mg 내외의 폴리페놀이 들어 있는데 다른 주류에 비하여 상대적으로 높은 수치입니다. 이 물질은 심장순환계 질환과 암의 발생을 예방하는 작용을 하는데, 녹차나 적포도주에도 이 물질의 상당량이 함유되어 심장병 예방과 항암작용을 합니다. 적포도주를 즐기는 프랑스 사람들은 심장경색의 비율이 다른 나라에 비하여 낮습니다.

맥주는 양조주로써 지방이나 콜레스테롤, 카페인등이 없어 가장 안전한 주류 중의 하나이고, 또한 약 2,000 종류가 넘는 성분물질들이 더욱 잘 조화를 이루고 있어 건강에 기여합니다.

3. 와인(포도주)

1) 포도주의 유래

포도주는 역사가 매우 오래된 술로서, 지구상에 인류가 출현하여 야생의 포도나무 열매를 채취하여 보관하던 중 그것이 자연 발효되어 괴어 있는 것을 마시게 된 것으로 추정되며 이것이 언제부터인가는 정확한 연대는 알 수 없습니다. 와인의 특징은 알코올 함량이 낮기 때문에 누구에게나 부담이 없는 음료로서 식욕을 증진시키고 소화를 촉진시키며, 수확의 연도에 따라 맛과 질의 차이가 있습니다.

2) 포도주의 제조방법

포도주는 과실류의 대표적인 양주로 종류에 따라 제조방법이 서로 차이가 있습니다.

① 적색 포도주(Red Wine)

열매가 잘 숙성된 적색 계통의 포도주 껍질과 함께 그대로 잘 으깬 다음 7~14일간 모든 당분이 거의 없어질 때까지 계속 발효시켜 제조한다.

② 백색 포도주(White Wine)

녹색 계통의 포도주 껍질을 제거한 후 즙을 내어 20일 이상 일정한 온도(12~20도)를 유지하여 발효시킵니다.

③ 핑크색 포도주 Rose Wine)

- 붉은색의 포도주와 녹색 포도열매를 혼합하는 경우입니다.
- 적포도를 원료로 하여 껍질을 짧은 시간에 처리함으로써 적당한 핑크색과 풍미를 가미하는 방법이 있으며, 맛과 향이 백포도주에 가까운 포도주라 할 수 있습니다.

3) 포도주의 분류

① 색에 의한 분류

- 적포도주(Red Wine)
- 백포도주(White Wine)
- 핑크색 포도주(Rose Wine)
- 황색포도주(Yellow Wine)

② 맛에 의한 분류

- 단맛의 포도주(Sweet Wine)
- 신맛의 포도주(Dry Wine)

③ 알코올 함량에 의한 분류

- 강화 포도주(Fortified Wine) : 브랜디를 첨가한 알코올 도수 16~20도의 포도주
- 비강화 포도주(Unfortified Wine) : 일반적인 테이블 와인(Table Wine)으로서 알코올 15도 이하의 포도주

④ 탄산가스 함량에 따른 분류

- 발포성 포도주(Spakling Wine) : 포도주에 탄산가스가 함유된 종류로서 샴페인이 대표적인 예
- 비발포성 포도주(Still Wine) : 가스가 제거된 일반적인 테이블 와인

⑤ 식사와 관련된 분류

- 식사 전 포도주(Aperitif Wine) : 에피타이저(Appetizer)나 수프코스(Soup Course)에서 곁들일 수 있는 포도주
- 식사 중 포도주(Table Wine) : 식사와 함께 곁들일 수 있는 포도주를 말하며 적포도주(육류)와 백포도주(생선류)
- 식후 포도주(Dessert Wine) : 식후 후식과 함께 곁들이는 포도주- 단맛이 나는 와인이나 발포성 포도주

⑥ 생산국에 의한 분류

- 프랑스산 와인(French Wine) : 포도주의 본고장으로서 포도주의 생산과 판매수출이 법률에 의해 엄격히 규제되므로 품질이 세계적으로 우수
- 독일산 와인(German Wine) : 세계 생산량의 80%를 차지하며 수확 시기에 따라 맛이 각양각색
- 스페인 와인(Spain Wine) : 대표적인 포도주로서 백포도주의 일종인 셰리(Wherry Wine)가 있으며, 스페인 포도주는 양적인 면에서 세계 3위의 산출국이며, 생산량은 1위
- 이태리 와인(Italy Wine) : 가격이 비교적 저렴한 것이 특징이며, 품질 향상을 위한(소비자보호) 통제법이 시행되고 있으며, 버무스(Vermouth)와 칸티(Chianti)는 세계적으로 유명
- 포르투갈 와인(Portugal Wine) : 도우로(Douro)가 대표적인 와인, 지방에서 생산되는 포드와인(Port Wine)이 있으며 이는 주정이 16.5~180도 정도로 브랜디(Brandy)를 첨가하여 변질을 방지

- 미국 와인(American Wine) : 1840~1860년 캘리포니아 대학에서 품종개량을 하여 많은 품질의 향상을 보았으며, 미국 포도주는 캘리포니아주와 오하이오주에서 전국 생산량의 80%를 생산

4) 포도주를 즐기는 방법

포도주의 맛보기(Taste)는 주인(Host)이 먼저 맛보는 것이 상례이며, 글라스는 목부분(Stem)을 잡고 마십니다. 또한 와인을 마시기 전에는 독한 담배나 자극성 있는 음식은 가급적 삼가며, 백포도주는 글라스의 3분의 2정도, 적포도주는 글라스의 4분의 3정도 따라 한 잔을 3~4회로 나누어 마시는 것이 상례입니다.

포도주는 급격한 가열이나 냉각은 삼가야 합니다. 그 이유는 음료가 변질될 우려가 있기 때문입니다. 그리고 마실 때는 침전물(sediment)이 흔들리지 않도록 주의하고 장기간 보관 시에는 코르크마개 용기를 밑으로 약 30도 정도 기울여 보관합니다. 제공 온도는 백포도주나 샴페인은 섭씨 7~10도, 적포도주는 섭씨 17~20도 정도가 이상적입니다.

5) 포도주에 관한 몇 가지 상식

프랑스인은 옛날부터 육식을 많이 하고 포도주를 식탁에 곁들이는 습관이 있는데, 이는 켈트족으로부터 유래한 것이라고 합니다. 오늘날 프랑스의 나이든 남자들은 주부들의 전통적으로 내려오는 값 싼 생선으로 정성껏 만든 요리에 향수를 느낀다고 합니다.

프랑스인들이 식습관이 육식으로 변해오는 동안 붉은 포도주를 항상 즐기게 되며 백포도주의 생산이 감소하는데 그것은 백포도주가 고가이기 때문이 아니고 백포도주는 생선요리와 먹는 습관에서 기인한 것입니다. 프랑스인은 포도주를 눈과 코로 먼저 즐기고 맨 나중에 입으로 시음합니다. 포도주의 빛깔과 냄새를 맡고 입으로 음미하는데, 즉 포도주의 색깔과 투명도를 보고 다음 향을 살짝 맡은 뒤 한 모금 마셔보는 것입니다. 식당에서 포도주를 주문했을 때 arcon(점원)은 우선 초대

받은 주인공이나 돈을 내는 사람을 얼른 식별하고 주문한 포도주를 잔에 조금 따라 시음하도록 합니다. 이 때 시음을 하고 맛이 좋다고 하면 그때서 손님들의 잔에 따라줍니다. 포도주를 따를 때는 시계반대 방향으로 따릅니다.

적포도주와 백포도주를 먹는 방법은 전통적으로 고기를 먹을 땐 붉은 포도주, 생선을 먹을 땐 백포도주를 마십니다. 포도주의 종류는 치즈 종류만큼 다양하지는 않습니다. 프랑스 포도주는 다섯 지역에서 생산하는 급이 다른 포도주가 있습니다.

최고급 포도주는 일정지역에서 일정한 조건아래 생산된 포도로만 만들어 포도산지를 밝히는 샴페인, AOC포도주, 보르도, 브르고뉴, 보졸레 등 유명 생산지 이름을 밝힌 것이 여기에 속합니다. 그러나 품질에 따라 종류는 다양합니다. 가장 대중적인 것은 "뱅 드 따블르"라고 부르는 여러 지방에서 난 포도를 섞은 것으로 라벨 맨 위에 "Vin de table de France"라고 쓰여 있습니다.

포도주 잔은 포도주에 따라 다릅니다. 처음엔 주둥이가 나팔 모양으로 벌어진 투박한 유리로 만들어졌으나 점차 다양하게 변천되었습니다. 포도주 맛을 최대한 살리기 위한 것으로 샴페인 등 거품 포도주는 가늘고 좁은 잔에, 붉은 포도주는 넓고 얕은 잔에 담아 향을 음미할 수 있게 합니다.

백포도주(Vin blanc)는 그 중간쯤 되는 잔을 사용합니다.

▸ 샴페인(Champagne)

프랑스 북동지방인 샹파뉴(Champagne)주에서 나는 탄산가스가 들어있는 발포성 포도주입니다. 상쾌한 향미가 있으며 발효할 때 생기는 탄산가스가 들어있는 것과 인공적으로 넣는 것이 있습니다. 알코올 함유량은 9~11%입니다. 주로 축하하는 뜻으로 샴페인을 터뜨립니다. 질에 따라 급의 종류도 다양합니다.

▸ 보르도주(Bordeaux)

프랑스 서남부 가론느강에 연한 항구도시에서 나는 포도로서 프랑스에서 생산되는 포도주 중에서 가장 많은 양을 차지하고 있습니다. 클라렛이 유명합니다.

▸ 보졸레(Beaujolais)

라론강과 사온강 중심부에 위치한 지역으로 이곳에서 생산되는 포도주로 주로 보졸레의 포도주는 풀레리, 시루불루, 줄리에나, 부루이 등의 보졸레 술이 유명합니다.

6) 보졸레누보

프랑스 부르고뉴주의 보졸레 지방에서 매년 그 해 9월에 수확한 포도를 11월 말까지 저장했다가 숙성시킨 뒤, 11월 셋째 주 목요일부터 출시하는 포도주(와인)의 상품명입니다. 원료는 이 지역에서 재배하는 포도인 '가메(Gamey)'로, 온화하고 따뜻한 기후와 화강암 · 석회질 등으로 이루어진 토양으로 인해 약간 산성을 띠면서도 과일향이 풍부합니다.

보졸레누보가 널리 알려지기 시작한 것은 1951년 11월 13일 처음으로 보졸레누보 축제를 개최하면서부터입니다. 보졸레 지역에서는 그 해에 갓 생산된 포도주를 포도주통에서 바로 부어 마시는 전통이 있었는데, 1951년 이러한 전통을 지역 축제로 승화시키면서 프랑스 전역의 축제로 확대되었고, 1970년대 이후에는 세계적인 포도주 축제로 자리잡았습니다.

특히 1985년 프랑스 정부에서 매년 11월 셋째 주 목요일 자정을 보졸레누보 판매 개시일로 규정한 이래, 매년 이 날을 기다려 세계 각지의 수입업자들이 보졸레로 몰려듭니다. 6개월 이상 숙성시키는 일반 와인과 달리 보관하지 않고 빨리 마셔버리는 와인으로, 발효 즉시 내놓은 신선한 맛이 생명이기 때문에 보통 출시된지 2~3주만에 바닥이 납니다. 이 때문에 프랑스 정부에서는 이 와인들을 항공기 · 모터사이클 · 풍선기구 · 제트비행기 등 가리지 않고 가장 빠른 운송수단을 이용해 세계 각지로 배송 · 판매하도록 하고 있습니다.

포도를 압축하고 3일만 지나면 일반적인 레드와인에서 발견되는 타닌과 페놀 성분의 신맛이 없어져 아주 쉽게 마실 수 있고, 또 과일 맛이 풍부해 레드와인이면서도 화이트와인과 거의 비슷한 맛을 냅니다. 섭씨 10~14℃에서 가장 좋은 맛을 내며, 한 모금씩 마시기보다는 벌컥 벌컥 들이키며 마시는 와인으로 유명합니다. 흔히 보르도에서 생산되는 와인을 '와인의 여왕'이라고 한다면, 보졸레누보는 '와인의 왕'으로 일컬어집니다.

4. 위스키

1) 만드는 법에 따른 분류

① 몰트 위스키(Malt Whisky) → 맥아만을 원료로 사용하여 만든 위스키입니다, 단식 증류장치(Pot Still)를 사용하여 증류하여 풍미가 살아있습니다.

② 그레인 위스키(Grain Whisky) → 일반 곡물, 주로 옥수수 등을 원료로 사용하고 소량의 맥아를(10~25%) 가해서 당화시킨 것을 발효 증류시킨 것입니다. 연속식 증류장치(Patent Still)를 사용합니다. 주로 몰트위스키와 블랜딩 되어 집니다.

③ 블랜디드 위스키(Blended Whisky) → 몰트위스키와 그레인 위스키를 혼합한 것입니다.

▸ 싱글 몰트위스키와 배티드 몰트위스키 구분

- 싱글 몰트위스키 → 같은 증류공장에서 만든 몰트위스키를 말합니다(숙성년도와는 상관없이).
- 배티드 몰트위스키 → 여러 증류공장에서 만들어진 몰트위스키를 섞은 위스키를 말합니다.

2) 종류

▸ 앰베서더(Ambbassador) _ Taylor &Ferguson Ltd.

앰베서더(대사)라는 이름은 20세기 초 영국주재 각국 대사가 위스키산업의 중심지인 글라스고우에 모여서, 수많은 위스키 중에서 영국을 대표하는 위스키를 선발하였는데, 그 결과 테일러 엔드 허거슨(Taylor &Ferguson)사의 위스키가 선발되었습니다. 이때부터 이 회사는 앰배서더(대사)라는 이름을 사용하게 되었습니다. 수출 전용제품으로, “Deluxe”는 전형적인 라이트 타입이고, “Embassy”는 약간 피트향이 있습니다. 그리고 “Royal 12년”과 “25년”은 라이트하면서도 부드럽고 풍부한 맛을 냅니다. 현재 대주류 기업인 얼라이드 라이온스(Allied Lyons) 그룹에 속해 있습니다.

▸ 블랙 앤 화이트(Black &White) - JAmes Buchanan &Co., Ltd.

블랙 앤 화이트란 이름은 처음에 검은 병에 하얀 상표를 붙인데서 유래된 것입니다. 처음에는 상표에 자신의 이름을 표시했지만, 일반 사람들이 블랙 앤 화이트로 부르는 경우가 많아 1904년 이 명칭을 정식으로 사용하였습니다.

제임스 부케넌은 1897년 런던에서 찰스 메킨리의 위스키 대리점에서 일하다가, 1884년 독립해서 자신의 이름으로 회사를 세우고, 처음에는 통으로, 다음에는 병으로 판매하여 위스키업계에서 지위를 확보하였습니다.

표준품은 부드러우면서 남성적이며, 그 외 “Select”, “Premium 12년”, “The Royal Household”(영국왕실 전용) 등이 있습니다.

▸ 던 힐(Dunhill) - Dunhill Scotch Whiskey Sales Ltd.

고급 낭성용품 던 힐사가 I. D .V.(International Distillers &Vintners)사와 제휴하여 발매한 고급품, 12~20년 숙성된 몰트를 40여종 블렌딩하여 만든 고급품이다.

▸ 시바스 리갈

시바스 리갈이란 말은 시바스 가문의 왕이라는 뜻입니다. 뛰어난 제품을 만드는 데는 다양한 요소들이 있겠지만, 시바스 리갈의 품질을 말할 때면 무엇보다도 시바스家의 전통을 먼저 들어야 할 것입니다. 시바스라는 이름은 500년 전의 에버딘(Aberdeen)과 스페이사이드(Speyside) 지방으로까지 거슬러 올라갑니다.

1836년 청년 제임스 시바스(James Chivas)는 그의 고향인 스트라티탄(Strathythan)을 떠나서 스코틀랜드 북동쪽으로 새롭게 상업의 중심지로 떠오르던 항구도

시 에버딘(Eberdeen)으로 일을 찾아 떠났는데, 이 사건은 나중에 위스키 역사에서 매우 중대한 결과를 낳게 됩니다. 제임스는 잡화와 위스키, 와인 등을 파는 상점에서 일하게 되는데, 후에는 아예 이 사업을 인수받아 '스튜어트와 시바스(Stewart &Chivas)'라는 이름으로 동업을 하게 됩니다. 그리고 2년이 채 되기 전에 그의 사업은 왕가의 인증서(Royal Warrant)를 받을 정도로 인정받게 됩니다. 1857년 제임스의 형 존이 사업에 동참하게 되는데, 이것이 시바스 브라더스라는 회사명의 유래가 되었습니다. 주로 귀족들에게 고급식품을 대량으로 공급하면서 회사는 번창하였습니다. 이 시기에 그들은 다른 여러 종류의 몰트위스키와 그레인위스키를 블렌딩하면 비교할 수 없이 풍성하고 미묘한 맛을 낼 수 있다는 것을 발견하게 되었습니다. 그들의 뛰어난 블렌딩 기술(Art of Blending)은 훌륭하게 숙성된 맛과 향으로 영국시장을 선점하게 되었고, 이는 블렌디드 위스키의 화려한 개막을 알리는 계기가 되었으며 다른 후발제품들도 이를 뒤따랐습니다. 또한 고품질을 일관성 있게 보증해 주어서 고객들이 안심하고 위스키를 즐길 수 있게 하기 위해서는 제품에 브랜드(상표)가 있어야 한다는 것도 먼저 깨달았습니다. 1890년 그들은 마침내 위스키 역사상 그 누구도 흉내 낼 수 없는 프리미엄 스카치위스키 시바스 리갈을 탄생시키게 되었고, 그 후 시바스 리갈은 품질증명(Hallmark) 그 자체일 정도가 되었습니다.

1909년 '가장 많이 선택되고, 오래된 위스키의 가장 훌륭한 본보기'로 인정받은 시바스 리갈은 미국으로 맨 처음 수출되었고, 곧 세계적인 사랑을 받게 되었습니다.

▸ 조니워커

1820년 존 워커가 잡화점을 매입하여, 술을 판매하면서 시작되었습니다. 1908년에 존 워커의 손자가 할아버지의 애칭을 새로운 위스키의 이름으로 사용하고, 미술가에게 의뢰하여 신제품의 심벌마크를 정했습니다. 이 심벌마크는 실크햇을 비스듬히 쓰고 지팡이를 들고 씩씩하게 걷는 멋쟁이 신사의 그림으로,

쾌활한 사업가의 모습으로 받아들여져 전 세계 사업가들이 즐겨 마시게 되었습니다.

▸ J & B(Justerrini & Brooks Ltd)

1749년 쟈코모 저스테리니란 이태리 청년이 애인을 따라서 런던으로 가면서 시작되었습니다. 그는 오페라 가수와 연애를 하고 있었는데, 그녀의 런던 공연에 따라가면서, 이태리에서 미리 술 만드는 방법을 적어서 가지고 갔습니다. 런던에서 장기간 체류하게 되자, 그는 사무엘 존슨이라는 무용단장과 합작하여, 존슨 앤 저스테리니란 회사를 차렸습니다.

▸ 알렉산더(Alexander)

진, 브랜디, 크림, creme de casso가 혼합되어 만들어진 이 칵테일은 알렉산더의 사후 100년이 지난 시기에 알렉산더 대제의 이름을 따서 명명되었습니다.

▸ 베네딕틴(Benedictine)

세계에서 가장 오래된 술 중의 하나인 베네딕틴은 1510년 프랑스 페캠프(Fecamp)에 있는 암자에 기거하던 베네딕틴 수도승들이 만들어 냈습니다. 그리고 그들의 이름을 따서 베네딕틴이라고 이름지었습니다. 그들은 이 술을 가장 위대하고 자비로우신 신에게 바친다고 말했다 한다고 합니다.

3) 스카치위스키

스카치위스키는 영국의 북부 스코틀랜드 지방에서 생산되는 위스키를 말합니다. 스카치위스키는 몰트의 디아스타아제(녹말 분해효소)를 이용해 곡물을 발효해 술로 만든 다음 거르기 전에 스코틀랜드에서 증류해 최소 3년간 통에 담아 창고에서 숙성시킨 것입니다. 몰트를 건조시킬 때 스코틀랜드 특산인 피트(peat)라는 석탄을 쓰는데 이 피트향이 스카치위스키의 대표적 특징입니다.

4) 버번위스키(Bourbon whisky)

옥수수와 호밀로 만든 미국 위스키. 버번이란 켄터키주(州)의 군(郡) 이름으로

19세기 초에 이 지방을 개척한 농민들은 대개 농장 안에 소형 증류기를 갖추어 놓고 위스키를 증류하였습니다. 당시는 좋은 도로도 없어서 수확한 곡물을 직접 운반하기보다는 위스키로 가공하여 강을 통해 배로 나르는 것이 비용이 덜 들었기 때문이라고 합니다.

현재 알코올 정의에 따르면, 버번에는 지리적 의미는 없고 '최저 51%의 곡식발효 전국에서 증류된 것'으로 되어 있습니다. 안쪽을 태운 통에 담아 숙성·착색시키는 것이 원칙인데, 태우지 않은 통을 씀으로써 착색되지 않은 것은 콘위스키라고 합니다.

5) 위스키 제조방법

위스키 제조법에는 여러 종류가 있으나 원칙적인 예를 들면 다음과 같습니다. 분쇄한 건조맥아(몰트)에 더운물을 가하여 54~63℃에서 녹말을 당화시킨 후 24~25℃로 냉각시켜, 다시 효모를 가하여 발효시킵니다.

발효액을 증류하여 알코올 분을 약 60%로 한 다음, 이것을 나무통에 넣어 저장합니다. 저장기간은 약 7년이며, 우수한 품질의 것은 12~15년간 묵혀 저장하는데, 이 사이에 통의 재료에서 향미에 관여하는 미량성분이 추출되고 색조도 무색에서 담갈색으로 변합니다. 이것이 위스키의 원주(原酒)이며, 이것을 그대로 또는 토대로 하여 혼합해서 제품으로 만듭니다.

6) 위스키 가장 맛있게 마시는 방법

위스키는 스트레이트로 마시는 것이 일반적인 음주법이지만 향을 즐기기 위해서는 얼음을 넣어 희석 시켜 마시기도 합니다. 미리 식혀 놓은 잔에다 얼음 덩어리를 넣고 그 위에 위스키를 부어 마시는 것이 위스키를 가장 맛있게 마시는 방법. 얼음 위로 흘러내리는 그 짧은 순간에 술의 온도가 알맞게 내려가야 제 맛을 즐길 수 있습니다. 위스키 등의 도수가 높고 향기로운 술은 안주 없이 즐겨야 맛을 제대로 느낄 수 있습니다.

미니지식 Q&A

■ **손님 대접할 대 찻잔 내려놓기가 부담스러워요.**

- 차를 내려놓을 때는 손님 먼저, 그리고 자신보다 상사의 순서대로 내려놓도록 합니다. 또한 테이블 위에 쟁반을 먼저 내려놓고 두 손으로 차받침을 들어 손님 앞에 내려놓아야 찻잔을 떨어뜨릴까 불안해하지 않을 수 있습니다. 만약 장소가 좁아서 뒤 족에서 차를 놓아야 할 경우에는 손님의 왼쪽 뒤편에서 놓아서 손님과의 부딪침을 미리 예방할 수 있습니다.

미니지식 Q&A

■ **어느 빵과 물을 먹어야 하나요?**

- 원탁 테이블의 레스토랑에서 양식을 주문하다 보면 많은 포크와 나이프, 그리고 접시들에 정신을 놓게 되는 경우가 있습니다. 물을 마시다 보니 어느새 오른쪽 왼쪽에 있는 물을 모두 마시는가 하면 접시에 올려져 있는 빵도 어느새 모두 내 차지입니다. 이런 경우 오른손에 떨어뜨리면 위험하거나 중요한 것이 무엇인지 생각하면 됩니다. 물잔은 대부분 유리로 되어 있기 때문에 대부분의 사람들이 익숙하지 않은 왼손을 사용할 경우 위험할 수 있겠지요. 그래서 오른쪽에 있는 물과 왼쪽에 있는 빵이 원탁테이블의 세팅원칙입니다.

미니지식 Q&A

■ **셀프서비스, 부장님 것까지 제가 챙겨야 하나요?**

- 요즘 많은 식당에서 물은 셀프서비스입니다. 이때 동석한 부장님, 과장님, 대리님, 선배님 물까지 다 챙겨야 하는지 나신입 씨는 잠깐 고민이 되었습니다. 이때 고민하지 말고 사회생활도 일반적인 상식수준에서 생각해서 판단하도록 합니다. 꼭 내가 제일 신입이니까 하는 생각으로 물을 준비해 드리기보다는 상대방을 배려한다는 생각으로 쫙 돌리는 게 좋습니다.

PART 2 직무관리

07
CHAPTER

직장인의 기본 이미지

Objective

1. 목표설정의 원칙과 관리방법을 이해할 수 있습니다.

2. 업무목표의 설정을 통하여 중간계획을 점검하고 효율성을 제고시킬 수 있습니다.

4. 효율적인 목표수립과 관리 프로세스의 활용을 통해서 회사업무 추진 능력의 향상을 추구할 수 있습니다.

7.1 목표설정하기

1. 목표의 정의

목표는 달성하고자 하는 최종지점과 달성시한, 추진주체를 구체적으로 기록한 것으로 비전과 미션과는 차이가 있습니다.

비전은 기업의 장기적으로 지향하는 미래상으로 확고한 신념과 결의를 담고 있는 꿈을 말하는 것입니다. 한편 미션은 기업이 존재하는 이유에 대한 구체적인 해답으로서 누구를 위해서 무엇을 할 것인지, 왜 하려고 하는지, 비전실현을 위한 조직의 역할, 비전과 현실을 접목시키려는 노력 등을 서술문을 통해 구체적으로 표현 하는 것을 말합니다.

■ 목표설정의 의미

- 동기유발의 수단이 됨
- 계획수립의 근거가 됨
- 세부업무 추진의 방향을 제시해 줌
- 자원의 집중을 가능하게 함
- 업무의 우선순위 설정이 가능함
- 판단기준의 설정이 보다 명확해짐
- 대안 마련이 가능해짐
- 목표의식의 공유로 팀워크도 강화됨

■ 목표설정의 걸림돌

- 습관화 되어 있지 않음
- 시급한 일처리 위주로 업무 진행
- 목표설정 과정이 복잡하다는 생각

- 실패에 대한 두려움
- 낮은 성취의욕
- 작심삼일
- 무사안일
- 부정적인 태도

2. 목표설정 프로세스

■ 목표설정 프로세스 5단계

1단계	2단계	3단계	4단계	5단계
외부 및 내부 동향분석	SWOT분석	전략적 이슈선정	성과지표의 설정	업무 목표의 구체화

(1) 단계별 핵심내용

1단계 : 외부 및 내부동향 분석

외부요인 동향분석
시장상황 변화
사업전략 변화
고객욕구 변화
사회경제적 변화
기술발달 변화
법적 규제 변화

내부요인 동향분석
핵심역량 및 핵심 프로세스의 변화
수입 및 원가체제의 변화
주요 성과측정 변수 변화
경영 및 의사결정 체제변화
조직문화 변화

2단계 : SWOT 분석

두 번째 단계에서는 1단계에서 파악된 외부, 내부 요인이 자사나 팀에 직접적으로 영향을 미치는 부분으로 미시적인 차원의 분석이라고 할 수 있는 SWOT분석을 하게 됩니다. SWOT은 Strengths, Weaknesses, Opportunities, Threats의 첫 글자를 딴 약어입니다. 즉 자사의 강점과 약점, 그리고 외부의 기회, 위협요인을 한 곳에 정리, 요약해 놓은 것입니다. 1단계에서 파악된 외부요인의 동향분석은 기회요인과 위협요인의 분석에 활용될 수 있으며 내부요인의 동향분석은 강점, 약점 분석에 활용됩니다. SWOT분석 방법으로 먼저 주제에 관련된 참여인원을 선정하고, 브레인스토밍을 통해 강점을 모두 나열한 후 각각에 대해 심층도론 한 후 이를 종합, 정리합니다. 이 중에서 가장 중요한 장점 3~4개 정도를 선택합니다. 이와 같은 방법으로 약점, 기회, 위협 요인에 대해서도 분석한 후 모두 취합하여 요약하여 SWOT Chart를 작성하면 끝나게 됩니다.

■ SWOT 분석방법

- 주제에 관련된 참여인원을 확보한다.
- 브레인스토밍 아이디어 회의를 하여 장점을 모두 나열한다.
- 각각에 대해 심층 토론한 후 종합 정리한다.
- 정리된 내용 중에서 가장 중요한 장점 3~4개 정도를 투표나 협의를 통해 선택한다.
- 단점, 기회, 위협 요인에 대해서도 같은 방법으로 분석한다.
- SWOT 요인을 전부 종합 정리한다.

3단계 : 전략적 이슈 선정

■ 전략적 이슈 선정방법

- SWOT분석 내용을 검토한다.
- 이들 중에서 비중이 큰 주요 이슈를 선정한다.
- 심층토론하고 내용을 정리한다.
- 중요 이슈가 빠졌는지 다시 한 번 확인한다.

- 투표나 협의를 거쳐 전략적 이슈를 결정한다.

4단계 : 성과지표의 설정

■ 성과지표 설정방법

- 설정된 전략적 이슈에 대한 성과지표의 나열
- 관리하고자 하는 성과지표의 선택
- 성과지표의 세분화 및 구체화

5단계 : 업무목표의 구체화

- 선정된 성과지표에 대한 장기, 단기 기간별 목표수준 제기
- SMART 원칙 하에서 글로 써서 표현하는 서술문의 작성

*SMART : 좋은 목표 스마트

Specific - 구체적

Measurable - 측정 가능

Achievable - 달성 가능

Relevant - 목적에 맞는

Time-bounded - 시간 제한적

■ SMART한 서술문 작성 사례

SMART 한 서술문 작성사례	SMART 하지 않은 서술문사례
• 3년간 25%의 영업실적 달성 • 달성계획으로는 첫 해에는 5%, 두 번째 해에는 10%, 세 번째 해에는 10% • 향후 고객만족을 20%씩 향상	영업향상도모 고객만족도 향상

5단계 : 업무목표의 구체화

■ 협의를 통한 목표의 최종 확정

- 목표의 협의
- 목표면담 자료준비
- 목표설정을 위한 면담 또는 회의
- 목표 검토 및 토론
- 목표의 조정
- 목표의 최종 합의

■ 목표설정 Checklist

- 문제해결의 관점에서 출발하였는가?
- 너무 많이 않게 중점 추진사항 위주로 작성되었는가?
- 능력보다 높이 설정되었는가?
- 자발적으로 설정되었는가?
- 하위목표와 상위목표의 연결이 제대로 되었는가?
- 공동목표는 적극적으로 제시되었는가?
- 목표끼리 서로 방해하지 않도록 작성되었는가?
- 구체적, 정량적으로 제시하였는가?
- 도전적 가치와 전략적 의미가 부여되었는가?
- 구체적인 달성시한이 제시되어 있는가?
- 구성원의 참여를 활용할 수 있는가?
- 적절한 피드백이 활용될 수 있는가?

7.2 목표실행하기

1. 실행프로세스의 중요성

실행프로세스가 중요한 이유는 무엇일까요?

한마디로 실행의 위험요소를 최소화하기 위한 것입니다. 실행 프로세스를 활용하게 되면 사고의 체계화를 도모할 수 있을 뿐 아니라 성공요인과 문제점을 사전에 파악할 수 있으며 자원과 시간낭비 요인도 제거할 수 있습니다.

2. 실행프로세스의 3단계

실행프로세스는 아래 그림과 같이 계획단계, 수행단계, 통제단계의 3단계를 거치며 재조정 작업을 요구합니다.

계획단계 → 수행단계 → 통제단계 ↘

↖ 재조정 ↙

■ 1단계 : 계획단계

- 범위설정
  - 업무의 실질적인 목적을 재점검한다.
  - 문제해결이 필요하게 된 원인을 파악한다.
  - 무결과와 연관된 사람은 누구인가?
  - 무목적상 관련자 간의 상충되는 이해관계가 있는가?
  - 성과평가 기준은 무엇인가?
  - 업무범위 선정방법 - 전문가 의견 참조, 현황분석, Benefit/Cost 분석, 대안구상을 위한 브레인스토밍, 수평적 사고기법, 관련자 회의

- 업무범위 단계의 결과물 - 범위의 정의 및 내역, 업무세분화, 비용, 기간, 보고 범위설정 관련자의 합의 도출

- 스케줄 작성

1. 업무 세분화 – 업무를 세분화하여 Activity list를 작성(일 단위, 주간단위, 월 단위 등)	2. 업무 순서도 작성 – 순차적으로 상호 연결된 업무를 파악한다. – Flow Chart 사용하여 도표화
3. 소요기간 설정 – 전문가 의견, 실무자 의견 반영 – 예비시간 추가	4. 스케줄 작성 – 핵심스케줄 관리(CPM) – Flowchart 및 Bar Chart 사용

스케줄 작성 시 필요한 사항은 세부작업 소요시간 측정, 실질 근무일, 제약조건과 가정사항 등이 있습니다.

- 자원관리

자원 소요량 측정		비용 추정		예산 배정
인적 자원, 장비, 자재 등의 소요량 측정	➡	다양한 원가 산정방법에 의거하여 추정	➡	비용추이와 수입추이, Expected Cash Flow를 같이 표시하기도 함

■ 2단계 : 실행단계

실행단계는 업무를 실제로 진행시키는 부분으로써 단계별 계획에 대해 전체적인 조정과 통합이 요구됩니다.

- 필요능력은 업무 집행기술, 리더십, 커뮤니케이션, 협상력이 필요
- 비용 집행이 수반되므로 계획에 근거한 비용 집행 품의서 필요
- 정기 및 진행 점검회의 주관 및 보고
- Baseline 계획 대비 집행의 차이 검토 실시, 통제 업무와 동시 진행

■ 3단계 : 통제단계

- 핵심업무 위주의 관리
- 적절한 시정조치 사항마련
- 신속한 정보 고유와 분석
- 진행사항 보고서 작성
- 변동사항의 조정, 주기적인 계획과의 차질 검토
- 예방을 위한 계획 수립

범위관리	범위변경 필요시, 이에 대한 공식 변경 절차 수립 수정 및 변경 단계에서 초기 기준도 수정 필요 평가를 통해 얻은 교훈에 대한 문서화
스케줄관리	스케줄 변화를 발생시킨 요인에 대한 보고 및 승인절차 원인분석 및 자료화 변화된 스케줄 작성 및 추가 계획 수립 수정 필요사항의 조치
비용관리	계획 대비 편차 감지 및 분석 타부분의 영향과 후속조치에 대한 점검 업무변경 사항이 초기 원가기준에 미치는 영향 파악 승인된 변경을 관련 이해 관계자들에게 통보 중간성과 평가보고 및 Trade-off로 인한 가치평가 수행

7.3 성과 만들기

1. 성과 촉진 요소

성과 만들기를 위한 촉진요소는 품질관리, 위험관리, 정보관리, 조직관리로 나누어 볼 수 있습니다.

■ 품질관리

- 품질관리는 계획단계의 업무로 취급되어져야 함
- 의지와 방침이 반영된 품질정책에 기초하여 수립되어야 함
- 품질 측정 지표의 개발, 허용오차의 설정
- 개선사항 또는 재작업사항 요청의 근거가 됨
- 품질 향상을 위한 비용책정 필요
- 검사를 통한 사전방지

품질관리를 어느 정도 수준으로 할지에 대한 계획수립을 위한 분석기법에는 여러 가지가 있는데, 그 중에서 비용대비 효과분석, Benchmarking, 흐름도 원인분석, 실험방식 등이 있습니다. 상황에 따라 이러한 거시적, 또는 미시적이 방법을 택할 수 있습니다. 보다 과학적인 방법은 통계기법을 활용한 실험 방식이지만 비용과 시간이 많이 들게 됩니다.

■ 위험관리

위험관리는 위험요소파악 - 위험요소분석 - 대응방안 수립의 3단계로 나누어집니다. 위험요소 발생분야는 4가지로 나누어 볼 수 있습니다.

기술, 품질 성과부분	조직부분	프로젝트관리부분	외부요인
증명되지 않았거나 복잡한 기술에 대한 의존, 현실성 없는 성과목표, 프로젝트 기간동안 사용된 기술 및 산업 표준의 변화 등	내부적으로 불일치한 비용, 시간 및 범위목표, 프로젝트 우선순위화 부족, 재정의 부족 및 중단, 조직 내 다른 프로젝트와의 자원 충돌 등	시간 및 자원할당 미흡, 프로젝트 계획의 불충분한 품질, 프로젝트 관리 훈련의 사용 미숙 등	법적 또는 규정적 환경의 변화, 노동자 문제, 소유자 우선순위 변화, 국가 위험 및 날씨 등, 지진, 홍수, 시민사회 불안 등과 같은 Force majeure 위험은 위험관리보다 재난복구 행동을 요구

■ 위험요소 식별방법

- 문서검토
- 정보수집 방법
- 체크리스트 - 축적된 경험과 Know-how 활용
- 가설 검토 - 가설 설정에 대한 유효성 재확인
- Diagramming 표현기법

■ 정보관리

정보관리의 3요소는 의사소통채널, 정보공유체제, 성과보고 체제로 구성되어 있습니다. 각각의 세부내용은 아래 표와 같습니다.

의사소통채널	정보에 대한 수집 및 분배에 대한 갱신 및 수정방법을 다룬다. 의사전달 체계, 방법, 주기, 수준 등을 계획한다.
정보공유체제	의사소통 기술을 활용 정보검색시스템을 구축 정보배포방법을 결정
성과보고체제	현황보고 진도보고 작성 상황예측보고

■ 조직관리

조직관리에서 가장 먼저 고려할 부분은 역할과 책임, 보고체계를 규명하게 되는 조직관리 체계입니다. 회사 전체적인 조직구조의 일부분일수도 있으나 상황이나 필요에 따라 Task Team이나 Project Management 조직과 같이 일시적이거나 비전형적인 구조로 운영될 수도 있습니다. 팀원의 확보와 충원, 팀개발 활동, 팀워크 관리 능력에 대한 자세한 사항을 살펴보겠습니다.

팀원확보 방법	공모, 배정, 협상, 외주업체 활용
팀 개발 활동	팀워크 향상활동 일반적인 관리기술 보상 및 포상시스템 동일장소 배치 훈련
팀워크 관리능력	일반관리능력(지도, 의사소통, 협상) 팀원관리능력(권한이임, 동기부여, 지도) 집단관리능력(팀구축, 갈등해결 등 집단관리) 인적자원능력(성과평가, 선발, 유지, 노사관계)

2. 성과 만들기 점검사항

성공적인 성과 만들기를 위해서는 기본적으로 실현가능한 목표가 설정되었는지, 계획단계에서의 업무가 적절히, 순차적으로 세분화 되었는지, 소요시간이 현실적으로 산출되어 스케줄 작성이 제대로 되었는지, 핵심요소 위주로 스케줄이 관리되고 있는지 확인해 보아야 합니다.

3. 문제점 해결방안

1) 스케줄 관리

스케줄 관리는 업무실행에 있어서 가장 기본이 되는 사항이라고 볼 수 있습니다. 그러나 가장 흔히 문제가 되는 부분이기도 합니다. 스케줄은 Critical Task 위주로 관리되어야 할 것입니다. 또한 유사 프로젝트와 비교하고 벤치마킹 할 수 있는 부분을 파악하는 것도 좋습니다. 스케줄 관리는 아래와 같은 부분을 추가로 고려해 볼 수 있습니다.

■ 스케줄 관리 Tips

- 가장 영향이 큰 부분을 파악하여 집중 관리한다.
- 유사 프로젝트와 비교하고 Benchmarking한다.
- 4~6주 이상 거리는 업무는 세분화하여 관리한다.
- 관리 가능한 부분까지만 세분화한다.
- 쉽게 이해할 수 있는 스케줄을 작성한 후 자원배분을 추진한다.
- 시간단위는 통일한다.
- 예상하지 못한 변수의 발생 시 탄력적으로 대응할 수 있도록 공식적인 업무시간 이외의 시간은 기본 스케줄 작성에 할애하지 않는다.

2) 열린 의사소통 채널 구축

열린 의사소통 채널의 구축도 매우 중요한 부분이라고 하겠습니다. 눈에 크게 띄지 않는 부분이지만 사전예방이 이루어지지 않으면 나중에는 업무수행에 큰 걸림돌이 될 수 있는 부분입니다. 수행업무 분야의 전문가 의견을 존중하고 참여 팀원이 의사결정 사안에 참여하는 것을 확대하여 이들의 다양한 경험과 지식을 적용하는 것이 목표달성을 성공적으로 이끄는 한 요소입니다. 의사소통에 적이 되는 부분을 조기에 인지하는 것이 필요한데 연속적인 긴장감, 열성의 감소, 불안감의 확산, 의사결정의 어려움 지속 등과 같은 현상들이 나타나게 되면 열린 채널 구축에 문제가 예상되므로 이를 인지하고 대책을 마련해야 합니다.

3) 위임전략

위임업무 선택하기	수행업무의 집중도를 파악하고 수행 가능한 부분을 검토한다. 단순 반복업무나 구체적인 업무, 부분나누기가 쉬운 업무 등 위임 가능한 업무를 선택한다. 팀 내 교육으로 해결될 수 있는 부분을 선정한다. 외부로부터 조달해야 하는 특수 기능을 파악한다.

위임방법 선택하기	팀의 능력을 분석한다. 팀의 능력을 신뢰한다. 업무 결과에 치중한다. 위임결정과 권한도 능력향상의 수단으로 간주하고 연습한다. 수행이 가능한 한도에서 가장 낮은 수준으로 위임한다. 위임업무는 명확하게 설명하고 필요자원은 확보해 준다. 위임하고 나서는 해결책이나 의사결정을 대신 해주지 않는다. 단 대안모색은 공동으로 진행한다.

미니지식 Q&A

■ **실력 있는 신입사원, 능력을 인정 안 해 주네요.**

- 요즘엔 일명 '스펙'이라고 하는 능력을 갖춘 신입사원들은 많습니다. 하지만 직장생활을 하다보면 나의 실력을 인정해 주기 보다는 신입사원이니까 그냥 따라와 라는 중압감에 시달린다면 그 또한 스트레스입니다. 그러나 사회생활에서는 그 능력보다 더 중요한 것은 태도! 아무리 다양한 프로그램을 다룰 줄 알고, 아무리 출중한 외국어 실력을 가진 후배라고 해도 함께 일하기 힘든 후배라면 "글세~"라는 직장선배들이 많습니다. 따라서 웃는 얼굴, 밝은 인사와 같은 기본적인 예의범절을 지키며 열심히 하려는 모습을 보여준다면 훨씬 믿음직스럽게 인식될 수 있습니다.

미니지식 Q&A

■ **이번 프로젝트도 실패했어요. 어쩌죠?**

- 발걸음 무거운 출근길, 만날 왜 내가 맡는 프로젝트는 실패하는지 난감합니다. 이럴 때 직장인들은 하루에도 몇 번씩 딜레마에 빠질 수 있습니다. 프로젝트를 시작할 때의 다잡은 마음은 그때 뿐 성과가 뒤따라주지 않아 실망이 이만저만 아닙니다. 이때는 순간 견뎌내는 힘이 우선 필요합니다. 다음 계획을 위한 피드백도 중요하지만, 먼저 자괴감에 빠지지 않도록 자신감을 회복하는 게 먼저입니다. 그동안 수고한 자신에 대한 스스로의 칭찬을 아낌없이 해보세요. 그리고 그 다음 계획, 진행, 성과에 어떤 문제점이 있었는지 세부적으로 분석해 보는 것이 필요합니다.

미니지식 Q&A

■ **업무를 하나하나 가르쳐 주지 않아요.**

- 회사에서는 처음부터 하나하나, 차근차근 가르쳐주지 않습니다. 어서 빨리 일 잘하는 사원이 되어 능력도 인정받고 싶고, 큰 프로젝트를 진행하고 싶겠지만 처음부터 그럴 순 없는 일. 자, 그렇다면? 어떤 일이든 무조건 긍정적인 자세로 YES! 사소한 일이라도 좋습니다. 상사나 선배로부터 지시가 있기 전에 '제가 해보겠습니다'라고 먼저 이야기해봅니다. 무엇이든 열심히, 스스로 부딪히며 배운다면 모르는 사이에 업무처리능력도, 주변의 시선도 달라져있기 마련입니다. 아무리 별거 아닌 것처럼 보이는 일이라 할지라도, 적어도 그 업무가 끝났을 때 프로그램 단축키라도 외울 수 있다는 것. 열정! 그것은 마법의 주문입니다.

08
CHAPTER

기획문서 작성기법

Objective

1. 경영환경 변화에 능동적으로 대처하며 변화를 이끌어낼 아이디어를 제시, 실현하기 위한 기획력을 배양시킵니다.

2. 논리적 사고와 표현방법을 습득하고, 핵심을 정확하고 간결하게 전달하여 의사결정을 지원할 수 있는 능력을 함양시킵니다.

3. 다양한 사례를 분석하여 과제도출 및 해결방안을 모색하는 실습을 통해 업무역량을 강화시킵니다.

8.1 기획테마 설정

1. 기획의 개념

기획이란 먼저 사색하는 것으로 시작하여 그 발상을 문서화하고 그 내용을 행동으로 옮겨, 그에 상응한 결과를 맺는 일련의 시스템 작업을 말한다고 할 수 있습니다. 요컨대 개인적인 차원에서 기획이란 자신의 행동을 통하여 보다 훌륭하고 뛰어난 성과를 얻기 위한 지혜, 또는 지혜를 활용하는 창조행위입니다. 또한 조직적인 차원에서 기획은 조직 활동을 통하여 실적을 향상할시 지혜, 또는 지혜를 활용하는 창조행위를 의미한다고 할 수 있습니다.

기획을 사전에서는 어떤 일을 함에 있어 미리 그 방법이나 절차 등을 생각하여 안을 세우는 일이라고 정의하고 있습니다. 따라서 기획은 모든 업무 분야, 모든 생활 속에 적용될 수 있죠. 결코 특정 업무부서나 특정 업무에 한정하려고 해서는 안 됩니다. 회사의 업무 차원에서 보면 다음의 모든 일들이 '기획'입니다.

마케팅 기획, 신사업 기획, 유통망 확충 기획, 인사 기획, 재무 기획처럼 명확히 어떤 분야를 말하고자 하는지 지칭해주어야 합니다. 또한 각 업무 분야별로 기획을 잘하는 전문가가 되려면 그 분야의 업무/사업 경험이 많고 그 분야를 잘 알아야 합니다.

기획은 자아실현의 수단이자 자신의 가치를 높여주는 활동입니다. 자발적으로 기획을 하고 기획서를 만드는 일은 자신에게 다음과 같은 긍정적인 영향을 미칩니다. 기획은 아무도 생각하지 못한 것을 생각하는 일입니다. 당연히 어려운 일이지요. 하지만 바로 그 어려움 때문에 더욱 가치를 지니게 되는 것입니다.

2. 기획의 시작

기업 실무자도 기획서를 작성할 때 컨설턴트와 마찬가지로 두 가지 상황에 직면하게 됩니다.

첫 번째는, 기업 실무자가 스스로 특정 프로젝트나 사업을 추진하고자 할 때입니다. 기업의 저조한 성과를 극복하려고 시도하거나 새로운 사업 기회를 창출하려는 전략기획자가 문제해결을 위한 프로젝트를 수행하는 경우가 여기에 해당됩니다. 두 번째는, 임원이나 관리자로부터 특정 프로젝트를 부여 받은 경우입니다. 상대적으로 많은 정보를 가지고 있는 의사결정자가 기업 실무자와 공유하는 정보는 극히 일부분일 수 있습니다.

따라서 전략기획자는 자신에게 프로젝트를 맡긴 의사결정자의 의중을 어느 정도 파악한 후에 일을 진행하는 것이 좋습니다.

■ 기획서

기획서란, 기획의 전체상을 하나하나의 요소로 분류하여 종합 정리해 놓은 것으로서 기획의 목적, 기본 구상, 내용을 명확히 하기 위해, 자기의 생각, 의견을 의사결정자에게 설명하여 승인 받기 위해, 관계자 전원의 인식을 하나로 모으기 위해 작성합니다.

기획서를 통해 의사결정자는 무엇을 얻고자 하는가? 문제를 제대로 파악하고 있는가? 문제를 어떤 방법으로 해결해 나갈 것인가? 제시된 방법은 실행 가능한가? 프로젝트를 추진하게 되면 어떤 효과가 기대되는가? 프로젝트를 제대로 추진할 수 있을까? 등에 대한 정보를 얻고자 합니다.

■ 기획 단계별 필요한 역량

기획의 작업 단계별로 추구하는 역량을 정리하면 크게 3가지로 나눌 수 있습니다. 창의력, 구상력, 표현력입니다.

기획 기법에는 수많은 종류가 있습니다. 본 과정에서는 여러 기획 기법을 제시하기 보다는 논리적인 메시지로써 상대방을 설득하고, 자신이 의도한 반응을 이끌어낼 수 있는 기술이 필요합니다.

창의력	구상력	표현력
문제를 깨닫고, 사고를 꺼내는 힘	그 아이디어와 사고를 조립하는 힘, 전체를 정리하는 힘	완성된 기획안을 타인이 이해할 수 있도록 전달하는 힘

■ 기획의 실마리는 문제정의부터

기획의 실마리는 문제 정의로부터 잡을 수 있습니다. 먼저 문제란 사람 또는 조직체가 해결하지 않으면 안 되는 일 또는 상태, 조직 목표나 목적 달성에 장애가 되는 상태, 목적이나 목표로 하는 바람직한 기준으로부터 이탈된 상태, 즉 기대수준과 현재수준의 차이로써 해결하지 않으면 안 될 그 무엇을 말합니다.

문제해결의 목적은 단순한 개선활동을 위한 것이 아니라 지속적인 경쟁 우위 확보를 위한 혁신 활동임을 인식하고, 최고지향, 고객만족, 비효율성 제거의 3가지 관점에서 이해하는 것이 중요합니다.

■ 문제해결의 3가지 관점

문제해결에는 최고지향, 고객만족, 비효율 제거의 세 가지 관점에서 해결해 나가도록 합니다.

구분	내용
최고지향	- 세계일류 수준을 지향 - 경쟁사 대비 탁월한 우위확보
고객만족	- 고객이 불편하게 느끼는 부분 - 고객만족을 위해 보강해야 할 부분
비효율제거	- 업무의 프로세스 상에 불필요한 단계제거 - 업무의 단순화, speed화

문제를 해결하기 위해서는 아이디어가 필요합니다. 아이디어는 착상과 발상에 의해 생겨나므로 그 자체로는 논리성을 가지고 있지 않습니다. 하지만 어느 특정

목적을 가진 체계 속에 집어넣으면 설명이 가능합니다. 목적을 부여하고 적절한 위치에 놓으면 매우 강력한 설득력을 갖게 된다는 의미입니다. 그렇게 해서 만들어지는 것이 기획입니다.

기획은 물고기의 뼈대와 같은 모습을 하고 있는데, 이를 기획의 골격이라고 부릅니다. 출발점과 목적을 잇는 등뼈 부분의 화살표는 설명의 흐름을 보여줍니다. 이것이 기획의 핵심입니다. 가지 부분은 설명의 각론에 해당하는데, 하나의 아이디어일 수도 있고 몇 개의 작은 가지가 합쳐진 기초 기획과 같은 모습일 수도 있습니다. 기획은 이렇게 몇 가지 아이디어가 상관관계 속에서 질서를 가지고 체계화된 것이라 할 수 있습니다.

이 체계도를 만들려면 우선 출발점과 목적을 정하고 등뼈를 잡습니다. 그리고 그것을 설명하는 관점을 세우고 그 관점에 맞게 사용할 수 있는 아이디어를 골라냅니다. 이렇게 아이디어를 체계적으로 정리하는 작업을 '기획화'라고 합니다.

기획은 실현할 수 있는 방법과 그에 따르는 여러 가지 문제 및 해결책을 보여주어야 합니다. 아이디어의 기획화란 어떻게 보면 그것을 실현 가능한 순서로 체계적으로 늘어놓는 작업이라고 할 수 있지요. 이 작업은 다음과 같은 순서로 진행합니다.

기획 발상으로 얻은 아이디어 가운데 목적이 되는 것과 목적을 실현하기 위한 출발점이 되는 것을 골라 기획의 핵심을 분명히 합니다. 기획의 핵심을 살펴보면서 실현 가능성을 검토합니다. 실현 가능하다고 판단되면 연상을 적은 메모에서 거기에 필요한 아이디어를 골라냅니다. 골라낸 아이디어를 설명의 각론(굵은 가지)에 맞게 분류하여 기초 기획을 완성합니다. 어떻게 해야 기획을 실현할 수 있을지 검토하여 굵은 가지의 순서를 정하고, 기획의 굵은 가지에 해당되는 작은 가지를 적음으로써 체계도를 만들지요. 만들어진 체계도에 모순이나 결함, 불가능은 없는지 확인해야 하는데, 여기에서 중요한 점은 무엇을 목적과 출발점으로 정하느냐 입니다.

아이디어가 여러 가지어서 무엇을 고르는가에 따라 기획의 내용이 달라지기 때문이지요. 따라서 여러 가지 조합을 시도한 뒤 확신이 드는 것을 선택하는 것이 좋습니다.

3. 기획테마 설정하기

기획의 핵심인 목적과 출발점이 되는 아이디어를 골라내려면 어떻게 해야 좋을까요? 이것은 다음 3가지 관점에 바탕을 두고 진행됩니다.

1단계, 무엇이 가능한가?

2단계, 그것에 의해 어떠한 효과(성과)를 얻을 수 있는가?

3단계, 그 가운데 가장 기대되는 바는 무엇인가?

■ 기획 테마 도출

1단계는 '그것에 의해 무엇이 가능한가'를 검토하여 도출합니다. 먼저, 머릿속에 떠오른 아이디어를 Post-it 1장에 1문장씩 적어 나갑니다. 그러다보면 아이디어 수만큼 예시와 같은 리스트가 만들어질 것입니다. 작성된 리스트들을 한 장씩 읽습니다. 그 중에서 적절하다고 생각되는 내용을 몇 가지 추려냅니다.

2단계에서는 '그것에 의해 어떠한 효과를 얻을 수 있는가?'를 검토합니다. 1단계에서 골라낸 리스트를 가지고 다음과 같은 작업을 합니다. 골라낸 리스트의 각 항목에 관해 각각 어떠한 효과를 얻을 수 있는지 생각나는 대로 적어 넣습니다. 적어 넣은 내용을 다시 읽고 중요성이 적거나 의미가 없는 것은 지웁니다. 리스트의 항목들을 비교하여 다시 적절하다고 생각되는 것을 골라냅니다.

3단계에서는 '가장 기대되는 바는 무엇인가?'를 검토합니다. 이때에는 2단계에서 골라낸 것을 기획으로서의 가치를 기준으로 다시 추려내게 됩니다. 새로운 A4 용지를 꺼내 한 장에 하나씩, 지금까지 남은 리스트를 적습니다. 각각의 항목 밑에 2단계에서 적은 효과를 참고하여 의의와 요점을 정리합니다. 이 리스트들의 순위를 정하고, 기획 테마를 도출하게 됩니다.

먼저 잠정 기획 테마를 정리하고, 유형을 판단합니다. A는 개인, B는 팀 내, C는 팀 간, D는 사업부 간, 전사적인 테마 유형입니다. 판단결과 D에 해당하는 잠정적인 테마만 남깁니다. 다음으로 각 기획 테마를 평가합니다. 평가는 다음과 같이 중요하고도 실행가능성 높은 것, 중요하지만 실행가능성 낮은 것, 실행가능성 높지만 중요하지 않은 것, 중요하지도 않고 실행가능성도 낮은 것으로 지표를 나눕니다. 이렇게 평가한 결과를 감안하여 최종적인 테마를 선정하게 됩니다.

8.2 MECE를 이용한 논리구성

1. MECE의 개념

MECE는 논리를 구성할 때 논리를 뒷받침하는 각 요소들이 서로 배타적이어야 하며, 중복되지 않아야 합니다. 또 각 요소의 합이 전체가 되어야 합니다. MECE로 나눈다는 것은 설명하고자 하는 내용을 중복/누락/착오 없이 그룹으로 나누어 상호의 관계성을 명확히 하는 것입니다.

MECE가 되기 위한 조건은 결론을 뒷받침하는 근거에 누락이나 중복이 없어야 하는 것입니다. 결론을 뒷받침하는 근거에 '누락'이 지적되면 결론이 무너집니다. 또한 '중복'이 생기면 결론에는 영향을 미치지 않지만, 이야기를 이해하기 어렵게 된다든지, 뭔가 특별한 의미가 있지 아닐까 하는 의문이 발생합니다.

2. 논리적 사고 정리법

우리는 수많은 정보에 둘러싸여 있습니다. 그래서 정보를 찾는 것보다 필요한 정보를 추려내는 작업이 더 중요합니다. 논리적으로 사고를 정리하는 방법에 대해 알아보겠습니다.

우선 부서에 들어오는 정보는 전체적으로 어떤 것이 있는지 설명할 내용을 기입합니다.

첫번째

이신입 : "정보가 들어오는 루트로는 조선일보, ○○신문~ 주저리 주저리가 있습니다."

강부장 : "정말로 그게 전부입니까? 좀 더 잘 정리해주세요."

두번째

이신입 : "정보가 들어오는 루트로는 평일 오전과 오후시간대로 나누어 말씀드리겠습니다. 월요일 오전에는 A, 오후에는 X 등이 있습니다."

강부장 : "구분은 되지만 같은 것이 자꾸 나오네요. 종류/성격별로 보면 어떨까요?"

세번째

이신입 : "당 부서로 들어오는 정보는 크게 정기 정보와 부정기 정보로 나누어지고 총 83건의 정보가 외부로부터 들어옵니다. 구체적으로 정기 정보는 ~~, 부정기 정보는 ~~로 분류됩니다."

강부장 : 그래, 정기적인 정보로는…. 매일, 격일, 매주. 부정기적인 정보도 이렇게 많구만.

위의 세 가지 사례 중에서 어떻게 분류하여 보고하는 것이 이해하기 쉬웠나요? 바로 마지막 경우입니다. 이것은 듣는 사람이나 읽는 사람의 입장에서 보면 이 접근이 가장 이해하기 쉽고, 또 임원이 알고 싶어 하는 것에 간결하게 답변할 수 있는 방식입니다. 이것을 MECE적 접근이라고 합니다.

MECE란, 과제와 개념을 전체집합으로 보고 그것을 누락과 중복이 없는 부분집합으로 나누어 생각하는 사고방식입니다. 주장의 근거가 중복되거나 누락된다면 주장의 논리성이 떨어질 수 있기 때문에 논리를 뒷받침하려면 주장의 근거가

MECE 상태여야 하는 것입니다.

비즈니스 커뮤니케이션에서 활용도가 높은 MECE를 활용한 프레임워크의 일례를 들어보겠습니다.

첫째, 요소를 분해한다.

3C는 자사의 현황을 파악하는데 사용합니다. 고객/시장의 현황, 경쟁상황, 자사의 상황이라는 세 가지 관점에서 자사나 경영 현황의 전체를 파악하는 것이지요. 반면 4P는 고객층을 설정하고, 상품이나 서비스를 어떻게 제공할지에 대한 광범위한 마케팅을 설명할 때에 사용합니다. 어떤 특성을 지닌 제품이나 서비스를 어떤 가격으로, 어떻게 고객의 마음을 끌어, 어떤 장소에서 판매할지를 네 개의 P로 시작되는 항목으로 설명합니다.

둘째, 단계별로 나누어 생각한다.

모든 일의 기점에서 종점까지를 단계별로 나누어 생각하는 사고방식입니다. 예를 들어, 제품을 고객에게 제공하기까지 각 단계별로 기술, 생산, 판매, 애프터서비스 분야로 나누어 생각하는 것을 말할 수 있습니다. 이 외에도 업무 수행 프로세스를 Plan, Do, Check, Action의 단계로 나눌 수 있습니다. 또는 과거, 현재, 미래와 같이 모든 일을 시간에 따라 단계별로 나누어 포괄적으로 설명하는 방법도 있습니다.

셋째, 모든 일의 양면을 대조개념으로 파악한다.

지금까지 MECE를 이용하여 구조화하기 위한 기준들을 살펴보았습니다. 이외에도 우리가 업무에서 자주 사용하는 SWOT, 단기/중기/장기, 국내/국제 등 다양한 기준이 있으니 관심을 가지고 찾아보시기 바랍니다.

■ 설명과 정보의 적합성 검증법

So What?/Why So?

MECE를 이용해 그룹으로 나눈 후 설명을 더 명료하게 하기 위해서는 각 그룹에 속하는 복수의 정보에서 '결론적으로 말하고자 하는 요점'을 잘 나타내야 합니다. '결론적으로 말하고자 하는 요점'이 So What? 입니다. 따라서 쓰는 사람은 문서작성에 사용된 복수의 정보 안에서 '이게 무슨 말인지?'를 계속 자문자답하면서 요점을 짚어내야 합니다.

회의에서 "………입니다. 따라서 결론적으로 ……라고 말할 수 있습니다."라고 설명할 경우를 예로 들어봅시다.

앞에 서술한 정보에서 자신이 대답해야 할 '질문'과 '대답'이 자연스럽게 연결되도록 중요한 요점을 추출해내야 합니다. 이때 "따라서 결론적으로" 다음에 설명하는 내용은 앞에 밝힌 정보에 대한 요점인 셈입니다.

So What?에 대한 설명을 할 때는 '왜 이렇게 되는가?'라고 스스로 질문해 본 후 원래 정보와 설명이 정확하게 부합하는지를 검증해야 합니다. 이 검증이 애매하면 읽는 사람이 '왜?'라고 물었을 때 제대로 대답할 수가 없게 됩니다. 당연히 설득력도 떨어지게 됩니다.

만약 질문이 "현황은 어떠한가?"라면 X는 현황을 설명하는 것이 되고, 질문이 '해결해야 할 과제는 무엇인가?'라면 X는 해결과제를 설명하는 것이죠. 질문이 '취해야 할 행동은 무엇인가?'라면 X는 그 행동에 대한 설명이 되어야 합니다.

또한 X에 대해 Why So?를 이용해 검증했을 때에는 세 개의 정보 A, B, C로 인해 X가 된다는 설명이 가능해야 합니다. 이와 동시에 정보 A, B, C는 중복, 누락, 착오가 없는 MECE한 관계가 되어야 하는 것입니다.

■ 문장론

단순하고도 짧은 문장으로 설명할 때, 의사소통은 가장 효과적으로 이루어질 수 있다는 것을 기억하고, 미사여구를 이용한 장황한 문장은 없도록 해야 합니다. 글쓰기에 익숙하지 않은 사람은 형용사나 부사를 많이 사용하는 경향이 있으니 내용을 강조하기 위한 목적으로 이것들을 지나치게 많이 사용하지 않았는지 점검해 볼 필요가 있습니다.

문장은 직접적이면서도 단호해야 하며, 수동적인 동사나 명사의 사용은 피해야 합니다.

〈나쁜 예〉

1 : 모든 계층의 관리자를 위한 전략적인 목표의 설정과 인력 개발 우선순위의 설정은 회사를 위해 이익이 될 것입니다.

2 : 시스템 구현의 성패는 비용절감을 위한 노력과 효율적인 시간 관리에 달려 있습니다.

3 : 업무진행을 위해서 비용처리 및 인력재배치가 선행되어야 하며, 부서 간 업무협조가 이루어질 수 있도록 해야 한다.

〈좋은 예〉

1 : 회사는 전략적인 목표와 관리자의 인력 개발 우선순위를 설정해야 함.

2 : 시스템 구현의 성공여부는 가용예산과 시간에 달려 있음.

3 : 업무진행을 위해서는 A부서는 비용처리 및 인력재배치 문제를 검토하여 결정하고, B부서는 현장적용 시행을 위한 제반업무를 담당해야 한다. 이를 위해 A부서 및 B부서, 기타 C부서는 비용처리, 인력배치, 현장적용을 위한 사전협의를 한다.

보고서 작성자의 주장이 단호하게 보이기 위해서는 '설정해야 합니다'와 '도출됩니다' 보다는 '설정해야 함'과 '도출됨'과 같이 표현하는 것도 좋습니다.

8.3 메시지를 명료하게 전달하는 표현법

MECE에서 나온 논리구조를 잘 엮어 보고서를 작성하기 위해서는 많은 연습이 필요합니다. 특히 수집한 자료를 잘 가공하여 상대방을 설득하는 논리로 이용하려면 표현력이 중요합니다.

비즈니스 문서작성에서 핵심 포인트는 두 가지입니다. 첫 번째는, 문장의 명료한 표현입니다. 명료하다는 것은 단순히 짧은 문장을 의미하는 것이 아니라 간결하면서도 핵심 메시지가 명쾌하게 드러나는 문장 구성을 말합니다. 두 번째는, 상대방이 문서를 대충 읽고도 그 내용과 핵심 메시지를 이해할 수 있도록 각 요소를 보기 쉽게 배치하는 것, 즉 시각화입니다. 문서의 시각화에 있어서 중요한 것은 MECE와 So What?/Why So?라는 논리적 사고 접근법이 잘 드러날 수 있도록 요소를 배치하는 것입니다. 제목과 주요 내용이 적절하게 배치된 문서는 상대방에게 읽기 쉬운 문서라는 인상을 줄 수 있고, 그 문서를 정독하게 만드는 힘을 가질 수 있습니다.

1. 비즈니스 문서의 세 가지 요건

메시지가 돋보이는 비즈니스 문서의 세 가지 요건은 다음과 같습니다.

① 구체적으로 표현한다.

② 논리적인 관계를 바르게 표현한다.

③ 간결하게 표현한다.

비즈니스 문서를 쓸 때 '무조건 짧게 써야 한다'는 강박관념을 가진 사람이 많습니다. 물론 간결한 표현은 중요하지만, 단순히 간결함만 추구한다면 문제가 발생할 수도 있습니다.

내용 자체가 추상적이고 일반적인 표현에 머무르게 되어 전달할 요점이 희석될 수 있기 때문입니다. 따라서 쓰는 사람이 전달하고 싶은 내용을 읽는 사람이 쉽게 받아들이도록 구체적으로 표현하는 것은 매우 중요합니다. 표현에 있어서는 기술 내용의 논리적인 관계를 바르게 나타내는 것도 중요합니다.

지금까지 학습한 논리적 사고방법을 통해 A요소와 B요소를 MECE한 관계로 구성했다 하더라도 막상 문서를 읽는 사람이 MECE로 이해할 수 없다면 아무 소용이 없겠지요? 따라서 상대방이 문서를 읽으면서 기술 내용의 논리적인 관계를 쉽게 포착할 수 있도록 표현해야 합니다.

비즈니스 문서에서는 이해하는 데 시간이 걸리는 애매한 표현 혹은 복잡하고 장황한 표현을 써서는 안 됩니다. 아무리 구체적이고 논리적으로 관계를 나타냈다고 하더라도 표현이 명확하지 않으면 이해하기 쉽지 않겠습니다. 따라서 상대방이 한 번 쓱 읽어도 전체적인 내용을 이해할 수 있도록 간결한 표현을 쓰는 것은 논리적으로 문서를 작성하기 위해서 빼놓을 수 없는 조건입니다.

■ 프레젠테이션 원칙

프레젠테이션을 위한 도해자료를 만드는데 유의할 점을 살펴보겠습니다.

첫 번째 원칙은 시각화를 하기 전, 맨 앞머리에 도입부를 넣는 것입니다. 도입부는 '무엇에 대해, 무엇을 위해 전달할 것인가'를 중심으로 커뮤니케이션의 설정을 설명하는 부분입니다.

첫머리에 '프레젠테이션의 목적', '제안에 대해서' 등 제목을 자유롭게 붙여도 좋지만, 문서의 처음에는 반드시 '도입부'를 넣도록 합니다. 그렇지 않고 갑자기 본론의 도해 데이터로 들어간다면 상대방은 상당히 당황스러울 수 있습니다.

두 번째 원칙은 '차례'를 넣는 것입니다. 차례는 자료 전체의 구성을 한 장으로 볼 수 있도록 시각화한 것을 말합니다. 페이지 수가 많아지기 쉬운 도해자료에서는 제목을 한눈에 보기 어렵습니다. 때문에 차례의 필요성이 절실해지죠. 이때 차례와 도입부의 순서는 바뀌어도 상관없습니다.

세 번째 원칙은 '핵심메시지' 페이지를 넣는 것입니다. 도해자료를 써서 설명할 각 본론의 결론과 근거를 합친 것이 바로 핵심메시지입니다. 즉 전체의 결론과 각 논리 패턴의 결론을 묶은 것이 핵심메시지가 되는 것입니다. 중요 안건 등은 프레젠테이션이 끝난 후에도 상대편에서 자료를 확인하거나, 프레젠테이션에 참가하지 않은 사람이 자료를 보는 경우도 있습니다. 스무 장, 서른 장 분량의 도해자료에서 핵심메시지를 정확하게 이해하는 것은 쉽지 않은 일입니다. 핵심메시지를 시각적으로 한 장에 나타내면, 문서를 신속하고 정확하게 읽을 수 있어 이해하기도 쉽습니다. 자료를 만들 때 슬라이드 한 장 한 장 어떤 내용을 제시해야 하는 지 고민해 보신 적 있으시죠? 이럴 때에는 설명과 사실, 그리고 시사라는 세 가지 단어를 떠올려 보면 좋습니다. 자신이 슬라이드에서 보여주고자 하는 메시지는 대부분 이 세 가지 단어로 분류될 수 있습니다. 한 장에 세 가지를 모두 보여주려고 하는 것보다 필요에 따라 한 가지, 또는 두 가지를 적절히 혼합하여 구성지게 만드는 것이 더 보기 좋습니다. 일을 잘 하기 위해서는 '내가 지금 무엇을 하고 있는지, 무엇을 이야기하고 싶어 하는지' 자신의 의도와 생각을 명확히 하는 것이 무엇보다 중요합니다.

미니지식 Q&A

■ **갑작스런 토론이나 회의가 있으면 논리적으로 어떻게 말할지 모르겠어요.**

- 말을 잘하기 위해서는 좋은 발음, 순발력 있는 표현력과 어휘능력, 적극적이고 활달한 성격과 자신감, 유머감각을 향상시키는 훈련이 필요합니다.
  자신감이 없으면 부정적인 생각과 타인에 대한 심리적 상황이 예민해져 여러 가지 문제가 생기는데 그러한 문제가 집착이 되면서 생각이 부정적으로 변하고 행동에 제약을 받게 됩니다. 이럴 때 일수록 심리를 강화해야 합니다.
  그리고 다음의 문장을 완성시켜 머리가 백지상태로 되는 것을 방지해 볼 수 있습니다.
  나는 사람들이 내 말을 듣고 ________하길 바란다. 즉 말하는 목적을 정합니다.
  나는 이 말을 통해 예기하고 싶은 것은 __________이다.
  말의 핵심 메시지를 정합니다.
  마지막으로 사례-요점-이익의 순으로 이야기 하면 스토리텔링으로 설득력을 높이고 논리적으로 설명할 수 있습니다.

미니지식 Q&A

■ **발표 중에 갑자기 빔프로젝터가 고장났어요.**

- 발표 중에 갑자기 빔프로젝터가 고장난다든지, 컴퓨터가 오류가 난다든지 하는 급작스러운 일은 아주 드물지만 발생할 수 있습니다. 이때 당황하지

말고, 미리 발표 자료를 프린트로 준비해 갔다면, 나누어 주고 설명하고, 만약 프린트물이 준비되지 않았다면, 칠판에 필기를 통해 설명할 수 있습니다. 이때 간단한 주제키워드를 미리 칠판 한쪽에 objective식으로 적어 놓고 설명하면 이야기의 핵심을 놓치지 않을 수 있습니다.
따라서 발표를 준비한다면 미리 프레젠테이션 자료를 프린트해놓거나, 기본 키워드를 수첩에 적어간다면 응기응변의 자세로 마무리할 수 있을 것입니다. 내용파악을 미리 완벽히 해가는 것은 필수적입니다.

미니지식 Q&A

■ **문서 양식을 자꾸 직원들이 바꿔서 입력해요.**

- 우리가 각종 문서를 작성하다 보면 주어진 문서양식의 스타일과 레이아웃은 유지한 채 내용만 변경하여 작성하는 경우가 많습니다. 예를 들어, 대부분의 청구서, 신청서, 지원서 등은 기본적으로 문서의 틀은 변함이 없고 개별 항목에 대해 내용만 추가 또는 변경하는 문서라고 볼 수 있습니다. 그런데 이러한 문서양식을 최초로 만들 때 문서의 모든 부분을 일반 문서작성자들이 편집할 수 있는 상태로 만들어 배포하면, 문서를 작성하는 개개인의 개성에 따라 다양한 폰트, 크기 등이 나타날 수 있고 경우에 따라 잘못된 형식의 데이터 입력이나 기존 틀의 임의 변경 등 일관성이 부족한 문서가 만들어질 가능성이 많습니다.
  이러한 문제점을 방지하기 위하여 MS워드 2007에서는 [개발도구]-[컨트롤 도구]에 있는 여러 가지 컨트롤(양식도구- 콤보상자, 날짜 선택필드, 텍스트 필드양식 등)을 이용하여 실제 데이터를 입력하는 부분에만 컨트롤을 삽입하여 사용자들이 데이터를 선택 또는 입력하게 하고, 나머지 문서 구성요소는 문서보호기능을 이용하여 편집할 수 없도록 제한할 수 있습니다. 이렇게 하면 여러 사람들이 동일양식에 문서를 작성하더라도 일관성 있고 효과적으로 문서를 작성할 수 있습니다. 이것은 마치 우리가 업무를 위해 사용하는 대부분의 업무프로그램 화면구성이 데이터 입력 필드와 선택필드가 별도로 정의되어 있고, 입력된 데이터에 대한 유효성 검증을 해서 DB에 입력되는 것과 동일한 개념이라고 할 수 있습니다.

09

CHAPTER

프로젝트 관리기법

Objective

1. 프로젝트의 기본개념 및 단계별 핵심요소 이해를 통한 프로젝트 업무 마인드를 함양시킵니다.

2. 체계적인 프로젝트 관리절차 숙지를 통한 업무효율 증대 및 실무능력을 배양시킵니다.

9.1 프로젝트 관리란?

우리 주변을 둘러보면 꽤 많은 프로젝트가 진행되고 있는 것을 알 수 있습니다. 또 여러분 중 누군가는 이미 프로젝트 경험하셨거나 혹은 지금 프로젝트를 수행하고 있을지도 모릅니다. 그런데 회사에서 왜 이렇게 많은 프로젝트를 진행하고 있을까요?

기업은 불확실한 미래에 대한 비전(Vision)을 가지고 전략을 실행에 옮기고 목표를 달성하기 위해 노력합니다. 또한 보다 더 적은 자원과 비용으로 일을 보다 더 빨리 보다 더 질 높게 수행해야 오늘날 빠르게 변화하는 비즈니스 환경의 요구에 부합할 수 있으며, 기업 경쟁에서도 살아남을 수 있습니다. 이러한 기업환경의 변화와 목표 달성을 위해 프로젝트가 반드시 필요합니다.

실제로 성공적인 기업일수록 프로젝트 중심으로 경영을 펼치며, 유능한 인재가 되기 위해서는 해당 업무의 기술적인 지식보다는 프로젝트 접근방법의 업무능력 및 관리능력이 필요합니다.

1. 프로젝트의 개념

무엇이 프로젝트일까요?

프로젝트 담당자가 가장 자주하는 이야기는 바로 "해야 할 일은 너무 많은데, 시간이 턱없이 부족하다"입니다. 그런데 사실은 할 일이 많아서라기보다는 일상적인 일과 프로젝트의 차이점을 분명히 구분하지 못했기 때문입니다.

그럼 일상적인 일과 프로젝트는 어떤 차이가 있을까요?

일상 업무란 지속적이고 반복적인 개념의 업무이며, 프로젝트 업무는 고유하고 한시적인 것입니다. 프로젝트는 고유한(Unique) 제품, 서비스 또는 결과를 만들어 내기 위해 수행하는 한시적인(Temporary) 노력'으로 정의할 수 있습니다. 즉 프로젝트의 특징은 무엇보다 시작일자와 종료일자가 정해져 있으며, 특정기간 동안에 진행되는 일시적인 성격을 가지고 있습니다. 또한 관련 본부에서만 진행되는 고유하고 독특한 업무로 구성되어 있으며 반드시 완료되어야 하는 목표가 있습니다. 업무를 진행함에 따라 계획이 구체적으로 상세화 된다는 것입니다. 그리고 프로젝트는 팀에 의해 수행되며, 이용 가능한 자원이 제한되어 있다는 특징을 가지고 있습니다.

앞서 구분해 보았듯이 지속적이고 반복적인 일상 업무는 컴퓨터와 자동화된 사무기기 등이 작업을 줄여 주지만, 프로젝트는 하나의 일하는 방식입니다. 따라서 프로젝트를 어떻게 잘 하느냐가 중요하며 이러한 이유로 프로젝트에 대해 따로 배우는 것입니다.

2. 프로젝트 자원구성

프로젝트는 기본적으로 다양한 사람들로 구성이 됩니다. 프로젝트와 관련된 모든 자원을 Stakeholder, 즉 이해당사자라고 합니다. 이해당사자란 프로젝트나 과제 수행에 있어서 중요한 의사결정에 영향을 끼치고, 프로젝트 진행 및 결과에 따라 영향을 받는 개인이나 집단 모두를 말합니다.

회사의 프로젝트와 관련된 이해관계자는 크게 프로젝트를 관리하는 PM(Project Manager), 프로젝트를 수행하는 팀원, 책임 임원인 Sponsor, 그리고 여러 프로젝트와 사업계획 과제를 통합 관리하는 PMO(Project Management Office/Officer)가 있습니다.

먼저 PM, 즉 Project Manager란 프로젝트의 착수부터 종료까지 프로젝트 팀과 함께 프로젝트를 실행하고 목표를 달성하는 책임을 가진 사람입니다. 그리고 Sponsor란 쉽게 얘기해서 프로젝트 팀원들에게 채찍과 당근을 제공하는 역할을 합니다. 즉 프로젝트를 후원하고 자금 지원을 담당하며, 외부 요소로부터 프로젝트 팀을 보호해 주는 사람입니다. 그리고 여러 프로젝트와 사업계획 과제를 통합 관리하기 위해 PMO(Project Management Office/Officer)를 운영하고 있는 회사도 있습니다.

이렇듯 프로젝트는 다수의 사람으로 구성되며 서로 연관된 활동을 수행하므로 프로젝트의 성공을 위해 의사소통과 협력은 무엇보다 중요합니다. 앞서 살펴보았듯이 프로젝트는 일할 사람, 사용 가능한 돈 등 이용 가능한 자원이 제한되어 있습니다. 따라서 프로젝트의 성공을 위해서는 어떤 자원이 이용 가능한지 결정하고 이러한 제한된 자원을 효과적으로 통합하고 할당해야 합니다. 또한 프로젝트가 올바르게 수행될 수 있도록 특별히 관리해야 합니다.

프로젝트 관리란 프로젝트의 진척 및 요구사항을 충족시키기 위해 여러 기술, 기법, 절차와 방법론 등을 프로젝트 활동에 적용하는 것입니다. 뿐만 아니라 프로젝트의 관리는 프로젝트의 목표 달성을 위해 수행해야 할 비일상적 활동들을 계획하고 조직화하며, 일정을 수립하고 팀원들을 리드 및 통제하는 것을 의미합니다. 프로젝트 팀이 한정된 시간에 주어진 비용과 자원으로 기대 수준에 맞춰 고유한 산출물을 도출해 낼 수 있도록 전반적인 프로세스를 관리하는 것으로 정의할 수 있습니다.

3. 프로젝트 관리대상과 효과

프로젝트에 대한 정의에서도 알 수 있듯이 프로젝트의 관리의 대상은 바로 범위, 일정, 원가, 품질입니다. 이 요소들은 모두 자원이라는 공통의 요소가 관련되어 움직이는 것입니다. 그 중 범위, 일정, 원가를 프로젝트의 대표적인 세 가지 제약조건이라고 말합니다, .

일반적으로 사람들은 프로젝트에 대해 너무 많은 기대를 하며, 프로젝트를 통해 범위, 일정, 원가 등 이 세 가지 제약사항 모두를 만족시키려고 하지만, 이것은 불가능한 일입니다. 따라서 프로젝트 관리는 Take Two, 즉 이들 요소 중에서 해당 프로젝트에 요구되는 핵심 두 가지 요소만을 우선적으로 선택하여 보다 중점 관리해야 성공할 수 있습니다.

그렇다면 프로젝트 관리를 통해 얻을 수 있는 이득이 무엇이 있을까요? 무엇보다 조기에 프로젝트의 문제점과 프로젝트 목표가 부적절한 경우의 문제점을 발견할 수 있습니다. 그리고 서로 상충관계에 있는 프로젝트 제약요소인 품질, 일정, 원가 간의 균형을 유지할 수 있으며, 모든 활동을 고려해서 직무에 대한 책임감을 규명할 수 있을 뿐만 아니라 쓸데없는 보고를 최소화할 수 있습니다. 일정 수립에 대한 시간 제약을 확인할 수 있으며, 계획과 비교하여 진척도 평가가 가능합니다.

더 나아가 미래의 계획 수립을 위한 능력을 향상시킬 수 있습니다. 우리가 프로젝트를 효율적이며 효과적으로 관리하기 위해서는 프로젝트를 관리하는 데 필요한 지식과 이해 및 여러 기법, 즉 하드 스킬뿐만 아니라 상하의 relationship에 대한 관리, 즉 소프트 스킬이 모두 필요합니다.

일반적으로 프로젝트는 다음과 같은 9단계를 거쳐 진행됩니다. 1단계에서는 항상 프로젝트를 왜 하는지, 그 목적과 목표를 분명히 정하는 것부터 시작하게 됩니다. 그리고 어떤 프로세스로 어떤 큰 흐름으로 진행해 나가야 해결이 되는지 정의를 내립니다. 그 정의된 계획을 더욱 구체화시켜 작업을 분할하고 거기에 해당 자원을 배정하며, 이때 실제적인 실행을 위해 모니터링은 어떻게 하며, 각 본부/팀 간 또는 담당자 간 커뮤니케이션 방법까지도 계획을 수립해야 합니다. 실행과 통제를 통해 프로젝트를 수행합니다. 그리고 프로젝트 종료를 위해 공식적인 절차와 담당자간의 역할을 인지하고 사후관리가 필요한 프로젝트에 대해 사후관리 계획서를 만들고 인수인계를 거쳐 종료하는 과정을 거치게 됩니다. 이러한 프로젝트는 다음과 같이 착수, 계획, 실행, 통제, 종료 및 사후관리의 5개 프로세스 그룹으로 나눠 진행할 수 있는데 이를 표준 프로세스라 합니다.

표준 프로세스는 어떤 프로젝트를 진행하든지 적용할 수 있는 표준적인 절차를 말합니다.

9.2 프로젝트의 착수와 계획

1. 프로젝트의 착수

프로젝트 착수 단계는 새로운 프로젝트의 시작을 공식적으로 승인하는 단계입니다.

프로젝트는 일반적으로 사업상의 요구, 고객과 경영층의 요구사항 등을 바탕으로 하여 경영진이 어떻게 대응할 것인가에 대한 의사결정을 내리게 됩니다. 바로 이 프로젝트 선정과 우선순위를 정하는 것은 프로젝트 관리 프로세스의 착수 단계에서 가장 먼저 취해야 하는 활동 중의 하나입니다.

프로젝트 선정 시 프로젝트가 얼마나 필요한지 필요성과 타당성에 대해 검토해야 합니다. 또한 이윤 또는 투자 수익면과 프로젝트에 필요한 재원의 확보 여부에 대해 검토해야 합니다. 뿐만 아니라 모든 프로젝트는 수행조직의 전략적 계획과 부합되어야 하므로, 해당 프로젝트가 조직의 전략과 일치하는지 검토해야 합니다. 이와 더불어 프로젝트의 가치를 평가하여 프로젝트를 선정하기도 하는데 주로 경제성의 관점에서 선정하는 경제성 분석 기법이 활용됩니다. 이러한 기준에 따라 프로젝트를 검토한다면 하나의 프로젝트뿐만 아니라 여러 프로젝트의 상대적인 중요성 또한 판단 가능할 것입니다.

여러 프로젝트가 동시에 진행될 경우, 어떠한 프로젝트에 우선순위를 두어서 집중을 하고 자원을 배정해야 하는지에 대한 사례를 살펴보겠습니다.

먼저 각 프로젝트마다의 가치 창출 효과, 즉 신규시장인지? 기존시장의 증대인지? 그리고 얼마만큼 생산성이 있는지 등에 대해서 평가를 해야 하며, 그 프로젝트가 얼마나 중요하고 긴급한지에 대해서도 평가를 해야 합니다. 긴급의 정도는 곧 실시해야 하는지? 2/4분기 내에서만 실시하면 되는지? 등에 대한 긴급의 정도를 구체적으로 나눌 수도 있어야 합니다. 그리고 그러한 프로젝트의 Scope에 대한 변경 리스크, 일정 지연에 대한 리스크, 비용 초과에 대한 리스크를 모두 감안하여 리스크 평가를 해야 하며 경제성 분석과 같은 투자 수익부문에서도 평가를 하여 종합적으로 해당 프로젝트의 우선순위를 정해야 합니다.

2. 고객과 경영층의 요구사항 파악

여러분이 PM으로 프로젝트를 시작해야 한다면 어떤 일을 최우선으로 해야 할까요? 무엇보다 프로젝트에 대한 고객과 경영층의 요구사항을 파악해야 합니다. 여기서 고객이란 프로젝트의 최종 산출물이나 제품 또는 서비스를 승인하는 개인 또는 조직을 의미합니다.

프로젝트 초기에 요구사항을 제대로 파악하기란 쉽지 않습니다. 왜냐하면 요구사항이 항상 명확하지는 않기 때문이며, 무엇보다 자주 변경되기 때문입니다. 따라서 요구사항을 명확히 파악하기 위해서는 요구사항을 적극적으로 개발하는 것이 필요합니다.

먼저 어떻게 요구사항을 도출할 것인지에 대한 방법을 결정해야 합니다. 설문조사를 하는 것도 하나의 방법이 될 수 있습니다. 이러한 방법론이 결정되면 요구사항에 대해 분석을 해야 하며, 요구사항을 분류하고 재검증한 후 요구사항에 대해 확실히 정의를 내려야 합니다. 이러한 요구사항은 개발뿐만 아니라 관리도 매우 중요합니다.

'정의된 요구사항을 항상 고객과 경영층이 합의를 했는지? 그리고 요구사항의 변경 시 변경관리가 잘 되는지'에 대해 통제하고 관리해야 합니다.

3. 프로젝트 목표설정

고객의 요구사항이 파악되었다면, 그 다음에 해야 할 일은 무엇일까요? 바로 목표설정입니다. 프로젝트를 통해 성취하고자 하는 것이 무엇인지 규명조차 하지 않고 프로젝트 시작부터 서두른 경우 대부분 일정관리 및 자원관리에 어려움을 겪고 결과적으로 프로젝트가 실패로 끝나게 됩니다.

프로젝트의 목표는 무엇을(범위), 언제까지(일정) 수행하는데 얼마나 많은 자원(비용)이 드는지를 포함하여 명확히 작성되어야 합니다.

일반적으로 SMART 기준에 의해 목표를 설정합니다. 예를 들어 '○○년 8월까지 사업부 소속직원 6명이 100만원의 예산(비용)으로 현재의 종이 사용량의 30%를 줄일 수 있는 문서관리 프로세스를 설계한다.'와 같은 목표가 바로 SMART 하게 잘 작성되었다고 할 수 있습니다.

프로젝트 목표는 프로젝트 관리자 혼자서 단독으로 결정하는 것이 아니라, 프로젝트 팀원들과 전체적인 프로젝트의 목표에 대한 토의를 거쳐 개발하고 그 결과를 문서화하여 공유하는 과정을 거쳐야 합니다. 프로젝트의 목표를 SMART하게 설정하고 프로젝트팀, 고객, 이해관계자들과 목표를 공유하는 것은 프로젝트의 성공을 위한 약속입니다.

4. 프로젝트 착수

프로젝트 착수란 프로젝트의 시작을 공식적으로 승인하는 단계입니다. 이러한 승인은 보통, 문서를 통해 이뤄지는데, 프로젝트 차터란 프로젝트 착수를 공식화하는 문서입니다.

프로젝트 차터에는 프로젝트의 배경 및 필요성과 자원의 투입에 대해 기술이 되어 있습니다. 그리고 프로젝트를 어떠한 단계로 진행하겠다는 Life Cycle에 따른 Road-map이 제시됩니다. 이뿐만 아니라 주요한 산출물은 무엇인지, 그리고 의사소통 채널을 어떻게 가져가야 하는지 등에 대한 내용이 기술되어 있습니다.

5. 프로젝트 산출물

프로젝트 차터와 더불어 작성하는 것이 프로젝트의 범위 기술서입니다. 이 세 가지 제약사항 중 착수단계에서는 반드시 범위에 대해 정의를 해야 합니다.

범위란 '하기로 했던 일은 모두 다 하는 것이고, 하기로 한 일만 하는 것'을 말합니다. 프로젝트의 진행을 방해하는 제일 큰 요소가 바로 범위의 변경입니다. 예를 들어, 어떤 프로젝트를 처음에는 자재, 재무, 정비본부만 진행을 하고 있었는데, 프로젝트 진행 도중 사업본부 등이 추가된 것이 바로 범위 변경의 한 예라고 할 수 있습니다.

이러한 범위의 변경은 프로젝트를 처음부터 다시 가게 하는 것이지요. 범위 기술서에서도 확인할 수 있듯이 범위에는 어떠한 프로세스가 포함되고 포함되지 않는지와 같은 업무 프로세스의 범위가 정해져야 합니다. 또한 최종 제품이나 서비스가 어떤 범위까지 포함해야 하는지에 대한 범위와 '어떤 부서가? 어떤 팀이? 어떤 업무분장까지가?'에 대한 조직에 대한 범위도 정의 내려야 합니다. 그리고 최종적으로 나올 산출물 또한 어떤 범위까지 필요한지를 정의해야 합니다.

이외에도 지역, Application, 비용 및 투자의 범위 등에 대해서도 착수 단계에서 정의해야 한다는 점을 기억해야 합니다. 일부 프로젝트 업무 담당자는 계획을 수립하지 않고 직관에 따라 일을 진행하기도 합니다. 그러나 이러한 경우, 한정되어 있는 부분에서만 진척을 달성하게 됩니다. 계획이 아닌 직관에 따라 일을 처리하는 경우, 새로운 일이 발생하거나 책임이 더 부가되면 감당하기 힘들어집니다. 따라서 프로젝트 관리자뿐만 아니라 모든 팀원은 항상 구체적인 일정과 Task에 대한 계획을 세워야 합니다. 또한 끊임없이 변하는 기업 환경에 대비해 각종 리스크 계획까지 세워야 합니다.

아무리 많은 경험을 가졌다할지라도 여러분의 직관에는 한계가 있으며, 매년 기업을 둘러싼 외부 환경과 회사의 전략은 항상 변하게 마련입니다.

■ 프로젝트의 계획

프로젝트를 하다보면, 계획대로 진행되지 않는 경우가 발생하곤 합니다.

흔히들 '계획은 계획일 뿐' 이라는 말을 하곤 하는데, 좋지 않은 계획일지라도 있는 편이 훨씬 좋습니다. 하지만, 효과적인 계획 수립은 프로젝트 진행에 있어 발생하는 잠정적인 문제점을 최소화시켜 주며, 프로젝트의 명확성과 방향성을 제공해 줍니다. 효과적인 계획 수립을 위해 프로젝트 관리자는 무엇보다 목적의식을 가져야만 합니다. 앞서 수립했던 프로젝트의 목표에 따라 최종적인 기대성과와 완성시점, 그리고 비용을 염두에 두고 계획을 수립해야 합니다. 실패하는 계획을 수립하지 않기 위해서는 무엇보다 단계를 나눠야 합니다.

여행 계획을 예로 들어 봅시다.

여행하고 싶은 지역을 나누고 그 지역에서 가고 싶은 장소를 정하며, 그 장소에서 어떤 추억거리를 만들 것인지 구체적인 활동을 계획합니다. 이는 프로젝트에서도 마찬가지로 적용될 수 있습니다.

작업명세구조 WBS는 프로젝트 범위를 조각으로 나누는 도구입니다. WBS는 프로젝트를 계획하기 위한 기초이며, 프로젝트 관리에서 활용하는 가장 중요한 기법 중의 하나입니다.

■ WBS 프로젝트

WBS란 프로젝트 업무 전체 범위를 구성하는 요소를 산출물 혹은 과업(Task) 중심으로 그룹화한 업무분석 방법입니다. WBS의 하부 요소로 내려갈수록 수행해야 할 업무 범위가 더욱 세부적으로 정의됩니다. 이러한 WBS는 프로젝트에서 수행하는 모든 작업을 표현하고 있으므로 WBS에 명시되어 있지 않은 작업은 프로젝트 범위 밖의 작업이라 할 수 있습니다. WBS는 차트 형태 또는 개요 형태로 표현될 수 있습니다.

그렇다면, 프로젝트에서 왜 WBS를 작성하는 것일까요? 무엇보다 WBS를 작성함으로써 프로젝트 범위와 구성을 시각화하여 업무의 범위를 쉽게 파악할 수 있습니다. 또한 업무의 중복과 누락을 사전에 방지할 수 있으며, 책임 분담 및 일정, 예산, 소요 인력, 위험 계획을 수립할 수 있습니다.

WBS는 어떠한 순서로 작성해야 할까요? 무엇보다 상위 수준의 WBS를 작성해야 합니다. 이때 착수 단계에서 작성하였던 프로젝트 차터와 범위 기술서를 바탕으로 WBS의 BS에 해당하는 분류체계도를 작성해야 합니다.

분류체계도는 Process를 기준으로 하느냐? Product를 기준으로 하느냐? 자원, 즉 Resource를 기준으로 하느냐? 산출물을 기준으로 하느냐?에 따라서 PBS, RBS, OBS로 나눌 수 있습니다. 이러한 여러 분류체계도의 복합적인 matching으로 WBS의 첫 번째 요약 작업을 결정하고 이를 기준으로 약 2~3수준의 프로젝트 전체 개요 수준으로 WBS를 작성하는 것이 바로 상위 수준의 WBS입니다.

상위 수준의 WBS를 기초로 프로제트 주요 이해관계자와 함께 WBS에 대한 공감대를 형성해야 합니다. 지속적인 검토와 수정을 해야 하며, 최종적으로는 프로젝트 스폰서의 승인을 확보해야 합니다.

다음으로 검토 완료된 WBS를 기초로 각 수준별 상세 WBS를 작성해야 합니다. 보통 대부분 프로젝트에서는 이러한 상세 WBS는 프로젝트 팀원들 각자가 담당하는 부분을 정하여 해당 부분에 대해 세부적으로 작업을 분해해 내려가야 합니다. 팀원들 각자가 작성한 상세 WBS와 상위 수준의 WBS를 합쳐 전체 프로젝트의 WBS를 완성하고 이 완성된 WBS를 프로젝트 팀 모두가 함께 공유해야 합니다.

■ 마일스톤차트

프로젝트에서 수행하게 될 작업내용과 더불어 중간 중간 프로젝트의 방향에 대해 점검하고 결정해야 합니다. 프로젝트에서 중시하는 개념 중 하나가 바로 마일스톤입니다. 흔히 운전을 할 때 우리는 목표지점에 도달하기 위해 우측으로 갈 것인지, 좌측으로 갈 것인지 아니면 직진을 할 것인지 등을 이정표를 통해 확인합니다.

마일스톤이란 프로젝트의 이정표로 프로젝트의 방향이 결정되는 시점입니다. 예를 들어, 항공기 도입의 경우 Seat의 Spec이 결정되는 시점이라든지, 실제적인 발주가 나가는 기한이라든지, 이러한 것들이 중요한 시점이 되는 것입니다.

그 외 주요한 이벤트인 특별한 meeting이나 최고경영층 보고 같은 것도 마일스톤이 될 수 있습니다. 즉 마일스톤은 각 본부간 주요 의사결정이 필요한 시점을 표시하며, 프로젝트가 잘 진행되는지 쉽게 모니터링 가능하게 설정된 시점입니다. 또한 요약작업 별로 반드시 마일스톤이 설정되어야 합니다.

이러한 마일스톤은 단순한 시점이 아니라 행동을 유발시키고 방향까지 바꾸는 시점이므로 항상 마일스톤을 끊임없이 모니터링 해야 합니다.

■ R & R

자원관리의 대표적인 방법으로는 R&R(Role & Responsibility Table)이 있습니다.

R&R은 기업 조직에서 개별 프로세스 및 조직의 구성원들이 수행해야 할 역할

과 그 역할의 수행에 따른 책임 관계의 정립을 의미합니다. 올바른 역할과 책임 관계의 정립은 기업 조직의 보다 체계적인 업무수행과 동기부여 및 책임의식을 고취시키며, 이를 통해 보다 전략적인 관리가 가능하게 됩니다.

R&R에서 가로축은 각 부분별 Process로 구성됩니다. 요구사항에 대한 정의를 바탕으로 세로축에 각 담당마다의 역할을 매치시켜 표현한 것입니다.

Table에 추가적으로 상세한 담당자 개인별 역할과 책임을 정하게 된다면 이것을 바탕으로 WBS를 작성할 수도 있으며, 향후에 유용한 자료로 활용할 수 있습니다.

■ Risk 관리계획

서양금언에 예방이 치료보다 낫다는 말이 있습니다. 능력 있는 프로젝트 관리자라면 향후 실패를 피하기 위한 리스크 관리를 계획단계부터 수립합니다. 프로젝트 실패의 주요 요인 중 하나는 잘못되고 모순된 프로젝트 산정이라 할 수 있습니다.

원래 일정 계획 자체가 너무 여유 있게 잡혀 있거나 혹은 무리하게 잡혀 있을 수 있습니다. 이러한 일정 변화에 대한 리스크 관리 계획이 필요하며, 또한 갑자기 범위가 축소되거나 확대되는 변경사항이 생기는 경우를 대비하는 리스크 계획도 수립되어야 합니다.

프로젝트를 진행하다보면 일반 팀원이 바뀔 수도 있고, 심지어는 책임임원이 바뀔 수도 있습니다. 이처럼 자원이 바뀌는 경우에 대비하는 리스크 관리 계획도 수립해야 합니다. 그리고 고객과 경영층의 요구사항은 반드시 문서화해야 하며, 앞서 살펴보았던 R&R Table을 만들어서 담당별 책임과 역할을 분명히 해야 합니다. 이러한 요구사항과 책임에 대한 리스크도 함께 예상해야 할 것입니다. 리스크는 위험일수도 있겠지만 기회이기 때문에 항상 계획단계에서 철저히 예상하고 대응계획을 수립해야 합니다.

9.3 프로젝트의 실행, 통제, 종료

1. CPM

CPM이란 Critical Path Method로 일정과 자원관리의 대표적인 방법 중 하나입니다.

CPM에 대해 배우기에 앞서 여러분, 여러분의 업무를 한 번 돌아보십시오. 하루에 딱 한 가지 업무만 순서대로 하지는 않지요?

프로젝트도 마찬가지입니다. 1사람이 1가지 일만 하는 것도 아니고, 또 과업 수행에 한 사람만 투입되는 것도 아닙니다. 또한 과업들은 독립적으로 수행할 수도 있지만, 서로 의존하는 과업들도 있게 마련입니다. 프로젝트의 여러 과업들을 선/후행 관계에 따라 연결을 해보면 가장 긴 기간이 나오게 됩니다.

프로젝트에서는 완성하는 데 가장 오랜 시간이 소요되는 경로를 바로 Critical Path라고 말합니다. 실제 과업에 소요되는 소요기간을 포함하여 그 일을 가장 빨리 시작할 수 있는 날과 가장 빨리 끝낼 수 있는 날을 생각해 보고 또 반대로 가장 늦게 시작하는 날과 가장 늦게 끝나는 날을 고려해 볼 수 있을 것입니다.

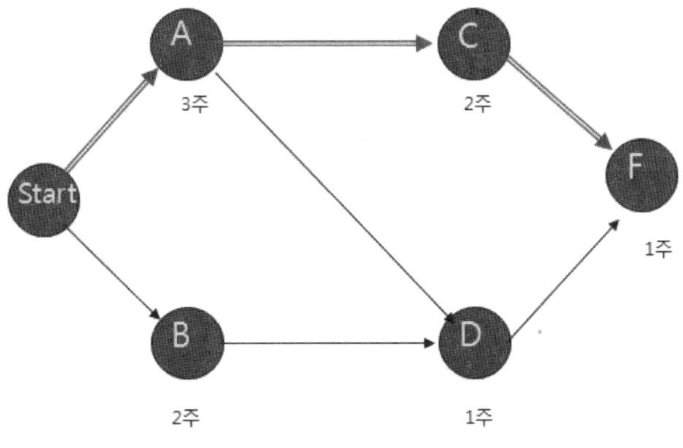

여기서 과업의 경로는 A로 시작하는 코스와 B로 시작하는 코스로 나누어 볼 수 있습니다.

먼저 A과업의 경로는 A-C-F, A-D-F로, B과업은 B-D-F코스로 나눌 수 있습니다. A-C-F경로는 총 6주가 소요되고, A-D-F경로는 5주, B-D-F는 4주가 소요됩니다.

그렇다면 Critical Path는 어떤 경로일까요? 다른 경로보다 A-C-F의 작업기간이 더 길므로 A-C-F의 경로가 Critical Path가 되는 것입니다. Critical Path에는 결코 어떠한 여유시간도 없으며 Critical Path에서 뒤쳐지면 전체 프로젝트 일정도 늦춰지게 되므로 프로젝트 관리에서 Critical Path 관리는 무엇보다 중요합니다.

Critical Path는 반드시 MS Project나 기타 전용 일정관리 프로그램을 통해서만 나타낼 수 있는 것은 아닙니다. 엑셀이나 파워포인트에서도 Critical Path를 충분히 보여주고 강조하여 보고서에 첨부할 수 있습니다.

2. 간트차트

앞의 사례와 같이 CPM을 이용하여 산정된 수행기간에는 휴무일, 공휴일을 반영해야 실제 프로젝트 수행 일정이 계산됩니다. 이를 위해서는 프로젝트 수행기간을 실제 달력상의 일자에 반영해야 하는데, 이때 가장 많이 사용되는 것이 바로 간트차트입니다.

간트차트는 프로젝트 활동이 언제 시작되고 언제 종료되는 지 쉽게 이해할 수 있도록 표현됩니다. 간트차트의 세로축은 WBS의 프로젝트 활동내용이 나열되고, 가로축에는 활동별 시작일자와 종료 일자를 막대 형태로 연결하여 표현하고 있습니다. 이러한 간트차트는 활동의 진행상황과 자원할당이 효과적으로 표현되고 작성하기 용이하기 때문에 주로 프로젝트 팀 간의 의사소통에 많이 이용되고 있습니다.

그럼 간트차트 보는 방법에 대해 알아보겠습니다.

먼저 차트 하단에 나타낸 부호는 Critical Path와 Noncritical Path, 작업 진행, 프로젝트 관리와 관련된 중요한 활동들을 나타내고 있습니다. 과업 수행기간동안 예정된 시작과 종결시점은 진행막대의 시작과 끝에 있는 입체적이며 아래 방향으로 향하는 삼각형으로 표시됩니다. 또한 Milestone은 검은 다이아몬드로 표시됩니다.

3. 프로젝트의 정상화

프로젝트를 수행하다 보면 한 부분에서 뒤쳐지기도 합니다. 이 때 프로젝트 관리자는 전체 프로젝트를 정상화시키기 위해 어떻게 보충할 것인가에 대한 의사결정을 해야 합니다. 이러한 프로젝트 수행의 정상화 방법에는 자원의 재분배, 선택된 과업과 하위과업 범위의 변화, 과업순서의 변경이 있습니다.

막상 프로젝트를 시작해보니 계획에서 예상했던 것보다 어떤 과업이 어렵거나 힘들어서 자원이 부족한 경우가 발생합니다. 만약 자원부족이 발생된 특정과업 또는 하위과업이 전체 프로젝트에서 결정적인 것이라면 다른 과업분야로부터 자원을 빌려 프로젝트를 정상화시킬 수 있을 것입니다.

반면 어떤 과업의 경우 원래 예상했던 것보다 적은 노력으로 수행할 수 있는 과업을 발견하기도 합니다. 이 경우 해당분야 투입되는 자원과 일정을 줄이는 노력이 필요합니다. 프로젝트 수행 시 장애물에 봉착했을 때 또 다른 해결방안은 바로 과업들의 순서를 바꾸는 것입니다. 좀 더 경험이 풍부한 일부 직원들로 하여금 짧은 소요기간 동안에 복잡한 과업들을 수행할 수 있도록 하는 과업 수행 순서를 발견해야 합니다.

이때 간트차트를 이용하면 활동순서와 소요시간, 할당된 직원들의 작업일수를 용이하게 살펴 볼 수 있으며 과업 수행 순서를 변경할 기회를 찾는데 도움을 받을 수 있습니다.

4. 프로젝트의 통제

프로젝트 수행과 더불어 처음에 짠 계획이 완료시점까지 이루어지는지 또 잘 진행되는지 통제해야 합니다.

프로젝트 통제에서 가장 많이 쓰이는 것은 바로 마일스톤입니다. 프로젝트 중간 중간, 미리 설정한 마일스톤과 현재의 위치를 비교함으로써 프로젝트가 잘 진행되는지 알 수 있으며, 또한 잘 진행되지 않을 경우 정상화 방법을 고려할 수도 있을 것입니다. 마일스톤 확인 후에는 기본적인 항목인 일정, 범위, 원가의 순서로 점검을 해야 합니다.

이 프로젝트 통제의 세 가지 기본요소들을 기본으로 프로젝트를 모니터링하며, 현재의 성과가 얼마나 되는지 측정해야 합니다.

5. 일정 및 비용 모니터링

만약 프로젝트 담당 임원께서 프로젝트 관리자인 여러분에게 프로젝트가 어느 정도 진행되었는지 질문을 한다면 어떻게 대답하실 것인가요? 이와 같은 질문에 대부분 '거의 다 돼갑니다'라고 모호하게 표현하거나, 혹은 "절반 정도 진행되었습니다."라거나 "90% 완료되었습니다."라는 일반적인 답을 하게 됩니다. 그러나 이와 같은 대답은 대부분 추측에 의한 것으로 프로젝트 완료율이 50%라거나 90%라고 했을 때 이것이 합리적인 수치라고 확인해 줄 수 있는 것이 바로 'Earned Value Method'입니다.

EVM은 앞서 얘기한 현재의 진척률을 가치로 바꾸어 표현할 뿐만 아니라 프로젝트 수행성과를 WBS에 기준하여 비용, 일정, 기술적인 측면에서 통합 관리하는 방법으로 특정기간의 예상 원가나 예상완료기간을 추정하는 데 쓰입니다.

일정과 원가를 통합하여 단일한 관리지표로 측정하기 위해서는 동일한 측정단위를 적용해야 합니다.

따라서 EVM에서는 일정과 원가를 모두 화폐단위로 측정하여 그 편차를 계산합니다.

6. 프로젝트의 종료

대부분 프로젝트 막바지에 이르면 Next Plan이나 Next Position에 대한 준비로 종료를 소홀히 합니다. 하지만 시작단계가 중요했듯이, 종료단계 또한 아주 중요합니다.

프로젝트 종료단계에서 일반적으로 해야 할 3가지 category가 있습니다. 첫째, 먼저 프로젝트의 목표와 목적을 달성했는지 확인해야 하며, 여기에 고객과 경영층이 모두 OK하는 과정을 반드시 거쳐야 합니다. 그리고 무엇보다 여러 관련 자원들 모두 종료기준을 충족시켰다는 공감대를 확보해야 합니다. 둘째, 소홀하기 쉬운 일반 관리적 업무를 끝까지 해야 하며, 남아있는 Task와 Activity를 종결하고 산출물을 정리하고 모든 Document도 끝까지 업데이트를 해야 계속 활용할 수 있습니다. 셋째, 자원관리에 최선을 다해야 합니다. 지금까지 배운 것을 다른 사람들에게 전달하고 공유해야 하며, 프로젝트 팀이 해산되어 현업에 복귀하는 혼란스런 시기이므로 서로서로 역할과 책임을 다시 정리해야 하며 서로의 공헌을 공식적으로 인정해야 합니다.

7. 프로젝트 사후관리

프로젝트가 종료된 후에는 사후관리가 필요합니다. 사후관리가 필요한 대상은 크게 프로젝트 종료 후에도 그 성과가 지속적으로 모니터링 가능해야 하며, 따라서 성과관리나 KPI성 과제 등은 그 내용의 수준에 따라 사후관리가 필요합니다. 그리고 성과가 아주 큰 프로젝트의 경우 그 성과가 유지되는지 관찰과 관리가 필요합니다.

프로젝트 책임자와 운영 단계의 책임자가 다른 경우 업무인계가 필수적입니다.

9.4 프로젝트 관리 노하우

1. 나폴레옹의 6가지 프로젝트 관리방법

일을 하다보면, 가끔 맥이 빠질 때가 있지 않습니다. 그럴 경우 프로젝트 관리자는 어떻게 동기부여를 해 주어야 할까요?

나폴레옹은 강한 정신력을 강조하는 것으로 동기부여를 했습니다. 그리고 강한 정신력의 토대는 질서라고 생각했습니다. 이와 더불어 의욕을 고취하고, 능력을 인정하며, 성과를 보상하라는 일반적인 동기부여 방법도 함께 고려해야 합니다.

프로젝트에서의 변경은 필수불가결한 것이며, 얼마나 잘 대응하느냐가 중요합니다. 또한 프로젝트에서의 팀워크는 무엇보다 중요합니다. 나폴레옹은 기동부대를 편성하여 한 부대에 머물러 있게 하지 않았고, 인력 풀링제도를 이용하여 멀티 플레이어를 양성하였습니다. 그리고 공동원칙과 문화, 그리고 언어로 팀워크를 다져 나갔습니다.

2. 프로젝트 관리자

◈ 프로젝트 잘 하는 관리자가 되기 위한 10가지 Tips

- 팀장은 지도를 보고 길을 잘 찾아야 한다.
- 직관적인 판단은 언젠가 한계에 부딪힌다.
- 따르고 싶어지는 형식과 시스템을 만들어라.
- 일의 순서와 구조, 작업 프로세스 이해
- 일할 시간은 항상 부족하다.
- 80% 역량만 할애하라.
- 여유시간이 필요함을 인정하라.
- 우선순위는 일정을 잡기 전에 정하는 것이다.

- 팀원들이 다음에 할 일이 뭔지 알게 하라.
- 팀장이 개입할 시점을 집어내라.

프로젝트에 참여하는 사람이면 누구나 일정이 부족하다고 생각합니다. 이런 경우 업무량이 지나치지 않는 것인지 혹은 중압감, 책임감, 스트레스가 지나친 것인지 생각해 보는 것이 필요합니다. 또 일이 많으면 많을수록 포트폴리오를 짜서 일해야 하며, 일 처리방식을 다양하게 모색해 봐야 합니다. 그래서 정말 일이 많다고 생각이 들었다면 80%만 역량을 할애하고 나머지 20%를 통해 전체적으로 조율을 할 필요가 있습니다.

3. 극단적인 프로젝트

극단적 프로젝트를 진행하기 위해서는 본질적인, 근원적인 해결방법 외에는 특별한 해결방법이 없습니다. 그 해답은 바로 자기 자신이라는 것입니다. 비단 극단적인 프로젝트 관리뿐만 아니라 일반적인 프로젝트 관리에서도 관리자는 Self-mastery를 가져야 합니다.

무엇보다 이 프로젝트를 풀 수 있는 나의 특성은 무엇인지를 살펴보아야 하며, 나의 강점과 이 프로젝트에 맞는 나만의 능력이 무엇인지 관찰해 보는 것이 필요합니다. 그리고 자기 자신을 잘 봤다면, 이젠 자기 자신을 찾아야 합니다. 프로젝트를 통해 자기 자신의 목적을 찾고 변화에 대해 자신에게 동기를 부여하고, 사업계획과 같은 과제를 통해 자신의 큰 비전을 수립해야 합니다.

마지막으로 이러한 자신을 보고 찾음으로써 프로젝트를 수행하기 위한 자신의 힘을 발휘하는 것입니다.

미니지식 Q&A

■ **기획서를 번번이 다시 써오래요.**

- 처음 기획서를 진행하게 될 때 제일 먼저 고려할 점은"이 기획서나 계획서를 받아보고 검토를 하는 사람이 누구인가."입니다.
  이 페이퍼를 받고자 하는 사람 혹은 수신처에 대한 분석을 전혀 하지 않고 그냥 열심히만 하는 사람이 많습니다. 문제도 사람이 만드는 것이고 해결도 사람이 하는 것이고 결정도 사람이 하게 됩니다. 물론 사람으로 표현을 했을 뿐이지 사람이라는 단어를 기업으로 바꾸게 되면 결국 동일한 내용이 됩니다. 기업도 추구하는 비전이 있고 방향성이 있습니다. 이러한 객관적인 자료들을 파악한 다음 나의 기획서가 Yes를 받아 낼 수 있도록 만드는 것입니다.

미니지식 Q&A

■ **마감시한이 없는 일, 진행이 되지 않아요.**

- '언제 밥 한 번 먹자'라는 사람과는 절대 밥을 먹을 수 없던 것처럼 구체적인 계획이 없다면 일의 진행이 더뎌지기 마련입니다. 문서작성을 빨리 효율적하기 위해서, 다음과 같은 방법을 활용해 보도록 합니다.
  1) 마감시한을 정한다.
  2) 꼭 해야 만하는 이유를 찾아낸다. 아니면 안해야 되는 이유를 찾아낸다.
  3) 문서작성에 앞서, 성격을 파악해서 먼저 개략적인 내용을 빈종이 등에 적어놓은 후 실제 문서작성하면서 이를 활용한다. 그리고 마지막으로 모든 일을 혼자서 하려고 하지 말고 누군가에게 도움을 청할 수 있다면 도움을 청하는 것도 좋습니다.

미니지식 Q&A

■ RFP, RFP하는데, RFP가 뭐에요?

- RFP는 Request for Proposal의 약자로, 제안요청서라 일컫습니다.
발주기업이 선별된 업체에게 구축업체를 선정하기 위한 전단계로서 보내지며, 사용자가 자사의 시스템에 대한 요구사항을 체계적으로 정리한 문서로서 공급업체가 제안서를 작성할 때 기본적인 자료로 활용합니다.
어떠한 기업에서 새로운 정보기술을 접목해 시스템을 구축할 때 어떤 기술과 업체를 선택할 것인가 하는 점에 대해서는 제안요청서(RFP)와 제안서라는 연속된 절차를 통해 결정이 되는 경우가 많습니다. 체계적으로 RFP를 작성하는가에 따라 제안서의 품질이 결정되는가 하면, 프로젝트의 성공여부에도 큰 영향을 미칩니다.

10

CHAPTER

고객불만관리

Objective

1. 직원으로서 기본적으로 갖추어야 할 서비스마인드를 함양할 수 있습니다.

2. 서비스산업에 대한 이해와 이를 통해 고객만족 사고확장을 할 수 있습니다.

4. 고객불만의 원인 및 유형에 대한 이해 및 상황에 맞는 대처방안 습득을 통한 대 고객서비스 Quality 향상을 도모할 수 있습니다.

10.1 서비스경영

1. 서비스 정의 및 특징

오늘날 산업경제에서 서비스라는 것은 매우 포괄적이고 직, 간접적으로 우리들의 생활에 영향을 미치고 있습니다. 아래 그림에서 볼 수 있듯이 금융, 제조, 분배, 공공부분, 의료 건강, 식음료 등 다양한 분야에서 서비스가 활용되고 있음을 알 수 있습니다.

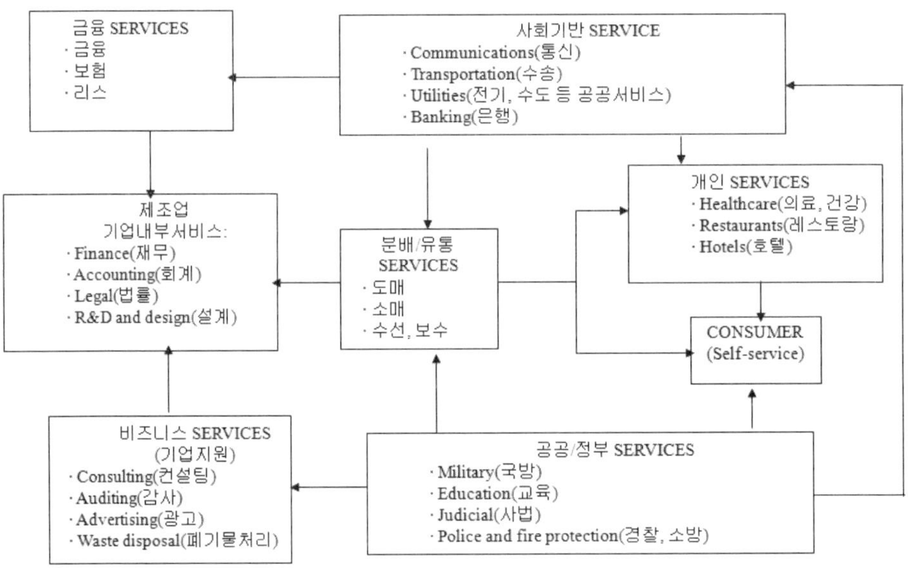

그러나 일반적으로 '서비스란 무엇이라고 생각하십니까?'라는 질문을 하면 대부분 친절, 미소, 인사, 서비스(덤), 신속배달, 고객만족, 고객감동 등 단답형으로 대답하는 경우가 많습니다. 분명히 생활 속에서 많이 접해서 익숙해져 있는 단어이지만 막상 말로 설명하라고 하니 정리가 잘 되지 않는 것입니다.

서비스라는 말의 어원은 라틴어 'Sorvenor(노예)'에서 비롯되었으며 'Servant'로 변환되어 오늘날 Service(봉사)로 발전되었습니다. 사전에는 '서비스란 타인의 이익을 도모하기 위해 행하는 육체적, 정신적 노무(Contribution to the welfare of others)'라고 정의되어 있습니다.

영국의 대백과사전에도 서비스의 정의는 고객에 대한 호의적인 접대행위 또는 동작이라고 기록되어 있습니다. 이는 생각과 동작에 이르는 행동과 좋은 인상이 조화되어 고객의 욕구를 충족시켜 주는 총체적인 표현을 말합니다. 이와 같이 서비스란 이용가능한 자원이 사용가치를 실현하는 과정, 즉 경제주체에 대하여 유용한 노동을 하는 행동개념을 말합니다.

또한 서비스에는 물적 서비스와 인적 서비스가 있는데 물적 서비스란 고품질 저가격의 상품, 고객 편의시설, 홈페이지, 고객 지원센터, 덤, 사은품, 보너스, 공짜 상품 등을 말하고 인적 서비스란 밝은 미소, 공손한 인사, 친절, 배려, 눈 맞춤, 친근한 멘트, 따뜻한 응대, 매너, 전화예절 등 사람이 제공하는 것을 말합니다. 우리는 일상생활에서 서비스라는 용어를 많이 사용하고 있는데, 가정을 비롯하여 모든 사회의 영역에서도 서비스는 현대의 우리 생활에 서비스 문화(Service Culture)를 창조하고 있는 것입니다. 그러나 서비스 개념을 명확하게 정의하기는 그렇게 쉬운 일이 아닙니다. 왜냐하면 서비스라는 용어의 개념이나 내용이 아주 애매하고, 사용하는 범위와 형태가 때와 장소에 따라서 다양한 의미를 내포하고 있기 때문입니다. 이에 대해서 학자들은 서비스에 대해서 아래와 같은 의견을 제시하고 있습니다.

서비스는 행위, 프로세스, 그리고 결과로 이루어져 있다.
Valarie Zeithaml & Mary Jo Bitner

서비스는 고객이 공동생산자 역할을 수행하면서 얻는 시간 소멸적이고 무형적인 경험을 말한다.
James Fitzsimmons

그러나 고객 접점의 서비스 현장에서 실제로 고객과 마주치는 직원들은 자신들의 눈높이에 맞는 좀 더 쉽고 이해하기 쉬운 서비스에 대한 설명을 원하고 있습니다. 그래서 많은 서비스만족 전문가들이 자신만의 서비스 철학을 통해 서비스에 대한 정의를 내리고 있는 것입니다. 전략기업컨설팅의 장수용 원장은 "서비스란 그 어떤 훌륭한 시스템과 이론보다도 고객의 마음을 움직이는 작은 미소와 몸짓이다."라고 말하고 서비스플러스아카데미의 박지숙 원장은 "서비스란 긍정적인 마음을 센스 있게 표현하는 것이다."라고 말합니다.

서비스라는 것은 제품과 달리 그 실체가 존재치 않으며 종류도 매우 다양해서 획일적인 판단과 대응이 애매할 수도 있습니다. 그러나 어떤 기업이 시행착오를 거듭하면서 획득한 서비스의 양과 질은 그 기업만이 보유하는 하나의 문화로서 모방할 수 없는 배타적 힘으로 작용하고 고객신뢰의 기반이 됩니다. 이렇듯 무형성은 서비스와 제품을 구분하는 핵심적인 요소입니다. 서비스의 무형성은 두 가지 의미를 가지고 있는데, 그 하나는 형체를 보거나 만질 수 없다는 객관성과 다른 하나는 형체를 보거나 만질 수 없기 때문에 그것이 어떤 것인가 상상하기 어렵다는 주관성입니다. 고객 서비스가 스트레스와 고통을 주는 것이라는 생각에서 벗어나야 합니다.

서비스에 대한 밝고 긍정적인 패러다임을 통해 우리는 자발적이고 마음에서 우러나오는 서비스를 제공할 수 있을 것입니다. 진정한 서비스는 아무나 할 수 없는 일을 누구나 즐겁고 효율적으로 하는 것입니다.

선물은 받는 사람보다 주는 사람이 더 기쁜 법입니다. 또한 선물은 줄 때보다는 받을 사람의 행복한 모습을 상상하며 고를 때 더 즐거운 것이기도 합니다. 고객서비스도 마찬가지 입니다. 서비스는 고객에게 만족과 감동을 주기위한 것이기도 하지만 그보다 나 자신을 기쁘고 행복하게 하기 위한 것임을 명심하시기 바랍니다.

한편 서비스의 특징은 무형성, 비분리성, 이질성, 소멸성으로 나눠 볼 수 있습니다. 첫 번째, 서비스는 무형의 상품입니다. 서비스는 TV나 자동차 같은 일반 제품과 달리 실체를 보거나 만질 수 없습니다. 또한 서비스는 직접 접해보기 전에는 그 내용이 어떤지 상상하기 어렵습니다. 그래서 '상품은 유형재이지만 서비스는 연기이다.'라는 말을 합니다. 연기처럼 잡을 수 없고 만질 수 없고 구체적이지 않기 때문입니다. 따라서 서비스를 이야기할 때는 실체적 단서를 강조해야 합니다. 그냥 막연하게 서비스의 우수성을 알리는 것보다는 기내식에서 세계 최우수 머큐리상을 수상했다라던가 매장 내 인터넷 상용개시 등 실체적 단서를 강조를 하는 것이 좋습니다. 요즘에 온라인 쇼핑이 유행하면서 상품에 대한 이전 구매자들의 평가가 구매에 중요한 역할을 합니다. 이렇게 경험해 보기 전에는 알 수 없는 부분에 대해서는 구전이 매우 중요합니다.

두 번째, 서비스는 생산과 소비가 동시에 발생합니다. 서비스는 생산과 동시에 소비되므로 저장될 수 없는 것이 핵심적인 특징입니다. 이러한 서비스의 무재고성 때문에 수요 변동을 흡수하기 위한 완충으로 재고에 의존하는 전통적인 제조 전략을 사용할 수 없습니다. 제조업자는 내부 환경의 계획 및 통제를 외부환경으로부터 분리하기 위해 완제품 재고를 사용합니다. 따라서 제조시설은 일정한 생산량 수준에서 운영하는 것이 가장 효율적입니다. 그러나 서비스는 수요 변동이 시스템에 직접적으로 영향을 미치는 개방시스템으로 운영됩니다. 따라서 서비스에서 생산과 소비의 동시성은 품질의 통제가 개입될 수 있는 기회를 없앱니다. 제품은 배달 전에 검사 받을 수 있지만 서비스에서는 제공된 서비스 품질을 측정하기 위해 다른 기준을 사용해야 합니다.

세 번째, 서비스의 무형 특성과 서비스 전달시스템에 고객이 참여하는 정도 간의 다양한 결합으로 서비스는 다르게 제공됩니다. 그러나 서비스 종업원과 고객 간의 상호작용은 인간적 직무 경험을 더욱 만족스럽게 합니다. 서비스에서 직무활동이 사물지향적이 아닌 사람 지향적이기 때문입니다. 자동화의 도입은 비교적 일상적인 비인간적인 업무를 제거함으로써 개인화를 보다 강화시키지만 이것 때문에 오히려 나머지 일에 더 많은 신경을 써야 합니다. 이와 동시에 이러한 개인적인 주목으로 인하여 서비스 품질은 차이가 나게 됩니다. 고객은 공정하게 대우받기를 원하며 다른 사람들이 받은 것과 동일한 서비스를 기대합니다. 적절한 절차를 이용한 표준화와 종업원 교육의 제공은 서비스의 일관성을 가져오는 핵심요소가 됩니다.

마지막으로, 서비스는 시간적인 소멸성을 가진 상품입니다. 비행기의 빈 좌석, 병원의 빈 병실, 호텔의 빈 객실, 그리고 환자가 없는 시간대의 치과의사를 상상해 보십시오. 이 경우 기회 손실이 발생합니다. 서비스 능력은 저장될 수 없기 때문에 사용되지 않으면 영원히 사용될 기회를 잃어버립니다. 서비스 능력의 최대 활용은 경영자에게 커다란 도전적인 과제입니다. 왜냐하면 고객수요의 변동이 상당히 크며 이러한 변동을 재고를 통해 흡수하는 것이 불가능하기 때문입니다. 서비스에 대한 고객 수요는 단기적으로 매우 주기적인 행동을 보이며, 가장 바쁜 시간과 한가한 시간간의 수요차이가 큽니다. 관광, 오락 서비스는 수요의 계절 변동으로 인하여 고객 행동의 급증이 일어납니다. 방학이나 휴가철의 비행기를 몇 달 전에 예약하는 것이 그 예가 될 수 있습니다.

2. 서비스품질의 이해

서비스품질은 다섯 가지 차원에서의 정의가 필요합니다. 신뢰성, 대응성, 확신성, 공감성, 유형성의 다섯 가지 차원을 이용하여 서비스 품질의 갭을 통해 이해할 수 있습니다. 이 갭은 어떤 서비스에 대한 고객의 기대와 전달된 서비스에 대한 고객의 인식 사이의 차이에서 발생합니다. 품질은 서비스 전달 시스템의 설계에서부터 시작되며 고객은 서비스의 본질을 느끼게 되는 진실의 순간이라고 불리는 고객 접촉 순간에 서비스에 대하여 만족 혹은 불만족을 평가하게 됩니다. 서비스 품질 관점에서 고객만족은 제공받으면서 느낀 서비스 수준과 서비스 받기 이전의 기대수준을 비교하는 것으로 정의할 수 있습니다. 인지된 서비스 수준이 기대를 상회할 때 서비스품질이 특별한 것으로 인식되며 고객감동으로 이어집니다. 그러나 기대 수준에 못 미칠 경우 서비스 품질은 아주 낮은 것으로 받아들이고 기대 수준과 비슷하면 품질은 만족스러운 것으로 여겨집니다. 고객의 기대수준은 구전, 개인적 욕구, 과거 경험 등에 의해서 형성됩니다.

3. 서비스의 진화

글로벌 선도기업들은 이미 고객경험의 중요성을 깨닫고 총체적인 고객경험관리를 통해 차별화된 서비스를 제공하고 있습니다. 이를 통해 고객의 충성도를 높이고 궁극적으로는 가치를 높이고 있는 것입니다. 글로벌 기업의 고객경험관리(CEM)의 성공사례를 그 특징별로 살펴보겠습니다.

디즈니랜드는 스스로를 '이매지니어(Imagineer)'라고 부릅니다. 이는 고객에게 의미 있는 경험을 제공하는데 집중하는 창의력 집단이라는 의미입니다. 고객들이 느끼는 경험의 질이 충성도에 강력한 영향을 미친다는 점을 인식하고 3가지를 끊임없이 고민하고 개선해나가고 있습니다.

'고객이 무엇을 볼 것인가, 고객이 무엇을 느낄 것인가, 디즈니에 대해 어떤 기억을 가질 것인가'입니다. 이런 고객경험분석을 통해 고객의 대기시간 관리에 훌륭한 사례를 만들어냈습니다.

놀이동산에서는 대기시간이 있기 마련인데, 이런 틈에 예상치 못한 이벤트를 제공하기 시작했습니다. 관악대 등을 통해 기분전환을 시켜주고 기다림의 지루함을 덜 수 있게 했습니다.

또한 패스트 패스제도도 도입했습니다. 이는 이용할 어트랙션 앞에 있는 발권기에 패스포트를 넣고 예약시간이 적힌 패스트 패스 티켓을 받는 것으로, 다른 어트랙션을 먼저 즐긴 후 다시 돌아서 예약된 어트랙션을 탈 수 있게 하는 제도입니다.

좋은 고객경험을 전해주기 위한 작은 노력은 캐스트 멤버를 통해서도 확인할 수 있습니다. 디즈니를 방문하는 모든 사람들과 즉각적이고 친근한 대화를 시도함으로써 남다른 경험을 제공하는 것입니다. 또 공연이나 퍼레이드 등이 연출되는 동안에는 절대 자신이 하고 있는 캐릭터 연기에서 벗어나지 않는 것을 원칙으로 하고 있습니다.

점심식사 후의 커피 한 잔, 생각만 해도 행복해지는 시간입니다. 식사 후 들른 스타벅스 매장. 계산대 뒤쪽의 메뉴판을 쳐다보는 동료와 달리 A씨는 애플 '아이폰'을 꺼내듭니다. '마이스타벅스'를 작동시키자 평소 즐겨 마시던 '캬라멜 마키아토'의 상세정보가 폰 스크린에 나와 있습니다. 오늘은 색다르게 '그린티 프라푸치노'를 마시고 싶은 A씨. 하지만 칼로리가 걱정입니다. 곧바로 아이폰 마이스타벅스에서 이 커피의 정보를 검색합니다. 선택 항목에서 휘핑크림과 시럽을 빼고 톨사이즈를 고르니 아이폰은 친절하게 294kcal라는 칼로리 수치를 알려줍니다. 이 모든 게 지금 미국의 스타벅스 매장에서 아이폰을 가지고 있는 사람들이 경험하고 있는 일입니다.

23일 뉴욕타임스(NYT) 보도에 따르면 스타벅스는 최근 아이폰을 통해 마이스타벅스라는 서비스를 시작했습니다. 마이스타벅스는 기본적으로 스타벅스 메뉴 정보를 모두 제공하고 있으며 매장 위치 검색 등의 기능을 갖고 있습니다. 평소 즐겨 찾는 매장 정보를 등록해 놓을 수 있으며 특정 시간에 아이폰을 열면 현재 영업 중인 매장이 어디에 있는지도 알 수 있습니다. 또 매장마다 갖고 있는 편의시설도 살펴볼 수 있으며 드라이브 스루형 매장이 어디 있는지 찾아볼 수도 있습니다. 아울러 메뉴의 영양정보는 물론 고객이 자신의 기호에 따라 커피의 맛을 선택할 수 있도록 돕는 서비스도 제공됩니다. 자신이 선호하는 메뉴를 '즐겨찾기'로 설정하고, 다른 사람들과 이를 공유할 수도 있습니다. 예컨대, 자신이 즐겨 마시는 설탕 두 스푼 정도의 캐러멜 마키아토의 정보를 직장 동료에게 아이폰으로 전송해 추천할 수 있습니다. 스타벅스 모바일 카드는 아직 테스트 단계지만 업계 안팎으로 성공 가능성에 대한 기대가 큽니다.

이 서비스는 현재 시애틀과 캘리포니아 등 일부지역 매장에서 실험 중입니다. 일반 스타벅스카드와 똑같은 기능을 갖고 있으며 선택한 메뉴의 바코드가 아이폰 스크린에 표출되면 이를 매장 스캐너를 통해 결재할 수 있습니다. 스타벅스는 고객들의 이용 후기를 검토해 서비스의 본격 실시여부를 결정할 계획입니다. 마이스타벅스와 모바일카드 서비스는 모두 무료로 제공되고 있습니다.

리츠칼튼호텔은 고객취향카드를 통해 CEM을 엿볼 수 있습니다. 이 호텔 직원은 누구나 고객취향카드라는 메모장을 휴대하면서 항시 고객의 니즈와 취향을 파악하고 이를 활용합니다. 이런 행동은 리츠칼튼인의 서비스가치, 원칙, 표준문구에 명시해 놓고 있습니다.

리츠칼튼의 서비스가치는 '고객들이 언제나 따스하고 편안하면서도 세련된 분위기를 즐길 수 있도록 고객 모두에게 최상의 개인 서비스와 시설 제공을 약속한다'고 정하고 있습니다. 또 서비스 원칙 중 2단계에서는 '고객의 니즈를 미리 예상하고 충족시켜라'고 명시하고 있습니다.

서비스 행동강령 20을 정하고 있는데, 12번째 항목에서 '고객에게 최상의 개인화 서비스를 제공하기 위해 고객의 개인 선호와 취향을 파악하는 것이 모든 임직원의 의무다'라고 밝히고 있습니다.

■ 고객경험관리 방향성 공유

기업 서비스의 큰 방향인 서비스 가치에 대해 내부 구성원에게 명확하게 전달하고 있으며, 이를 실천적 리더십을 통해 자발적 조직문화로 정착시키고 있습니다.

영국 항공사 버진 애틀랜틱은 고객경험관리를 전략적으로 선택해 성공하고 있는데, 이 항공사 사례를 통해 후발주자이자 상대적으로 소규모 기업이 성장할 수 있는 길이 고객경험관리임을 시사하고 있습니다. 브리티시항공은 영국의 대규모 항공사로 로열티 프로그램을 강조했다면 버진은 고객경험을 전략적 방향으로 삼았고, 이 전략이 성공하고 있습니다. 특히 리차드 브랜슨 회장은 비행기를 탈 때 이코노미 좌석을 돌며 고객에게 버진에 대해 어떻게 생각하는지를 묻고 다니며, 고객들의 불만 메일을 직접 관리했습니다.

버진은 고객요구가치를 발굴하는 과정으로 소비자 좌담회를 실시하고, 관찰조사를 실시합니다. 회사에서 중요한 접점 포인트를 직접 관찰하고, 고객의 현장 인터뷰를 실시하는 것입니다.

이 관찰조사만한 고객 측정이 없습니다. 좌담회 인터뷰는 자신이 겪었던 경험을 떠올려서 하는 것이지만, 관찰조사는 바로 고객경험 현장에서 진행하는 것이며 생각지 못했던 소중한 답변도 얻을 수 있기 때문입니다.

버진 항공은 실제 고객들이 요구하는 것을 찾아다녔고, 이같은 접점 고객의 이해를 바탕으로 고객경험을 재정립해 나갔습니다. 기내에서 편안함과 즐거움을 느낄 수 있도록 경험을 설계하고 새로운 경험요소를 창출했습니다.

항공기 내부 인테리어부터 고객에게 긍정적 경험을 주기 위해 바꿨고 욕조까지 구비했습니다. 새로운 콘셉트의 라운지를 구성하기도 했다. 기내에서는 마사지 서비스도 제공했습니다. 이런 다양한 아이디어를 리차드 브랜슨 회장이 직접 제시하면서 직원들의 자율적인 제안을 유도할 수 있었습니다.

버진 항공은 고객성과 측면에서 향후 재활용 의향이 브리티시항공에 비해 2배 높게 나타나고 있습니다.

■ 서비스 표준 내재화 교육

다양한 고객접점을 가진 기업에서는 일관된 서비스 가치를 전달하기 위해 서비스 표준에 대한 매뉴얼을 제작하고, 이에 그치지 않고 교육시스템을 갖추고 내재화에 힘쓰고 있습니다.

맥도날드는 고객의 즐거움과 만족을 전 세계에서 똑같이 제공할 수 있는 원칙과 매뉴얼을 구축해 온 대표적 사례입니다. 마인드(Mind), 행동(Behavior), 비주얼(Visual) 측면에서 잘 정립된 원칙들이 서비스경영 체계의 기준이 되고, 이를 매뉴얼로 해 구현하고 있는 것입니다.

마인드 측면에서는 QSC&V 정신을 강조합니다. 최상의 원재료로 정확하게 조리할 것(Quality), 빠르고 정확하고 친절한 서비스(Service), 청결한 매장과 직원위생(Clean), 가장 좋은 음식을 가장 좋은 가격에(Value)를 기본 정신으로 합니다.

행동 측면에서는 5가지 원칙이 있습니다. 그 행동의 원칙은 존중과 인정, 가치와 리더십, 경쟁력 있는 보상체계와 복리후생제도, 학습과 개인적인 성장, 최상의 서비스 실현을 위한 지원이 바로 그것입니다.

비주얼 측면에서는 즐거움과 가족을 위한 공간임을 강조합니다. 따뜻하고 즐거운 이미지를 보이기 위한 노란색과 빨간색 컬러를 활용한 CI와 캐릭터, 항상 청결한 매장과 위생적 조리기구 유지를 규정하고 있습니다. 이런 원칙들을 정리한 매뉴얼에는 5만여 개 항목의 업무와 서비스에 대한 모든 사항이 상세히 정리돼 있습니다. 일례로 빵 두께 17mm, 고기 두께 10mm, 총 두께는 44mm, 소고기 지름 3.8인치, 지방비율 19% 이하 등이 매뉴얼에 정해져 있습니다.

서비스에 대해서도 주문 후 30초 이내에 모든 서비스를 끝낼 것, 햄버거나 감자튀김을 시키면 무조건 '감사합니다'라고 말한 뒤 3초 내에 '콜라도 드시겠습니까'라고 말하는 것도 명시돼 있다.

매뉴얼은 매장운영과 관리 항목에도 적용됩니다. 카운터 높이는 사람이 가장 편안하게 지갑을 꺼낼 수 있는 72cm, 조리 기자재는 영업시간이 끝난 후 전부 분해해 세척 및 건조해야 한다 등입니다. 특히 이 매뉴얼에 근거해 햄버거 대학(Hamburger University)에서 전 세계 매니저들은 일관된 교육을 받음으로써 현장 접점에서 맥도날드다운 서비스를 구현하고 있습니다.

햄버거 대학은 1961년 시작돼 시드니 등 7개 도시에 위치하고 있다. 연 15회 3,000명에게 직급별 2주간 교육을 실시해 8만 명이 넘는 전문가를 배출하고 있습니다.

교육에서는 매장운영방식, 서비스정신, 장비관리기술은 물론, 리더십, 경영기획에 이르기까지 각 단계별로 다양한 교육을 실시하고 있습니다. 이를 통해 맥도날드의 추구가치를 내재화하고 세부 매뉴얼을 체득함으로써 세계적으로 똑같은 품질과 서비스 경험을 제공할 수 있게 하는데 결정적 역할을 하는 교육시스템입니다.

■ 접점 직원에 권한 부여

접점에서 예기치 못한 상황과 개별적 요구에 대처할 수 있도록 점점 직원들의 고객 중심적 문제해결 마인드를 부여하는 동시에 권한 위임을 통해 능동적인 서비스를 하게 해 좋은 경험을 전해주는 것입니다.

노드스트롬 백화점은 '모든 상황에서 스스로 최선의 판단을 내려라. 그 외에 다른 규칙은 없다'는 원칙 아래 고객의 요구에 접점 직원이 모든 조치를 취할 수 있는 권한과 고객 지향적 마인드를 부여하고 있습니다.

그래서 이 백화점의 고객경험 사례들이 많이 회자되고 있습니다. 옷을 구매한 한 중년여성이 공항에 가서야 비행기 티켓을 두고 온 사실을 알고 발을 동동 구르고 있을 때, 때마침 노드스트롬 의류매장 직원이 공항까지 뒤따라와서 티켓을 가져다 준 사례입니다. 세일이 끝난 뒤 세일가로 바지를 구매하려는 고객에게 치수가 맞는 재고가 없자, 타 백화점에서 정가에 구입해 와서 세일가로 판매한 사례 등이 있습니다.

■ 고객별로 맞춤형 경험 제공

상이한 고객 군이 있을 경우 각 상품이나 서비스에 적합한 고객경험요소를 설계하고 제공함으로서 고객들의 가치를 높이는 기업이 있습니다.

BMW는 단 1명의 고객만을 위한 신차 발표회를 열었을 때의 일입니다. 이렇게 한 명 한 명씩 800여명이 넘게 초대했다. 응접실에서 샴페인 한 잔을 한 후 1명의 고객만을 위해 준비한 차라는 느낌을 주기 위해 신차를 보이고 차에 대해 브리핑하고, 그리고 나갈 때는 특별한 선물을 주는 것입니다. 이런 고객경험관리가 모터쇼 보다 마케팅 효과면 에서는 훨씬 높았습니다.

세븐 프랜즈 프로그램도 있습니다. 충성도가 높은 고객과 그 고객의 친구까지 7명을 초대해 재미있게 식사를 하고 그들에 맞는 담소를 나누다가 10여분에 걸쳐 새로운 차에 대해 설명하는 것입니다. BMW가 이런 고객경험관리를 실현하게 된 것은 결국 시장중심, 고객중심의 경영방침을 실현했기 때문입니다. 또 자동차 정비소에 있는 고객이 차 고치는 것도 못 보게 하고 바가지요금을 부과하는지 불평스런 VOC가 있었습니다. 그래서 BMW 정비소의 벽을 허물로 유리로 교체했습니다.

한편에서는 영화를 상영하고 한편에서는 자신의 자동차가 어떻게 고쳐지고 있는지 볼 수 있게 하였습니다.

■ 접점 세분화를 통한 서비스 재정립

기존 기업중심의 시야를 넓혀 고객경험 관점에서 경험의 흐름을 포괄하는 한편 각 접점을 세분화해 접점별로 고객의 상이한 상황, 니즈를 반영한 서비스를 기획해 제공합니다. 즉 고객경험을 세분화해 Before, On, After 경험을 포괄해 각 세분 접점에 대한 경험 가치 극대화를 도모하는 것입니다.

아랍에미리트항공은 “Customer Journey”를 정의하고 고객관점에서 평가했습니다.

이는 집에서 출발하는 시점부터, 공항 도착 후 수속, 탑승, 이륙 등 고객관점에서 전 과정의 경험을 세분화해 정의한 것입니다. 또 이 세분 접점별로 고객관점에서 VOC를 청취했습니다. 또 홈페이지에는 간접 체험을 자세히 소개해주고 있습니다.

이 항공사는 세분화된 고객경험 경로인 Customer Journey를 홈페이지에 이미지와 함께 설명을 순서대로 보여주고 있습니다. 이를 통해 세분화된 접점별로 누릴 수 있는 좋은 고객경험이 무엇인지를 인식시키고 있습니다.

■ 특별한 경험요소 발굴, 차별화

기본적 서비스 이외에 자사만의 차별적이면서도 고객들이 예상하지 못했던 특별한 경험을 발굴하고 이를 제공함으로써 고객들에게 색다른 경험과 차별성을 부각시키는 기업이 있습니다.

고객이 예상하지 못했던 특별한 경험요소는 USE(Unique Selling Exeperience)라고 합니다. 크리스피크림은 ‘도넛 그 이상의 경험’을 고객에게 제공하기 위해 독특한 경험을 디자인해 기록적 매출신장을 달성했습니다.

고객이 도넛을 사러 매장에 들어선 순간부터 도넛을 사서 나올 때까지 프로세스를 대상으로 고객경험분석을 했습니다. 이를 통해 도넛의 맛뿐만 아니라 즐거운 구경거리에 대한 니즈가 매우 크고, 제조과정의 위생 상태에 대한 불만도 알아냈고, 이로서 ‘따뜻한 도넛, 도넛 체험 그리고 즐거운 기다림’이라는 독특한 경험을 디자인했습니다.

고객들이 매장에서 오리지널 그레이즈드의 제조과정을 직접 볼 수 있도록 했으며, 도넛을 보고 냄새를 맡고 맛을 보고 도넛을 구매하는 경험을 할 수 있게 한 것입니다. 또 갓 나온 뜨거운 도너츠 판매를 고객경험관리 방안으로 삼았습니다. 불빛이 켜지면 바로 그 때 도넛이 제조되고 있음을 알 수 있고, 매장에서 줄을 서서 기다리는 동안에는 도넛이 기름에 튀겨진 후 그 위로 떨어지는 시럽 폭포를 재미있게 경험할 수 있습니다. 갓 구워진 따뜻한 도넛 한 개 를 고객에게 무료로 제공하기도 합니다.

자포스(Zappos) 닷컴은 신발, 의류, 가방 전문 온라인 쇼핑몰로 최근 CS 우수사례로 주목받고 있다. 이 기업은 최고의 온라인 쇼핑 경험을 주기 위해 빠르고 최고의 서비스에 올인하고 있습니다. 이를 위해 24시간 콜센터를 운영하고 있습니다. 365일 반송정책과 빠른 배송을 최우선시합니다.

국내 기업의 홈페이지를 보면 콜센터 전화번호가 눈에 잘 띄지 않지만 이 사이트에는 전화번호가 잘 보이는데 크게 위치하고 있습니다. 놀라운 것은 구입이 1년이 된 제품도 반송을 받아주고 있으며, 가장 빠른 웹사이트 구현에 초점을 두고 홈페이지를 운영합니다. 자포스에서는 이같은 원칙이 어떤 상황임을 막론하고 반드시 지켜야 하며, 더 많은 것을 제공해 주기 위해 노력하고 있습니다.

홈페이지의 고객 후기를 살펴보면 어제 주문했던 신발이 오늘 아침 8시 30분에 도착했다는 사례가 눈에 띄기도 합니다. 기대이상의 경험을 제공한 사례도 있습니다. 콜센터에서 자포스닷컴에 없는 제품에 대해 경쟁사 사이트를 알려 주더라며, 앞으로 자주 이용하겠다는 이용 후기도 있습니다.

콜센터에서는 시간에 구애받지 않고 고객이 원하는 이야기를 계속 들으라고 하고, 매출 실적에 대해 관리지표를 운영하지 않습니다. 또 직원 교육도 중시해 전 직원이 연간 한 달 이상은 라스베이거스에 위치한 연수원에서 교육을 받습니다. 고객의 75%는 재방문에 의한 것이며, 재방문 고객의 구입 규모가 더 큽니다. 새로운 고객은 구전에 의한 고객이 43%, 웹서핑에 의한 고객이 44%에 이르고 있습니다.

10.2 고객불만 대처방안

다시는 돌아오지 않는 고객

나는 정말 좋은 고객입니다.
나는 어떤 종류의 서비스를 받더라도 불평하는 법이 없습니다.
음식점에서는 조용히 앉아서 종업원들이 주문 받기를 기다리며 그 사이 저대로 종업원들에게 주문 받으라고 요구하지 않습니다.
종종 나보다 늦게 들어온 사람들이 나보다 먼저 주문을 받더라도 나는 불평하지 않습니다.
나는 기다리기만 할 뿐입니다.
그리고 나는 무엇인가를 사기 위해 상점에 가는 경우, 나는 고객의 권력(?)을 휘두르려고 하지 않습니다. 대신 다른 사람들에 대해서 사려 깊게 행동하려고 노력합니다.
만약 무엇을 살 것 인지를 결정하지 못해 여러 물건을 놓고 고심하고 있을 때 옆에서 있는 판매원이 귀찮다는 듯이 행동하더라도 나는 최대한 예의 바르게 행동합니다.
언젠가 내가 주유소에 들른 적이 있는데 종업원은 거의 5분이 지난 후에야 나를 발견하고는 기름을 넣어주고 자동차 유리를 닦고 수선을 떨었습니다.
그러나 내가 누구입니까?
나는 서비스가 늦은 것에 대해 일언반구도 하지 않고 그 주유소를 떠났습니다.
나는 절대로 흠잡거나 잔소리를 한다든가 또 비난을 하지 않습니다.
그리고 나는 사람들이 종종 하듯이 시끄럽게 불평을 늘어놓지 않습니다.
나는 그런 행동들이 쓸데없다는 것을 알고 있기 때문입니다.
솔직히 나는 멋진 고객입니다.
여러분! 내가 누구인지 궁금하십니까?

나는 바로 "다시는 돌아오지 않는 고객"입니다. 하하하!!!

어느 한 레스토랑에서의 사례입니다. 두 친구가 식사를 하려고 식당에 갔다가 식대를 서로 내겠다고 밀고 당기다 음식접시를 바닥에 떨어뜨렸습니다. 음식은 땅에 쏟아지고 접시는 깨어졌습니다. 난처한 입장이 되어 쩔쩔매고 있을 때, 종업원이 신속히 달려와 말끔히 치워주었습니다. 두 친구는 다시 접시에 음식을 담아 계산대로 갔다. 그런데 놀랍게도 점원은 식대를 이미 받았기 때문에 받지 않는다면서 "당신이 먹지 못했으니 돈을 안 받는 것이 당연하지요."라고 말했다고 합니다. 고객을 만족시키지 못한다면 고객에게서 어떠한 대가라도 받지 않는다는 기본원칙을 보여준 것입니다.

고객은 누구일까요? 고객만족경영 혹은 고객감동경영이란 고객에 대한 올바른 정의에서부터 시작되어야 합니다. 고객은 기업의 사명과 관련하여 생각하여야 합니다. 기업은 사회에 대하여 하나의 사명을 갖습니다. 기업은 그가 속한 지역의 발전 및 환경보존을 위해 공헌하여야 하며 이는 대단히 중요한 일입니다. 왜냐하면 지역이나 환경은 그 기업이 활동하는 무대이기 때문입니다. 그러나 그렇다 하더라고 무대가 연극이 될 수 없듯 지역이나 환경이 기업의 사명이 될 수는 없는 것입니다.

제조업체는 만든 제품을 통해 고객을 만족시키며 이를 통해 국가 사회에 이바지할 사명을 갖습니다. 금융업은 제공하는 금융상품을 통해 고객들의 욕구를 충족시키며 이를 통해 국가의 금융의 흐름을 원활하게 하는 사명을 갖습니다. 기업은 각기 그의 사명 달성을 위해서는 수많은 부류의 관련기관과 사람들을 만나게 됩니다. 그들은 모두 기업을 통해 충족되어야 할 욕구를 지닌 고객인 것입니다. 고객을 만족시키기 위해서는 먼저 그들의 다양한 욕구가 무엇인가를 파악하지 않으면 안 됩니다. 그러나 그들의 욕구가 다양하다 하더라도 엉뚱한 욕구는 아닙니다. 예컨대, 투자신탁회사를 찾아와 의복에 대한 욕구를 충족 받고자 하지는 않을 것입니다. 바꾸어 말하면 고객의 기대욕구는 제한적인 것이므로 이들의 욕구를 파악하고 이를 충족시키는 일은 불가능한 일이 아니란 점입니다.

고객은 왜 왕일까요? 단지 그들이 기업의 상품을 사주거나 그들을 통해 기업이 이윤을 얻을 수 있다는 사실 때문만이 아닙니다. 사원이나 판매원 또한 고객이므로 고객을 왕으로 받든다는 것은 스스로를 왕으로 받드는 효과가 발생하는 것입니다. 그러므로 "남에게 대접을 받고자 하는 대로 남을 대접하라."는 예수님의 말씀은 진리인 것입니다.

여기서 한 가지 간과해서 안 될 것이 있다. 그것은 기업 내부의 모든 구성원 또한 섬겨야 할 고객이란 사실입니다. 그들 또한 자기의 욕구를 갖고 구성원이 된 것입니다. 그리고 한 가지 즉 불만을 지닌 사원들을 통하여 고객만족이 이루어질 수 없다는 엄연한 사실을 기억하여야 할 것입니다. 모든 사람들은 저마다 욕구를 지니고 있으며 이 욕구들은 자기 자신에 의해서가 아니라 남을 통하여 충족되는 것입니다. 따라서 우리는 남을 만족케 함으로써 스스로 만족할 수 있게 되는 것입니다. 고객만족은 인간사랑 혹은 인간존중의 철학에서 자연적으로 울어나는 삶의 방식 바로 그것임을 잊지 말아야 할 것입니다.

1. 진화하는 고객

■ 고객의 성향변화

한 화원을 운영하며 플로리스트로 활동하는 이 모씨는 요즘 고민이 많습니다.

예전에는 "플로리스트들이 이런 일들을 하는 줄 몰랐다. 정말 대단하다", "꽃으로 이렇게까지 표현이 가능한 거였어요? 정말 신기하네요", "너무 쉽고 아주 단순한 일만 하는 직업인 줄 알았는데, 너무 부럽네요" 등의 좋은 말만 들었는데, 이런 말들만 했던 고객들이 "왜 이렇게 변화가 없어, 매번 똑같은 거 같아", "작년에 봤던 거 이번에도 또 보니까 촌스럽네요", "내 수준에 안 맞아서 더 이상 볼게 없네요."라는 말들을 한다는 것입니다.

이렇게 요즘 고객들은 아는 것도 많고 요구하는 사항도 다양합니다.

박씨는 대학교 시절 빵집에서 알바하고 있을 때 어떤 학생으로 보이는 여자 고객이 빵을 하나 사시고 나가다가 너무 빡빡 닦은 유리문을 차마 보지 못하시고 부딪혀서 코가 부러진 일이 있었습니다. 갑자기 피가 주르륵 흐르고 매니저와 박씨는 너무 당황해서 몇 초간 얼음이 되었었더랍니다. 그리고 우연찮게도 그 후 얼마 안 되어 성인 남자 한 분의 이마에 흐르는 피도 보게 되었지요. 앞으로 밀거나 당기는 유리문이었는데 유리문 위로 그 빵집 이름이 하얀색 스티커로 표시가 되어 있었기는 한데 그 표시가 작았던지라 차마 보지 못하셨던 겁니다.

처음에는 어떻게 그럴 수가 있지? 그게 안보여? 그러지만 심하게 피를 본 고객 외에도 꽝! 하고 부딪히는 고객들이 꾀나 많이 있었고, 그후로는 스티커를 덕지덕지 붙이고 말았답니다.

그러나 요즈음은 세대가 많이 바뀌었습니다. 만약 물기가 있는 가게 내에서 고객이 미끄러졌다면, 그 스토어에서 바닥에 물기를 깨끗이 닦지 못했다. 물기가 있으면 있다는 경고가 있지 않았다. 등으로 그 일은 당연시하게 스토어 책임이 되고 병원비에서 독하게는 피해 보상비를 물어 주어야 하는 경우가 많습니다. 그 유명한 미국 맥도날드 할머니 얘기는 10년이 훨씬 지났어도 여전히 사람들 입에 오르내리는 사건입니다.

맥도날드 할머니 사건은 요약하자면 80이 넘은 할머니가 맥도날드에서 커피를 사다가 쏟아서 허벅지 부위에 화상을 입고 그 일에 대해 SUE(고소)를 했다고 합니다.

맥도날드에 $10,000(약 1,000만원)를 요구했지만 맥도날드가 개인 부주의라고 하면서 거절을 하게 되었고, 그 할머니는 결국 유명변호사와 함께 29억을 요구하고 긴 법정싸움 끝에 할머니가 이기면서 4억5천만 원에 합의를 보고 그 사건은 끝이 났다고 합니다.

그 후로는 맥도날드 커피컵뿐 아니라 다른 곳의 뜨거운 음료컵에 우습게도 ‘뜨거우니 조심하세요’ 라는 당연한 문구가 찍히게 되었습니다.

과거의 고객	현재의 고객
- 일부 계층, 비슷한 국적 - 소비경험과 목적이 한정적 - 가격에 민감하지 않음 - 서비스불만, 피해에 대한 Claim이 상대적으로 적고 약함 - 요구하는 서비스는 한정되거나 주는 대로 받는 스타일 - 직원의 지시/안내에 잘 따름 - 웬만한 서비스에도 감동하며 고객의 기대가 높지 않음	- 다양한 계층 - 다양한 경험과 목적 - 가격에 민감하며 포인트제도 등을 고려 - 서비스 불만/피행 대한 실질적 보상을 요구 - 요구사항이 다양하고 개별화됨 - 직원의 지시, 안내에 잘 따르지 않음 - 웬만한 서비스에 감동하지 않으며 고객의 기대가 높음

예전의 고객과 현재의 고객을 비교해 보면 위의 표와 같습니다. 이를 부정적인 관점에서만 해석하지 말고 긍정적인 방향에서 내가 받을 수 있는 서비스 또한 나의 입장에서 향상될 수 있다는 시각으로 고객의 기대를 넘을 수 있는 서비스를 제공하도록 노력해야 합니다.

2. 고객은 나의 엔도르핀

서비스현장에서는 고객감동, 불만 등은 하나의 이론이 되는 것이 아니라, 삶 자체가 되기도 합니다. 고객 불만으로 인한 감정고갈이 아닌 고객감동으로 인한 엔도르핀 하루가 될 수 있도록 어떤 노력이 필요한 걸까요?

사업이나 대인관계나 모두 고객 또는 상대방의 니즈(욕구)를 파악하여야 합니다. 하지만 그것을 정확히 모를 때가 많습니다. 모르면 그나마 다행이지만 잘못 판단하여 그릇된 결정을 하여 어려운 상황으로 몰고가는 경우가 많습니다.

고객의 숨겨진 진짜 마음을 알기 위해선 고객의 심리를 꿰뚫어볼 수 있는 마케팅 통찰력과 알아내고야 말겠다는 끈질긴 의지가 중요합니다. 고객을 대표할만한 인물을 심층 인터뷰하거나 집중 관찰하는 등 고객의 숨겨진 니즈를 찾으려는 노력과 정성이 필요합니다. 그런 정성이 결국 고객 만족으로 이어져 사업의 성공, 삶의 성공으로 이끌 수 있습니다.

이는 사업에만 국한된 얘기는 아니다. 내 남편이나 내 아내, 내 연인에게 다가가고 싶다면 똑같이 접근해보기 바랍니다. 겉으로 드러나지 않는 진짜 속마음을 찾으려는 노력과 정성이야말로 상대를 위할 줄 아는 진정한 반려자로 거듭나게 합니다.

시험은 출제자의 의도를 파악하고 풀어야 한다는 이야기가 있습니다. 세상의 이치는 시험 문제를 푸는 것과 같습니다. 상대방의 관점에서 보려고 노력하면 풀리지 않는 일이란 없는 것입니다. 서비스에서도 마찬가지입니다. 상대방의 니즈(욕구)를 정확히 읽고 대응해야 합니다.

개인 간의 관계에서도 중요하지만 고객의 생각도 경청해야 합니다.(최근에 내가 만난 사람 중에서) 가장 매력적인 사람은 내 얘기를 경청해 주는 사람이라는 설문조사가 있습니다. 이것은 고객과의 관계에도 적용되는 말입니다. 나의 말을 줄이고 고객의 말에 귀를 기울이며 고객의 정확한 의도를 파악하는 것이 중요합니다. 회사의 입장에서 고객의 뜻을 미리 짐작해서는 안 됩니다.

고객과의 관계에서 문제가 생각지 않는 것이 가장 좋겠지요. 하지만 무슨 일을 하든지 문제는 생길 수 있습니다. 하지만 문제 그 자체보다는 그 이후가 더 중요합니다.

고객이 제시한 문제점을 어떻게 해결할 것인가? 이 문제에 대해서 경영의 Guru 톰피터스는 '리틀빅싱크'라는 책에서 아래의 세 가지 원칙을 제시하였습니다.

첫 번째 해결 원칙은 문제에 대해 과잉 반응하는 것입니다. 그것은 고객의 불만사항에 열정적으로 신속하게 대응해야 합니다.

두 번째 해결 원칙은 고객이 제기한 문제를 파헤치고 보고하는 사람에게 충분한 보상을 주는 것입니다.

세 번째 해결 원칙은 모든 고객이 문제를 가급적 빨리 알도록 하고 그 개선사항을 지속적으로 알려주는 것입니다. 고객이 제시한 문제를 해결하기 위해 준비된 자원이 충분하다는 확신을 주어야 합니다.

이때 중요한 것은 '사소한 문제'라는 것은 없습니다. 항상 사소함에서 모든 것이 출발합니다. 그중에서도 "가장 치명적인 깨진 유리창이라 함은 바로 사람"입니다. 문제를 해결하지 않고 덮으려 하면 큰 문제로 야기될 수 있습니다. 신속하고 현명하게 대처해야 합니다.

이제 새로운 계산법을 익혀야 한다. 100-1=99가 아니라, 0이다. 사소한 실수 하나가 전체를 무너뜨리기 때문입니다. 그러나 깨진 유리창을 예방하고 수리할 수 있다면 100 + 1=200도 가능해집니다.

물론 문제가 발생하지 않도록 하는 것이 최선의 방책입니다. 하지만 문제는 항상 발생합니다. 결국 중요한 것은 성난 고객을 솔직한 팬으로 탈바꿈시키는 것입니다. "가장 충성스러운 고객은 문제를 제기하는 고객"이라는 생각을 꼭 기억해야 합니다. 그리고 이 과정에서 새로운 기회를 찾아야 합니다.

3. 고객만족

■ 고객만족은 경쟁전략

고객만족을 기업에서 개념화하고 도입하는 이유는 경쟁력 있는 기업이 되기 위한 본격적인 경영전략의 일환이기 때문입니다. 이는 경쟁업체보다 상대적으로 고객에게 맞고 편리한 상품을 제공하는 극히 시장 지향적이고 원론적인 의미입니다.

고객만족과 관련된 개념의 변화는 모든 기업은 고객의 불만을 두려워할 것이 아니라 보물과 같은 존재로 인식하는 것입니다. 즉 고객의 사소한 불평 및 불만을 주의 깊게 살펴보고 관찰해보면 자사의 조직이나 제도, 절차가 장애가 되어 고객에게 만족을 주지 못하는 문제점, 품질에 대한 고객의 니즈와의 괴리, 신제품 개발 등에 대한 정보가 나오기 때문에 고객의 불평 및 불만은 전사적 경영시스템의 혁신과 새로운 서비스가 창출될 수 있는 밑바탕이 되는 것입니다.

국내 굴지의 어느 식품업체의 마케팅 부서에서 햄에 대한 소비자 니즈를 조사하기 위해 정기적으로 주부들에게 공장견학을 하게 되었고 직접 햄 시식을 시켜 맛에 대한 여러 가지 조사를 실시하였습니다.

그 결과를 생산기술에 즉시 도입하여 신제품을 만들어 시장에 내놓았습니다. 그런데 그 성과가 나타나지 않았습니다. 이후 고객만족에 대한 개념의 변화를 통해 전사적 차원에서 접근방식을 바꾸기 시작함으로써 자신들의 구태의연함과 매너리즘에 대한 각성을 알게 되었습니다.

즉 일상적으로 마케팅부서에서 햄을 사가지고 가는 고객은 주부라는 인식에서 주부에게 맞는 마케팅활동을 하였던 것이다. 그런데 햄을 직접 먹는 대상이 자녀들이라는 판단 하에서 제조과정을 외국처럼 아이들에게 맞게 구성하는 개념으로 바꾸었습니다. 마케팅부서의 조사결과를 신뢰하지 않았던 것입니다.

고객만족의 개념을 변화시킴으로서 햄의 맛을 결정하는 것은 주부가 아니라 자녀들이라는 것을 알게 되었으며 주부는 단순히 조리의 편리성 및 가격수준, 영양에 대한 정보 등을 결정요인으로 삼고 있다는 것을 닫게 되었습니다.

그것은 기업내부에도 고객에 관한 정보공유화를 위해 상호 연계된 시스템으로서의 전개가 필연적이며 부문 간의 연계성 결여로 고객에 대한 정보가 정확한 부서에 전달되지 않아 불만족한 상태로 남아 있는 경우가 많았다는 것을 말해 주는 것입니다.

■ 고객불만의 원인

일반적으로 고객이 불만을 갖거나 화를 내는 경우를 살펴보면 몇 가지 요인이 공통적으로 반복되고 있다는 사실을 발견하게 됩니다. “이것은 남의 일이 아니라 바로 나 자신도 원인 제공자가 될 수 있다”는 것입니다.

미국품질관리학회에서 고객 불만으로 인해 고객이 이탈하게 되는 원인을 분석하였는데, 그 중 인적 서비스에 대한 원인이 가장 컸습니다. 그만큼 서비스태도가 중요한 영향을 미친다는 연구결과입니다.

칼 알브레히트는 그의 저서 『서비스아메리카』에서 고객의 불만을 분석 및 검토하여 그 공통요인을 제시하였는데 무관심, 무시, 냉담, 어린애 취급, 로봇화, 규칙제일, 책임회피이며, 그는 그것을 '서비스의 7대 죄악'이라고 규정지었습니다.

10.3 고객불만 처리절차

1. 고객의 컴플레인과 대응기법

컴플레인(complaint)이나 클레임(claim) 사항은 판매사원의 시간과 사정에 관계없이 자주 발생합니다. 판매사원은 이 사실을 냉정히 받아들여 고객의 불만을 그대로 경청하여 대처함으로써 차차 숙련된 판매사원으로 성장하는 것입니다.

■ 컴플레인의 정의

소매업이란 단순히 상품을 판매만 하는 장소가 아니라, 서비스와 정성으로 고객에게 즐거움을 제공하는 곳으로 이해되어야 합니다. 그러나 매장에서는 여러 가지 원인에 의해 끊임없이 컴플레인이 발생합니다. 컴플레인이란 고객이 상품을 구매하는 과정에서 또는 구매한 상품에 관하여 품질, 서비스, 물량 등을 이유로 불만을 제기하는 것으로, 소매업에서 종종 발생하는 상황입니다. 고객의 불만, 오해, 편견 등을 풀어주는 일을 컴플레인 처리라고 하며, 이것은 판매사원의 중요한 임무 중의 하나입니다. 판매사원들 중에는 컴플레인 처리를 귀찮은 일, 판매 후의 뒤치다꺼리로 인식하는 경우가 있는데, 이는 크게 잘못된 생각입니다. 성의를 다하는 컴플레인의 처리는 회사의 신용을 더 높여 주고 고객과의 관계를 효과적으로 유지시켜 주는 지름길이 되기도 합니다.

그러나 근래 판매사원들의 부주의, 무성의로 인한 고객의 컴플레인이 점차 증가하는 추세에 있지만, 사실은 소비자의식이 변화하고 있고 요구가 점차 다양해지고 있는 데서 그 원인을 찾을 수 있습니다. 즉 소비자 스스로 소비생활을 보호하고 권리를 주장, 관철하려는 소비자의식의 변화와 함께, 정부의 정책이 공정거래법 및 소비자보호법에 의거 소비자보호운동에 주력하고 있습니다. 따라서 판매사원들의 의식 변화로 컴플레인 발생 원인과 처리 방법 및 예방책을 숙지하여 컴플레인의 발생에서부터 마무리까지의 과정 하나하나에 최선을 다해야 합니다.

■ 컴플레인의 유형과 중요성

– 컴플레인의 유형

불만족한 고객이 취하는 행동은 4가지로 유형화할 수 있습니다. 첫째, 기업에 직접 말하는 고객(Voicer : 37%)입니다. 둘째, 수동적인 고객(Passive : 14%)입니다. 즉 전혀 자신의 불평을 적극적으로 처리하지 않는 경우입니다. 이것을 가멘(gamen)이라고도 하는데, 이는 불평하지 않고 소비의 결과를 운명의 결과로 생각하는 것입니다. 셋째, 분노하는 고객(Irates : 21%)입니다. 즉 실질적인 불평의 정도가 정도를 넘는 경우라고 할 수 있습니다. 넷째, 불평뿐 아니라 적극적으로 불평행위를 취하는 고객(Activists : 28%)입니다.

대부분의 불만족한 경우는 불평을 외부에 표출하게 되는데, 이렇게 불평하는 고객의 유형은 크게 3가지로 구분됩니다. 첫째, 해당 업체에 직접 항의를 한다. 즉 기업에 직접 배상을 요구합니다. 둘째, 친지나 가족, 개인적으로 관계가 있는 소비자에게 자신의 불만 사항을 이야기합니다. 즉 자신과 관련이 있는 소비자에게 경고하거나 구매 중지나 구매 보이코트 등 사적인 행동을 취합니다. 셋째, 전혀 자신과 관계없는 삼자에게 불만을 토로하는 것입니다. 즉 공식기관(소비자보호원, 정부기관 등)이나 조직(민간단체 등)에 불평을 토로함으로써 자신의 불만을 해소하거나 배상을 요구하는 것입니다.

– 컴플레인의 중요성

고객의 컴플레인을 이해함으로서 고객에 대한 정확한 사실을 얻을 수 있다. 첫째, 불평은 고객이 원하는 것이 무엇인지 가르쳐 줍니다. 아무리 고객서비스를 잘 하고 있어도 내가 알지 못하는 부족한 부분이 있게 마련입니다. 따라서 소비자의 불평을 오히려 장려하여 불평에 귀 기울이는 노력이 필요합니다. 둘째, 불평하지 않는다고 우리의 서비스와 고객에 대한 욕구충족이 다 이루어졌다고 생각할 수 없습니다. 일반적으로 불만족한 고객의 94% 이상은 말없이 떠납니다. 즉 불평에 대한 관리의 원칙으로 불평하지 않는 사람도 항의 통계자료에 넣어야 한다는 것입니다. 이렇게 말없는 고객으로 하여금 말을 시켜 그 마음의 진실을 이해하도록 노력해야 할 것입니다. 이렇게 불평은 적극적으로 개발하고 처리하는 업체만이 얻을 수 있는 커다란 보상입니다.

■ 컴플레인의 발생원인

– 판매자 측의 잘못에 의한 발생원인

① 품질불량 : 판매사원의 고객에 대한 인식부족 - 불량품이나 불만족스런 제품을 구매한 고객은 불만과 더불어 교환을 요구합니다. 이 당연한 요구를 무시하거나 교환을 회피하려 할 때 컴플레인은 발생합니다.

② 불친절 : 무성의한 고객접객 - 판매사원의 거만스런 언행, 고객의 질문에 답변회피, 고객의 요구에 대한 일방적인 무시행위, 불친절 등은 컴플레인을 발생시킵니다.

③ 정보제공의 미흡 : 상품지식의 결여 - 판매사원의 부족한 상품지식으로 인한 잘못된 상품설명은 상품 사용상의 문제점을 야기시킴은 물론 컴플레인을 발생시킨다. 또한 판매사원은 상식으로 여기고 고객에게 상품 설명을 생략한 것이 고객이 예상 외로 몰라서 문제가 발생되는 경우도 컴플레인의 원인이 됩니다.

④ 상품관리의 미흡 : 상품관리의 소홀 - 제품의 이동, 진열 중에 불량품이 발생할 수 있다. 이러한 불량품을 최종 점검 없이 판매할 경우 컴플레인이 발생합니다.

⑤ 강권, 강매 : 무리한 판매권유 - 무리한 강매나 강권은 고객의 쇼핑 즐거움을

통해 얻는 즐거움의 감소는 물론 매장에 대한 신뢰감을 떨어뜨리고 컴플레인을 발생시킨다. 이때 판매사원의 품위와 겸손이 특별히 요구됩니다.

⑥ 교환, 환불 지연 : 단기간의 이해집착 - 단기간의 이해에만 집착하여 교환이나 환불을 회피할 경우 컴플레인을 발생시키고 고정고객을 잃게 됩니다.

⑦ 약속 불이행 : 지키지 않는 고객과의 약속 - 판매사원의 약속은 회사를 대표로 한 것이다. 따라서 고객은 약속의 불이행으로 인한 시간 및 금전적 손실에 대하여 보상을 요구하게 됩니다.

⑧ 수리수선 미흡 : 잘못된 수리 수선 - 고객이 원하는 수선의 유형을 정확히 기록으로 남겨놓지 않으면, 수선실로 정확히 전달이 되지 않아 컴플레인이 발생된다. 수선품을 받으면 수선품 상태도 반드시 다시 한 번 확인하여 고객에게 전달할 수 있도록 합니다.

⑨ 거래조건 : 거절되는 신용카드 및 상품권 - 행사제품을 구입 후 본 매장에서의 추가지불 교환 시 거절, 카드 및 상품권을 거부하거나 영수증을 안 주는 경우도 컴플레인의 원인이 됩니다.

⑩ 표시, 광고 : 가격 및 용량의 잘못된 표시, 광고도 고객의 불만을 발생시킵니다.

⑪ 일처리의 미숙 : 서투른 포장이나 계산의 착오 등 일처리의 미숙은 컴플레인을 발생시킵니다. 또한 신용판매의 자동이체 누락, 매장의 서명대조 미확인이 새로운 컴플레인을 발생시킵니다.

⑫ 주차 : 주차안내 및 시설불량도 주차 컴플레인을 발생시킵니다.

⑬ 기타 : 보관물품의 소홀한 관리_ 고객의 보관물품을 소홀히 관리할 경우, 파손 또는 분실의 가능성이 높습니다. 보관물품의 소홀한 관리는 고객의 컴플레인을 발생시킵니다. 또한 고객의 감정에 대한 배려 부족도 컴플레인의 원인이 됩니다.

– 고객 측의 잘못에 의한 발생원인

① 제품, 브랜드, 매장, 회사 등에 대한 고객의 잘못된 지식과 인식

② 고객의 기억착오로 인한 마찰

③ 고객의 고압적 태도와 감정적 반발

④ 고객의 성급한 결론과 독단적인 해석

⑤ 할인, 거래중단, 교환 등의 이유로 고의나 악의에서 제기하는 불만

– 컴플레인 발생 시의 고객과 판매사원의 심리

고객의 심리 VS 판매사원의 심리

① 난처하다. 문제해결에 대한 초조하다.

② 피해자 의식이 있다.

③ 불신감. '다른 회사도 있다'라는 선택의식이 있다.

④ 자존심을 상하고 싶지 않다.

⑤ 친절, 공정하게 대접받고 싶다.

⑥ 신속하게 처리해 주길 자란다.

⑦ 규칙, 법률 등을 잘 모르므로 불안감이 있다.

⑧ 대자본, 즉 회사에 대한 열등감이 있다.

① 바쁘다, 귀찮다.

② 규칙이나 관례를 어기기 싫다.

③ 어느 한 고객에게만 특별 취급은 안 된다.

④ 업무는 정확히 했다.

⑤ 만약 과실이 있다면 신용문제나 회사의 책임문제로 까지 미칠까 두렵다.

⑥ 전문가라는 우월감이 있다.

■ 컴플레인의 처리

– 컴플레인 처리의 중요성

소점포의 모든 컴플레인은 판매사원이나 서비스맨 또는 매장책임자, 회사에게 매우 중요한 의미를 지니고 있습니다. 판매사원이 컴플레인 처리를 귀찮게 여기고

회피하려 해서는 안 되며, 오히려 긍정적인 자세로 판매증진의 기회로 이해하는 것이 중요합니다. 성의를 다하는 컴플레인 처리는 고객과의 관계를 더욱 돈독히 해 주기도 하고 유력한 단골고객으로 만들어지는 경우도 의외로 많다는 것을 알아야 합니다.

– 컴플레인의 일반적인 처리방법

① 컴플레인의 원인 파악

고객이 컴플레인을 제기할 때, 고객은 대체로 차분한 상태가 아니기 때문에 조금이라도 대응이 잘못되면 분쟁으로 연결되기가 쉽습니다. 고객이 컴플레인을 제기하면 차분하게 그리고 죄송스러워하는 태도로 컴플레인의 원인을 파악해야 합니다. 컴플레인의 원인은 대체로 복합적인 현상으로 나타나기 때문에 청취하는 과정에 변명을 하지 말고 처음부터 끝까지 적극 경청을 하는 것이 중요합니다. 그래야 컴플레인의 원인을 명확히 규명할 수 있습니다. 중요한 것은 적극적인 경청의 태도만으로도 문제의 70% 이상이 해결된다는 사실입니다.

② 컴플레인의 불만처리 경로

판매사원 스스로 처리가 가능한 컴플레인은 판매사원이 처리합니다. 처리결과는 매장책임자나 관리자에게 보고합니다. 그러나 판매사원이 처리하기 어려운 컴플레인은 매장책임자에게 보고하여 처리합니다.

③ 컴플레인 처리방법

첫째, 고객의 불평사항을 잘 듣습니다. 고객이 말하는 것을 성의를 가지고 메모를 하면서 듣고, 고객과는 의견 대립을 하지 않으며, 불평사항을 긍정적으로 받아들인다.

둘째, 원인을 분석합니다. 요점을 파악하여 고객의 착오는 없었는지를 검토한다. 또한 과거의 예와 비교하여 어디에서 책임을 져야 할 문제인가 또는 즉시 대답할 수 있는가를 생각합니다.

셋째, 해결책을 마련합니다. 회사의 방침과 결부하여 결정하며, 자신의 권한 밖에 있을 때는 이관하되 진행은 자신이 합니다.

넷째, 해결책을 전달합니다. 신속하게 해결책을 마련하여 처리하고, 친절하게 해결책을 납득시킵니다.

다섯째, 결과를 검토합니다. 결과를 검토·반성하여 두 번 다시 동일한 컴플레인이 발생하지 않도록 유의합니다.

또한 컴플레인 고객은 특별하게 관리하여 단골고객으로 유도합니다.

(ㄱ) 컴플레인 고객은 반드시 고객카드를 만들어 고객의 이름·주소·전화번호·컴플레인 내용·처리결과 등을 반드시 기록으로 남긴다.

(ㄴ) 고객의 제언이나 아이디어도 경청해서 기록해 둔다.

(ㄷ) 고객카드를 컴퓨터에 입력하고 수시로 DM을 보내며, 전화와 방문 등 인간관계를 맺음으로서 평생의 고정고객이 될 수 있게 노력한다.

한편, 즉각적으로 컴플레인을 처리가 어려울 경우, 컴플레인 처리의 '삼변주의'를 활용합니다.

(ㄱ) 사람을 바꾼다 : 상급자에게 보고(예: 판매사원에서 판매담당이나 책임자)

(ㄴ) 장소를 바꾼다 : 대화 분위기의 변화(예: 매장에서 사무실이나 응접실, 고객상담실)

(ㄷ) 시간을 바꾼다 : 즉답을 피하고 잠시 냉각시간을 가진다.

④ 컴플레인 처리시의 유의사항

(ㄱ) 고객은 독특성을 지닌 인간으로서, 존중하는 태도를 갖는다.

(ㄴ) 고객은 근본적으로 선의를 가지고 있다고 믿는다.

(ㄷ) 고객의 입장에서 성의 있는 자세로 임한다.

(ㄹ) 고객에 대한 선입관을 갖지 않는다.

(ㅁ) 상대방에게 동조해 가면서 긍정적으로 듣는다.

(ㅂ) 친절하고 상냥하게 침착하게 응한다.

(ㅅ) 고객의 잘못을 책망하지 않는다.

(ㅇ) 품위를 지키며, 평이한 언어를 사용한다.

(ㅈ) 감정적 표현, 노출을 피하고 냉정하게 검토한다.

(ㅊ) 논쟁이나 변명은 피한다.

(ㅋ) 잘못된 점을 솔직하게 사과한다.

(ㅌ) 설명은 사실을 바탕으로 명확하게 한다.

(ㅍ) 내부사정을 이유로 말하지 않는다.

(ㅎ) 신속하게 처리한다.

■ 컴플레인 예방을 위한 선행지침

컴플레인이 발생하면 최선을 다하여 대응 처리해야 하지만, 더욱 중요한 것은 컴플레인이 발생하지 않도록 사전에 각별히 주의하는 것입니다. 컴플레인이 발생했을 때 들어가는 비용이나 노력은 사전에 예방을 위하여 들어가는 그것보다 훨씬 큽니다. 따라서 판매사원들은 고객 지향적인 태도로 단기적인 이익보다는 장기적인 안목으로 고객을 응대하며, 회사의 대표로서 긍지를 가지고 고객과의 약속 사항을 필히 지키고 상품지식을 보완하며, 상품관리를 철저히 해야 합니다.

– 상품 컴플레인의 예방사항

① 식품

(ㄱ) 철저한 품질관리 : 신선도, 냉동, 쇼 케이스 점검

(ㄴ) 제표시 점검 : 제조일, 출고일, 중량, 가격표 등

(ㄷ) 정확한 계량 : 정확한 양과 가격으로 판매, 고객이 원하는 양의 판매

(ㄹ) 판매시점에서의 상품 재점검 : 파손, 변질, 포장 오염 등

② 생활용품, 잡화

(ㄱ) 판매시점의 재점검 : 부품, 작동, 파손, 포장 등

(ㄴ) 파손이 우려되는 상품(도자기, 전자제품, 식기류 등)의 배달시 안전한 포장

③ 의류

(ㄱ) 판매 시점의 재점검 : 봉제, 실매듭, 단추, 부자재

(ㄴ) 품질표시, 세탁방법 표시 등 점검 : 탈색, 오염

(ㄷ) 사이즈 확인

– 접객태도 컴플레인의 예방사항

① 취급제품의 제품지식 습득 : 완벽한 상품설명

② 약속기일 엄수(완성일, 납기일 등) : 하루 전 확인 철저히

③ 호객, 강매는 피할 것

④ 금전상의 재확인 : "○○원을 받았습니다. 거스름돈은 ○○원입니다."

⑤ 선물상품인 경우 : 가격표 제거 철저히, 영수증을 꼭 드린다.

⑥ 폐점 직전 고객에게는 더욱 친절히 접객

⑦ 노골적인 감정표시 삼가

– 배달 컴플레인의 예방사항

① 주문제품의 재고 확인 : 배달 직전에 현품과 전표를 비교확인하고 주소를 확인한다.

② 전표와 상품의 대조 확인

③ 파손방지 배려 : 도자기, 전자제품, 주방용품을 배달 시 재점검

④ 기일, 시간의 엄수 : 불가피하게 약속을 못 지키게 될 때는 사전에 사과 및 양해를 구한다.

– 사고 컴플레인의 예방사항

① 고객의 소지품 분실방지에 유의

② 쇼 케이스 등 집기파손 점검

③ 매장 내 핸드카 등의 운반 시 주의

④ 장치물, 시설물의 점검

⑤ 엘리베이터, 에스컬레이터 점검 및 주의

■ 컴플레인 마케팅

– 컴플레인 마케팅의 중요성

고객만족관리보다 더 중요한 것은 고객불만족을 관리하는 것입니다. 이러한 이유는 첫째, 문제점을 일찍 파악하고 해결해야 하기 때문입니다. 고객에 대한 욕구를 이해하는 데 있어 컴플레인을 통해 새로운 기회를 발견하고 문제점을 파악할 수 있기 때문입니다. 둘째, 부정구전효과를 최소화시키기 위한 것입니다. 즉 불만족한 사람의 구전효과는 만족한 사람의 세 배 효과를 가지고 있습니다. 따라서 기업에게 직접 컴플레인을 하도록 유도해야 합니다. 셋째, 컴플레인을 제기한 고객이 조용한 만족 고객보다 오히려 기업에 중요한 역할을 합니다. 즉 조용한 고객은 만족한 고객과 불만족했으나 불평하지 않는 고객으로 분류됩니다.

하지만, 아래 표와 같이 불만족 고객의 90~95%가 불평을 직접 토로하지 않습니다. 따라서 고객이 말이 없다고 고객이 만족했다고 생각하는 것은 잘못된 생각입니다. 이처럼 컴플레인을 제기한 고객을 유심히 파악하여 다른 고객들보다 특별한 관심을 보일 경우, 오히려 컴플레인을 제기했던 바로 그 고객의 만족도는 그 이전의 다른 고객들에 비해서 훨씬 높게 나타나, 고정고객이 되는 경우가 많습니다. 따라서 반복되는 컴플레인과 고객불만을 제기하는 고객을 데이터베이스화 해 하나의 마케팅 수단으로 활용하는 컴플레인 마케팅 전략을 실시해야 합니다.

– 컴플레인 유도방법

가장 접근하기 용이한 방법은 불평 호소의 통로를 공식적으로 제공하고, 그것을 고객이 손쉽게 이용하게 합니다. 예를 들면, 고객직통전화선(Hot Line)을 마련하는 것입니다. 직통전화선의 유용성은 불만고객의 변화 가능성의 기회를 제공하는 것입니다. 불만고객의 5%만이 불평하며 나머지는 제품구입중단, 상표전환, 비방하기 때문이다. 특히 대기업을 인간적으로 느끼게 함으로써 잃어버린 인간관계를 돌이키고 친근감 있는 고객관계를 유지할 수 있습니다. 이는 비용절감의 효과가 있습니다. 이밖에도 소비자 건의함, 상품/서비스 구입 시 제공하는 수취인 부담 엽서, 고객초청 간담회, 화난 고객의 불평을 나타낼 수 있는 비디오카메라 설치 등의 방법을 적용할 수 있습니다.

– 컴플레인 마케팅

첫째, 기본적으로는 컴플레인이 발생하기 이전에 적극적으로 이를 관리해야 할 것입니다. 이를 위해서는 고객 지향적인 마케팅과 항상 고객을 최우선으로 하는 서비스를 제공함으로써, 컴플레인의 발생을 제거하여 고객만족 경영을 이루어야 할 것입니다. 둘째, 컴플레인을 실시한 고객에게 감사의 표현으로 그들만을 위한 특별한 대우(친필로 엽서 보내기, 분기별로 유통매장 홍보내용이 인쇄된 공중전화카드 발송, 고객사은 특별행사 우대권 발송, 음악회 초대권 발송, 특별사은품 지급 등)를 해주는 것입니다. 즉 컴플레인 고객과 장기적으로 긴밀한 관계를 유지하여 평생 고객화하고 고객 생애 가치(LTV: Life Time Value)를 향상시켜 고객 및 기업 만족을 극대화시키는 고객관계 마케팅(Customer Relationship Marketing)을 적극적으로 도입해야 합니다. 결국, 컴플레인을 제기했던 고객들을 오히려 감동시켜서 까다로운 고객을 영원한 단골로 만들어나갈 수 있습니다.

〈고객 지향적인 마케팅〉

① 고객의 입장에서 생각하라.
② 고객이 하고 싶어 하는 대로하라.
④ 고객을 존경하라.
⑤ 고객에게 초점을 맞춰라.
(반응하라, 감정이입하라, 행동을 하라, 고객을 안심시키고 재확인을 시켜주라, 곧바로 행동하라)
⑥ 고객의 기대를 뛰어 넘어라.

■ 고객불만 대처스킬

- 정보수집

1. 연결질문	연결질문은 고객으로 하여금 대화의 주도권을 잡도록 하면서 한 주제에서 다른 주제로 대화를 연결해 나가는데 대단히 유용합니다. 예) "지금 고객께서 전화통화가 어렵다고 하셨는데, 그러시다면 언제 쯤 전화드리면 될까요? 아니면 저희가 오늘 중 찾아뵈면 어떨까요?"
2. 한정질문	한정질문 "…합니까?", "하시겠습니까?"와 같이 명확하게 "네, 아니오"의 대답을 유도해 내는 질문입니다. 따라서 활달한 성격의 고객을 다루는데 도움이 되고 어떠한 사실을 확인하는데 유용합니다.
3. 확대질문	확대질문 "고객의 생각은 어떠신지요?", "어떻게 해결해 드릴까요?" 라는 질문은 정보를 알아내는데 유용합니다. 제품에 대한 고객의 느낌과 취향을 파악할 수 있게끔 하여 내성적인 고객을 편하고 느긋하게 만들어 주어 좀 더 적극적일 수 있도록 용기를 북돋아 줍니다.
4. 유도질문	"…에 동의하십니까?", "…라고 느끼지 않으세요?"라는 유도질문은 긍정적인 대답을 유지하는데 유익하지만, 가끔씩만 사용해야 합니다. sjn 자주 사용하면 고객을 몰아 부치는 것처럼 되어 기분을 상하게 할 수도 있습니다.
5. 제한선택실문	"다시 전화주시겠습니까? 아니면 제가 다시 전화드릴까요?" 이 질문의 목적은 고객의 관심을 어떤 선택으로 한정시켜 고객이 최종선택을 하게끔 하는데 있습니다.
6. 탐색질문	"죄송하지만 이유를 알 수 있을까요?"라는 질문은 좀 더 자세한 정보를 얻고자 하거나 이전의 질문에서 충분한 정보를 얻지 못했을 때 사용합니다.

- 친밀감 형성

1. 적극적으로 경청할 것	공감대를 형성합니다.
2. 편안한 마음으로 미소를 지을 것	따뜻한 마음과 관심을 나타냅니다.
3. 장애물을 제거할 것	- 물리적 장애 : 소음, 먼 거리, 누군가의 방해, 주위산만 - 심리적 장애: 편견, 스트레스, 신경이 날카롭고 화가 날 때 - 언어적 장애 : 어려운 전문용어나 기술용어의 사용

10.4 고객불만 사례연구

사례 1. 마지막까지 최선을 다하는 백화점 직원

백화점 L매장 행사에서 정장을 구입했다. 사이즈가 없어서 일주일 후까지 구해준다고 약속을 해서 결제를 했다. 하루 전날 약속을 확인하느라 전화를 했더니 내일 온다고 했다.

다음날 가기 전에 다시 전화를 걸었더니 확인해 보고 전화를 준다고 했다. 몇 시간이 지나도 연락이 오지 않아 다시 전화를 걸었다. 이번에는 아까와 다른 판매사원이 전화를 받아 다시 확인해 준다고 했다. 기다렸는데 전화가 오지 않아서 다시 전화를 했더니 미안하다는 말없이 아직 옷이 도착하지 않았다고 했다. 착오가 생겨서 다른 매장으로 택배가 가서 며칠 기다려야 한다고 했다. 또 미안하다는 말없이 본사가 잘못했다는 식으로 얘기를 해서 화를 냈다. 그제야 미안하다고 얘기하는 판매사원의 목소리는 너무 명랑하여 나의 기분을 더욱 상하게 했다. 미리 연락을 줄 수도 있었는데 당일까지 연락이 없었던 것도 화가 났다.

이틀 후 명랑한 목소리의 판매사원이 다시 전화를 해왔다. 다시 착오가 생겨 내일 옷을 찾을 수 없다는 것이다. 정말 화가 났다. 약속을 계속 어긴 것도 불쾌하고 직원이 미안해하는 것 같지도 않았다. 점장이 전화를 받아 직접 배달해 준다고 했다. 그러나 직접 찾으러 가겠다고 했고 사흘 뒤로 약속을 잡았다.

사흘 뒤 전화를 하고 옷을 찾으러 갔는데 점장과 명랑한 목소리의 판매사원이 미안해하며 옷을 입어보라고 했다. 옷이 몸에 잘 맞는지 꼼꼼히 확인을 한 뒤 수선을 하는 것이 좋겠다고 했다. 핀으로 일일이 잡아서 스커트 수선을 맡겨주었다.
1시간 뒤에 찾으러 오라고 해서 1시간 뒤에 가서 입어보았더니 약간 문제가 있었다. 명랑하던 판매사원이 번거롭겠지만 다시 수선을 하고 내일 찾으러 오라고 했다. 계속 미안하다는 말을 하면서 꼼꼼히 옷입은 것을 봐주니까 화가 났던 마음이 많이 누그러졌다. 쇼핑백에 재킷을 담아주면서 사은품도 챙겨서 넣어주며 정말 미안하다고 정중하게 사과를 했다. 그 명랑한 판매사원의 목소리가 전화상으로는 거슬리더니 직접 만나니 밝고 명랑하다는 느낌이 들었다.
다음날 옷을 다시 찾으러 갈 때 음료수를 준비해서 갔다. 직원들이 매우 고맙다고 하면서 다음번에도 L매장을 찾아주길 부탁한다고 했다. 처음에는 너무 불만스러웠는데 마지막에 성심껏 처리해준 명랑한 목소리의 판매사원 덕분에 L 매장의 이미지가 좋아졌다.

사례에서 문제해결의 핵심을 살펴보면 먼저, 불만족한 고객과 통화를 할 때는 너무 높은 톤의 목소리나 밝은 목소리는 삼가야 합니다. 고객이 느끼기에 미안해하지 않는 것 같아 더 불만스러워 질 수 있기 때문입니다.

또한 고객이 불만에 가득 찼을 지라도 마지막까지 고객을 배려하는 모습을 보여준다면 고객은 이전의 불만을 잊을 수 있다는 것을 알 수 있습니다.

따라서 마지막까지 최선을 다하는 모습을 보여야 합니다.

사례 2. 도쿄 디즈니랜드의 성공비결

도쿄 디즈니랜드는 1983년에 오픈하여, 22년간 불황을 모르고 성업 중입니다. 최근 일본 경제주간지 "다이아몬드"사가 16개 업종 167개사를 대상으로, 20~60대 여성이 선택한 업종별 고객만족도 랭킹을 발표했는데, 종합순위 1위는 도쿄 디즈니랜드가 차지했습니다.

도쿄 디즈니랜드에는 연간 약 2,500만 명이 방문하며, 방문객의 80~90%는 리피터(재방문자)라고 한다. 이렇게 몇 번이고 가고 싶어지는 리조트, '도쿄 디즈니랜드'의 성공비결은 무엇일까요?

물론, 미키마우스, 도널드 덕처럼 만화, 캐릭터상품 등으로 전 세계에 알려진 캐릭터도 없을 것입니다. 그러나 이 캐릭터만으로 수십 년간 성황을 유지하기는 어려운 일입니다. 최상의 고객 서비스로 리피터를 창출하는 도쿄 디즈니랜드의 성공비결을 살펴보도록 하자.

• 철저한 고객배려로 리피터 창출

도쿄 디즈니랜드에 가려면, 전철이나 자동차를 이용해야 하는데, 전철역과 주차장에 내리는 순간, 디즈니랜드를 느낄 수 있도록 캐릭터 및 구조물이 설치되어 있습니다. 입장권을 구입하여 게이트를 지나기 전부터 시작된 꿈의 세계는 게이트를 통과하면서, 캐릭터 상품 판매점이 등장하고, 상점가를 빠져나가면 7개 섹터의 어트랙션으로 나누어집니다. 각각의 섹터는 위화감이 없도록 디자인되어 있고, 고객은 안으로 들어가면 들어갈수록 꿈의 세계에 점점 깊숙이 빠져들게 됩니다. 디즈니랜드는 고객의 꿈을 실현시키고, 떠나기 전까지 꿈의 세계가 지속되도록 철저한 배려를 하고 있습니다. 어느 유원지에 가도 볼 수 있는 관람차가 도쿄 디즈니랜드에는 없습니다. 고객이 상공에 올라가서 디즈니랜드 이외의 세계를 보지 않도록 하기 위한 배려이며, 외부세계가 그대로 드러난 곳은 어디에도 없습니다. 꽃도 외부에서 재배하여 계속 교체하기 때문에, 디즈니랜드에 오는 고객은 항상 만개한 꽃을 감상할 수 있습니다.

캐릭터를 연출하는 직원도 철저한 보안을 통해, 디즈니랜드 직원들끼리도 누가 캐릭터를 연출하는지 알 수 없으며, 캐릭터 봉제인형을 벗고 옷을 갈아입는 연출자의 모습도 목격할 수 없습니다. 캐릭터가 같은 시간에 비슷한 장소에 등장하지 않도록 스케줄을 편성하기 때문에, 고객은 절대로 같은 캐릭터를 동시에 볼 수 없게 하였습니다. 캐릭터 이미지를 손상시키지 않고, 꿈의 세계를 철저히 실현하여 고객을 다시 오도록 만드는 것입니다.
디즈니랜드는 직원을 뽑을 때, 기본자질이 있는지만 간단히 테스트한다고 합니다. 짧은 기간에 적격자인지 정확히 테스트할 수 없기 때문에, 기본자질만 있으면 일단 채용하여 교육을 시킵니다. 신입사원 교육도 학생신분이 아닌 사회인임을 절감하게 하는 혹독한 훈련이 아닌, 즐기면서 자연스럽게 기업문화에 적응할 수 있는 교육을 시행하고 있습니다.
디즈니랜드는 100점 만점의 직원이 아닌 70점 이상의 평준화된 직원을 필요로 합니다. 그 이유는 고객들이 곳곳에서 만나는 직원들의 서비스가 다를 경우, 70점짜리 직원에게서도 큰 불만을 느낄 수 있기 때문입니다. 누구에게나 동등한 서비스를 제공하는 것이 디즈니랜드의 방침입니다.
예를 들어, 차를 몰고 밤을 새워 아침 일찍 도착한 고객이 있다고 하면, 입장시간이 안되었는데, 사정이 딱하므로 그 고객만 특별히 입장시키는 직원이 있다면, 기다리고 있던 다른 고객들은 큰 불만을 가지게 될 것입니다.
그래서 디즈니랜드에는 냉정하리만큼 철저한 규칙이 있습니다. 누구나 알 수 있는 규칙을 만들어, 채용 전부터 제시하고 따를 수 있는 직원만 채용하는 것도 디즈니랜드의 노하우입니다. 채용한 후에 규칙을 알려주면 이탈자가 반드시 생기기 마련이지만, 사전에 규칙을 제시하여 따를 수 없는 자는 배제함으로써 회사의 방향성을 일정하게 유지할 수 있는 것입니다. 한 가지 예로, 머리는 어깨까지 기를 수 없다는 규칙이 있는데, 그 규칙을 지킬 수 없는 사람은 뽑지도 않고, 뽑은 후에도 규칙을 어기면 시정하기 전까지 고객을 접할 수 없습니다. 회사 전체의 방향성을 규칙을 통해 지켜나감으로써, 고객감동이라는 큰 힘을 발휘하는 것입니다.

이러한 도쿄 디즈니랜드에도 고객 불만사항은 있습니다. 한 가지 어트렉션을 보기 위해 몇 시간씩 기다려야 하는 경우가 그 대표적인 사례인데, 디즈니랜드는 기다리는 줄을 꼬불꼬불한 뱀 모양으로 설계하여 어느 정도 기다려야 하는지 알 수 있도록 하거나, 패스트패스(fast pass/ 어트렉션 앞에 있는 발권기에 입장권을 삽입하면, 지정시간이 찍힌 패스트패스가 발권되고, 지정시간에 오면 기다리지 않고 입장 가능) 제도를 만들어 기다리지 않고 어트렉션을 즐길 수 있도록 하거나, 직원들이 교통통제를 철저히 하여 질서를 유지하려고 노력하는 점 등을 통해 불만고객을 리피터로 만들고 있습니다. 이처럼 도쿄 디즈니랜드는 철저한 고객에 대한 배려, 고객입장에서의 지속적인 투자, 모든 고객에 대한 질 높은 서비스로 일본의 "잃어버린 10년" 경제불황 속에서도 성공적인 기업으로 남아있을 수 있었던 것입니다.

사례 3. 고객의 메일을 소중히

A판촉기념품 연구소에서 실제로 있었던 고객 컴플레인 사례입니다.

A판촉기념품 업체를 통해 흑목연필을 판촉기념품으로 세 번째 주문했는데, 연필에 들어가는 인쇄가 기존에 했던 것과 크기에서 차이가 나서 컴플레인이 들어온 것입니다. 자칫 잘못하면 소중한 재구매 고객을 잃어버릴 수 있는 상황이었지만, 컴플레인 즉시 상황을 파악하고, 문제가 생기게 된 과정을 설명하고, 새롭게 인쇄 납품할 것을 제안하였습니다. 나름 고객관리를 철저히 하고 있어서인지 고객은 문제된 부분을 이해 해주시고, "먼저 인쇄했던 것이 더 마음에 들었지만 이미 인쇄가 되어서 왔으니 그냥 사용하겠다"고 너그럽게 말씀해 주었습니다. 그러나 판촉기념품연구소는 고객에게 만족스러운 서비스를 해주지 못해서 너무 미안한 마음이었습니다. 미안하고 감사한 마음에 별도의 성의 표시를 준비하고 있지만, 다음에 또 이러한 경우가 생기지 않도록 업무매뉴얼을 수정하였습니다.

일단 컴플레인을 해결한 후 바로 문제에 대한 분석과 대책을 세웠습니다. 이 같은 실수를 다시 하지 않기 위해 인쇄시안을 작업하는데 인쇄사이즈가 달라지지 않도록 인쇄 실제 사이즈를 꼭 함께 넣도록 하였습니다. 그리고 그 변경된 결과의 내용을 정보성 이메일로 모든 고객들에게 보냈습니다. 이 메일을 본 고객들은 부족한 부분을 바로 수정하고 업그레이드 시키는 판촉기념품 연구소의 처리를 보면서 업체에 대한 더 큰 신뢰를 보내었습니다. 물론 이번 경우는 고객이 큰 이해를 해주셔서 잘 넘어갔지만, 여기서 '운 좋았다'고 생각하고 그냥 넘어가서는 안 됩니다.

곧바로 문제의 대책을 세우고 업무프로세스를 수정하는 것이 필요합니다. 특히 문제가 되었던 점을 쉬쉬하고 넘어가지 않고, 인정한 점과 이런 내용을 다른 고객들에게 모두 이메일로 알려 오히려 고객의 신뢰를 얻을 점은 매우 바람직합니다.

컴플레인에 대처하는 기본적인 자세는,

1. 신속한 상황파악
2. 단호한 자기반성과 사과
3. 대책수립과 고객에게 처리사항 통보
4. 고객의 손해(경제적, 시간적)에 대한 적절한 보상이 필요합니다.

사례 4. 고객의 유형은 다양해

마트에서 일하는 L씨는 까다로운 고객으로 인해 애를 먹고 있었습니다. 일처리가 조금만 늦어져도 "빨리 빨리"를 외치는 고객. 일주일전, "빨리 돼요? 거 빨리 빨리 좀 안돼요?"라는 고객의 항의를 들었습니다. 고객의 다그침에 설명도 못한 채 자리에 앉아 그만 울음을 터트리고 말았는데, 이때 선배 매니저가 와서 그런 고객에게는 다음에는 늦어질 것 같을 때는 늦어지는 사유에 대해 분명히 말하고 양해를 구하면 된다는 조언을 해주고 갔습니다.

그 일이 있고난 며칠 후 이러쿵저러쿵 꼬투리잡기를 좋아하는 생트집형 고객에게 잡혀 한참을 시달렸습니다. "이건 왜 포장이 하얀색이냐는 등", "사과 냄새가 좋지 않다는 등" 사사 건건 시비를 걸다 결국 L씨에게 화장은 한거냐는 등의 말까지 하였습니다. 이럴 때는 어떻게 하나 하다 고참 직원이 "별거 없어, 그냥 말씀하시는 거 다 들어주고, 맞장구 좀 쳐 드리고, 가끔 추켜 세워드리면 돼"라는 말이 생각나, "아유, 그러게요. 저도 그게 다른 색이면 더 좋을 것 같다는 생각을 했는데… 고객님은 어떤 색이 잘 어울릴 것 같다고 생각하세요?, 역시 보시는 안목이 대단하시네요."라는 칭찬을 해드렸더니, 금세 다른 고객이 되어서 L씨에게 음료수까지 건네주고 가는 것이었습니다.

이렇게 고객의 유형은 다양하며 그에 따른 응대 또한 달라져야 할 것입니다.

사례 5. Coke Classic, New coke 이야기

펩시콜라에게 시장점유율을 빼앗긴 코카콜라는 이를 만회하기 위하여 새로운 맛의 콜라를 만들어 냈습니다. 그리고 새로운 맛의 콜라, 기존 코카콜라, 펩시콜라에 대해 소비자의 반응을 알아보기 위하여 콜라의 이름을 알려주지 않은 채 200,000건에 달하는 콜라 맛 테스트를 실시하였습니다. 그 결과 맛에 있어서 새 콜라가 기존 코카콜라 보다 월등하게 좋지만, 펩시보다는 맛이 떨어진다는 사실을 알게 되었습니다. 이에 따라 코카콜라 회사는 기존 콜라의 생산을 중단하고 새로운 콜라를 생산, 시판하였습니다. 그러나 소비자들은 기존 콜라를 찾았으며 시애틀에 한 소비자 단체에서는 옛날 콜라 맛을 되돌려 달라는 소비자운동까지 벌였습니다. 이에 코카콜라 회사는 기존 콜라를 Coke classic, 새 맛의 콜라를 New coke

라 하여 동시에 판매하게 되었습니다. 그런데 어찌되니 영문인지 Coke Classic이 New coke보다 더 잘 팔렸으며 맛이 우월하다는 펩시보다도 코카콜라가 더 많은 매상을 올렸습니다. 마케팅에서는 알 길이 없는 고객의 마음을 Brand name and image affect taste(상품명과 이미지가 맛에 영향을 미친다)라고 표현합니다.

사례 6. 울워스의 고객심리 파악 실패

미국에서 쥐덫을 가장 많이 제조, 판매하던 '울워스'라는 회사는 종래의 나무로 된 쥐덫을 플라스틱으로 바꾸어 만들었습니다. 이 새로운 쥐덫은 모양도 더 좋았고, 쥐도 잘 잡히며 아주 위생적이었습니다. 값도 종래의 나무제품보다 약간 비싼 정도였습니다.

나무로 된 쥐덫은 잡힌 쥐와 쥐덫을 함께 버려 그 쥐덫을 다시 사용하지 않았습니다. 그러나 플라스틱 쥐덫은 종래의 나무 쥐덫보다 약간 비싸지만 모양도 좋고 위생적이라 어쩐지 한 번 쓰고 버리기가 아깝다는 생각이 들게 하였습니다. 이에 따라 소비자에게 잡힌 쥐만 버리고 쥐덫을 깨끗이 세척해야 하는 즐겁지 않은 일이 생기게 되었습니다. 그러자 고객들은 점점 이 귀찮은 일을 하지 않기 위해 종래의 나무 쥐덫을 더 선호하게 되었고, 새롭고 질적으로 우수한 쥐덫은 팔리지 않게 되었습니다.

마지막 5, 6번째 사례는 고객의 마음을 먼저 파악하는 게 우선이라는 것을 증명해 주는 일화입니다. 아무리 개선된 프로그램, 개선된 제품이라고 할지라도 고객이 원하지 않으면 소용이 없습니다. 이러한 점은 단지 제품에만 국한되는 것이 아니며, 서비스 현장에서도 마찬가지로 적용될 수 있음을 기억해야 할 것입니다.

미니지식 Q&A

■ **NCSI는 어떤 용어의 약자인가요?**

- 국가고객만족지수(National Customer Satisfaction Index; NCSI)는 국내외에서 생산, 국내 최종소비자에게 판매되고 있는 제품 및 서비스에 대해 해당제품을 직접 사용한 경험이 있는 고객이 직접 평가한 만족수준의 정도를 모델링에 근거하여 측정, 계량화한 지표입니다.

  NCSI의 최소 측정단위는 개별기업이 생산하는 제품 또는 제품군(Product Line)이며, 측정결과는 개별기업(Company Level), 산업별(Industry Level), 경제부문별(Economic Sector Level) 그리고 국가(Nation Level) 단위로 발표됩니다.

  NCSI 모델은 제품 및 서비스에 대한 고객의 기대수준, 인지품질수준, 인지가치수준, 종합만족수준, 고객불만수준, 고객충성도, 고객유지율로 구성되어 있으며, 모델구성요소 간의 인과관계를 종합적으로 분석할 수 있어 기존에 소개된 고객만족측정 모델에 비해 신뢰도와 완성도가 매우 높습니다. 특히 기업의 최대 관심사인 고객만족도의 변화가 고객 유지율로 대변되는 수익성에 어떻게 영향을 미치고 있는가를 NCSI Simulation Software를 통해 분석할 수 있습니다.

미니지식 Q&A

■ **고객만족 어디까지일까요?**

- 톨스토이는 "친절은 지나쳐도 좋다"라는 격언을 남겼습니다.

  고객이 원하는 것에만 응대하는 것이 아니라, 추가질문을 통해 잠재된 니즈를 파악해 내는 것이 요령입니다. 또한 해결되지 않거나 불가능한 상황에 대해서는 '단지 없다, 안 된다'라는 대답으로 끝내지 말고 대체서비스를 제공해주도록 합니다. 하나의 친절은 다른 친절을 가져온다는 격언도 있듯이 고객만족을 위해서 여러분이 먼저 노력하다 보면 언젠가 또 다른 친절로 돌려받을 것입니다.

미니지식 Q&A

■ **고객에게 인사, 무조건 큰 소리로 인사가 좋을까요?**

- 인사는 상대방에게 반가움을 표시하는 수단입니다. 따라서 조직은 이러한 인사를 통해 늘 밝고 친근한 분위기를 유지하도록 해 줍니다. 사람의 마음을 열어주는 열쇠가 되는 인사를 통해 고객과의 마음을 열도록 노력해 보세요. 작은 소리로 인사하다보면 나는 인사했다고 생각할지 모르지만, 상대방은 인사를 했는지도 안했는지도 알 수 없는 경우가 많습니다. 고객과 눈을 마주치고 큰 목소리로 인사하는 것이 요령입니다.

11
CHAPTER

성공적인 비즈니스를 위한 휴먼네트워킹

Objective

1. 인맥을 쌓을 수 있는 기본 네트워킹 전략에 대해 숙지할 수 있습니다.

2. 공손하고 올바른 대화법을 통해 상대방에게 호감을 줄 수 있습니다.

3. 교류분석 커뮤니케이션 방법을 통해 효과적인 휴먼네트워킹을 유지할 수 있습니다.

11.1 휴먼네트워킹

1. 네트워킹 전략

우리는 살아가면서 다른 사람들의 도움을 필요로 하고, 마찬가지로 다른 사람들도 당신을 필요로 합니다. 경제상황이 변할 때 어려움을 이기고 살아남을 수 있는 사람들은 바로 잘 짜인 인간 네트워크를 가지고 있고 도움을 요청할 곳을 확보한 사람들이라고 합니다. 인맥을 쌓을 때 기술을 통한 간접적 만남과 직접 얼굴을 보는 만남을 모두 활용할 수 있습니다.

네트워킹이란 이렇게 정의를 내릴 수 있습니다.

■ 지식과 연락 정보 공유

- 도움을 필요로 할 때 적절한 사람들로부터 도움을 받는 것
- 최소한의 노력으로 최대의 결과를 얻는 것
- 필요를 느끼기 이전에 미리 인간관계를 구축하는 것
- 타인을 돕는 것

그러나 흔히 네트워킹에 대해서 이렇게 잘 못 오해하는 사람들이 있습니다.

- 네트워킹은 세일즈이다.
- 네트워킹은 일자리를 얻는 것이다.
- 네트워킹은 후원금을 모금하는 것이다.
- 네트워킹은 투자 자금을 확보하는 것이다.

인간관계를 통한 네트워킹의 특성은 고객의 15%는 값이 더 저렴한 제품으로 바꿉니다. 또한 15% 정도는 품질이 더 좋은 제품으로 바꾸게 한다고 합니다. 그러나 나머지 70%는 해당 거래처와 관계가 악화되었기 때문에 거래를 끊게 됩니다.

따라서 이때 자신만의 개인브랜드를 활용해 보는 것도 좋습니다.

■ 개인브랜드에 대한 제안

- 당신의 장점과 특기를 파악하라.
- 당신이 사람들과 관계를 맺는 최선의 방법이 무엇인지 생각하라.
- 당신이 중요하게 생각하는 사람들이 무엇을 필요로 하는지 생각하라.

- 당신이 상대방의 원하는 바를 어떻게 도와 줄 수 있는지 파악하라.
- 당신과 상대방에게 가장 적절한 방법을 통해 상대방의 마음에 다가갈 수 있는 방법으로 의사소통하라.
- 단점을 보완하기 위해 시간과 에너지를 투자하라.

2. 네트워킹의 시작 Ice Breaking

1) 낯선 사람과 안면 익히기를 위한 연습

- 산책을 나가서 낯선 사람들에게 미소를 보내고 눈을 맞춰 보기
- 슈퍼마켓에 가서 장을 보면서 낯선 사람에게 말 걸기

2) 낯선 사람과 안면 익히기를 위한 질문

- 이 연습의 어떤 점이 마음에 들었는가?
- 처음 질문을 몇 개 던진 후에 어떤 식으로 대화가 이어졌는가?
- 그 낯선 사람들에 대해서 뭔가 더 많이 알아냈는가?
- 이들은 어느 동네에 사는 사람들인가?
- 이들의 직업은 무엇인가?
- 이 연습을 끝내고 돌아왔을 때 느낌이 어땠는가?
- 하루 종일 낯선 이들과 이야기하고 싶다는 생각이 들었는가?
- 무엇이 마음에 들지 않았는가?
- 완전히 처음 보는 사람에게 다가가는 느낌은 어땠는가?
- 다시 하라고 하면 어떻게 다르게 하겠는가?

3) 네트워크 계획(목표)의 수립

- S : 구체적일 것(specific)
- M : 측정 가능할 것(measurable)

- A : 달성 가능할 것(achievable)
- R : 현실적일 것(realistic)
- T : 시간 계획이 짜일 것(timed)

4) 구체적인 네트워킹 목표의 예

- 비즈니스 개발 : 나의 상품 또는 서비스를 구매하려는 의사결정자를 나에게 소개시켜 줄 수 있는 사람 2명 만나기
- 사업자금 모집 : 우리가 100만 달러 증자를 추진한다는 사실을 이메일로 알리고 적합한 투자자가 있는지 알아봐 줄 것을 부탁함
- 경력 개발 : MBA 소지자 3명을 만나서 내가 MBA 과정에 진학하는 것이 좋을지 상담을 받음
- 구직 : 나의 능력과 특징을 알고 있는 과거의 상관 2명과 각각 만날 약속을 함
- 구인 : 직원들을 모아 간단한 회의를 소집하여 채용이 필요한 자리가 있다는 것과 좋은 사람을 추천할 경우 보너스를 지급할 것임을 알림
- 비영리 단체 : 뇌종양학회에 기부할 수 있는 5명의 기부자를 찾아냄
- 개인적인 사항 : 새로 이사 간 곳에서 3군데 헬스클럽에 전화하여 회원 가입 관련 정보를 파악하고 나에게 맞는 헬스클럽을 결정함

5) 네트워크 목록을 정리하는 방법

- 종이 한가운데에 자신의 이름을 써라.
- 자신에게 어떤 네트워크가 있는지 결정한다.(동창, 이웃, 가족, 비즈니스, 봉사단체, 관심사, 스포츠, 신중을 요하는 카테고리 등)
- 여러 네트워크 중 하나를 선택하라.
- 자신의 네트워크를 파악한 후 이를 정리하라.
- 일단 하나의 네트워크 목록을 정리하고 잠시 쉬면서 여유를 가져라.

6) 완전한 목록 정리를 위한 질문

- 각자의 이름을 적어라.
- 이름을 적으면서 이들의 취미, 직업 등을 생각하라.
- 당신은 이들에 대해서 무엇을 얼마나 알고 있는가?
- 이들은 당신을 얼마나 알고 있는가?
- 당신이 전화할 경우 이들은 당신에게 답을 할 것인가? 그렇다면 얼마나 빨리 전화가 올 것인가? 만일 그렇지 않다면 왜 전화가 오지 않을까?
- 이 네트워크의 구성원 중에서 당신이 편하게 연락할 수 있는 사람은 누구인가?
- 누구에게는 연락하지 않겠는가? 그 이유는 무엇인가?

7) 쉬면서 할 일들

- 목록 정리작업을 하면서 중간중간 휴식을 취하고, 당신의 네트워크를 구성하는 사람들에게 대해서 큰 그림을 생각해 보라.
- 서로 소개해 줄 만한 사람들의 리스트를 작성하라.
- 왜 이들이 만났으면 좋겠다고 생각하는가? 이들의 공통점은 무엇인가?

8) 도움이 되는 네트워크의 기본 기준

- 이 사람은 나에게 어떤 느낌을 주는가?
- 이 사람의 지식은 현재 내가 필요한 것과 관련이 있는가?
- 내가 무엇을 줄 수 있는가?
- 누가 당신을 도와 줄 수 있는 힘을 가지고 있는가?
- 당신은 이들로부터 무엇을 필요로 하는가? 그 내용을 적어 본 적이 있는가?
- 이들에게 접근하는 최선의 방법은 무엇인가? 누가 당신에게 이들을 소개할 수 있는가?
- 무엇이 당신의 가치인가? 당신은 어떤 문제를 해결할 수 있는가?
- 무엇이 이들의 가치인가? 이들은 당신에게 어떤 도움을 줄 수 있는가?

3. 기존 고객과의 네트워킹방법

1) 준비단계

- 연락하려는 사람의 특징을 서너 가지 정도로 정리하고 그 사람으로부터 무엇을 원하는지 적어 본다.
- 전화를 걸어 만남을 요청한다.
- 당신이 사업을 확장하고 있으며 상대방의 자문을 구한다고 밝힌다.
- 상대방이 편리한 시간과 장소에서 만날 약속을 한다.
- 비용은 당신이 지불하라.

2) 만났을 때

- 아주 구체적으로 말하라.
- 상대방이 거절할 수 있는 분위기를 만들어 주라.
- 나와의 이해관계를 따져 보라.

3) 만난 후

- 24~48시간 내에 이 메일, 우편 등 적절한 방법으로 상대방에게 감사의 편지를 보내라.
- 함께 상의했던 문제가 어떻게 진행되고 있는지 알려라.
- 당신이 상대방을 도와 줄 일은 없는지 확인하라.

4. 인맥 쌓기의 핵심은 대화

1) 바디 랭귀지

- 상대방과 대화할 때 당신 주변에 최소한 45cm의 간격을 확보하라.
- 고개를 숙이지 마라.
- 어깨를 펴고 등을 꼿꼿하게 하라.

- 미소를 지어라.
- 노려보지 말고 편안하게 바라보아라.
- 주머니에 손을 넣지 마라.
- 남성들은 주머니의 동전을 쨍그랑거리지 마라.

2) 음성과 어조

- 질문 또는 대답에 맞는 억양을 사용하라.
- 자신감 있게 말하라.
- 속도를 조절하라.

3) 어휘

- 청중의 수준에 맞는 어휘를 선택하라.
- 축약어를 사용하지 마라.
- 청중이 스포츠를 즐긴다면 스포츠 관련 비유를 사용하라.
- 비속어나 진부한 표현은 삼가자.
- 완전한 문장으로 이야기하자.
- 문법을 지키자.
- 자신의 말하는 모습을 정기적으로 비디오로 촬영해서 그것을 보면서 위의 사항에 대해 점검해 보자.

4) 좋은 대화가 주는 2가지 선물

- 자신감을 심어 준다.
- 상대방이 당신을 기억하게 해준다.

5) 대화를 시작하는 방법

- 행사 전에 당신이 물어 볼 수 있는 일반적 질문 3가지를 준비하자.

- 중립적인 주제에 초점을 맞추자.
- 대화를 시작할 주제를 풍성하게 하기 위해 노력하라.
- 미소와 시선 교환, 그리고 손을 내미는 것으로 대화를 시작하라.
- 단번에 모든 주제를 다루려고 하지마라.
- 간단명료하게 말하라.
- 상대방이 남성인 경우 넥타이, 여성인 경우 귀고리, 스카프 또는 머리핀 등에 대해 언급하라.
- 상대방이 중요하다고 느끼게끔 하라.

6) 좋은 대화를 이끌어가는 방법

- 경청하라.
- 자신이 웃음의 소재가 되는 것을 두려워하지 마라.
- 상대방의 바디랭귀지를 주의 깊게 보고 상대방에 집중하라.
- 상대방에 대한 진심어린 관심을 갖자.
- 공통점을 찾아라.
- “감사합니다”와 “부탁합니다”라는 말을 자주하라.
- 상대방의 의견을 존중하라.
- 우리 모두 예민한 자존심을 가졌음을 기억하라.
- 주위 사람들을 대화에 참여시켜라.
- 상대방의 말을 끊지 마라.
- 상대방의 말을 대신 끝내지 마라.
- 대화를 지나치게 주도하지 마라.
- 다른 사람들을 끼워 주자.

5. 대화의 유연성

■ 조심해야 할 대화 주제

- 정치
- 성차별/성(性)
- 종교
- 체중
- 나이
- 직장 동료
- 상대방을 불쾌하게 할 수 있는 부적절한 농담
- 지나치게 사적인 주제 또는 자신의 시시콜콜한 개인 정보의 나열

■ 대화를 끊는 방법

- 미소를 지으면서 이렇게 말하라. "만나서 정말 반가웠습니다. 남은 시간 즐겁게 보내시기 바랍니다."
- 옆 사람을 대화에 포함시키자. 둘이 대화를 시작하면, 그때 실례한다고 말하고 자리를 옮겨 새로운 대화를 시작하라.
- 상대방에게 바 또는 음식 테이블로 가면서 이야기를 계속하자. 그곳에 가면 보통 한두 사람을 더 만나 대화 참여자를 늘릴 수 있다.
- 거짓말을 하면 당신은 양심의 가책을 느낄 것이다. 거짓말을 좋은 방법이 아니다. 사람들이 흔히 하는 거짓말은 다음과 같다.
- "화장실에 좀 다녀올게요."
- "음료수 좀 가지고 와야겠어요."
- 상대방을 홀로 남기고 떠나지 말라.
- 때로는 흥미로운 대화가 진행되어, 또 다른 만남으로 이어질 가능성이 있는 경우가 있다. 대개 비즈니스에 대해 지나치게 이야기하는 것이 적절하지 못하거

나 자주 대화가 끊기게 되는 사교모임에서 그런 상황이 벌어진다. 그럴 때 주도권을 잡아서 대화가 남들에 의해 중단되지 않도록 하라. 즉 상대방에게 계속 연락하자고 제안하고, 명함을 받고 악수를 한 후 자리를 떠라.

- 당신이 어떤 단체에 참여하고 있고 맡은 역할이 있다면 "만나서 정말 반가웠습니다. 제가 지금 이 모임을 이끌고 있기 때문에 다른 분들에게도 가서 인사를 해야 하거든요."라고 말할 수 있다.

■ 경청능력 향상을 위한 권고사항

- 일어서라. 이는 특히 전화를 받을 때 주의가 산만해지는 사람들에게 좋은 방법이다.
- 다른 일을 하지마라. 상대방이 당신 바로 앞에 서서 당신이 전적으로 관심을 기울여야 하는 상황이라고 상상하라.
- 상대방을 정면으로 바라보라. 약간 옆쪽으로 서있는 경우 당신이 언제든지 다른 곳으로 갈 수 있고 대화에 흥미가 별로 없다는 인상을 줄 수 있다.
- 눈을 맞추어라. 계속 상대방과의 눈 맞춤을 확인할 필요가 있다. 상대방의 눈 색깔을 보아라. 이는 눈맞춤을 위한 효과적인 방법이다.
- 말을 하기 전에 셋을 세라.
- 가장 중요한 것으로, 당신의 관심사가 아니라 상대방의 관심사에 집중하라.

■ 대화의 시간

- 상대방과 3~5분 동안 대화하라. 최대한 8분이다.
- 옆에 다른 사람들이 서 있다면 이들을 대화에 참여시켜라.
- 상대방이 당신을 떠나기 전에 당신이 먼저 자리를 옮겨라.
- 상대방과 계속 연락하고 싶다면 그렇게 말하고 명함을 부탁하라.
- 그렇게 말했다면 나중에 반드시 연락을 해라.

11.2 고객접점 응대화법

1. 고객대화법

고객 응대 시에는 올바른 경어사용과 적절한 대화법이 필요합니다.

(1) 올바른 경어 사용

① 경어란 인간관계에서 화자가 상대방이나 상대방의 신체, 그와 관련된 사물에 대하여 경의를 표하는 어휘나 물체를 말합니다.

② 경어의 종류

- 존경어 : 제 3자에게 경의를 표하기 위한 존댓말
- 겸양어 : 자신을 낮추고 상대방을 높이는 말
- 공손어 : 정중히 표현하여 상대방에게 간접적으로 경의를 표하는 말

(2) 성공적으로 이끄는 대화법

① 적절한 맞장구 : 타이밍을 맞춰서 짧게 긍정의 말에만 맞장구를 침으로써 대화를 원하는 방향으로 유도합니다.

② 관심표명 : 관심을 가지면 호감을 유발합니다.

③ 쿠션어 사용 : "죄송합니다만, 실례합니다" 등

④ 유머와 조크는 사람의 마음을 엽니다.

⑤ 복창 : 복창은 재확인, 관심의 표현, 생각할 시간을 확보하는데 도움이 됩니다.

⑥ 부메랑 화법 : 고객의 말을 그대로 받아 되돌려 주는 방법입니다.

⑦ 세뇌화법에 숙달해야 합니다.

⑧ Yes, But 화법을 많이 활용합니다.

⑨ 긍정화법을 사용합니다.

⑩ 불평・불만 응대화법에 유의합니다.

⑪ 긍정화법을 사용합니다.

⑫ 불평 · 불만 응대화법에 유의합니다.

⑬ Yes를 유도하는 질문을 준비합니다.

(3) 서비스 화술의 원칙

① 명확하고 부드럽게 말할 것

② 진심으로 말할 것

③ 간결하게 말할 것

④ 고객과 주고받는 대화를 하여야 합니다.

(4) 고객응대시의 마음가짐

① 고객을 존중하는 마음

② 고객을 성실한 마음으로 대합니다.

③ 고객을 공감적으로 이해합니다.

④ 고객을 수용하는 태도를 지닙니다.

(5) 고객응대 시 문제해결기법

① 1단계 : 갈등확인 및 정의

② 2단계 : 텔레마케터의 감정과 마음을 “I Message”로 전합니다.

③ 3단계 : 상호 해결책을 찾아서 제안해 봅니다.

④ 4단계 : 상호 해결책 중 기업과 고객 모두가 만족할 최상의 방법을 찾아봅니다.

⑤ 5단계 : 실행방안을 제시합니다.

⑥ 6단계 : 실행에 대한 검토를 합니다.

■ 이렇게 바꿉니다.

1. 저는 모릅니다. ▶ 제가 알아보겠습니다.

2. 아닙니다. ▶ 제가 할 수 있는 일은
(아무런 대안이나 선택을 제시하지 않은 '아니오'는 고객을 화나게 한다)
3. 그건 제 소관이 아닙니다. ▶ 이 일에서 손님을 도와줄 수 있는 사람은
(문제의 해결을 지원할 만한 사람이나 부서로 고객을 안내해 준다)
4. 옳습니다! 이건 정말 심하군요. ▶ 고객님의 실망감을 충분히 이해합니다.
(다른 직원이나 부서를 헐뜯지 않으면서 고객의 감정을 공감하는 게 좋다)
5. 그건 제 잘못이 아닙니다. ▶ 이 문제를 어떻게 처리해야 할지 연구해 봅시다.
6. 제 매니저와 이야기해 보시죠. ▶ 제가 도와드릴 수 있습니다.
7. 언제까지 필요하십니까? ▶ 최선을 다하겠습니다.
8. 진정하십시오. ▶ 죄송합니다.(고객을 진정시키려면 사과하라)
9. 저는 지금 바쁩니다. ▶ 잠깐만 기다리시면 됩니다.
(고객은 이 바쁜 상황에서도 자신에게 관심을 갖고 있음을 깨닫는다)
10. 다시 전화 주십시오. ▶제가 다시 전화 드리겠습니다.

■ 고객화법에 필요한 몇 가지 기본 원칙

- 첫째, 「三風화법」

三風이란 말 그대로 세 가지 바람(風)을 일컫는데 그 하나는 血風이요, 둘째는 地風이며 나머지가 바로 學風입니다.

상담 중 상대와의 血에 대한 연고, 地(고향)에 대한 연고, 學(배움)에 대한 연고를 찾아내어 대화과정에 적절히 투입하면 상대의 기분을 긍정적으로 유도할 수 있고 성과에 대한 비전도 밝아지는 예가 많습니다.

한국의 역사는 예나 지금이나 바로 이 三風에 의해 움직이고 있다는 사실을 직시하고 이를 감정이나 파벌로 인식하지 말고 상대와 친해질 수 있는 감정이입의 중요한 요소로 인식/활용해야 합니다. 다만 이 화법을 구사하기 위해서는 사전에 상대의 三風에 대한 정보를 충분히 확보하고 있어야 한다는 점입니다.

- 둘째, 「Yes, But화법」

상대의 의견이나 진술내용이 나와 일치하지 않을 때 다짜고짜로 '틀렸다', '아니다'라고 반박하지 말고 '그 의견에도 일리가 있습니다만, 저의 의견은~' 이런 식으로 응대하라는 것입니다.

한국 사람은 자기집념이 강해 자기주장만을 앞세우는 경우가 많은데 고객만족, 상대존중 시대에는 상대의 의견에도 일리가 있음을 인정해주는 아량을 지닐 줄 알아야 합니다.

- 셋째, 「아론슨화법」

아론슨이란 미국 심리학자의 이름인데 이 사람이 이 화법을 연구했다하여 아론슨 화법이라 부릅니다.

이는 어떤 대화(상담)를 나눌 때 부정(−)과 긍정(+)의 내용을 혼합해야 하는 경우 기왕이면 부정적 내용을 먼저 말하고 끝날 때는 긍정적 의미(언어)로 마감하라는 것입니다.

'날씨는 흐렸지만(−), 기온은 적절(+)하다',

'가격은 좀 비싸지만(−), 품질은 최고(+)이다',

'개업년도는 미천하지만(−), 상권장악은 절대적 강세(+)이다' 등등.

이 화법은 최근 고객만족화법으로 상당히 유용하게 사용되고 있다.

'처음뵐 때(−)보다는 훨씬 미남(+)이네요', '인상(−)보다는 마음씨(+)가 훨씬 곱군요.'

- 넷째, 「부메랑화법」

부메랑이란 과거 호주에서 사냥도구로 사용하던 기구인데, 이것이 최근에는 어린이 놀이기구로, 나아가 하나의 스포츠 용구로 격상되었습니다.

부메랑은 던지면(내 곁을 떠나면) 다시 되돌아오는(원위치로 회귀시키는) 기구로서 이를 화법에 응용시킨 것입니다. 즉 고객이 자꾸 내 곁을 떠나려는 변명과 트집을 잡을 때, 그 트집이 바로 나의 장점(특징)이라고 주장하여 나의 곁으로 돌아오게 하는 것입니다.

예를 들어, '가격이 너무 비싸 구입이 어렵다'고 할 때 '가격이 좀 비싼 것이 이 제품의 특징이다'라고 거절요인을 구매요인으로 전환시키는 것입니다.

최근 고객만족시대의 고객설득화법으로 많이 상용되고 있습니다.

'조건이 까다로운 것이 바로 우리 회사의 장점이다(그만큼 신뢰를 주니까).'

'디자인이 투박한 것이 이 작품의 특징이다(고전적 이미지와 안정감을 주므로)' 등등

- 다섯째, 「後光화법」

후광이란 '뒤의 빛'이란 뜻으로 여러 유명한 기업, 사람, 기관들도 우리의 상품(제품)을 인정해주고 있으며 고객으로 등장되어 있다는 사실을 제시하므로 써 상대를 안심시키고 신뢰를 축적시켜가는 화법입니다. 이 또한 최근 고객 만족적 설득화법으로 널리 사용되고 있습니다.

'A그룹도 우리의 고객이다', '그 유명한 ○○도 나의 단골손님이다', '세계굴지의 기관 ○○도 우리에게 자격증을 수여했다' 등등

후광화법을 고객설득에 활용하기 위해서는 사전에 많은 후광적 존재, 즉 유명기업, 유명인사, 각종 자격획득증서, 매출실적자료 등을 축적해 두어야 합니다.

- 여섯째, 「칭찬화법」

칭찬은 사람의 마음을 뿌리부터 흔들어 놓는 위력 높은 고객 만족적 수단입니다.

이 화법은 상대의 모든 것, 즉 용모, 복장, 지식, 재산, 자녀, 취미, 역사, 업적 등등 필요에 따라 적절한 소재를 발굴하여 치켜세우는 것입니다. 칭찬은 상대마음의 뿌리를 움직이고 이는 곧 호감으로 승화되어 필요한 의사결정에 긍정적 작용으로 연결된다는 점을 명심해야 합니다.

- 일곱째, 「경청화법」

경청이란 상대의 의견이나 진술내용을 진지하게 들으면서 이에 반응을 보이는 화법입니다. 즉 '맞장구치는 화법'이라고 해도 무방합니다. '그렇습니까', '그 다음은요', '어머나', '저런', '이랬으면 어땠을까요' 등등 때로는 인정하고, 때로는 질문

하고 때로는 의견도 첨가하고 때로는 놀라는 언어도 구사하여 상대의 말하는 기분에 적극 박자를 맞춰주는 화법입니다. 최근 이 경청화법을 경청섭외로 승화시켜 고객을 관리하는 중요한 수단으로 강조되고 있습니다.

11.3 인간관계와 커뮤니케이션

커뮤니케이션이란, Commnicare라는 라틴어에서 유래된 단어로써 '나누다, 전달하다, 참여하게 하다, 공유하다'는 뜻입니다. 즉 바람직한 사회생활과 인간관계를 영위하기 위해 바깥으로 표현하는 의사표시라고 할 수 있습니다. 이러한 의사표시로 인해 자신의 능력을 평가받기도 하고, 새로운 인맥을 만들기도 합니다.

올바른 의사표시로 상대방과의 교류를 원활히 할 수 있도록 교류분석을 통해 커뮤니케이션의 방법을 알고, 상사와 부하직원 간의 갈등, 동료의 갈등, 고객과의 갈등 속에서 내 마음을 통할 수 있게 하고자 하는데 그 목적을 갖고 있습니다.

1. 커뮤니케이션 기술(교류분석)

1) 성공하는 내면의 마인드

(1) 지금의 자신을 아는 것부터 출발

교류분석(Transactional Analysis; TA)이란 정신분석의 창시자인 프로이트의 이론을 바탕으로 미국의 에릭 번 박사에 의해 개발된 임상심리분석 시스템입니다. TA의 이론에 의해 개발된 TA의 에고그램 테스트는 알기 쉽고 이해하기 쉬운 질문에 응답함으로써 응답자의 성격을 분석하는 방법입니다. 그에 따라 자기의 상태에 의거한 응답자가 금후 자신이 갖추어야 할 자세를 그려보고, 또한 다른 사람과의 관계에 있어 자신의 태도에 수정을 가해 감으로서 보다 높은 자기실현을 목표로 하는 것을 목적으로 하고 있습니다. 분석결과를 받은 개개인이 자기의 현재의 상태를 인식할 뿐만 아니라 각자가 자신의 것으로 활용할 수 있다는 것이 커다란 장점입니다.

(2) 자신속의「다섯 가족」

TA에서는 우선 자신의 현재의 상태를 파악하기 위한 기준으로서 다음과 같이 개개인의 성격을 크게 3가지로 나누고 그것을 다시 세분화해서 6개의 구성 요소로 이루어진다는 전제조건 하에 분석이 이루어지고 있습니다.

[P], [A], [C]는 정신분석의 "초자아", "자아", "이드(에스)"에 해당한다고 할 수 있습니다.

[P]란 부모의 영향을 그대로 받아들인 부모와 같은 마음으로 부친적이고 비판적인 부모의 자아상태(Critical Parent; CP)와 모친적이고 양호적인 부모의 자아상태(Nurturing Parent; NP)로 나누어지며 [A]는 성인으로서의 객관적인 마음으로 현실의 인식, 사물의 판단을 합니다. [C]는 어린이의 마음으로 본능적인 자유분방한 어린이의 자아상태(Free Child; FC)와 부모의 안색을 보고 순응하는 듯한 어린이의 자아상태(Adapted Child; AC)로 나누어집니다. 이 마음속의 5인 가족은 어느 누구의 마음속 어디에나 다 있는 것으로 여러 가지의 상황에 따라 다양한 대응을 합니다. 또한 각각의 자아 상태는 장점과 단점을 갖고 있습니다. 예를 들면, CP가 높은 사람은 규칙이나 규율을 중요시하고 이상이나 목표를 향해 추진하려는 장점을 갖고 있지만 자신에게나 타인에게 너무 엄격해서 사람에 대해 지배적, 위압적으로 되기 쉬운 경향을 갖고 있어 단점이라고 할 수 있습니다. 이와 같은 마음속의 5인 가족 즉 마음속의 5개의 마음상태를 질문하고 그래프로 그린 것이 에고그램입니다.

① P(부모와 같은 나=Parent의 자아상태) : 3세~6세경에 형성기의 정점을 이루는 자아. 부모가 말하는 것을 보거나 듣거나 해서 그것을 그대로 받아 들여 자신의 인격으로 한 것으로 그 형성 과정에 따라 CP(비판적 P=Critical Parent), NP(보호적 P=Nurturing Parent)로 나눌 수 있습니다.

② A(성인으로서의 나=Adult의 자아상태) : 6~9세경에 형성기의 정점을 이루는 자아로써. 사고력이나 판단력을 강하게 생각하면서 상황에 대응하는 경험을 반복하는 과정 속에서 그러한 행동의 방식이 자신의 인격으로 된 것입니다. 이들 요소의 균형으로 현재의 자신의 자아상태, 더구나 대인관계나 생활방식의 기본자세를 촉진시킬 수 있습니다.

③ C(어린이와 같은 나=Child의 자아상태) : 0~3세에 걸쳐 형성된 자아로 부모로부터 받은 감각적, 감정적인 자극에 대해 느낌을 받았던 방법이나 반응의 방식을 서서히 모아서 축적되어 그것이 인격이 된 것입니다. 그 형성의 과정에 따라 C는 다시 FC(자연의 C=Free Child), AC(순응의 C=Ad-apated Child))로 나눌 수 있습니다.

2. Ego-Gram

1) Ego-Gram(자기성격 자아상태)

Ego-Gram은 미국의 정신과 의사 Erick Bern이 1957년에 개발한 교류분석 (Transactional Analysis)을 바탕으로 J. Dusay가 1972년에 만든 심리검사 도구입니다. TA이론은 사람은 자기의 내부에 부모(Parents),성인(Adult), 아동 (Child) 3가지 부분을 갖추고 그것에 의해 인격이 형성되며 이것을 자아 상태라고 명령하였습니다.

2) Ego-Gram checklist

다음의 질문에 예(○), 어느 편도 아니면(△), 아니요(X) 등과 같이 답해 주십시오. 단, 가능한 한 ○나 ×로 답해 주십시오.(○는 2점, △는 1점, X는 0점)

분류	No	Question(질문)	Ans.
CP	1	무슨 일이든지 정확하게 하지 않으면 기분이 나쁩니까?	
	2	타인이 잘못했을 때 용서해 주기가 어려운 편입니까?	
	3	자기를 책임감이 강한 사람이라고 생각합니까?	
	4	자기 생각을 굽히지 않고 최후까지 관철하는 편입니까?	

	5	예의규범에 대해 엄격하게 교육을 받았습니까?	
	6	무슨 일이든지 시작해서 끝까지 않으면 마음이 불편합니까?	
	7	부모님의 말씀은 꼭 지키는 편입니까?	
	8	'안돼, …해야 한다' 라는 말을 잘 쓰는 편입니까?	
	9	시간이나 금전에 대해 흐릿한 것을 싫어합니까?	
	10	부모가 되었을 때 자식을 엄하게 키우려고 생각합니까?	
NP	1	타인이 길을 묻는다면 친절하게 알려줍니까?	
	2	친구나 동생을 칭찬할 때가 많이 있습니까?	
	3	다른 사람을 도와주는 것을 좋아합니까?	
	4	타인의 나쁜 점보다는 좋은 점을 많이 보는 편입니까?	
	5	실망에 차있는 사람이 있으면 위로하고 용기를 줍니까?	
	6	친구들에게 선물하는 것을 좋아합니까?	
	7	도움을 청하면 '내게 맡겨라' 하면서 떠맡는 편입니까?	
	8	누군가 실수나 실패를 했을 때 몰아붙이지 않고 용서합니까?	
	9	동생이나 나이가 적은 아이를 귀여워합니까?	
	10	먹을 것이나 옷이 없는 사람이 있다면 도와줍니까?	
A	1	여러 가지 책을 많이 읽는 편입니까?	
	2	무슨 일이든 잘 안될 때는 냉정하게 생각합니까?	
	3	어떤 결정을 내릴 때 다른 사람의 의견을 듣고 참고로 합니까?	
	4	처음 하는 일에는 충분히 검토하고 합니까?	
	5	어떤 일이든 자기의 손해나 이득을 잘 생각합니까?	
	6	잘 모르는 것이 있으면 다른 사람에게 물어보거나 상담을 합니까?	
	7	몸 상태가 좋지 않을 때는 자중하고 무리를 하지 않습니까?	
	8	부모님과 침착하게 대화를 합니까?	

	9	공부나 일을 정해진 대로 합니까?	
	10	미신이나 점치는 것은 절대로 믿지 않는 편입니까?	
FC	1	사치하는 것을 좋아합니까?	
	2	여러 사람이 모여 떠들고 노는 것을 좋아합니까?	
	3	야~ 멋지다~ 멋있다~ 등의 감탄사를 잘 씁니까?	
	4	말하고 싶은 것을 주저하지 않고 말하는 편입니까?	
	5	즐거움이나 슬픔을 얼굴이나 동작에 자유롭게 나타냅니까?	
	6	가지고 싶은 것은 가져야 적성이 풀립니까?	
	7	이성친구에게 자유롭게 말할 수 있습니까?	
	8	사람들과 농담이나 장난을 좋아합니까?	
	9	그림을 그린다든지 노래하는 것을 좋아합니까?	
	10	싫은 것은 싫다고 합니까?	
AC	1	타인의 안색을 살피면서 행동을 하는 버릇이 있습니까?	
	2	싫어도 싫다는 말을 안 하고 억압할 때가 많습니까?	
	3	열등감이 강한 편입니까?	
	4	도움을 청하면 바로 하지 않고 질질 끄는 버릇이 있습니까?	
	5	언제나 무리를 해서라도 잘 보이려고 노력합니까?	
	6	자기 생각보다는 부모나 타인의 말에 영향을 받는 편입니까?	
	7	슬프거나 우울한 심정일 때가 자주 있습니까?	
	8	겸손하고 소극적일 때가 있습니까?	
	9	부모의 기분을 맞추어 주는 면이 있습니까?	
	10	속으로는 불만이지만 표면에는 만족한 듯 처신할 때가 있습니까?	

3) Ego-Gram 그래프

이 표에 계산 값을 기록해 주세요. (꺾은선 그래프로 그려보세요)

20										
18										
16										
14										
12										
10										
8										
6										
4										
2										
계산값	CP( )		NP( )		A( )		FC( )		AC( )	

3. 교류를 통한 커뮤니케이션 패턴

1) 상보적 교류

대화의 방향이 평행선이 될 때에는 그 화제에 관한 대화는 언제까지라도 진행될 수 있습니다.

예1) 선배 : 요즘 후배들은 제대로 인사도 않는단 말이야.

후배 : 참으로 한심하군요. 저러고도 대학 출신이라니요.

예2) 오빠 : 지금 몇 시지?

동생 : 응. "8시 15분"이야.

예3) 후배: 저 일은 대수롭지는 않지만, 혼자서는 못할 것 같아요.

잘 부탁드립니다.

선배: 그래그래. 내게 맡겨둬.

2) 교차적 교류

발신자가 기대한 교류가 저지됨으로 대화는 단절된다. 대화의 방향이 교차할 때에는 그 화제에 대한 커뮤니케이션은 즉시 끊겨버립니다.

예1) 오빠 : 지금 몇 시니?
동생 : 오빠는 눈이 없어? 직접 확인해봐, 귀찮게 시리.

예2) 남성 : 네가 부주의해서 식당에 핸드폰 두고 왔잖아.
여성 : 그렇지 않아. 네가 다 챙겨 온다고 했잖아.

예3) 후배 : 선배님, 오늘 퇴근 후에 노래방이나 갈까요?
선배 : 나는 그럴 여유가 없어.
도대체 요즘 애들은 노는 것만 제일이란 말이야.

3) 암시적 교류

서로의 대화는 빙산의 일각이며, 표현하는 말과 내면의 마음이 다를 때 발생합니다.

예) 동생: 형 오늘 축구하러 안가?
(형이 없으면 혼자 컴퓨터 게임을 즐길 수 있을텐데)
형 : 오늘은 축구 안 해.
(컴퓨터를 만지려고, 어림도 없지)

4) 스트로크

인간은 누구나 접촉과 인정에 대한 욕구를 지니고 있습니다. 이러한 심리적 욕구를 충족시키는 것을 스트로크라고 합니다.

스트로크의 방법으로는 경청, 칭찬, 존재인지, 스킨십 등이 있습니다.

(1) 경청의 기술

① 화가 났을 때 : 의식적으로 눈썹에 힘을 줍니다.

눈빛이 진지하고 강해집니다.

② 슬플 때 : 눈썹에서 힘을 뺍니다.
상대방의 괴로움을 안타까워하는 듯한 표정이 됩니다.

③ 격려할 때 : 입을 다물고 입꼬리를 살짝 올립니다.
수긍할 때는 고개는 세로가 아니라 가로로 천천히 흔듭니다.
No라는 의사표시가 아니므로 눈을 똑바로 쳐다보기 보다는 시선을 조금 비껴 아래쪽을 바라봅니다.

(2) 칭찬의 기술

① 제삼자가 방문했을 때 열심히 모두를 칭찬합니다.

② 상대방이 혼자 있을 때는 구체적으로 온 힘을 다해 칭찬합니다.

③ 실수를 지적하고 싶을 때는 둘만 있는 자리에서 합니다.

지금까지 자신의 Ego-Gram을 통해서 자아 분석을 하고 자신의 성격적 특징과 대화방법에 대해 살펴보았습니다. 또한 상대방의 Ego상태에 따른 바른 교류패턴에 대해 알아보았습니다. 이러한 교류방법을 실천하여 갈등상황을 원활한 커뮤니케이션이 통할 수 있는 상황으로 바꿔 보시기 바랍니다.

4. 화법 SPOT 게임

3년 전 겨울에 나는 무주 리조트로 스키를 타러 갔었습니다.
리프트를 타고 슬로프 위에 까지 올라가서는 활강 연습부터 시작했습니다.
내 몸은 아래로 점점 내려가고 있었습니다.
도중에 속도가 너무 붙어 쾅 하고 넘어졌습니다.

〈화법 spot기법〉

■ 연기자가 되기

① 위의 문장을 마치 찻집에서 만난 친구에게 이야기하듯 아주 자연스러운 회화조로 이야기 해봅니다.

② 다음에 이야기의 내용을 동작으로 표현한다는 생각으로 제스처를 넣어서 이야기 해봅니다.

③ 위의 문장을 가능한 한 즐겁게, 기뻐서 참을 수 없다는 느낌으로 웃으면서 말해 봅니다.

④ 이번에는 분노의 감정을 넣어 화를 내면서, 고함을 치는 듯한 느낌으로 말해 봅니다.

⑤ 다음은 위 문장에 슬픈 감정을 넣어 울면서 말해 봅니다.

⑥ 마지막으로 몹시 놀란 느낌으로 말해 봅니다.

구문은 조금 바꾸어도 괜찮습니다. 이런 연습을 하다보면 말하는 기술을 자연스럽게 터득하게 됩니다. 이 연습을 통해 바디랭귀지의 중요성/ 말의 억양/ 감정의 조절이 얼마나 중요한지 알 수 있습니다.

■ 나만의 특별한 경험 이야기하기

자신의 생활 중에서 특별한 경험으로 기억되는 일을 즉흥적으로 소개하여 자신과 타인에 대한 정보를 자연스럽게 교환하는 방법입니다. 이로써 자신의 생각을 말로 표현하는 기술을 익힐 수 있을 뿐 아니라, 서로를 이해하고 공감하는 태도를 갖게 됩니다.

① 둥글게 앉는다.

② 잠깐 동안 (2~3분)눈을 감고 특별히 기억나는 일들을 조용히 생각해 본다.

③ 홀짝으로 짝을 지어준 뒤 각자 자신의 특별한 경험(성공담, 실패담, 잊을 수

없었던 사건이나 사람, 기뻤거나, 슬펐던 일)을 서로 나누도록 한다.

④ 5~7분이 지난 뒤 짝에게 들은 내용을 대신해서 순서 없이 발표한다.

⑤ 발표가 끝난 뒤 다른 사람의 발표 중에서 가장 인상 깊었던 부분에 대한 느낌을 솔직하게 표현한다.

■ 나의 미래상 이야기하기

① 글을 쓸 수 있는 자유대형으로 앉는다.

② 32절 메모지와 볼펜을 준비한다.

③ 몇 년 후 나는 무엇이 되어 어떻게 하고 있을지 자신의 미래상(5년 후, 10년 후, 20년 후, 30년 후의 모습)을 메모지에 쓴다.

④ 순서대로 자기 것을 낭독한다.

■ 주제에 대하여 말하기

① 주제를 주고 그 주제에 관한 이야기를 계속 큰소리로 모두에게 들리도록 이야기하게 한다.

② 주제는 긍정적인 것을 택하도록 한다.

③ 각자 일정한 배역을 하나씩 맡게 하고 그 배역에 맞는 대사를 적절하게 꾸며내게 한다. 예를 들면 '춘향이와 이도령', 흥부와 놀부', 토끼와 거북이'등으로 다양한 배역을 선정해준다.

■ 소리 없는 노래 부르기

① 한쪽 편에서 소리 내지 않고 입모양만으로 노래를 하게 한 후 상대방이 그 노래 제목을 알아맞히는 방법이다. 어느 편이 빨리 알아맞혔는지 시간을 재어 승부를 낸다.

② 동요 중에서/민요 중에서/여름 노래 중에서/ 등으로 곡목을 지정해 준다.

■ 이야기 완성하기

① 한쪽 편부터 차례로 일정한 주제를 주고 그 주제에 따라 이야기를 이어나가 완성되도록 한다. 창작이 잘된 편에 점수를 준다.
② 처음에는 "옛날에 콩쥐가 우리 마을에 살고 있었어요. 그런데 콩쥐의 일생은 어찌되었을까요?" 따위의 주제를 준다.
③ 항상 주제를 생각하며 하나의 완전한 이야기가 되도록 앞사람의 말을 잘 이어나가야 한다.
④ 이야기를 완성해나가면서 동시에 그 내용을 연극으로 꾸며서 함께 보여줄 수 있으면 더욱 효과적이다.

■ 연상낱말 이어가기

가을 - 풍요 - 추석 - 보름달 - 첫사랑 - 언덕 - 폭풍 - 가을 - 밤 등등

■ 연상릴레이

① 두 편으로 나눈 뒤 각 편의 첫 번째 사람을 불러 어떤 낱말 하나를 지정해준다.
② 그 사람은 자기편으로 돌아가 두 번째 사람에게 앞에서 지정된 낱말을 듣고 연상된 다른 낱말을 귓속말로 해나가도록 한다.
③ 예를 들면, 평화-비둘기-먹이-생선-바다-군함 등으로 한 단어에 대해 연상되는 낱말을 계속 이어나갈 수 있다.

■ 엉뚱한 이야기

① 조별로 6하원칙을 하나씩 준다.
② 조별로 내용을 기록한 후 앞에 나와서 발표를 하게 한다.(터무니없는 말의 재미를 느낄 수 있다.)

■ 팀별로 신문 만들기

① 신문의 이름을 정한다.

② 전체적인 구성을 짠다.

③ 지면을 정한다.(광고면 포함)

- 업무의 에피소드나 칭찬릴레이, 업무공지사항 등 광고는 재미나고 엉뚱하게 만들어보면 좋다.

■ 인터뷰게임

분위기를 부드럽게 하기 위해 각자 옆 사람에게 궁금한 것을 묻도록 함으로써 친밀감을 갖게 하는 게임입니다. 이 게임으로 자신의 주위 사람에 대한 몇 가지 정보를 얻게 될 것입니다. 그러면 사회자는 각자 그것을 어느 정도 기억하고 있는지, 또한 그것을 어느 정도 정확하게 다른 사람에게 전달할 수 있는지 시험하도록 하는 것입니다.

우선 전원이 일어서게 한 다음 옆 사람을 파트너로 정해 서로 손을 잡고 강의장 한 가운데를 돌아다니다가 다른 조와 4인 1조가 되게 합니다. 그런 뒤 가위 바위 보를 해서 먼저 소개하는 사람을 정하고 '시작'을 알리는 사회자의 구령과 동시에 자신의 파트너를 다른 두 사람에게 소개하게 됩니다. 1분이 지나면 벨을 울려 정지하게 하고 '이제 소개자를 바꿔서 자신의 파트너를 앞의 두 분에게 소개해 주십시오'하고 지시를 내려 역시 1분간 소개하도록 합니다.

같은 방법으로 네 사람 모두를 차례대로 소개하면 제자리에 돌아오게 하여 게임을 끝마치게 됩니다.

미니지식 Q&A

■ **나 때문에 선배가 상사에게 혼이 났다면?**

- 이때는 나와 선배의 성격유형에 따라 다른 방법이 필요합니다.
내가 활달한 성격인지 소심한 성격인지, 선배가 사교성이 풍부하거나, 그렇지 못할 경우에 따라 방법이 각기 다르기 때문입니다. 둘 다 사교성이 좋은 편이라면 장난스럽지 않게 진심을 담아 바로 사과를 하도록 합니다. 반대로 둘 다 소심하다면 다음날 차 한 잔과 함께 못다한 미안한 마음을 전하도록 합니다. 나는 사교성이 좋지만, 선배가 소심하다면 친근함을 바탕으로 부드럽게 마무리하고, 내가 소심하고 선배가 활달한 성격이라면 어떻게라도 사과의 뜻을 전하면 오히려 상대방이 아무렇지도 않은 듯 마무리 될 수 있습니다.

미니지식 Q&A

■ **휴먼네트워킹, 술 없이 안 되나요?**

- 술을 못 마시는데, 직장생활하면서 술을 마시지 않고 사교성 없다는 말을 들으면서 회식자리에 있는 것은 불편한 일이기도 합니다. 이때는 몇 가지 요령이 필요합니다. 일어나서 돌아다니며 선배님들께 열심히 술을 따라 드리고 모자라는 음식들 주문도 모두 챙기고 술을 마시게 될 때엔 먹기 전이나 후에 두 배 정도의 물을 마셔두는 것이 좋습니다. 또한 술자리든 아니든 상대방의 이야기를 잘 들어주는 건 매우 중요한 사교술입니다. 요즈음엔 아예 술을 못 마신다고 공표하면 강요하지 않고 사이다나 맥주를 권하기도 하니 참고하시기 바랍니다.

미니지식 Q&A

■ **선한 이미지 때문에 거절하거나 솔직해지기 어려워요.**

- 사람들이 나를 좋게 봐 주는 건 감사한 일이지만, 내 의사를 전달할 때는 망설여지게 되고, 속마음과 똑같이 표현 할 수 없다면 정말 화가 나는 일입니다. 나도 사람이기에 실수할 때도 있고, 부족한 부분도 있을텐데 의외라는 반응을 보인다면 신경쓰이는 건 당연한 일입니다. 이제부터라도 자신의 의사를 분명히 전달하고, 솔직하게 말하고, 거절도 하려면 연습이 필요합니다. 처음부터 생각하는 대로 '나도 화난다, 힘들다, 더 이상 견딜 수 없다. 너희들이 그렇게 생각하는 게 날 얼마나 힘들게 하는 줄 아니? 답답하고 짜증나' 라고 얘기한다면 착한 사람으로만 바라보고 기댔던 사람들이 많이 놀라고 당황스러울 수 있습니다. 관찰, 느낌, 욕구, 부탁의 단계로 솔직하게 자기표현을 하도록 합니다. 관찰은 있는 그대로 보고 듣기로 평가와 구별되고, 내가 ______________를 보거나 들었을 때, 느낌은 우리 몸과 마음에서 일어나는 반응으로 생각과 구별되며, 나는 _______________라고 느껴. 욕구는 느낌의 원인으로 수단과 방법과 구별되며, 왜냐하면 나는 _______가 필요/중요/원하기 때문에, 부탁은 구체적, 긍정적, 의문형으로 할 수 있고, 강요와 구별되며, ____________해 줄 수 있겠니? // 이 말을 들었을 때 어떻게 느끼니? 라고 표현해 볼 수 있습니다.

12 CHAPTER

감정노동과 회복력

Objective

1. 감정노동의 개념과 문제를 파악할 수 있습니다.
2. 스트레스를 관리하기 방법을 알고 실천해 볼 수 있습니다.
3. 절대회복력의 개념과 내용을 숙지할 수 있습니다.

12.1 감정 노동

1. 감정노동의 개념

감정노동(Emotional Labor)이란, 고객의 기분을 좋게 하려고 특정한 감정상태를 연출하는 것이 업무상 요구되는 노동 유형으로, 감정관리 활동이 직무의 40% 이상을 차지하는 경우를 말합니다. 미국의 사회학자 1983년 미국 UC 버클리대 사회학 교수인 알리 러셀 혹쉬차일드(Hochschild, 1983)의 책『관리된 마음: 인간 감정의 상품(The Managed Heart)』이라는 책에서 항공기 승무원 사례에 초점을 맞춰 처음 개념화하였습니다.

우리 사회에 고객이 '왕'인지라, 호텔, 식당, 유통 등의 서비스직에서 일하는 이들은 손님이 진상을 부려도 울컥 올라오는 울화는 목구멍까지지만 눌러두고 미소를 지어야 합니다. TV 방송에서 개그맨들이 남을 웃겨야하듯, 다수의 서비스직 종사자들은 내 기분과 상관없이 고객에게 '미소' 를 지어야 하는데, 대체로 '배우가 연기하듯 타인의 감정을 맞추기 위해 자신의 감정을 억누르고 통제하는 일' 을 일상적으로 수행하는 것을 감정노동이라고 합니다. 물론 이처럼 긍정적 감정노동(밝은 미소)을 수행해야하는 직업들도 있지만, 부정적 감정노동(화난 목소리나 태도)을 수행해야하는 직업(채권추심원, 조사관, 근로감독관, 보안 경비업, 경찰 등)들도 있으며, 중립적 감정노동(무표정)을 수행해야하는 직업(판사, 운동경기 심판, 카지노 딜러, 장의사 등)도 있습니다. 감정노동(emotional labor)이란 임금을 위해 외적으로 관찰 가능한 표정 및 몸짓의 표현을 창출하는 느낌의 감정 관리에 근간한 노동입니다. 즉 고객이 우호적이고 안정된 장소에서 보살핌을 받고 있다는 느낌을 창출하도록 외모와 표정을 유지하기 위해 감정을 억압하거나 표현하는 방식으로 감정을 관리하는 노동이라고 할 수 있습니다. 구체적으로 업무상 요구되는 특정한 감정상태의 연출・유지를 위해 행하는 일체의 감정관리 활동이 직무의 40% 이상을 차지하는 노동유형으로서, 간호사, 교사, 창구업무 종사자, 승무원, 보모, 판매원 같은 주로 서비스직이 해당됩니다.

그런데 대인서비스를 업무로 하는 서비스 노동자들은 공통적으로 감정의 규칙을 상품화된 노동으로 만드는 표현의 규칙(display rules)을 통해 감정노동을 수행합니다. 서비스직 노동자들은 고객과 서비스교류가 일어나는 동안 자신의 감정을 통제하고 사회적으로 바람직해 보이는 특정한 감정을 외적으로 표현하는 것입니다. 감정노동이 부정적인 느낌에도 불구하고 웃음 짓는 것과 같이 자신의 표현을 통제하고 수정하는 '가식행위', 적절한 감정표현을 위해 표면적인 외관보다도 오히려 자신의 느낌을 의식적으로 변화시키려고 노력하는 과정인 '내면화 행위'로 이루어짐을 알 수 있습니다.

2. 감정노동의 문제

고객과 직접적인 상호작용을 하는 감정노동자는 고객에게 감사, 긴장완화, 즐거움 같은 감정적 반응을 주도록 기대되는 동시에 고용주로부터 감정 활동의 통제를 받고 있습니다. 그런데 외식산업의 대중화와 레저산업의 확충으로 서비스 제공자로서의 감정노동자에 대한 기대주순은 점차 높아지는 반면, 사회적 인식이나 보수체계는 이에 미치지 못하는 실정입니다. 또 감정노동자의 직무태도가 바로 생산성 및 판매실적에 직결되는 것으로 사용자가 인식함으로써, 노동자는 실적향상 및 고객 친절에 대한 지속적인 압력을 받고 있습니다. 이처럼 성과를 강조하는 사용자의 압력은 우울증, 화병, 대인기피증, 공황장애 같은 대인서비스로 인한 직무스트레스 직업병과 함께 감정노동자의 심리적 건강수준에 부정적인 영향을 미치고 있습니다.

Hochschild의 연구로 감정노동에 대한 논의가 촉발된 이후, 그 개념을 보다 정교하게 발전시켜 다양한 업무와 노동에 적용시키고 그 적실성을 검증하는 연구들이 뒤를 잇고 있습니다. Hochschild 이론에 기초하여 승무원뿐만이 아니라 미용업, 콜센터, 간호직, 판매직, 은행 텔러, 카지노 딜러, 텔레마케터, 패스트푸드 체인점 종사자 등의 다른 직종에 대한 사례 연구들도 발표가 되었으며, 최근 우리나라의 경우에도 백화점, 호텔, 항공사, 간호사, 콜센터 등의 일부 직종의 감정노동 연구 보고서들이 제출되고 있습니다. 국내 학계의 연구들도 감정노동이 적절히 관리되지 않으면 적지 않은 건강상의 문제나 개인의 심리적 문제(정신적 소진, 우울증 등)인 감정적 격차(감정적 부조화)에 주된 초점을 두고 있을 뿐, 사회구조적인 측면에 대한 접근은 상대적으로 적은 편입니다.

Hochschild는 감정노동을 4가지 차원(표면적 행동, 심층적 행동, 적극적 심층행동, 소극적 심층행동)으로 구분하였습니다. 무엇보다 서비스 노동은 물건을 팔기 위한 과정에서 고객관의 감정교환이 이루어집니다. 특히 상품을 팔기 위해서는 고객이 원하는 감정을 지속적으로 표출해야하는데, 이것이 조직적으로 요구되어지고 있습니다. 이와 같은 감정노동의 조직적 요구로 인해 개별 종사자는 표면적 행동의 차원을 넘어 적극적 행동으로 변화됩니다. 사실 서비스직에 종사하는 노동자들의 주된 업무가 상품판매와 고객 상담이기 때문에 일의 성격상 고객과의 상효작용 과정에서 발생하는 다양한 감정노동이 나타날 수밖에 없는 것입니다.

한편 노동시장에서 감정노동직이 여성에게 전가되는 경우가 많으면서 감정노동이 성차별적 통념을 재강화시킨다는 비판도 있습니다. 즉 여성이 고정된 성 기대에 맞추어 업무를 수행하도록 요구하면서, 여성이 감정노동에 가장 적합한 노동력이며 서비스는 여성의 일이라는 통념을 강화시킨다는 것입니다. 또한 감정노동을 중시하는 사용자의 인식과 달리, 육체노동의 강도와 지식의 유무로 숙련 정도를 평가해온 기존 노동평가체계에서 수량화가 어려워 쉽게 생산성증가를 계산할 수 없는 감정노동의 저임금도 문제입니다. 그러기에 대부분의 감정노동직은 저임금의 하위 서비스직입니다. 여기에 전체의 60%를 차지하는 서비스산업이 다른 산업에 비해 비정규직의 비율이 매우 높다는 점까지 감안하면, 여성 서비스직 감정노동자가 저임금의 비정규직일 가능성이 높다는 점을 알 수 있습니다.

감정노동

백화점이나 대형마트에 가면 언제나 웃고 있는 직원들을 볼 수 있습니다.
고객들에게 무시를 당하고 슬플 때나 화날 때도 웃어야 하는 이런 서비스업 종사자들을 감정 노동자라고 부르는데요.
이들의 웃음 뒤에 감춰진 고충을 김영은 기자가 들어봤습니다.

서울의 한 은행창구입니다.

원하는 대로 일처리가 되지 않자 고객이 목소리를 높입니다.

은행고객 : "이런 멍청이 같은 거 앉혀놓고 뭐하는 짓이야. 야, 이거 보면 산재보험인지 고용보험인지도 몰라?"
콜센터 상담원 : "무엇을 도와드릴까요?"

늘 상냥한 목소리의 콜센터 상담원. 하지만, 전화통화를 하는 고객의 목소리까지 상냥한 것은 아닙니다.

고객 : "너 (상담원)정신병자니? 나한테 죄를 지은 게 뭐지? 묻는 말에 대답해."
"나 진짜 다 죽여 버릴 거라니까. 오늘 안에 (환불) 안 되면 식칼 들고 가서…"

하루 평균 150통의 전화를 받다보면 몇 번씩은 협박과 욕설, 심지어 성희롱까지 참아내야 합니다.

콜센터 직원(음성변조) : "그런 말 들으면 손이 부들부들 떨려요. 마음이 쿵하고 내려앉는 느낌? 책상 위에서 손으로 키보드를 치지만 막 발끝이 저린다거나 그런 느낌 들어요."

어떠한 상황에서도 손님을 '왕'처럼 대하라는 기업 분위기는 감정노동자들을 더욱 힘들게 합니다.

백화점 판매직 사원 : "고객이 무조건 왕이니까 무조건 다 해줘라. 이제는 고객이 그냥 만족하는 시대가 아니다. 이런 것들이 훨씬 더 힘든 거죠."

웃음과 친절을 파는 사람들, 정작 자신은 맘껏 웃지 못한 채 마음이 병들고 있습니다. 서비스직 종사자 3천 명을 대상으로 조사해보니, 27%가 심리상담과 정신과 치료가 필요한 중증 수준 이상의 우울증을 호소하고 있었습니다. 또 다른 조사를 봐도 감정 노동자의 절반 이상이 우울증 등 스트레스 질환 증세를 보였습니다. 상황이 이렇다보니 감정 노동자의 스트레스를 전문적으로 관리해야 한다는 주장이 설득력을 얻고 있습니다.
11년째 시내 면세점에서 화장품을 판매하는 30대 여성은 시간이 지날수록 웃는 것이 힘들어진다고 고백합니다.

최모 씨(면세점 판매직 사원) : "정말 어떨 때는 회사를 가다가 교통사고가 났으면 할 때도 있어요. 그럼 며칠은 손님을 안 만나도 되니까…"

이제는 익숙해질 법도 하지만 일부 손님의 모욕적인 태도는 고스란히 마음의 상처로 남습니다.

최모 씨(면세점 판매직 사원) : "딸이나 아들이랑 왔을 때 너희는 저런 사람들 안 되려면 공부 열심히 하라고 말하는 손님들도 계세요."

전문가들은 감정노동자들이 스트레스를 적절하게 해소하지 못하면 대인기피와 우울증 등을 겪을 수 있다고 조언합니다. 이 때문에 한 대형마트에선 고객 접촉이 많은 계산업무 직원만을 위해 별도의 휴게시설을 운영하는 등 스트레스 관리에 나서기도 했습니다.
기업들의 서비스 경쟁으로 무한 친절과 미소를 강요받고 있는 감정 노동자들. 감정노동의 정신적 후유증을 관리하고 해소하기 위한 기업과 정부의 노력이 필요한 때입니다.

2011. 4. KBS 뉴스 중에서

이런 면들은 아마도 감정 노동자들의 업무환경을 향상시키기 위해서 기업을 경영하고 마케팅을 관장하는 사람들 입장에서 해 줄 수 있는 일들이 필요하다고 할 수 있습니다. 단순히 고객에게 '좀 더 자제해 달라고, 이들의 인권을 존중해 달라고 호소하는 것만으로는 부족하지' 합니다. 그리고 무엇보다도 중요한 것은 이러한 방법들이야말로 기업들이 행하는 마케팅의 효율성을 더 높이고, 고객과의 관계도 개선하고, 장기적으로 비용도 줄이는 방법이 될 수 있습니다.

■ 감정노동은 무조건 나쁜 것인가?

감정노동은 무조건 나쁜 것인가에 대한 해답은 반드시 그렇지는 않다는 것입니다. 개인적으로 감정노동을 효과적으로 수행하는 사람은 조직내부에서 대인관계가 원만해지고, 외부적으로는 고객만족도나 고객의 평가가 좋아져서 업무실적에 긍정적인 영향을 미치는 것으로 보고되고 있습니다. 흔히 감성지능이 높은 사람들이 감정노동을 잘 수행하는데 자신의 감정노동이 스트레스로 이어지지 않도록 스스로 컨트롤할 수만 있다면 오히려 자신의 경쟁력으로 발전시켜 나갈 수도 있습니다. 그러나 현실적으로 감정노동으로부터 스트레스를 받는 사람이 그렇지 않은 사람들보다 더 많습니다.

따라서 감정노동자에 대한 조직적인 지원을 통해서 감정노동자의 정서측면의 관리를 하는 것이 필요한데, 이때 상사나 리더의 역할이 매우 중요하다고 할 수 있습니다. 리더가 감정노동자의 정서관리를 효과적으로 하는 방법은 크게 4가지로 구분해 생각해 볼 수 있습니다.

첫 번째는, 감정 노동자에 대한 정서적 지원입니다. 감정노동자에게 관심을 갖고 배려해 주며 개인적인 고민을 신중히 경청하고 친밀감을 유지함으로써 리더를 의지할 수 있도록 하는 등의 정서적 측면에서의 지원을 의미합니다. 두 번째는, 감정 노동자의 행동에 대한 평가적 지원입니다. 감정노동자의 노동행위에 대해서 가치를 인정해주고 인격적으로 존중해주어 칭찬을 아끼지 않는 것을 말합니다. 이를 통해서 감정노동자가 자신의 노동에 대한 보상과 인정을 느끼도록 해 주는 것입니다. 세 번째는, 도구적 지원을 말하는데, 이는 감정노동자가 감정노동을 좀 더 쉽게 할 수 있도록 필요한 지원이나 도구를 지원하거나 시간을 할애해서 도와주는 것을 의미합니다. 네 번째는, 정보적 지원을 말하는데, 감정노동자가 하는 협동에 대해서 충고와 조언을 해주고, 효과적으로 수행할 수 있는 방법의 코칭 및 어려운 상황에 대한 대처방법을 알려주는 등 정보적인 측면에서의 도움을 주는 것을 말합니다.

결국 감정노동자에 대한 리더의 지원은 감정노동자의 노동행위로부터 얻게 되는 부정적 정서에 대한 효과적인 정서관리의 방법의 일환으로 4가지 측면에서 진원하는 것을 말하는데, 이러한 지원이 감정 노동자의 노동행위의 강도가 완화되는 것은 아니나 감정노동자가 자신의 감정노동 행위가 스트레스로 인식되는 것을 주관적인 행복감으로 전환시키는데 도움을 주게 됩니다.

12.2 스트레스관리

감정노동의 스트레스 해결을 위해 현장이 즐거운 일터로 만들고 고객에게 떳떳하게 대응하는 것과 내가 존중받는 조직문화가 필요합니다.

■ 스트레스 측정 설문지

현재 당신의 스트레스 상태를 한 번 측정해 봅니다.

최근 1개월 동안 아래 항목에 대해 어느 정도 느끼고 있었는지 해당되는 번호에 ○표를 합니다.

A. 심리면에 나타나는 스트레스

항 목	항 상 느꼈다.	자주 느꼈다.	가끔 느꼈다.	전혀 없었다.
1. 불면	3	2	1	0
2. 심장이 두근거림	3	2	1	0
3. 얼굴이나 신체일부의 경련	3	2	1	0
4. 현기증	3	2	1	0
5. 땀이 많이 남	3	2	1	0
6. 감각이 예민(몸이 근질거리거나 따끔따끔한 통증을 느낌)	3	2	1	0
7. 요통	3	2	1	0
8. 눈의 피로	3	2	1	0
9. 목이나 어깨가 결림	3	2	1	0
10. 두통	3	2	1	0
11. 감염증(감기, 후두염)	3	2	1	0
12. 변비	3	2	1	0
13. 발열	3	2	1	0
14. 소화불량	3	2	1	0
15. 설사	3	2	1	0

B. 신체면에 나타나는 스트레스

항 목	항 상 느꼈다	자주 느꼈다	가끔 느꼈다	전혀 없었다
1. 가끔 긴장하거나 불안한 상태가 된다.	3	2	1	0
2. 기분이 동요된다.	3	2	1	0
3. 사소한 일에 신경질적이 된다.	3	2	1	0
4. 소모감, 무기력감을 느낀다.	3	2	1	0
5. 침착하지 못하다.	3	2	1	0
6. 아침까지 피로가 남고, 일에 기력이 솟지 않는다.	3	2	1	0
7. 화가 나서 자신의 감정을 억제할 수 없다.	3	2	1	0
8. 생각지도 못한 일 때문에 곤욕을 치렀다.	3	2	1	0
9. 심각한 고민이 머리에서 떠나지 않는다.	3	2	1	0
10. 일이 생각대로 되지 않아 욕구불만에 빠졌다.	3	2	1	0
11. 일에 집중할 수가 없다.	3	2	1	0
12. 남 앞에 얼굴을 내미는 것이 두렵다.	3	2	1	0
13. 남의 시선을 똑바로 쳐다볼 수가 없다.	3	2	1	0
14. 똑같은 실수를 반복한다.	3	2	1	0
15. 가족이나 친한 사람과 함께 있는 시간도 편안하지 않다.	3	2	1	0

*스트레스 수준 측정 - A와 B는 각각 심리와 신체 면에서 나타나는 스트레스로 총 30개 항목이 나열되어 있다. 이를 읽고 자신에게 해당되는 숫자에 ○표해 각각 최종 집계합니다.

*점수진단(합계점수 -A, B별도)

0~5점 = 평균치 이하로 특별히 문제가 없다고 생각할 수 있다.

6~12점 = 평균수준으로 대개 직장을 가진 성인 남녀의 평균수준

13~19점 = <주의수준>으로 평균보다 높으므로 약간의 주의가 필요

20점 이상 = <경고수준>dmfh 위험 수위, 상당한 주의 또는 의사와의 상의가 필요

* 주의점

△ 심리스트레스: 평균 수준 이하인 사람은 무리하지 않아야 한다. 경고수준인 사람은 업무 중간 중간에 5분 정도 휴식 취하기, 기분 전환하기 등이 필요하고 하루 1회 15분 정도는 업무를 완전히 잊는 이완훈련을 통해 심리적 피로를 회복시킬 수 있습니다.

▲ 신체스트레스: 평균 수준 이상인 사람은 점심시간을 이용, 하루 1회 15분 정도의 스트레칭으로 근육이완 훈련을 합니다. 휴일이나 근무 시간 후에도 적절한 운동이 필요합니다.

■ 스트레스 관리

현장이 즐거운 일터로 바뀌기 위해서는 아래와 같은 방법들이 있습니다.

– 규칙적인 생활 습관

(1) 평소 규칙적인 생활 습관을 가지는 것이 건강의 출발입니다.

- 건강한 식사습관을 익혀야 합니다 : 천천히, 편안하게, 골고루, 적당하게 먹습니다. 현대인에게 부족한 비타민, 무기질, 섬유소를 골고루 섭취하도록 합니다. 반면, 술, 카페인, 설탕, 소금, 인스턴트/패스트푸드 등을 과량으로 섭취하는 것은 건강에 좋지 않습니다.
- 적당히 자야 합니다 : 일반적으로 6-8시간 정도가 적당합니다.
- 운동도 해야 합니다 : 일반적으로는 걷기가 좋은 운동입니다. 운동 시간은 하루에 45~60분 정도, 일주일에 최소 세 번 이상을 하는 것이 좋습니다. 운동을 전혀 하지 않았던 경우에는 단계적으로 회수나 시간을 늘려가는 것도 좋은 방법입니다.
- 충분한 휴식을 취해야 합니다.

- 적극적/문제 해결형 대응
  - 스트레스를 잘 관리하거나 적절하게 이용하려면 그 실체를 정확히 알아야 합니다. 그 첫 번째 단계는 현재 상황이 불편하다는 것을 인정하는 것입니다. 이렇게 불편하다고 느끼기 시작한 경우는 이미 그 스트레스를 피할 수 없을 가능성이 훨씬 더 높습니다. 면밀히 따져 스트레스로부터 적극적으로 도망가는 것이 가능하지 않다면 두 번째 단계인 스트레스의 수용이 필요합니다. 스트레스를 수용한다는 것이 '재수 없는 일이 하필이면 나한테 일어났다'는 운명론적 태도와는 달라 단순한 포기를 의미하는 것은 아닙니다.

이렇게 자신에게 가해진 스트레스를 받아들이기로 마음먹었다면 마지막 단계인 적극적/문제 해결형으로 대응하는 것이 중요합니다. 문제를 해결하기 위해 자신의 능력을 확인하고 최선의 대처를 능동적으로 하는 것이 적극적 대응의 핵심입니다. 이와 반대로 스트레스를 회피하거나 무기력하게 받아들이는 것은 스트레스가 불편하다는 것을 받아들인 후, 자신이 느꼈던 불편한 감정을 해결하기 위해 모든 방법을 동원하는 감정해결형의 전형이라고 할 수 있습니다. 감정 해결형은 일시적으로는 도움이 되지만, 수렁에 빠진 사람이 허우적거리면 더 깊이 빠져드는 것과 같이 장기적으로는 문제가 더욱 꼬이고 스트레스 반응이 더욱 커질 수밖에 없다는 점을 명심해야 합니다.

- 이완요법
  - 이완을 잘 시키기 위한 조건
  - 환경 : 조용하고 간섭 받지 않는 곳
  - 신체 : 편안한 자세, 근육긴장 감소(특히 머리와 목), 깊고 천천히 숨을 쉬는 복식호흡
  - 정신 : 소리(단어, 구절)의 반복으로 집중력을 높임, 수동적 태도

(1) 복식호흡

일상생활에서 효과적인 호흡을 하지 못한다는 점을 보여 주는 예로 하품이나 한숨을 들 수 있습니다. 하품의 경우 지루함이나 피곤함을 나타내고 한숨은 일이 제대로 풀리지 않고 긴장을 느낄 때 흔히 동반되는 신체증상입니다. 하지만 둘 다 산소가 필요하다는 신호로 신체가 이를 극복하기 위해 사용하는 방법입니다. 이런 측면을 고려할 때 올바른 호흡(깊고 천천히 쉬는 복식 호흡)을 통해서 피로를 떨쳐 버리고 평온함을 얻을 수도 있다는 점을 알 수 있습니다.

(2) 근육이완법

- 몸의 각 부위에서 긴장-이완을 연습하게 됩니다.
- 일반적으로 다음 순서대로 근육이완법을 연습하게 됩니다: 팔(주먹 ⇒ 이두근) ⇒ 머리(이마 ⇒ 눈 ⇒ 어금니) ⇒ 어깨와 견갑골 ⇒ 기타(배 ⇒ 허벅지 ⇒ 종아리 ⇒ 발)
- 만약 이완이 잘 되지 않는 부위가 있으면 5번까지 긴장-이완을 반복합니다.

– 기타

- 자율훈련법
- 바이오피드백
- 명상

– 시간관리

- "가장 중요한 것이 무엇인가?"라는 질문을 통해 우선순위를 매기는 것이 첫 번째 단계입니다. 이후 일을 시행하면서 효율성을 증대시키고 자투리시간을 활용하는 등의 방법을 같이 사용하면 도움이 됩니다. 아래 내용은 시간 관리의 일반적인 단계입니다.
- 가치 평가하기 : 건강, 행복, 가족, 여가, 경력, 돈 등에서 우선순위를 정합니다.
- 목표 세우기 : 우선순위를 정한 가치에 부합하는 구체적이고 현실적인 목표

를 설정합니다.

- 활동계획 정하기 : 목표를 이루기 위한 단계적인 작업수행 계획을 세우고 그 계획에 따른 진행상황을 확인합니다.
- 시간 투입량 결정하기 : 작업수행에 소요되는 시간 목록을 작성합니다.
- 일의 지연/지체 막기 : 작업수행을 방해하는 요소와 자신의 가치에 부합되지 않는 활동을 찾아 수정합니다.
- 체계적인 시간 운용하기 : 작업 중 반드시 해야 하는 것, 하면 좋은 것, 하지 않아도 되는 것에 대한 목록을 만들고 시행합니다.

– 전문가의 도움이 꼭 필요한 경우

- 개인의 노력과 가족/친구들의 도움으로도 해결이 되지 않을 때
- 자신이나 타인에게 위험을 초래할 때
- 정상적이고 규칙적인 생활에서 벗어났을 때
- 1달 이상 정상 이하로 지낼 때
- 1주일 이상 아예 적응하지 못할 때

■ 스트레스관리 웃음치료법

뇌와 면역

〈머리가 좋아지는 천재 웃음법〉

인간의 뇌파는 1초에 8회에서 14회 진동하는 알파파와 그 이상인 베타파로 구성되어있다. 사람은 알파파의 상태에서 편안함을 느끼고 집중력이나 기억력이 상승한다. 그런데 한 실험에 의하면 약 2분가 웃었을 때 우뇌에서 알파파가 나왔으나 좌뇌에서는 거의 베타파만이 감지되었다. 하지만 거울 앞에 앉아 자신의 가족이나 친구들을 떠올리며 그들에게 웃는 얼굴을 보인다는 생각으로 웃음을 짓자 좌뇌에서도 알파파가 나타났다. 웃음은 뇌의 어느 한쪽을 자극하기보다는 오케스트라의 지휘자처럼 뇌를 골고루 다스려 아름다운 웃음을 만들어 낸다. 밝게 그리고

크게 웃는 웃음소리는 뇌의 오케스트라가 쏟아내는 아름다운 음악과 같다.

미국 펜실베이니아 대학의 심리학과 교수인 마틴셀리즈맨 박사는 웃음이 많은 낙천주의 성향의 학생은 그렇지 않은 학생들에 비해 학업성적이 더 높고 스포츠분야에서도 두각을 나타내는 등 두뇌활동이 활발하다고 했다. 또한 웃음과 학습능력과의 관련성을 연구해 웃음이 학습능력에 미치는 효과를 규명하고 있다. 웃으면 기분 좋은 상태가 되어 최고의결과를 만들어 내는 것은 기본이다. 공부를 잘하려면 책상에 앉기 전에 웃음운동을 먼저 해야 한다. 실제로 한 학교에서는 수업 시작 전에 항상 15초 동안 웃게 했더니 아이들의 성적뿐만 아니라 인간관계도 좋아졌다고 한다.

웃음은 좌뇌와 우뇌에 골고루 작용하여 성장기의 아이들의 두뇌형성과 활성화에 큰 영향을 미친다. 한 연구에 의하면 '나는 똑똑해'라는 말을 반복하는 것만으로도 실제로 똑똑해진다고 한다. 시험을 보기 전에 '왠지 이 과목에서는 100점을 맞을 것 같은 느낌이 든다'고 스스로 말해보자. 그리고 최고의 점수를 얻었을 때를 상상하면서 실제로 그렇게 되었을 때 얼마나 기쁠지 미리 느껴보자.

〈시험 직전 두개골 마사지 웃음운동〉

두개골 마사지라고 해서 단단한 뼈로 둘러싸인 머릿속을 마사지할 수는 없는 노릇이다. 하지만 두피를 문지르고 두드리는 것만으로도 두피의 혈액순환을 좋게 해 뇌에 신선한 혈액을 공급할 수 있게 한다.

1. 눈을 감고 호흡을 길게 내뱉는다.
2. 머리를 가볍게 손끝으로 두드리면서 웃는다.
3. 좌뇌와 우뇌가 골고루 자극되어 시원하다고 상상하면서 웃는다.

■ 어떤 늑대에게 먹이를 줄 것인가?

마음의 평안과 안정에서 나오는 마음웃기가 선행되지 않는다면 진정한 웃음을 짓기란 쉽지 않습니다.

사람들과 웃음에 대해서 이야기를 나누다 보면 공통된 의견이 '웃으면 좋다'는 것입니다. 하지만 많이 웃는냐는 질문에 한 대답 역시 공통적으로 '많이 웃지 못한다'는 것입니다. 웃으면 좋다는 것도 알겠고, 웃으면 복이 온다는 사실도 알겠고 나아가 웃음이 몸과 마음을 치유한다는 사실에도 공감하지만 왠지 웃음이 잘 나오지 않는다는 것이지요.

이 문제를 해결해주는 가장 좋은 방법이 바로 웃음을 운동으로 여기고 열심히 훈련하는 것입니다. 그리고 그냥 이유 없이, 아무 때나 때와 장소를 가리지 않고 웃는 방법이 바로 그것입니다. 하지만 세상의 모든 일에 즐거움을 더하기 위해서는 마음이 즐거워야 합니다. 마음의 평안과 안정에서 나오는 마음웃기가 선행되지 않는다면 진정한 웃음은 쉬운 것이 아닙니다. 껍데기를 바꾸기 위한 최고의 전략은 바로 알맹이를 바꾸는 것이기 때문입니다. 우리의 얼굴표정 또한 그렇습니다.

한 인디언 추장이 자기 손자에게 자신의 내면에서 일어나고 있는 큰 싸움에 관하여 이야기 하고 있었습니다. 이 싸움은 또한 나이 어린 손자의 마음속에서도 일어나고 있다고 했습니다. 추장은 궁금해 하는 손자에게 설명했습니다.

"애야, 우리 모두의 마음속에는 이 싸움이 일어나고 있단다. 두 늑대간의 싸움이란다. 한 마리는 사악한 늑대로, 그놈이 가진 것은 화, 질투, 슬픔, 후회, 탐욕, 거만, 자기연민, 죄의식, 회한, 열등감, 거짓, 자만심, 우월감. 그리고 이기심이란다. 다른 한 마리는 선량한 늑대인데, 그 놈이 가진 것은 기쁨 · 평안 · 감사 · 사랑 · 소망 · 인내, 친절 · 아량 · 진실 그리고 믿음이란다. 손자가 추장 할아버지에게 물었습니다.' 그 싸움에서 어떤 늑대가 이기나요// 추장은 간단하게 대답했습니다. '내가 먹이를 주는 놈이 이기지."

내가 마음먹기에 달려있다는 뜻이다. 결국 마음은 주인이 무엇을 주느냐에 따라서 달라진다.

웃음이 습관이듯 즐거운 생각을 하는 것도 습관입니다. 마음으로 웃는 것은 마음에 기쁨의 고속도로를 만드는 것과 같습니다. 언제나 마음속 기쁨 고속도로를 타고 즐겁게 달리기 위해서는 반드시 마음이 함께하는 웃음이어야 합니다.

■ 괜스레 기분이 침체될 때 해보는 웃음 질문법

질문이 생각의 방향을 만듭니다. 따라서 일상에서 벌어지는 생각들을 통제하기 위해서는 긍정적인 질문들을 습관적으로 해봄으로써 긍정적인 생각의 통로를 만들어야 합니다.

웃음을 만들어 내는 질문들입니다. 항목 하나하나를 천천히 읽으면서 대답을 생각해보도록 합니다.

① 무엇이 나를 행복하게 하는가.
② 내 인생에서 나의 마음을 들뜨게 하는 것은 무엇인가.
③ 내 인생에서 가장 자랑스러웠던 일은 무엇인가.
④ 내 인생에서 특별히 감사한 것은 무엇인가.
⑤ 지금 내 삶 속에서 가장 즐기고 있는 것은 무엇인가.
⑥ 내가 사랑하는 사람은 누구인가.
⑦ 어떻게 하면 이 일을 더 즐겁게 할 수 있을까.
⑧ 행복해 보이세요. 좋은 일 있나봐요.
⑨ 어떻게 하면 최고의 결과를 이끌어 낼 수 있을까.
⑩ 어떻게 하면 오늘 하루도 더 즐겁게 살 수 있을까.

이 질문들을 종이에 적어 갖고 다니면서 수시로 생각해 보라 오래지 않아 긍정적인 생각의 물꼬를 트고 자신감을 갖게 될 것이다.

12.3 절대회복력

1. 절대회복력이란?

펜실베이니아대학의 캐런 레이비치는 절대 회복력이라는 책을 통해 동일한 스트레스에도 어떤 사람은 무너지고, 어떤 사람은 더욱 강해진다고 하였습니다. 회복력 차이 때문입니다. 회복력은 역경을 극복하는 힘이자 내면의 심리적 근육을 단련시키는 힘입니다. 회복력이 높은 사람은 스트레스와 좌절을 무난히 헤쳐갈 수 있습니다. 스트레스를 이겨내려면 '자기 효능감(self-efficacy)'이 높아야 합니다. 자기 효능감은 자신이 환경을 지배할 수 있으며 문제가 생길 때 해결할 수 있다는 믿음입니다. 자기 효능감이 높은 사람은 초기에 해결책이 없다고 해서 포기하지 않습니다.

회복력 지수를 진단하는 7가지 요소로 감정 조절, 충동 통제, 낙관성, 원인 분석, 공감, 자기 효능감, 적극적 도전이 있습니다. 이들 요소를 스스로 진단해 인간관계와 소통, 자녀양육, 직장 내 스트레스 등을 효율적으로 이끄는 방법을 알 수 있습니다.

회복력은 지나친 긍정이 아니고 유연하고 정확한 사고가 먼저라고 저자는 강조합니다. 지나친 긍정은 문제의 본질을 정확하게 판단하지 못할 공산이 크기 때문입니다. 회복력 수준이 높은 사람은 트라우마 경험을 타인에게 털어놓거나 목적 있는 행동을 통해 타인과 친밀한 관계를 맺을 수 있습니다.

사생아로 태어나 아홉 살 때 성폭행을 당하고, 열네 살 때 미혼모가 돼 출생 2주 후에 아들을 잃어버린 오프라 윈프리, 연구활동 중 교통사로로 전신마비가 되었음에도 포기하지 않고 더 왕성한 활동을 하는 서울대학교 이상묵 교수, 루게릭병으로 1~2년 시한부 진단을 받았으나 세계적 물리학자로 발전한 스티블 호킹박사, 그리고 생후 11개월만에 두 다리를 잃었지만 대구세계육상선수권대회 남자 400미터에 당당하게 출전한 남아공의 오스카 피토리우스, 이라크 전쟁 중 군의관으로 참전했다 헬기격추를 당해 포로가 되어 성폭행과 모진 고문을 당한 후에도 외상 후 성장을 통해 현재 미육군 회복력 교육을 총괄하는 론다 코넘 준장의 공통점은 무엇일까요? 그들은 어려운 환경 속에서도 역경을 극복하고 행복하고 성공적인 삶을 살아가는 예라는 것입니다. 그들 뿐 아니라 삶의 무게가 다를 뿐 우리는 살아가면서 크고 작은 역경들과 마주칩니다. 우리 인생을 결정하는 것은 우리가 겪는 역경이 아니라 그것에 대응하는 방식입니다.

그들은 어려움에 처하는 순간에 떠오르는 부정적인 믿음이나 비합리적인 사고는 용감하고 건설적으로 대응하는 능력을 훼손시키기 때문에 개인의 사고가 감정과 행동에 어떠한 영향을 미치는가에 대해 대처할 수 있었습니다.

2. 인생의 스프링보드

회복력은 제자리로 되돌아오는 힘을 일컫는 말로 탄력성을 뜻합니다. 그러나 심리학에서는 주로 시련이나 고난을 이겨내는 긍정적인 힘을 의미하는 말로 쓰입니다. 회복력에 대한 발견은 1950년대 하와이의 카우아이 섬 연구로 거슬러 올라갑니다. 하와이군도 북서쪽 끝에 위치한 카우아이 섬은 인구 3만 명에 불과한 작은 섬이었습니다. 지금은 대자연의 신비를 경험할 수 있는 아름다운 섬이지만, 1950년대만 해도 지독한 가난과 질병에 대대로 시달려온 이곳 주민들에게는 지옥과도 같은 곳이었습니다. 주민 대다수가 범죄자나 알코올 중독자 혹은 정신질환자였고 학교 교육이 제대로 이루어지지 않아 청소년 비행문제도 심각한 수준이었습니다. 이 섬에서 태어난다는 것은 마치 불행한 삶을 예약하는 것과 다름없었습니다.

1954년 이 섬에서는 훗날 사회과학의 역사상 가장 야심찬 연구 중 하나로 기록될 종단연구가 시작되었습니다.

연구자들은 1955년에 카우아이 섬에서 태어날 신생아 833명을 대상으로 이들이 어른이 될 때까지 추적 조사하는 대규모 연구 프로젝트에 착수하였습니다. 그러나 오랜 기간 많은 시간과 돈을 투자하여 얻은 연구결과는 상식에서 크게 벗어나지 않는 것이었습니다. 결손 가정의 아이들일수록 학교나 사회에 적응하기 힘들었으며, 부모의 성격이나 정신건강에 결함이 있을 대 아이들에게 나쁜 영향을 끼치는 것으로 나타났습니다. 부모와의 관계나 동료와의 관계가 좋은 아이일수록 자율성과 자기 효능감도 좋은 것으로 나타났습니다. 뻔한 결과로 사람들에게서 잊혀져가던 대형 프로젝트는 이 연구의 자료 분석을 담당했던 심리학자 에미 워너 교수에 의해 회복성에 대한 연구로 탈바꿈하게 되는 결정적 계기를 맞게 되었습니다. 에미 워너 교수는 실험 대상이던 833명 중에서도 가장 열악한 환경에서 자란 201명을 고위험 군으로 분류했습니다. 그런데 이 201명의 고위험군 중 3분의 2는 문제를 일으켰지만 3분의 1에 해당하는 72명은 아무런 문제도 일으키지 않았으며 심지어 좋은 환경에서 자라난 아이보다 더 모범적으로 성장한 것입니다. 에미 워너는 이 72명에 집중했습니다. 어려운 환경 속에서도 이 아이들이 잘 적응하고 훌륭하게 성장 할 수 있었던 비밀은 무엇일까 도대체 무엇이 아이들로 하여금 좋은 환경에서 태어나고 자란 아이들 이상으로 사회적응을 잘하게 만들어 준 것일까에 집중하여 30여 년간 연구하게 되었습니다.

3. 유리공 인생 VS 고무공 인생

우리의 삶은 크고 작은 시련과 역경의 연속이라 해도 과언이 아닙니다. 살아간다는 것은 수많은 도전과 어려움을 끊임없이 극복해 나가는 과정인 셈입니다. 행복한 일도 있지만, 그보다는 힘든 일, 슬픈 일, 어려운 일, 가슴 아픈 일이 더 많습니다. 질병, 사고, 이혼, 파산, 가족의 죽음 등 커다란 시련도 있지만 하루하루 살아가면서 겪게 되는 인간관계에서의 사소한 갈등, 작은 실수 혹은 짜증스러운 일 같은 자잘한 어려움도 우리가 극복해야 하는 시련 중 하나입니다. 하지만 다행히도 우리는 인생의 모든 역경을 얼마든지 이겨낼 잠재적인 힘을 가지고 있습니다.

카우아이섬 연구를 통해 회복탄력성 개념을 확립한 에미 워너 교수는 40년에 걸친 연구를 정리하면서 회복탄력성의 핵심적 요인을 발견했습니다. 바로 인간관계였습니다. 어려운 환경에서도 제대로 성장한 아이들이 예외 없이 지니고 있는 공통점은 그 아이의 입장을 무조건적으로 이해해주고 받아주는 어른이 적어도 한 명은 아이 곁에 있었다는 점입니다.

회복 탄력성은 어려운 환경에서 태어난 아이들에게만 필요한 것은 아닙니다. 누구나 살아가면서 역경과 어려움을 겪게 마련입니다. 특히 치열한 삶을 살아가는 현대인에게 절실히 요구되는 힘이 바로 회복탄력성입니다. 힘든 일 앞에서 유리공처럼 쉽게 깨져버리는 것이 아니라, 다시 튀어 오르는 고무공이 되어야 합니다.

미니지식 Q&A

■ **화가 날 때 어떻게 참지요?**

- "나" 주어로 해서 이야기하는 연습과 함께 평소에 화를 잘 통제할 수 있는 연습을 하는 것이 좋습니다. 예를 들면, 화가 나는 순간에는 "참자 참자"라는 말을 스스로에게 합니다. 또는 화가 나면 예전에 즐거웠던 일을 떠올리는 것과 같이 자신에게 효과적인 방법을 찾아보세요. 그리고 평소에 연습을 자주 하는 것이 좋습니다.

  또한 다른 친구들은 어떻게 화가 나는 상황에서 화를 내지 않는지를 친구들과 이야기를 나누어보세요. 지금 친구들이 의식적으로 피하는 것 같아 불편감을 느꼈다면 이런 기회를 통해 친구들의 이야기를 들어주고 자신의 고민을 털어놓음으로써 자신의 다른 모습을 친구들에게 보여줄 수 있는 기회가 될 수 있습니다. 또한 친구들은 어떻게 화난 감정을 어떻게 처리하고 있는지 도움을 얻을 수 있을 것입니다. 처음에는 쑥스럽고 힘들겠지만 이런 기회가 좋은 기회라 생각하고 용기를 내보세요. 먼저 다가선다면 친구들도 도움을 줄 것입니다.

  화를 낸다는 것이 나쁜 것은 아닙니다. 그러나 자신이 통제하지 못해 문제를 일으킨다면 그것은 나쁜 것이 될 수도 있습니다. 스스로 자신의 감정을 통제하고 잘 다스릴 수 있도록 평소에 연습을 많이 하는 것이 좋습니다. 앞으로는 생활 속에서 실천할 수 있도록 노력해 보세요.

미니지식 Q&A

■ **기분 나쁘면 금방 표정에서 드러나는데 어쩌나요?**

- 우선 기분이 안 좋았을 때 표정으로 나타나게 되면 난감하기도 합니다. 그럴 땐 평소에 표정관리를 해주시는 것이 중요합니다. 입 꼬리 쳐지면 화난 사람이나 심통이 난 사람처럼 보이기도 합니다. 매일 입 꼬리를 올리는 연습을 해서 습관이 되면, 웃을 때 자연스럽고 화가 났을 때도 그냥 웃고 있으면 웬만하면 티가 안날 수 있습니다. 그리고 자신에게 가장 잘 어울리는 표정을 하나 정하세요. 내가 어떤 각도에서 마음에 드는 표정이 나오는지 매일 연습하고 언제 어디서나 그 얼굴표정을 지을 수 있도록 연습합니다.

맺는 말

직장예절과 직무관리라는 책을 집필하게 되면서 저 또한 하루하루 이 원칙에 맞게 살아가고 있나를 다시 한 번 되새겨 보는 시간이 되기도 하였습니다.

어느 날 모시고 있던 상사분이 회식자리에서 이런 말씀을 하셨습니다.

"인생은 다 외로운거야…"

늘 강인하게 만 보이시던 그 분의 한 마디가 그 분께 더 인간적인 매력을 느끼게 했던 한 마디였습니다.

직장도 사람이 모이는 곳입니다.

새로운 직장에서 안절부절 못하고 있는 신입사원이나, 10년차 된 중간 관리자, 퇴직을 앞두고 있는 고참 임원 모두가 서로를 배려해주고 이해해주는 관계가 성립될 때 행복을 이루어 나갈 수 있습니다.

얼마 전 방학을 맞은 아이와 함께 '해피피트'라는 영화를 보게 되었습니다.

지구온난화로 인해 황제펭귄이 살고 있는 빙산이 깨져서 고립되는 사건이 일어나고 이 과정에서 남극에 사는 모든 동물들이 서로 협력해서 빙산을 깨는 일련의 일들이 뮤지컬을 통해 만들어진 영화입니다.

인종과 피부는 달라도 모두가 하나의 마음이 되어 부르는 노래와 춤. 이 부분이 가장 압도적으로 감동적이었습니다. 바다코끼리와 펭귄들, 그리고 작으나마 위대한 힘을 전해준 새우까지 모두 하나가 되어 빙산 위에서 춤을 추고 이내 빙산은 깨집니다. 지반이 꺼지면서 웅덩이에 갇힌 황제 펭귄 무리들이 웅덩이에서 탈출하고 영화는 행복한 결말을 맞습니다.

요즘같이 너도 나도 어렵다는 경제 불황기에 침체의 웅덩이에 빠져 있는 것이 아니라, 직장을 보다 활기차게, 새로운 아이디어와 젊은 피를 수혈하는 신입사원이 되길 바라는 간절한 마음을 맺는말에 담아 봅니다. 그런 성과를 내기 위해 무엇보다도 기본 중의 기본인 직장예절을 지키고, 한 단계, 한 단계 더 나아갈 수 있는 자기관리야 말로 그 어느 때보다 필요하다고 생각합니다.

아무쪼록 본 교재가 미래를 준비하고 나아가는 젊은이들에게 꿈을 성취할 수 있는 나침반이 되길 소망합니다.

저자약력

엄 경 아
인하대학교 대학원 석·박사졸업(서비스경영/생산 및 경영과학 전공)
University of California, Riverside Extension(TESOL)
(前)대한항공 객실 여승무원
(前)SLA어학원 원장
(前)부천대학교 산학협력 전임교수
(前)인하대학교 경영학부 외래교수
(現)대한항공 객실훈련원 훈련운영팀
DISC 고객유형관리, TA 교류분석 강사자격
1995 대한항공 최우수 여승무원상 수상
2011 新한국인 교육인부문 대상(코리아해럴드)

오 민 재
(現)휴먼커뮤니케이션즈 교육기획이사
(現)부천대학교 외래교수
(現)대한항공 여승무원동우회 홍보팀장
(前)대한항공 객실승무부 부사무장
한국 애니어그램(Enneagram) 강사자격
고등학교, 대학교 취업 이미지메이킹, 면접예절, 직장예절
교원연수, 관공서, 기업체, 병원 등 다수 애니어그램, CS교육
TM, 텔레마케터 교육프로그램개발 및 교육
대사관, 협회, 기업체 등 의전교육 및 행사지원
2011 한국예술인단체총연합회 의전부문 대상(국회)

직장예절과 직무관리

2012년 3월 10일 초판 1쇄 발행
2013년 6월 26일 초판 3쇄 발행

저 자 엄 경 아 · 오 민 재
발행인 寅製 진 욱 상

발행처 백산출판사
서울시 성북구 정릉3동 653-40
등 록 : 1974. 1. 9. 제 1-72호
전 화 : 914-1621, 917-6240
FAX : 912-4438
http://www.ibaeksan.kr
editbsp@naver.com

저자와의 합의하에 인지첩부 생략

값 18,000원
ISBN 978-89-6183-576-3